李景旺 / 主编

李金玉　聂好春 / 副主编

牧野文化研究　赵会莉 —— 著

牧野民俗

中国社会科学出版社

图书在版编目（CIP）数据

牧野民俗 / 赵会莉著. —北京：中国社会科学出版社，2021. 11
（牧野文化研究）
ISBN 978 - 7 - 5203 - 8892 - 4

Ⅰ. ①牧…　Ⅱ. ①赵…　Ⅲ. ①风俗习惯—介绍—新乡
Ⅳ. ①K892. 461. 3

中国版本图书馆 CIP 数据核字（2021）第 159715 号

出　版　人	赵剑英
责任编辑	安　芳
责任校对	张爱华
责任印制	李寡寡

出　　　版	中国社会科学出版社
社　　　址	北京鼓楼西大街甲 158 号
邮　　　编	100720
网　　　址	http://www.csspw.cn
发　行　部	010 - 84083685
门　市　部	010 - 84029450
经　　　销	新华书店及其他书店

印　　　刷	北京明恒达印务有限公司
装　　　订	廊坊市广阳区广增装订厂
版　　　次	2021 年 11 月第 1 版
印　　　次	2021 年 11 月第 1 次印刷

开　　　本	710 × 1000　1/16
印　　　张	20. 5
字　　　数	335 千字
定　　　价	118. 00 元

凡购买中国社会科学出版社图书，如有质量问题请与本社营销中心联系调换
电话：010 - 84083683

新 乡 赋
——为《牧野文化研究》丛书代序
王国钦

　　新乡，是中华文明发祥地之一，新石器时期就有先民在此活动。新乡古称晬国，春秋隶卫，战国属魏，汉为获嘉，自隋文帝开皇六年（586）置县，至今已 1400 余年。1949 年 5 月 7 日和平解放，1949 年 8 月至 1952 年 11 月曾为平原省省会。其建制、区划屡更，现辖二市、四区、六县。近年来，荣获了全国文明城市、国家卫生城市、国家园林城市、国家森林城市、中国最佳平安城市、中国优秀旅游城市、中国竞争力百强城市、中国十佳和谐可持续发展城市、《福布斯》中国大陆最佳商业城市、中国金融生态城市等光荣称号。2011 年，新乡成为中原经济区中原城市群核心城市之一，2016 年 5 月，新乡成为国家自主创新示范区。

　　新乡者，古来兵家必争之乡也。战鸣条而伐无道，终夏桀而起商汤；征牧野而绾恶纣，盟诸侯而成周武——其故事众所皆知也。围魏救赵，孙膑大败庞涓于桂陵；决战官渡，曹操以少巧胜袁绍，赵匡胤黄袍加身，大宋文化陈桥始；岳鹏举精忠报国，义军抗金十八营……中华人民共和国成立之初，新乡曾为平原省会，当下乃十五项国家荣誉获得者、国家二级交通枢纽、河南之省辖市、豫北经济之重镇也。其北邻安邑而南望郑汴，古都鼎立于外而内获新生。登巍巍太行乎居高而临下，瞰滔滔黄河兮达古而通今。更东鲁西晋壤接两省者，鼓双翼正翩翩奋飞也。

　　新乡者，中华姓氏主要发源之乡也。周武王赐林姓于比干之子；姜太公庇祖荫兮尊享双姓。传黄帝之师建都封父，始为封姓；有周公之子被赐胙地，胙姓见称。辉县原乃共城，姓衍共洪龚恭段；伯倏被封延津，国开曾立南北燕。叔郑封毛，后有毛遂勇于自荐；司寇捐躯，封丘长留牛父英灵。知否季？食宁，始有宁氏双雄起；且看获嘉城外，长立蒙族五姓碑……史载六十七姓源出新乡，乃海外游子问祖中原之主要热土也。

新乡者，名人荟萃辈出之乡也。英雄治水，共工怒触不周山；剖心尽忠，国神复封忠烈公。直钩垂钓，吕尚得遇文王；名士遁世，孙登长啸苏门。辅国理政，原阳一十六相；同门三宰，人杰更显地灵。张苍精通历算，《九章算术》校正功千载；邵雍发奋苦读，《梅花组诗》预言九百年。解道闲愁，古今一场梅子雨；报国歌头，北宋唯有贺方回。孙奇逢躬耕百泉，位列三大名儒；李敏修宣讲新学，力倡教育救国。嵇文甫堪称学界巨子；徐世昌保持气节暮年……知否杨贵，十春秋奋战悬崖绝壁，创造出人工天河，高扬起一面精神旗帜……古往今来，新乡人能不油然而生自豪之情乎？

新乡者，文化积淀厚重之乡也。青铜器商代铸双壁，国之最圆鼎号子龙。汲冢竹书为纪年之祖；孟庄遗址乃文化之尊。登杏坛则忆圣人风采，品《木瓜》得赏《诗经》名篇。鎏金兽头出土魏王墓；三晋贵族重现车马坑。祖辛提梁卣堪称国宝；战国铸铁窑陶范水平。"竹林七贤"、李白、高适、苏轼、岳飞、元好问、郭小川、刘知侠、刘震云等名流隐士、墨客文人，或生于斯或游于斯，皆留下千古佳话矣。成语如天作之合、脱颖而出、歃血为盟、善始善终、运筹帷幄、细柳屯兵，以及没心菜、孟姜女、相思树、香泉寺、柳毅传书、翟母进饭的传说等，亦典出新乡之地或新乡之人也。流连于仰韶文化遗址，吟咏于龙山文化遗存，可观原生之民歌民舞，可玩创新之民间剪纸，复可赏传统之民戏民居……八方来者，亦将因祥符调、二夹弦之美妙乐曲而陶然乐矣哉！

新乡者，文化名胜俊游之乡也。太公庙庇护牧野大地，君子尊崇；比干庙彰表谏臣极则，妈祖归根。武王伐纣盛会同盟山；张良椎秦名噪博浪锥。三善难尽蒲邑之美；奇兽见证潞王奢华。三石坊勒石两代；千佛塔雕佛千尊。魏长城宏伟当年，遗迹已存两千载；中药材百泉大会，海内交易六百秋。太极书院，理学渊薮成风景；关山地貌，雄深险峻叹奇观。彭了凡瓮葬饿夫墓；陈玉成铁骨傲英魂。破司马迷魂兮忆故城络丝，望鸿门夜月兮染五陵晓色；赏李台晚照兮思牧野春耕，观原庄夏景兮漾卫水金波。平原省委旧址，记录辉煌历史；文化步行新街，彰显古贤精神。天苍苍野茫茫，山顶草原跑马岭；林密密水淙淙，避暑胜境白云寺。大河安澜，六十载浩荡东流去；湿地隐秘，万只鸟栖息嬉客来。万仙山、八里沟，壮美太行秀色；七里营、京华园，韵飘人文风光……旅而游之者，能不因之而流连忘返乎？

新乡者，堪谓中原美食之乡也。农博会金奖双获，原阳米无愧第一；原产地认证独颁，金银花绽放中原。封丘芹菜石榴，明清享用宫廷；辉县山楂香稻，今已惠及百姓。黄河鲤鱼跳龙门，双须赤尾；新乡熏枣益健康，色泽鲜明。肥而不腻乎罗锅酱肉；酥香软烂者新乡烧鸡。松酥起层，缠丝烧饼牛忠喜；长垣尚厨，中国烹饪第一乡。如红焖羊肉、延津菠菜等，均亦远近闻名也……海内愿饱口福之欲者，新乡岂非中州首选乎？

新乡者，创新更新鼎新之乡也。忆当年人民公社，曾领先时代，留几多思辨；看今日城乡统筹，再与时俱进，敢万里弄潮。刘庄群众感念史来贺，问其间几多历史传奇？无私奉献不忘郑永和，慨辉县精神敢为人先。让一段岁月流金，太行公仆碑树吴金印；造几多乡村都市，刘志华好个巾帼英雄……耿瑞先宏图大展领头雁，范海涛变废为宝担责任，裴春亮富而思源惠乡邻。电池回收换来新乡少污染，挂壁公路终使汽车进山来……尽为民服务兮感动中国，数风流人物兮还看新乡。仰先进群体兮群星灿烂，育英雄辈出兮雏凤高鸣。

新乡者，和谐奉献崇文常新之乡也。季候分明兮冬寒夏热，人民勤劳兮春早秋凉。矿藏丰富兮振兴经济，土地肥沃兮图画粮棉。人才战略兮持续强市，机械制造兮海内闻名。战略重组，产业升级，集群发展迈新步；铜管铜业，冰箱冰柜，金龙新飞两夺冠；白鹭化纤，华兰生物，产品崛起赖创新。能源汽车生物医药，数十产品领先同行列前五；神九神十蛟龙航母，核心部件与祖国同行，破茧催生新乡模式；让新乡常新，改革成就新乡精神。机遇和挑战并存兮，路漫漫其修远；牧野兼榴花火红兮，泪盈盈而沾襟。

原载 2009 年 4 月 20 日《光明日报》

2018 年 5 月 28 日修订于中州知时斋

目　　录

第一章　牧野物质生产民俗

　　物质生产是人们赖以生存的基础，物质财富的积累依靠人类的劳动得以实现。由生产实践活动而形成的民俗所涉及的范围是很广的，它包括一个地区群体中的民众，在一定生态环境中所创造、享用和传承的物质文化事象，如农耕活动的农业民俗；牧业生产中的有关牲畜繁殖、放牧活动等的畜牧民俗；制造生产工具和生活器具的民间手工业民俗；与生产民俗相关的贸易民俗等，这些都贯穿人类生产实践活动的全过程。

第一节　牧野农业民俗

　　农业民俗是伴随中国古代农业经济生活而产生的民俗事象，指农业生产的过程、操作方式和技术，以及为了获得丰收而举行的仪式活动。农业民俗具有季节性、地域性和周期性的特点。牧野大地地处华北平原，为燕山运动以后下沉地区，属温带大陆性季风气候，日照时间充足，降水较为丰富，为农业的生产提供了优越的自然条件。因此，农事活动及其与之相关的民俗活动内容也极为丰富。

　　随着历史的发展和人类的繁衍，牧野地区劳动人民在这块土地上辛勤耕耘和劳作，农作物的种类也在不断增多。主要的农作物有大麦、小麦、水稻、玉米、高粱、大豆、棉花、绿豆、黑豆、红豆、花生、红薯、芝麻、油菜等。长期的农业劳动，人们积累了丰富的农业生产经验，围绕着种植、耕作、积肥和施肥、田间管理、收藏等环节，形成了他们一整套的农业生产信仰和生产劳动习俗，如耕作制度、整地习俗、播种习俗、积肥习俗、施肥习俗、收藏习俗及农业生产信仰与禁忌等。

一 耕作制度

牧野地区人民根据所处的气候和地理条件实行多种种植方式：一年一熟、一年两熟或两年三熟。

一年一熟。从中华人民共和国成立初期到20世纪60年代末，在部分太行山区，实行一年一熟制，即一年只收一季农作物。如只种一季冬小麦，收获小麦之后，让土地闲置修整一下，收获后，深耕翻垡不耙，让太阳晒垡；或者只种一季，如春玉米、花生或者红薯，收获后进行深耕，叫"冻垡"。无论晒垡和冻垡，都是让土地得到休养，保持土壤肥力的一种方法。

一年两熟或两年三熟。从20世纪60年代末期，为了发挥土地利用的效率，耕种制度做了一些调整：如麦垄点种玉米、改统为间作等。起初，小麦收割后播种玉米，玉米播种晚，收割也晚，导致产量较低。因为玉米收割晚，相应冬小麦的播种时间也会延迟。1971年，吸收外地经验，农民在收割小麦前十多天在麦垄间点种玉米，这样，收割小麦的时候玉米苗刚出来或者将要出来，玉米苗基本不受影响，也不耽误小麦的收割。通过实验，不但提高了玉米的产量，也解决了玉米成熟晚，影响小麦播种的困难。1972年，这种麦垄点种的耕作方式在牧野地区基本普及。其次，小麦播种时采用宽垄密植，次年春在麦垄间套种棉花。麦收后，既不妨碍棉花生长，也不影响产量，还可以利用麦田瓢虫防止棉蚜虫的危害，麦、棉套种在新乡县七里营、小冀等乡镇的面积较大；还有棉花、蔬菜、瓜果套种的农户，主要集中在新乡县的朗公庙、洪门、关堤和古固寨等乡镇。在一些山区地带，麦收后留作晒旱地修整半年，至秋后种麦，第二年麦收后种植豆类作物等，这样改一年一熟为一年两熟或两年三熟。

二 整地习俗

俗话有"地收一张犁"的经验，牧野地区人民养成了深耕细耙、精耕细作的习惯。中华人民共和国成立前，耕地全靠人翻、畜翻，深度不足5寸，地面不平，保墒性能较差。中华人民共和国成立后，政府部门非常重视农业的生产，提倡深耕细作。牧野地区农事中整地的基本程序有验墒情、犁、耙，也被称作"整地三部曲"。犁地之前，要检验土壤所含适合种子发芽的湿度，即检验墒情；犁是基础，耙是加工。

（一）验墒

牧野地区民间验墒的方法一般有两种：一是犁地时观察犁沟，开犁的第一遭叫"打墒"，最后一犁称"墒沟"；扶着犁沿"墒沟"走一遭查看沟内湿度情况，了解整块地的墒情。二是从犁过的地中抓一把土用手攥紧，能捏成泥蛋，摔在地上能散开的，即为"合墒地"，适合耕种，下种发芽率高，出苗率高，是最为理想的耕地；如果泥蛋，摔地上散不开的称"曝墒"；如果捏不成泥蛋，称"欠墒"，"曝墒"和"欠墒"都不适合播种。民间常常把这两种方法结合在一起使用。对于"曝墒"，犁过之后要"晾垡"以调整湿度，对于"欠墒"，农民利用水利设施进行灌溉，旧时没有可以利用的水利设施，就在雨天抢墒犁地，来保持土壤的湿润程度。

（二）犁地

春天第一犁，农家称作"开墒"。犁的结构多为规定的三大部件，由犁的长把、犁辕、犁铧组成。犁地时一般用牛、驴来牵引，但牛耕地是农耕时代的基本标志，牛耕也是牧野农家最为重要的生产方式。牛耕多为一牛一犁，也有两牛一犁的，没有牲口的贫困人家或山地不便使用牲畜的，由人力来代替。犁地时，一般由两个人来操作，一人在前引导牲畜前进，一人扶犁，掌握犁的深浅和犁前进的方向。牧野地区人民一般选择南北纵向来犁田，这样便于阳光对土壤更全面的照射；讲究犁地要深，俗话说："田要深耕，儿要亲生。""深耕一寸，多收一囤。"这样的好处是可以消灭害虫。土壤中的害虫很多，它们会直接咬烂庄稼的根部，危害很大，如果犁地深的话，许多幼虫从土里翻出来，白嫩的幼虫经过太阳的暴晒，肯定会暴尸田中。一般情况下，会在犁地前把肥料在耕地里撒开，便于翻开的泥土将肥料压在地下，犁开的地要晾晒几天，让土块自然松动，这样会更好地保存地的肥力。犁地的时间一般在春天播种之前或者夏秋作物收获之后，人们习惯称之为"春茬""麦茬""豆茬"或"红薯茬"等。犁地时间多在黎明时分，当太阳升起来的时候，牛需要"反刍"，就要让牛停下来休息，最迟要在太阳落山前收工。

除了犁地，还有用铁锨、镢头或者抓钩来松动土壤播种。尤其在新乡地区辉县的一些山区梯田、河沟或者平原地区小片不适合用犁的耕地上，人们只好以人力代替畜力。

图1-1　犁铧

（图片来源：赵会莉拍摄）

（三）耙地

耙地是牧野大地农民平整土地和保护墒情的基本方法。犁后没有平整的地块，牧野人称"垡子地"，这样的土地不适合直接播种，还要对这些"垡子地"进行平整和磨细，也就是俗称的耙地。贾思勰在《齐民要术》中讲道："耕荒毕，以铁齿楼榛再遍耙之。"[1] 有学者考证，早在晋代就发明了耙，用于耕后破碎土块，到宋代已形成耕作时使用耙等工具的一整套耕作体系。牧野人所用耙具为木制长方梯子形，前后横梁上留有孔，用来安装铁制棱锥形耙齿。一般是前梁九齿，后梁十齿。且前后耙齿相互交错，两端木撑后部一边翘起。前梁中部装有一个挂牲口套的铁钩。耙地时，将耙平放地上，套上牛在前面牵引，人在后面驾驭。有时为了加强其粉碎土块的力量，会在耙床上放一装有土块或石块的筐；而耙地娴熟的农民，两脚站在耙的横梁上，两手牵动缰绳，灵活控制耙的运行方向。如果犁地后有大的土块，农民就会使用农具打碎，俗称"打坷垃"。新置的耙床上还会拴上红布条，以此来辟邪。

耙地有顺耙和斜耙之分。顺耙是从地角开始，先沿着地边顺行一圈，再顺着地长，来回一耙挨着一耙的耙完。斜耙是从地头一角向对角方向直行，径直到边后，再拐一直角返回，这样一耙挨一耙的全部耙平。耙过的地，上虚下实，明、暗坷垃被粉碎，旱地利于保墒，水田易于浇灌。耙的

① （北魏）贾思勰：《齐民要术·耕田》，贵州人民出版社1991年版。

发明和使用使得农耕生产的精耕细作发展提高到一个新阶段，更加有利于
庄稼的生长和取得农作物的丰收。

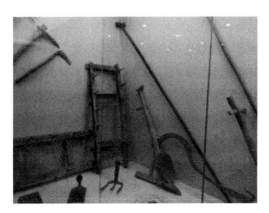

图1-2　耙地工具

(图片来源：赵会莉拍摄)

另外，用镢头、铁锹翻出的土地，要用铁制的"十字耙"搂平，俗
称"搂地"。搂地，一般是倒着操作，这样搂出的地就不会留下搂地者的
脚印，而且也很松软、平整。其实搂地的效果和耙地是一样的，都是为下
一步的播种打下基础。

（四）打畦

耙好之后，还要用刮板打畦，用铁锹开地沟，以便生长期的灌溉工
作。常见的刮板是木制的，打畦时，先由一人按板竖立，一人或两人拉
板，以便田埂笔直，再打畦或挖地沟等。

三　播种习俗

俗语说"人误地一时，地误人一年"。牧野人民重视播种时机，播种
要抢占农时、选取优良的品种、优化播种方法，这些都是农业大丰收的
保障。

播种时间。播种时间的选择是庄稼丰收的保证，也是农民经常说的抢
占农时。牧野大地地处黄河以北，麦子的播种要推后一些时间，一般在寒
露节气前后，俗话说"秋分早，霜降迟，寒露种麦正当时"。牧野地区小
麦的播种一般在10月4日至13日之间，局部山区要提前几天，在10月
初播种。"白露种高山，秋分种平川"，山区气温较低，麦子的播种要比

平原提前几天时间，这样的俗语适合华北大部分地区，麦子播种期在"秋分"前后。

秋作物种植分早秋和晚秋。早秋也称"大秋"，一般于清明前后下种，俗语有："清明前后，种瓜种豆。""清明麻，谷雨花，立夏栽稻点芝麻。"所谓"清明蜀秫，谷雨花"，谷雨节是种棉花的季节，谷雨有雨好种棉，否则"立夏种棉花，光棵没疙瘩（花蕾）"。"夏种晚一天，秋收晚十天"，"清明高粱谷雨花，立夏谷子小满薯"。晚秋也称"麦茬秋"，即收过小麦再种植其他秋作物，以玉米、谷子、豆类和红薯为主，收割后，还可以回茬种小麦。秋作物种类不同，种植的方法也不同如"谷耩浅，麦耩深，芝麻只要隐住身""沙山花生土山粮，高地芝麻洼地豆""山岭薄地栽地瓜，高粱丰收在涝洼""薄地地瓜旱地谷，涝洼地里种秫秫"。不同的农作物，适应环境不同，种植时候都要遵循它们的规律。蔬菜种植，种类不同，种植的时间和方式也是不一样的，如"头伏萝卜二伏芥，三伏里头种白菜"，还要注意种的深浅，如"深栽茄子浅栽葱"等等。

选种。种子一般选择色泽鲜亮、外形饱满的颗粒。播种前还要检查种子的发芽情况，一般是将种子埋在自家园子里观察其发芽率，来确定其播种量。种子还需要用草木灰搅拌，使种子包裹均匀，不但增加了钾肥，也有效地防止虫害。

播种方法。传统的方式是用 7 寸宽三条腿耧条播。[①] 农作物不同，要选择不同的播种方法，一般的有耧播、点播、撒播和砘地等。麦类和谷类一般采用耧播，牧野地区的农家耧车一般有两条腿耧和三条腿耧，这种耧由耧架、耧杆、漏斗、耧铧和耧腿组成。漏斗仓眼的大小依据农作物种类来定，习惯以"麻、麦、豆，一指头"。播种时，耕作者应该熟练掌握耧的运行，一边把握耧车的方向和深浅，一边双手把耧架平，左右摇晃着，具体掌握播下种子的速度和密度，需要播下的种子顺着耧脚装置的孔进入土中，被掩埋在一条条墒沟中。耧把式应该是家中种植的行家里手，非常明白"稠麦稀豆"的道理，即播种麦子时要相对稠一些，而播种豆子颗

---

① 延津县志编纂委员会编：《延津县志》，生活·读书·新知三联书店 1991 年版，第 254 页。

粒较大的种子时，要注意稀疏一些，这个度的把握需要庄稼把式自己凭感觉和经验。耧车的前端一般需要有人牵引拉动耧车的牲畜。

图 1-3　播种

（图片来源：王东安拍摄）

点播。一般用于豆类、花生、瓜类作物，由一人或两人来操作。小块地一般由一个人先用锄头刨一条浅沟，再撒种子；劳动力充足的，就一人用锄刨坑，一人挎着装有种子的篮子或其他器皿，一手抓种子丢入坑中，然后用脚将坑抹平或轻轻踩压。撒播，有"遍撒"和"沟撒"，在不能耧播的丘陵或岗坡上，就"遍撒"；或者先用锄头挖沟，手抓种子顺着沟撒，再用土把沟填平。

砘地。是耧播后必须进行的善后工作，砘地可以有效地防止虫子的拱咬和种子"伤风"。砘子，是石制的，圆形，按耧腿的距离固定在一方形木架上，砘地时由牲畜或人力牵引，将耧铧翻过的垄沟压实。不宜使用砘子的土地，就用脚顺垄踩压。这样也可以防止水分的流失，保持墒情。

图 1-4　砘子

（图片来源：赵会莉拍摄）

四　积肥习俗

肥料是农业丰收的保障。牧野人历来都非常重视积肥、施肥的习惯。在农村广泛流传着"粪是庄稼宝，没它长不好""种地不上粪，等于瞎胡混"的谚语。肥料，主要是农家肥，包括牲畜圈肥、人粪便、油料饼、植物灰以及一些可以沤烂成为肥料的杂草、树叶等，为了农业的丰收，培育"壮地"，家家户户都非常重视积肥。肥料的保存方式有粪坑、粪堆，粪坑用来沤粪，粪堆用来捂粪，都是为了让肥料经过必要的发酵，产生肥力。

积肥，主要指的是农家肥，即有机肥。肥源广泛，品种丰富，几乎一切有机物，都含有农作物需要的养分。农家积肥主要有以下几类：

(一) 人粪尿肥

民间人粪尿肥的制作方法有两种：一是在干粪池的厕所内，存放渣土、杂草、树叶，便后及时覆盖，定时的清理翻沤；一是设置陶、瓦缸，便后及时加水沤制。人粪尿肥含氮量高，易分解，肥力大，在有机肥中有"细肥"之称，适用于多种农作物的底肥和追肥。

(二) 圈肥

主要是家养的牛、驴、马、骡子等大牲口的厩舍和猪、羊、鸡、鸭、兔等家畜、家禽的圈舍。经常在牲畜和家禽的窝中垫一些杂草、碎叶或

图1-5　捡粪笊头筐

(图片来源：赵会莉拍摄)

者撒些土来沤制圈肥，大牲口的厩舍掏出的肥料称"牲口粪"，圈舍中掏出的粪称"猪粪""羊粪""鸡粪"等，这些工作也是农民们必不可少的日常工作。鸡、鸭、猪、羊等动物可以散养，勤快的人为了获得这些动物的粪便做肥料，会早早起床，扛上装粪的箩头筐和捡粪的粪权，到处寻找；或者在农忙的季节里去地里往返途中，背上捡粪筐，将途中拾到的粪便带到田里或家中的粪堆或粪坑中，俗称"拾粪"。农闲季节，上了年纪的农民常常会背上粪筐，拿上粪权，出没在牲口往来多的集会和庙会上，并相信"积粪如积粮，拾粪如攒金"的说法。圈肥也是农作物大量施用的主要肥料。

（三）堆沤肥

堆肥和沤肥的是性质相似的肥料，是农家肥的又一种形式。沤制堆肥，民间多在自家院内或大门外的一侧，设置"粪堆"或"粪坑"，每日打扫的落叶、肥土和生活垃圾等，堆集在粪堆或粪坑里，俗称"扫帚响，粪堆长"，既保持了庭院的卫生，又积了肥。甚至有的人家还特地收集秋后的树叶、收割地里的野草一并置于粪坑中沤制。这种使用青苗肥的方法在我国南北朝北魏时期就已经广泛使用了。牧野地区的农民们认为"家里土，地中虎"，堆肥是施肥的高级肥料，对粮食产量提高有着举足轻重的作用。牧野农民把农家肥称作"粪金"，在他们心中，一户人家粪堆的高低、分坑的大小，也成为评判这户人家是否勤劳和能力大小的标准。

（四）饼肥

牧野大地盛产棉花、花生、芝麻、油菜等，因此压榨过的棉籽饼、花生饼、芝麻饼和油菜籽饼也是做底肥的材料。20世纪80年代后期，由于施肥量加大，本地的产饼量不能满足，也有许多农户从外地购买的。

另外，还有倒粪、苫粪。未经过发酵的粪称"生粪"，经过发酵的粪称"熟粪"，"熟粪"能比"生粪"发挥更好的效力。人们不仅重视积肥，更注意让它发挥更大的效力，所以农民就把沤制的肥料上地前几经翻倒，俗称"倒粪"，目的是使农家肥不夹生，不留石头、土块。如果不能及时犁地，送到地里的农家肥还要堆成堆，防止粪气流失，并用土相苫，直到犁地时才撒开。

五 施肥习俗

牧野人自古就有重视积肥、施农家肥的习俗。在农村广泛流传着"庄稼一枝花,全靠粪当家;种地不上粪,等于瞎胡混"① "人哄地皮,地哄肚皮"等农田施肥管理的谚语,农人们一般把肥料充足的地称为"壮地",对不上粪就下种的地称"薄地"。农作物的不同,施肥的时机选择也是不一样的。

肥料一般分粗肥和细肥。粗肥大多是圈肥、堆沤肥及各种土杂肥等,在犁地前均匀撒到地里,犁地时就可以翻入土中;细肥是指化肥及各种油饼类,如牧野大地盛产棉花,棉籽饼丰富,此外还有花生饼、油菜籽饼、芝麻饼等。② 一般情况下,粗肥用在大田里,如广泛用于种植小麦、玉米、大豆、高粱等农作物的田里;细肥主要用于瓜果、蔬菜一类作物的田里。如芝麻饼多用于瓜果、鸡粪多用于蔬菜等。

以前,农民基本上以农家肥作为基肥,也叫底肥。施肥主要有两种方式:施主肥和追肥。民间施肥,俗称"上粪"。上粪即讲究肥料的种类,更要注意上粪的时间。如小麦施肥的时间是"年后不如年里,年里不如年底"。每年在秋庄稼收获后,犁地前将肥料撒入地中,犁地时翻到地下,补充地的肥力,通常称种麦前施一次底肥为"施主肥";再一类是根据农作物生育期对养分的不同需求而施肥,称"追肥"。在农作物生长过程中,为了促进庄稼更好地生长,除了中耕除草等活动,还要进行追肥。追肥的形式也有很多种,有"穴施""沟施""浇施""明施"等。"穴施""沟施"即用锄头刨坑或挖沟,将肥料撒入沟穴中,一般如饼肥、化肥或人尿粪等贵重肥料都采用这种方式;"浇施"是灌溉时将肥料一起施入田中,如20世纪六七十年代,人们春节前把人粪尿撒于田中,节后再浇灌,80年代的农民就把化肥先撒到田里或者浇地时撒到水中,随水流到田中;"明施"是直接将粪肥撒到田中,如自家沤制的农家肥一般采用

---

① 新乡县史志编纂委员会编:《新乡县志》,生活·读书·新知三联书店1991年版,第142页。

② 新乡县史志编纂委员会编:《新乡县志》,生活·读书·新知三联书店1991年版,第143页。

明施直接撒到田中。如小麦冬季进行的追肥，称"上苗粪"，小麦春季返青时的追肥称"蒙肥"，为小麦的生长提供养料补充。

1956年后，通过宣传、引导、示范，农民逐步用化肥给小麦、玉米、棉花追肥；1982年后，农民种植农作物除了用农家肥外，还十分讲究科学使用化肥，以较少投资获得较大的经济利益，改变了以往集体经营时大投资、大施肥的盲目性。

六 收藏习俗

农作物的收割、加工和贮藏是"三位一体"的，收割是基础，加工和贮藏是过程，食用才是根本。我们经常说：民以食为天，20世纪80年代前，牧野人见面的第一句问候语就是"吃了吗？"可见，吃在人们生活中式居于第一位，人们首先要解决的是生存问题。

牧野大地农作物的收获主要有夏收和秋收两次。夏收主要指小麦，秋收主要指黄豆、高粱、玉米、水稻、谷子、芝麻、绿豆与红薯等。夏收时间短而紧迫，就像白居易所作诗句："田家少闲月，五月人倍忙。夜来南风起，小麦覆陇黄。"农谚讲："焦麦炸豆，麦子熟透一晌午。"即麦穗黄时，一阵热风就会把小麦吹熟，若不及时收割，麦粒就会撒落到田里，所以要抓紧时间收割；秋收的时间是漫长而繁重的，因为秋季农作物的成熟时间是不太一致的。农作物种类不同，收割方式也不同，收获方式主要有割、摘、挖和刨等。

（一）夏收

夏收主要指的是小麦的收割。小麦面粉是农家最精美的面食，在牧野地区被称为"好面"或"细面"。20世纪上半叶，如果谁家能够吃上小麦面，那一定是家庭比较殷实的人家，一般人家只有在婚丧嫁娶、祝贺生日、祭祀先祖或者重要节日如春节、中秋节时才能改善生活，吃上白面，平时只能吃些粗粮。

夏收的习俗也很多，主要包括收割时间、糙场、割麦、拾麦、打场、扬场、晾晒、入仓等。

1. 收割时间。牧野大地小麦的收割时间是在农历五月上旬，即阳历的6月3、4日左右，农谚有"蚕老一时，麦熟一晌""收麦如救火，龙口把粮夺""麦收时节停一停，风吹雨打一场空"，割麦季节任务是很紧张的，男女老幼齐上阵，全力以赴，家家户户都在争分夺秒地抢收抢种，一起出动参加麦子的抢收。收割麦子多在早晨的四、五点钟开始，趁着早上空气中还有点儿潮湿，到中午11点多收镰，以防割得晚了，气温升高，麦粒脱落，影响收成。

图 1-6　麦田

（图片来源：赵会莉拍摄）

收割前，人们对丰收充满了喜悦和期待，农民们会提前把镰刀磨好，家人们都要吃饱、睡好；牛、马还要加上精料喂饱，一切准备停当，信心满满地准备迎接第二天的收割。

2. 糙场。为收获的农作物进行脱粒的场地，称"麦场"，"麦场"的准备一般是在麦子成熟前。首先要进行平整。在地面撒上一层麦糠或短的麦秸秆，然后再洒一些水，待其稍干时，用石磙轧平，牧野人称为"糙场"。场地一般设在村头空旷闲地，地少的人家有时会几户人家共用一个场地；有的为了不影响拟作场地的耕地收入，上年种一些早熟的作物，不耽误第二年再用作场地。糙好的场便可以存放、碾打成熟的农作物了。

3. 割麦。割麦讲究姿势，用力方便，一气呵成，沿着麦垄一次割四五垄；割好的麦子不能乱放，要整齐一竖放成一个个小堆，这叫"麦扑子"。一般"一扑儿"麦，可以捆成一个"麦个儿"，方便打捆和装运。割麦时，男女老幼，同心协力，许多人还互相比赛收割的速度和质量，很是热闹和兴奋，因为这是一个收获的时刻，每个人脸上都写满了幸福和快乐。旧时，地少的人家，一般都是打捆，用小车推或太平车拉，甚至肩挑运到场上，山区人家常用独轮车运送或用扁担挑运；富裕人家，多不打捆，直接用麦权装上马车，运到场上，运到场上的小麦要晒上三两天再打场。

4. 拾麦。当一块麦田收割、运送完毕，一般会留下一些麦穗，农民知道粮食的来之不易，他们非常珍惜自己辛勤汗水换来的收获，往往要捡拾地上遗落的麦穗，或者用笆子把散落在地上的麦秆、麦穗聚拢起来，挑选出麦穗运到场上，俗称"拾麦"。20世纪五六十年代，"拾麦者"多为少地或缺地家庭的妇女和儿童，头遍拾麦应该是由主人家进行，之后任由"拾麦者"捡取，他们往往在主人家收割、捡拾时就守到田边，一经主人家放行，他们就跑到田里，捡拾主人家漏掉的"麦穗"，此举称"拾轰隆麦"。旧时，农家十分重视拾麦，尤其是人多地少的人家，在不影响自家夏收的情况下，鼓励自家的妇女和孩子去"拾麦"。

5. 打场。运送到场上的小麦先堆放在一起，天气晴朗，早上8点就开始拆垛、摊场，把麦子均匀地摆放，待烈日晒干晒透，于中午开始"碾场"。旧时碾场用人力或者牛、马拉石磙，每碾一遍，就用权翻一遍，俗称"翻场"，碾场一般三遍，三遍后起场，将碾过的秸秆集中搭垛堆在场边，等待复碾。复碾过后，就会挑起麦秧堆砌在场边，层层叠叠，垒成长方形或圆形的"麦秸垛"，外形很是壮观，可以供家中的牲畜食用。

图1-7　麦秸垛

（图片来源：赵会莉拍摄）

6. 扬场。农家将碾轧下的麦粒和麦糠集中在一起，开始利用自然风将麦子和麦糠完全脱离，俗称"扬场"。扬场需要力量，更需要技术。扬场时，要巧妙利用风向，将麦籽与麦糠分开。扬场时，人头戴草帽，扬头遍时，众人一起动手，权、木锨一起上，而到扬第二遍时，也叫细扬，由一个人扬或者两人面对面扬，另有一个技术高超的人，站在撒下的粮堆前，用竹扫帚掠去秕糠。扬场者扬出的籽粒成一条线落下，所谓"会扬者一条线，不会扬者一大片"，直至全部扬好后，在入仓前要进行多次晾晒。过去生产力落后，主要靠双手劳作，经过收割、运输、晾晒、打场、扬场、晒粮等几个程序，从收麦到入仓要半个月左右，若遇到阴雨天可能需要的时间会更长。如今，机械发达，人们基本都是利用收割机，打破了传统夏收的模式，机器过处，麦粒直接收入袋中，效率更高了，一到两天就能保证小麦的收获完工。

7. 入仓。晒干的新小麦要入仓，农家的仓库有大有小，一般小户人家用瓦缸、瓷缸或者麦布袋，布袋一般是麻织的长筒形，布袋上还印有主人的名字或者某家，"丰收"等字样作为标志，以方便邻居家借用；大户人家一般用囤藏，牧野地区民间常见的囤，多是用席箔围起来的圈，俗称"茓子"。"茓子"所用材料多是就地取材，一般用荆条、苇子、秫秆编制而成，宽三四十厘米，长五六米，使用时围在大笸箩内或直接围在室内地面上，旋转围起来，边围边装粮食，粮食多的人家可以围至数米高，需要注意麦子入仓时的温度，俗语说"冷收麦，热进仓"，以防生虫或霉变。

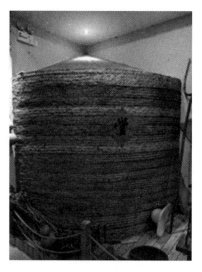

图 1-8　粮仓

(图片来源：赵会莉拍摄)

牧野人很重视"五黄六月"，即小麦成熟的季节，流传着"麦稍黄，去看娘"的谚语，就是讲麦子成熟前，出嫁的闺女要去看望父母，因为收麦时节太忙，没有时间去拜望父母了。收麦后的六月初一被称为"小年"，小麦收获入仓后，出嫁的闺女也要去看望父母，牧野大地民间有句俗话："割罢麦，碾过场，谁家的闺女不瞧娘。"或称"瞧麦罢"，也是庆贺小麦丰收的盛宴，出嫁闺女回娘家看望父母，挎上自编的竹篮，放上炸好的菜角、油条和糖糕等，然后让孩子爬上楝树折几根树枝，盖到篮子上面，楝树叶子味道很苦，一能遮挡尘土，二能驱赶蚊蝇等，麦罢看娘的习俗也是农耕文化的遗风。时代在发展，但闺女麦罢看娘的习俗没有改变，只是给父母带去的礼品丰富多了，更多的是酒、茶、奶制品或者给父母添置一些新衣服等。

在小麦收割前，牧野地区的许多地方会举办小满会，主要是为满足各村群众购置夏收、夏种农资、农具而设立的，由于每年都在小满节气前后举行，人们就习惯地称其为小满会。小满会上的商品，以农具为最，会上不仅有草帽、镰刀、扫帚、杈子、绳索、装麦子用的笆斗，有给粮食打囤子用的席卷等。其次，人们还会祭祀田神、麦神等，在科技不发达的古代，反映了人们希望祛除自然灾害的一种迫切心理。

（二）秋收

秋庄稼品种众多，因物种不同，庄稼的收割时间也不同，所以，秋庄稼收割期很长。俗语说"立秋三日，寸草结籽"，秋天到了，到处都是收获的景象。

豆类的成熟，要抓紧时间送到场上。俗语说"焦麦炸豆"，就是说豆类的收割和麦类一样，收割比较急，如果收割晚了，豆角炸开，就会影响豆类的产量，如黄豆需要像麦子一样在场上晒，用石磙反复碾；芝麻颗粒较小，不宜在场上碾轧，而是捆成芝麻捆，晒干后，在太阳落山后或清晨温度较低时，铺地上一块布，将芝麻捆倒拿着拍打，直到芝麻籽脱尽为止。

谷类的收割，如高粱、玉米、谷子、稻子等，它们果实外壳比较坚固，籽粒不容易脱落，速度可以放慢一些。高粱与谷子，曾经是牧野人的主食，被称作"粗粮"，尤其高粱，好种好养，可以说牧野人把它的作用发挥得淋漓尽致，其高粱粒可以做主食，还可以用来酿酒，其叶子可以用来喂牛羊，其莛和穗可以用来做扫帚，其莛还可以用来做锅盖、馍筐等，高粱的外皮俗称"席篾子"，可以做成装粮食的篓或者用来铺床的凉席。

图1-9　馍筐

（图片来源：赵会莉拍摄）

　　红薯、花生根茎类果实的收获相对便利，不必太急。薯类作物产量高，且能较长时间保存，加工也比较便利，用传统的烧烤就行，味道鲜美，烤红薯也是牧野人美好的记忆。或者晒成红薯干，加工成粉条、粉皮、粉丝等，可煮可蒸。红薯含有丰富的淀粉和其他营养物质，利于人体吸收，可以较长时间抵御饥饿，受到牧野人的喜爱。红薯、花生收获所用工具有铁杈、铁锨和镢头，用"刨""挖"的方法，牧野人经常称作"出花生、出红薯"等。如果土地面积较大，就采用犁地方式，然后再用人力捡拾。旧时，主人家收完以后，允许一些少地或无地的人家再继续刨挖和拾取，俗称"溜花生"或"溜红薯"，从客观上也帮主人家深耕了土地。

图1-10　收割农作物所用工具

（图片来源：赵会莉拍摄）

棉花和蔬菜瓜果类的收获使用采摘的方法。采摘前准备篮子或筐等盛装的工具。摘棉花，人们习惯将带有绳子的布袋挂在脖子上或系在腰间，摘下的棉花放在布袋中，布袋装满之后再送往地头的盛具中。根据棉花盛开的情况和天气状况，可以天天摘或者隔日摘。

秋天是繁忙的季节，也是收获的季节，更充满着希望和快乐。

七　农业生产信仰与禁忌

千百年来，农耕生产是牧野大地农家最重要的生产方式和生存方式，有着其他地区普遍的农耕生产内容，也有他们自己独特的个性特征，同时也形成了他们独有的思维方式、表现方式和抒情方式。在旧时靠天吃饭的日子里，牧野人在强大的自然面前，表现出来的是尊重自然和敬畏自然；当然在自然灾害面前，表现出来的是对自然的崇拜，对天地诸神灵的信仰。

土地神。我国是一个传统的农耕社会，最基本的生产资料就是土地，土地是农民安身立命的根本，也是庄稼人最大的幸福和荣耀。对土地的获取和占有是牧野人的梦想，他们最热衷的是对土地的开垦，所以在牧野大地乡村的田间地头或者村庄，都可以见到一座土地庙，里面会供奉着"土地爷爷、土地奶奶"。因为他们相信这是庄稼人的保护神，所以每到播种或者收割的时候，农人们都会到土地庙祭拜土地爷爷和土地奶奶，希冀获得农业的大丰收。

谷神。五谷，一般指黍、稷、麦、豆、麻或者黍、稷、麦、菽、稻等，泛指一切粮食作物，同时也是人们最基本的衣食来源。自然人们对五谷充满了特殊的感情，并逐渐将其神化，创造出了谷神，在特定的时间地点进行祭祀，以求谷神保佑农业风调雨顺、五谷丰登，对谷神进行崇拜。稷，究竟是何种谷物，学术界尚无定论，一般认为是粟。它耐旱，适应性强，而且营养丰富，也是黄河流域种植较早的代表性农作物，被认为是五谷之长。由于五谷众多，不可能——祭祀，到了周代，就选出稷为代表来祭祀，于是封土立社，"稷"就成了谷神，被奉为周的祖先，农业的创始人。在后世的演化中，社稷逐渐演变成了国家政权的标志。

祭祀谷神的风俗一直沿袭到民国时期。牧野地区各乡级以上的地方逐年定制祭坛祭祀稷神。皇城里的社稷坛是大小相同的两个土台，一般高五尺，宽五丈。土台的用土也是根据五行中各个方位的属性来选用，所以土台的东面用青土、南面用赤土、西面用白土、北面用黑土、中央覆盖黄土，象征着全国各地的土地。各地方的社稷坛比这个要小一半，民间的更小。祭祀社稷的时间一般是一年两次，在仲春和仲秋之月，春天祭祀是祈求农业五谷丰登，秋天祭祀是庆祝丰收的，也称为"春祈秋报"。农民除了在社稷坛或土谷祠供奉谷神外，有的直接在田间地头祭祀。如牧野大地的好多地方，在小麦收割时，太阳还没有升起来的早晨，空气中弥漫着小麦成熟的味道，农家会在地头摆上供品，祈求神灵保佑麦收顺利，保证小麦的丰收。因为这里寄托着农民的全部希望，它也是一家老小温饱的保障。第一镰一般是由家中德高望重的长辈来操作，不允许妇女儿童在场，忌讳说一些不吉利的话。如果在收割中遇到蛇，人们会非常高兴，他们认为蛇是财神，能给家人带来幸运，他们不会去伤害它，绕道躲开；或者在春天耕种那天，在地头烧香，祭祀谷神，以求获得更大的丰收；春节的时候会在粮食囤上贴上"五谷丰登"的春联，用这样的方式把谷神请回家，来保佑粮食丰产。

麦场神。对麦子进行脱粒的场地称"麦场"。旧时，由于生产力水平低下，牧野老百姓基本是靠天吃饭，因此对粮食生产的每个环节都充满了敬畏和神圣的期盼，希望粮食能够如数顺利入仓，不受损失。在牧野大地，小麦在夏季炎热干燥的季节收获，干透的小麦在场上或地里极易发生火灾，为防止小麦在麦场上遭灾，农人们就幻想出了"麦场神"，并希望它能保佑小麦免遭损失。农人们会在打场前举行祭祀麦场神的仪式。首先在麦场上设置供奉麦场神的神位，然后摆上各种供品，如猪肉、鸡肉和水果等，点上香烛，请麦场神降临，然后对着麦场神磕头许愿，希望场神保佑打场期间风和日丽、人畜平安、不发生火灾等，有的人家还在石碌上贴一个大大的"喜"字，其实农人的心理是一样的，都期盼能有个好的收成。

小麦收获的季节是相当繁忙的，甚至不分白天黑夜地抢收，人们相当疲劳，有的农民甚至站着就能睡着。在这种极度疲劳又繁重的劳作中，人们应付灾祸的能力其实很低下，进一步增加了麦场上的危险因素。即使到今天，麦收季节的防火工作也是牧野地区政府部门和农民们的头等大事，政府部门会早早督促农户在田间地头准备防火用具。

牲口节。在牧野地区农耕生产中，农家的耕地、打场、运送东西等离不开自家的牲口，虽然在平时的劳动中少不了对它们的役使和谩骂，其实在庄稼人的心目中对这些牛、马、骡子等牲口还是很爱惜的，并为牲口设立了"牲口节"。每年农历七月十五，是我国传统的中元节，民间俗称为"鬼节"。牧野地区的农家把这天称为"牲口节"，此日有许多敬奉耕牛的活动。这一天，家家张贴马王爷、牛王爷的神像，摆上供品，凡有大牲口的农家，这天都要停止干一切农活，为这些牲口添加精细的饲料，甚至在牲口槽头放上面条和馒头。民间歌谣唱的"打一千，骂一万，七月十五吃饱饭"，指的就是这种风俗。传说牲口节的起源与中国明朝皇帝朱元璋有关。朱元璋从小失去了父母后，生活贫困，被迫去给财主放牛。有一天，财主硬逼干了一天活的朱元璋和长工们夜里去放牛，朱元璋和伙伴们又累又饿，而财主却在家里享乐，朱元璋气愤不过，便指挥伙伴们偷来杀牛刀，大家一齐动手，杀牛的杀牛，烧火的烧火，不一会儿，一头活牛变成了一堆喷香的烤牛肉，小伙伴们终于可以饱餐一顿了。天亮时，这些长工们发愁了，财主若发现少头牛，肯定会狠狠惩罚他们的。于是，朱元璋出主意，让长工把牛尾巴插在山坡上，然后让一个小伙伴回去报信，谎说牛钻到地底下了。待财主回来发现黄牛真是钻到了地下，地面上不见牛身，只露牛尾。他气急败坏地拽住尾巴往上拉，谁知地底下真的"哞！哞！"叫了两声，财主只拉出一条牛尾巴。后来，财主又命人挖地，结果什么都没有挖出来，他垂头丧气，自认倒霉。从此以后，人们为感谢耕牛，就把农历七月十五当作"牲口节"，意在感谢它为穷人谋福。每到春节的时候，为了感谢这些为农民们劳作一年的牲口，也会给牲口槽里加几个饺子，贴上"槽头兴旺"或摆上"牛王爷""马王爷"的牌位。

农具神。牧野地区主要的粮食加工工具有石碌、石碾、碓臼和石磨等，发明于农耕社会早期，前三种主要用作谷类粮食的去皮、除糠；石碌是用石头做成圆滚，石碾是圆形的较薄些的石头，也是石碌的底座，用杠杆连接石碌，推磨时用碾杠；碓臼用于舂米、粉碎粮食或者给谷物脱壳的粮食加工工具。石磨是把粮食加工成更精细的面粉，一般由红石或青石锻制而成，圆形，分上下两扇，并凿上沟槽，两扇咬合摩擦，磨出原粮，一般由人力或者畜力牵引。

图 1-11　石碌

（图片来源：赵会莉拍摄）

　　牧野大地自古以来处于中原地带，属于典型的农业地区，因此农业生产工具如石碌、石碾、碓臼和石磨等在民间享有很高的地位，由此产生了农具神的信仰，也可能和我国民间的石崇拜有关，考古学家们认为中华大地上存在着一个石文化传播带。牧野地区人们竟然把石碌、石碾和民间的青龙和白虎联系起来，认为石碌、石碾上附有青龙神，石磨上附有白虎神，所以，在农历二月二"龙抬头"的日子，民间禁止动用石碌、石碾、碓臼和石磨，并用磨塞子将石磨支起来，这样可以方便龙抬头，并对着这些农具焚香烧纸祭拜；在新乡县志和获嘉县志中还记载有正月初十"石不动"的禁忌，即每年的正月初十，凡是碌、碾、碓臼、磨、捶布石等都不能动，认为石头和人一样具有生命的特征，平日干活很劳累了，这天是它们休息的日子。人们平时也不能坐在石碌上，认为这样会压住青龙头，会患痔疮；不准拉空磨，如果磨眼儿空了，意味着家中今年的粮食不会丰收，所以，一般磨完面会在磨眼儿里放一把粮或麸子；儿童不准爬到磨上玩耍，认为这样孩子会夭折或折寿；推磨时只能顺时针推不能逆时针推，否则就会走倒霉运……直到 20 世纪 50 年代以后，麦场的许多禁忌习俗才渐渐淡化。

　　牧野地区的民间还有认石碌当干爹的习俗。如果家里人给孩子算卦说孩子命硬，可能要克父母，就会认石碌做干爹。仪式一般分两步：首先请神。把石碌及其周围打扫干净，摆上供品，焚上香，然后烧纸、放鞭炮。家长手持香，绕着石碌转三圈，口中念念有词："石头神，请神在，大炮三声请您出来！"孩子向石碌敬酒，酒洒在石碌上，表示石碌神已经请出来了。其次拜石碌认亲。家长这时口中念道："石头神，请神在，今有小儿拜您来!"然后让孩子给石磙磕三个头,仪式宣告结束,意味着孩子从此就可以得到石磙的庇护,能够健康成长。

牧野地区农村盖房子,即使石料再缺乏,也不会用石磙、石磨来充当建筑材料,因为石磙、石碾、石磨滚来滚去,非常不稳定,认为这样建的新房子会不牢固。确实,这些农具的发明,为粮食的加工大大节省了时间,粮食的产量也得到了大大提高,在农业生产的历史上是一项伟大的发明,对人类的文明和发展作出了极大的贡献。

第二节　牧野家庭畜养习俗

家庭畜养是农家生产活动的重要内容,不但用于农业生产,也可以增加家庭的经济收入。中华人民共和国成立前,牧野地区主要是富裕的人家养大牲畜,用来生产或运输;大多数人家养鸡。中华人民共和国成立后,经过合作化运动,大牲畜全部归集体饲养,家庭主要养鸡、鸭、鹅、猪等,党的十一届三中全会后,党和国家政府号召大家发展家庭饲养业,家畜家禽的饲养量才多起来。喂养家禽家畜,除了用于生产,还可以积肥,肉、蛋等可以出售和自用,同时也扩大了家庭的经济来源。

一　畜养种类及方法

（一）畜养种类

1. 大牲口。大牲口,主要指的是牛、马、驴、骡等。牧野地区饲养牛的品种很多,主要有本地牛、南阳牛、荷兰黑白花奶牛、肉牛等,本地牛有大、中、小三种体型,耐役使,能够吃粗饲料的特点;马的饲养品种有伊犁马、蒙古马、河南轻挽马和四川马;骡是马和驴杂交的品种,有马骡和驴骡两种,体质强健、抗病能力强、力气比较大,深受老百姓的喜爱;驴的品种有关中驴、本地土种驴、沁阳驴和杂交改良驴,其中本地土种驴最多。旧时,养骡、马等大牲口的,多为富裕人家,而一般人家以养牛、驴等小牲口者比较多。

2. 家畜、家禽。家庭畜养主要以增加家庭经济收入为主,主要有猪、羊、狗、兔和鸡、鸭、鹅等,其中养猪、羊、鸡、鸭等家畜家禽较多,也最为普遍,它们的肉、蛋改善了人们的家庭生活,为人们提供了丰富的营养。

猪的品类较多，有四川内江、北京黑、英国巴克夏、丹麦长白猪及杂交后代猪等，其中四川内江猪最多，该品种食量大，生长快，性温和，好饲养；长白猪是瘦肉型猪，引进时间较短，养殖数量较少；羊的饲养种类主要有山羊和绵羊，山羊以食肉和产毛为主，绵羊主要以产毛为主。鸡的种类也很多，主要有本地草鸡、中原白、固始黄、九斤黄、十斤黑、芦花鸡、澳洲黑和肉型鸡等，其中本地草鸡成活率高，适应性强，最受欢迎，但是产蛋量低，生长比较缓慢；鸭、鹅的饲养量较少，鸭的品种有固始麻鸭和本地土种鸭，由于近年来水的污染严重，鸭的饲养量一直不高；鹅的品种多系本地白鹅。

注重防盗和捕鼠的家庭喜欢养猫和狗，近年来在城镇也有很多家庭养狗，由于独生子女家庭的增多，随着孩子离开身边，有的人养狗来排解孤独或者精神的寄托，把狗当宠物来养，因为狗是人类忠实的朋友。

（二）畜养方法

1. 圈养。牧野地区喂养的牲口都是采用圈养的形式，喂养饲料以干草、秸秆为主，所用秸秆要用铡刀将草或秸秆切碎。俗话说："寸草铡三刀，没料也上膘。"所用铡刀装在一个横木架上，铡草由两个人来进行，一个人负责填草，一人负责按铡刀，填草需要技术较高，它需要把握草的长短粗细的能力。喂牲口时，将草倒入槽中，然后加入少量水搅拌均匀，"有料没料，四角搅到"。平时喂养一般加料很少，只有在农忙时节，要牲口出大力气时才会给牲口槽里加入大量料，这些料包括黄豆瓣、黑豆瓣、玉米糁、麦麸、豆皮等，一般讲究"冬喂干，夏喂鲜，春天干鲜各一半"。因为冬天牲口不再干农活，地里的野草和秸秆也已干枯，收集起来作为牲口冬天的食物；夏天野草繁盛，牲口就可以吃到新鲜多汁的野草；春天，野草开始萌动，但不足以满足牲口的需要。

农闲时节，天气晴好的日子，要把牲口从圈里牵出来，让它去接受阳光的沐浴，呼吸一下新鲜的空气；中午和晚上牵到圈里喂食。不同牲口的生活习性是不一样的，牛一般在前半夜要喂足喂饱，以便它在后半夜"倒沫"，俗称"反刍"。农忙时节，白天喂食时注意要比平时多加草料，但喂养的重点是在夜间，一般要加三次料，俗言说"马不吃夜草不肥，驴不得夜草无力"，白天早、中、晚还要各喂一遍水；夏季野草繁茂，还要加些青草和野外放牧，以保持牲口的体力和健壮，"水草喂到，胜似上料"。役使的大牲口，还要定期为其钉掌，有经验的可以自己操作，没有经验的农户请邻居帮忙或把牲口牵到集市上有专门为牲口钉掌的，预防牲口在劳作中对蹄掌的磨损。

猪的饲养是分时间段的，一般幼小的时候是不收圈的，让它自由奔跑、觅食，直至长到半大，才收圈喂养，称为"上圈"。所谓"小猪要跑，大猪要睡"，多睡才能长膘。猪圈内，要保持干燥，每天都要用土和干草垫窝，"养猪没窍，窝干食饱"。喂猪的饲料要根据猪的成长不断变换，幼小的猪喂细料，如喂细糠、麦麸、黄豆等，待长到七八十斤，这时喂粗饲料，长到150斤左右，为了让猪长膘，再喂细饲料。饲养母猪，受孕前和产崽满月后，要控制体重，以免影响猪的受孕，怀孕后和产前要让其吃饱喝足，满足猪崽的生长和产奶。

2. 放养。民间养羊大多采用放牧的方式。一般家中养一两只羊的，在劳动休息的闲暇之余，由家中老人或者孩子把羊牵到河边、路边有草的地方放牧。在山区养羊比较多的，多和牧牛一起，多半有专门的放牧者，称为"羊工"或"羊倌"，一般由村中单身的中、老年人，或者家中贫穷上不起学的青少年担任。旧时，羊工放羊由羊户付给报酬，一般羊毛归羊工，饮食由养羊户轮流提供。专业放牧多在春、夏、秋季，在太行山的辉县，集群放牧的羊，起初会在近山坡放牧，晚上羊工会把羊群赶回村里，然后交给羊户；清早放牧时，各养羊户开圈将羊赶出交给羊工；如果近山草吃完，羊工就把羊群赶到远山，远山放牧处的人家会积极相迎，招待羊工吃饭，因为能得到羊粪，据说，百只羊一夜可以卧一亩好地，故有"一卧两旺"之说，羊粪尿中含有丰富的氮、磷、钾，等于给地上了一次肥料，这个季节也是羊工最受尊敬的时刻。

农家喂养的鸡、鸭、鹅等家禽和猫、狗等家畜一般也采用放养的形式，白天这些家禽和家畜会在村庄自由活动觅食，晚上会在主人为其搭建的窝棚里休息。有时候主人也会把剩馍、剩饭喂养给这些家禽、家畜。其中养鸡的农户最多，他们除了养一群母鸡下蛋外，还会养一两只公鸡，用来打鸣或为母鸡配种。

二　选购牲畜及繁殖习俗

（一）选购牲口

选购牲口非常有讲究，一般要看牲口的"牙口"、毛色、形态和体态等，俗称"相牲口"。民间选购牲口要到集市上的"骡马市场"，牲口市场有专门从事牲口买卖的人员，称"牲口经纪"，牲口的买卖大部分是依靠"牲口经纪"来完成的，也有买卖两家直接交易的，但比较少。

1. 看牙口。牲口的年龄，主要看牲口的牙口就可以判断，以牲口的下门牙生长情况为准。幼小的牲畜长有乳牙，乳牙脱落后，就会长出固定牙齿，最多长8颗，长满8颗牙，称"满口"，这时牲口正处于年富力强的时间；长一对牙，约有1岁半，可以调教牲口下地干活了；如长出两三对牙齿，牲口的年龄大概在4—6岁，力量正处在上升期，也将要成年；到了10岁，前门牙就开始出现裂缝，其后一年一道缝，长到15岁，便称"老口"；牲口的精力已经衰退；随着年龄的增长，不但齿轮在增加，牙齿的颜色也逐渐发黄，18岁后的牲口，牙齿变黄，称"黄口"，若喂养得当，役使合理，还能为主人服务三五年。所以，买卖牲口，对这些知识都是要了解的，否则就不可能挑到自己满意的牲口。

2. 观形体。有经验的农民从牲口的毛色、形态和表现就可以判定牲口的健康状况，认为毛色发亮，站卧有态，步伐有力的牲口就是健康的；毛色发暗，行走失态的牲口，肯定健康堪忧。在长期的实践经验中，农人也总结出了挑选牲口的方法，如相牛法：看牛头，头要宽，额要平，眼睛大又明；看牛鼻，鼻有汗，黄牛健；看牛蹄，牛蹄大，有力量；牛尾与膝平，犁地不费工。

3. 察脾性。可以站在牲口身旁，拍打牲口来观察它的性情，如性情急躁的，它会左右躲闪；若生性温顺的，任人拍打，很少理会。要什么性情的牲口，依主人的喜好而定。

（二）繁殖习俗

家畜、家禽的大量繁殖，也是畜养家庭所追求的理想状态，但农家大量繁殖牲畜的较少，而大量繁殖家禽的居多。

有经验的畜养家庭很熟悉各类牲畜繁殖前的不同表现，如：黄牛时常哞哞乱叫，马小便失常，驴不停地咂嘴，大都寝食难安，尤其是猪，发情季节，四处乱窜，发现这种情况，主人就要采取措施。对于役使的牲口，就要骟割，这个手术一般在热天，请专门从事骟割工作的人员进行操作，俗称"骟牲口"。家畜的繁殖要根据母畜的年龄掌握交配时间，以提高受孕率，一旦受孕，在平日役使中要多加爱护，不能鞭打腹部，以避免流产。

家禽的繁殖也要在它们发情时进行。每年清明后，母鸡就停止下蛋，整日卧在鸡窝不动，俗称"趴窝"，这时就可以"抱鸡仔"了。挑选一些新鲜的鸡蛋，放在铺有稻草、麦秸或棉絮的窝里，把"趴窝"的母鸡放在上面，21天小鸡就孵出来了，鸭子需要28天，鹅需要31天。刚孵出来的小鸡可以喂食用水泡过的小米，但刚孵出来的小鸡一周内不允许喝水，防止拉肚子。也有人工孵小鸡的，但人们大多从专业孵鸡处购买。

三　畜养信仰与禁忌

牧野地区民间畜养中有许多信仰和禁忌。牧野人对前额长有白色毛的黑牛称"戴孝牛"，是绝对不能买的，也忌讳买青色牛。在日常喂养中，也会遇到一些不正常的现象，会被认为不祥之兆，如发现母鸡作公鸡打鸣者，遇到这种情况，就会把鸡头浸到凉水里，或者将其杀掉。

牧野人非常爱惜牲畜，还把七月十五定为"牲口节"，这天要停止对牲口的役使，甚至还要做一锅米汤喂食牲口。春节的时候，还要在牲口槽边贴上"槽头兴旺"，祈祷"牛王爷""马王爷"保佑家畜兴旺等。

第三节　牧野民间工匠民俗

在传统的农耕社会，牧野人过着自给自足的自然生活，衣食住行都要自己去打理。布要自己织，衣服要自己做，房屋要自己盖，耕地的农具要自己打造，吃饭用的碗要自己烧制等，他们既是生产者又是劳动和生活工具的制造者。随着生产力大发展，人口的增加，社会的进步和人们生活水平的不断提高，尤其是随着市场的出现和交换生活用品的需要，一些手艺超群的人发挥自己的专长，制造各种器具，于是就出现了各类匠人。如满足人们住房需要便出现了泥瓦匠、石匠、木匠；满足农耕需要犁耙，便出现了铁匠；满足家庭日常用品使用和维修，便产生了窑匠、篾匠、补锅补碗匠、凿磨匠；为了满足人们穿衣的需求，出现了裁缝、染匠、织匠；为了满足人们文化生活的需要，出现了裱糊匠、刻字工等。

这些匠人们农忙时务农，农闲时务工，始终没有脱离农业，所以，他们始终没有成为产业工人而作为独立的阶级登上历史舞台。

一　匠作种类

牧野地区民间匠作种类很多，可以说生产生活方面无所不包，应有尽有，如木匠、铁匠、泥瓦匠、石匠、皮匠、油漆匠、窑匠、编制匠、染匠、裱糊匠、纸扎匠等，旧时，把最常见的木、石、泥、画、油、竹、扎等，称为"八大作"。习惯上称从事这些工作的人为"工匠"或"老师儿"。

在工匠生产民俗中，工匠操作基本上使用的是"百工五法"，《墨子》一书曾对此有过概括性的总结："百工为方以矩，为圆以规，直以绳，正以悬。无巧工不巧工，皆以此五法者为法。"① 这里提到的绳、矩、规、水、悬，就是人们常说的"百工五法"，牧野匠人将这五种工具和方法创造性地运用到各自的行业中，并一直传承至今。

（一）木匠

木匠出现得比较早，《左传·定公元年》记载，夏代已经有掌管车辆的官职"车正"，传说夏禹曾委任奚仲为"车正"，要他负责造车，人们就认为车是奚仲发明的。木匠被称为"八大作之首"，大到宫殿、庙宇和房屋的建造，小到桌、椅、板凳等家具的打造都离不开木匠。牧野人把木匠分为"粗木匠"和"细木匠"，"粗木匠"主要制作农器具、车、船以及房屋建造材料梁、椽、檩等；"细木匠"主要制作门、窗、箱子、柜子或者家具上的雕花等。木匠所使用的工具有大锯、斧子、刨子、锛、凿、木钻、墨斗、直角尺等。

牧野地区民间木匠可以说每个村庄都有，在传统的农业社会，木匠与人们的日常生活联系非常紧密。木匠做活大多是上门服务，应主人之邀，背上做木工活的工具到主人家，木匠业务范围一般在家附近或者十数里外的村庄，吃住在主人家。这一行的匠人非常强调匠人的做人要正派，手脚

---

① （清）孙诒让撰：《墨子闲诂》，孙启治点校，中华书局2001年版，第20—21页。

干净，无论主人家有多么值钱的东西也不要动，心无杂念，专注干自己手上的活。一般不会给主人讲价钱，户主不会少给，匠人也不会多拿，人们之间讲的是诚信。如果遇到盖房上梁，或者做棺材盖之类的活，主人要准备丰盛的酒菜招待，并封以红包。

木匠还有"留"尾巴的习俗。无论在谁家干活，都不要打扫干净，留下些刨花让主人清理，这叫"不做绝活"，也叫留有余庆。但有一样活，是不能留下刨花的，那就是做棺材，活干完后必须要打扫干净，谁在这方面犯下忌讳，后果会很严重的。木匠行业忌讳用豁子碗和破损的筷子；盖房子起架木料"砍梁头"做木头会不吉利。

牧野木匠普遍流行尊奉祖师爷的风俗。小徒弟拜师前要先拜木匠的祖师爷鲁班；木匠出远门做活前也要拜鲁班，给鲁班烧香磕头，求祖师爷保佑做工顺利，生意红火；遇到鲁班的生日，匠人们各自出份子钱到鲁班庙上聚会，在庙里吃住，白天聚在一起切磋技艺，憧憬未来发展，晚上会请来戏班子演戏庆祝。

木匠学徒分三种：门里徒弟、门外徒弟、家传徒弟。门里徒弟，拜师后，徒弟就像是师傅的家庭成员，在师傅家里吃住，学徒期一般是三年，第一年主要在师傅家干一些家务活，如烧火做饭、打扫卫生等，三年学成之后，师傅要送徒弟一套木工用具；门外徒弟，只在师傅家里学做活；家传徒弟是儿子跟着父亲学习。门里徒弟和家传徒弟，由于跟从师傅的时间长，学到的技艺要精湛很多，俗语就说"门里出身，强似三分"。

木匠做活有行话，有许多技术性的俗语，不了解的话真会闹一些笑话的。技术性的俗语如"锛锛不留门，光照腿上寻"，如果你不熟练，拿起锛头就会锛向自己的腿，所以有"玩锛如玩虎"的说法；"木匠好学，斜眼难凿"，其中，我们经常说的"木匠一肚子的账"最能体现木匠深厚的功底。

（二）铁匠

俗称"打铁的"，也是旧时牧野地区最常见的民间手工业之一。20世纪50年代之前，民间很少能用得上机制铁器，人们生产和生活用品，基本都是铁匠手工制作，如生产中的犁铧、耧铧、锄头、耙齿、锛、斧头、镰刀等，生活中最常用的锅、铲子、刀、剪刀等。民间认为打铁和开药铺都是门好生意，俗语"开过药铺打过铁，什么生意都不热"。

铁匠主要有三招：认钢、识火、知形。

1. 认钢。不识字的铁匠师傅认识钢铁的本领主要来自自己的实践，先是用手摸，然后用舌头舔一舔，实在判断不准确，就在火里烧一烧，再敲一敲，基本就可以断定钢铁的性能。

2. 识火。主要有两个方面的意思，一是指打到什么程度不能再打了，二是掌握蘸火的火色。一般是师傅拿钳，抡大锤者多为徒弟，在火炉上锻件必须掌握火候，以便"趁热打铁"，铁匠把锻件在炉火上加热烧软，然后锤打成形的操作，称为"热活"；拿钳子师傅右手夹起火红的锻件放在砧板上，左手握一小锤敲几下，徒弟就拿起大锤跟着砸几下，千万不能偏移和漏锤，否则就有可能成为次品，所以徒弟精力必须高度集中，直到一口气将锻件捶打发紫发暗才能停下来。铁匠手艺的高低，主要看最后几下，那些手艺高超的匠人，硬是在锻件颜色暗下来不能再打时，瞅准再打一下，这就是点睛之笔。把冷却后的锻件用锉刀锉光，加工为成品的操作，称作"冷活"。打造有刃的器具时，成型后再烧红放于水槽中淬火、淬钢，俗称"蘸水"，它也是保证刃具坚韧、锋利的重要方法，俗话说"钢不蘸是铁"。蘸水是一项技术性很强的活计，也是考验铁匠手艺的时刻，火色硬了，所制器具的刀刃容易断裂；火色软了，刀刃容易卷曲，所以，蘸水者必须熟悉"火候"，掌握火候。

3. 知形。就是掌握形状，俗话说"木匠一肚子账儿，铁匠一肚子样儿"，主家要什么样的器具，只要说出个大概，铁匠师傅就能准确无误地打造出来，铁匠要会设计，心里要有器具的模型。

铁匠一般逢集、逢会便在一个热闹的地方支起炉子开张了，铁匠炉分生铁炉和熟铁炉，以铸造各种生产用具和生活用具为主，如：锄头、铁锨、犁铧、斧头、锛、剪刀、铁锅、铲子、勺子、门鼻儿等。在农闲的时候，铁匠大部分时间是在自己家里盘炉操作，所用原料是靠自己从乡下收购的废铁，按照季节的不同，生产加工各种生产和生活用具，然后拿到集市上去售卖。

铁匠的祖师爷是老君，即李耳，这和老君炼丹术有关。认为凡是从火中讨生活的匠人，都尊奉老君为祖师爷。直到今天，有的老铁匠还会说，老君跟前四个徒弟，分别是铁匠、窑匠、道人和锡匠，这四家是同行，行内要互相照顾。

铁匠一般是通过拜师学艺，铁匠行业的徒弟也分门里和门外徒弟，门里徒弟从进门那天起，吃住在师傅家，成了师傅家里的一员，第一年不教徒弟学手艺，徒弟主要干家务活，一年后开始教徒弟手艺，学徒三年，孝敬师傅一年。铁匠这一行，很多都是父子相传，世代从业。

铁匠也有自己行业的清规戒律，徒弟言谈举止要合乎礼节，绝对不允许越界，否则有可能被驱逐；不允许说闲话，忌讳说"梦"，师傅教徒弟，很少说什么，只要师傅小锤一指哪里，徒弟就要打到哪里；同行业的要互相帮忙。

当铁匠年纪大了，还会从事与之相关的行业，晚年他们身背一条长凳，上面绑一个块磨石，并带上一个水桶，走街串巷，路过之处会响起一串串"磨剪子咧——戗菜刀"的吆喝声，来挣一些小钱，贴补家用。

说起铁匠，不得不说被列为省级非物质文化遗产名录项目的延津小店菜刀的锻造工艺，"小店"牌刀具历史悠久，自古享誉中原，具有上千年的历史。传说唐宋时期著名的爱国将领岳飞抗金驻扎牧野时，士兵使用的兵器便出自小店。明清及以前小店菜刀主要以民间作坊的生产方式得以传承和发展，这种工艺世代相传，但传男不传女，或者是师徒传承。现在该工艺集中分布于小店古镇西街。

延津县小店菜刀按照传统的制作道具的方法，手工锻打而成。首先把刀坯放在炉中加热，当炉温升到1000℃左右，然后快速使铁锤对刀坯进行轻打、重击，直到刀坯满足要求，它的制作步骤：锻打→锻造→淬火→开口→试口。生产的主要器具有菜刀、屠刀和兵器近七大类108个品种。如今的小店菜刀选用优质钢材锻造，工艺精湛，已经达到炉火纯青的地步。刀具铸造技术是延津人民智慧的结晶，这种锻造工艺的传承，对保护民族民间文化有着重要意义。

（三）泥瓦匠

泥瓦匠是个古老的行业，与人们的居住条件息息相关，最早应当出现于仰韶文化时期。泥瓦匠亦称白活匠、泥水匠、泥工、瓦工等，专盖草房者，称"泥水匠"或"泥巴匠"，也有称"大工"；善于用石灰、砖盖瓦房者，称为"白活匠"。泥瓦匠使用的工具有瓦刀、泥抹子、泥包或灰包、装板弯尺、五尺杆、平线、吊线锤等。泥瓦匠与其他匠作的不同是他的群体结构，因为盖房子不是一个人就能完成的任务，要群体合作，一般是师傅带徒弟一同来完成。师傅必须精通垒石、砌砖、抹灰等技术，徒弟必须是打下手的小工，最少跟师傅要干五年，才能称作匠人。一个小工要做两个匠人的助手，上工前，徒弟要主动将工具和各种材料准备好，小工要小心谨慎，勤快、有眼色，师傅一呼即应，要啥递啥，不能疏忽，如有不当，泥瓦匠有权对他呵斥谩骂，俗话说"匠人上了墙，好似县官升了堂"；另外，收工后，徒弟还要清理现场，甚至照顾师傅起居。

徒弟学技术，从干粗活学起，如和泥灰、提泥兜、搬运材料、支架，然后才是砌墙。最初，师傅只让徒弟砌直面，由匠人把角，这时的徒弟只能算半个匠人。泥瓦匠盖房是百年大计的事情，要有过硬的技术，徒弟只有把砌角、吊线、照平、抹灰、装梁、起架等项技术熟练之后，才算出师。泥瓦匠很注意和户主搞好关系，否则，没有人雇佣，自己家人的生计就成问题。所以泥瓦匠干活时候，讲究做到三稳：眼稳不乱看、手稳不乱拿、嘴稳不乱说。泥瓦匠班所得报酬一般"三七开"，师傅得七成，徒弟得三成。20世纪80年代以来，在城市化的进程中，泥瓦匠也做出了他们骄人的成绩，渐渐趋向专业化，逐渐成为城市建设的骨干力量。

牧野地区的泥瓦匠也有不少禁忌。民间盖房子，忌讳垒成双数，因泥瓦匠祖师爷鲁班的小名有个"双"字，要避讳；盖房子的时候不能说"歪""塌""翻""掉"等字眼，认为这些都是不吉利的。打地基前，师傅先用白灰打好道，动工的早上，匠人要拿起点着的一挂鞭炮绕着地基走一圈，意思是让太岁爷躲一下；在钉椽时，房坡上那根椽子上的椽头必须上下错开，一根左，一根右。

（四）窑匠

牧野地区地处黄河中下游，土壤呈黄色，质地比较松软，砖瓦窑居多，主要烧制盖房用的砖瓦及其配件勾檐、滴水等，我们把这种窑称为土窑。窑厂多设在临水临路和用料方便的地方，地方比较宽裕，便于制坯。土窑呈圆丘形，高一丈三尺左右，内部挖空，内径十尺四寸，有"窑道"直通洞外，通口称"火门"，即烧火的地方；到顶端只有三尺口径，肚大口小，窑顶留有烟囱，窑内设置用土坯砌成上下透气的"米"字形，用来放置产品坯子，这种窑洞看着不起眼，但肚里有货，一次可以烧制几万块砖。

民间窑厂所用的工具很简单，主要有瓦桶、火钩、铁锨、泥铲和各种制品的模子，烧窑前要使用各种模子"脱坯"，用的主要原料是黄土和黏土等。首先用水将料土和成泥，然后装入磨具中脱成坯子，放在太阳下面晒。起初"脱坯"基本是手工，到了20世纪60年代后期，出现了机制的土坯。烧一炉窑至少需要五六个劳力，但关键人物是窑匠师傅，能否烧成，全凭窑匠师傅把关。砖瓦窑匠认为烧窑要把好三道关：装窑、烧窑、洇窑。装窑技术性较强，一般由装窑师傅亲自操作。窑装好后，用土封口并点火开烧。旧时用柴火烧，后来改用煤炭；烧一炉窑需要六天时间，前两天小火排除潮气，中间两天中火，最后两天掌握砖瓦是否烧得熟。烧火人吃住都不能离开窑边，随时观察窑道内的"火色"，窑由冒黑烟逐渐变为冒青烟、白烟，窑匠可以通过窑道洞眼从砖缝里看遍全窑，烧成后立即停火，封闭窑门，并从上面向窑内浇水，也称"洇水"，这个时候最忌讳断水，浇水的目的是使砖瓦的颜色看起来好看，能卖个好价钱。待全窑冷却后就要出窑，将烧成的砖瓦运出窑，等待买家到窑厂来购买。20世纪70年代以后，机制砖瓦窑大量生产机制砖瓦，手工的略显落后，也逐渐走向衰落。

（五）纸扎匠

"事死如事生"的观念是牧野人的一种生死观，认为人们在阳间使用的东西，在死去的阴间同样要使用，为死者做些什物是寄托生者的情感一种方式。最为典型的要为死者糊一些纸扎，如金童、玉女、纸马、花圈、摇钱树以及死者生前比较喜欢的东西。纸扎匠人所用工具很简单，铅笔、尺子、剪刀、锥子、绳子等，用高粱秆扎出来个架子，然后再糊上一些彩纸做成各种各样的什物用以陪葬。据说纸扎匠人的尺子有辟邪功能，走夜路拿上它，鬼魂就不敢靠近。

牧野地区扎彩匠人的工艺水平很高。比较有名的卫辉市的张承先，大约生于1888年，不但纸扎做得好，而且装裱、油漆物件也是一流的，这种多面手在当时也是不多见的，当年还曾被天主教堂里的外国人请去装裱字画。

扎彩匠最早出现在春秋战国时期，属于鲁班八大匠作之一。可是这一行业并不被人看好，因为这种匠人是和死人打交道的，喜生恶死是牧野人的文化心理；其次，扎彩匠人的收入较低，勉强能够维持家用。

（六）理发匠

理发匠俗称"剃头哩"，在旧时被认为是"下九流"的职业，社会地位非常卑微。理发匠为什么会受到人们的歧视呢？在古人看来，儒家思想坚持"身体发肤，受之父母，不敢毁伤"，他们视发如命，受传统思想的影响，牧野男子从来不主动理发。清军入关后，强迫男子按照清朝的习俗，剃掉四周的头发，留下中间的梳个小辫子，天长日久，汉人就把这种不满的情绪转嫁到理发匠身上。旧时，理发都是强迫行为，真正实行理发还是民国时期以来。

理发匠的手艺比较复杂，有刮脸、剪鼻毛、掏耳朵、按摩、推拿等，要有很深厚的功夫。民间的理发匠一般是挑个理发挑子，一头是理发用的烧水的火，一头挑的是理发的工具，俗语有"理发的挑子——一头热"。理发匠也是农忙时在家干农活，农闲时赶集赶会，或走街串巷干零活；另一种是开理发店的，有自己的门面，属于坐摊生意。

旧时，理发匠的地位非常低下，所以也有很多禁忌。理发匠三丈内不能与人说话，不能和人同坐一条凳子，遇到婚丧嫁娶等重大事情，理发匠不能露面招待客人，不能坐酒席，死后不能进祖坟等。旧时，不是万不得已，没有父母愿意让孩子学习这门手艺的。现在理发匠的地位发生了很大变化，理发也不叫理发了，而叫"美发"，理发匠也有了美丽的名字"美发师"。

（七）木梳匠

考古发现，我国早在七千多年前的先民就开始制作梳子来整理自己的鬓发了。梳子、篦子看起来简单，但做起来很费时费工，多达七十多道工序。如做篦子，第一步，准备原材料。把竹片截成五尺长，用刀刮去表皮。第二步，做梁。篦子两面都有齿，并且相当细，需要把竹片再截成长短约1厘米薄厚一指宽的小竹棍，用来做梁。第三步，做挡头。篦子两端装有薄薄的竹片，起到固定的作用，这叫挡头。第四步，挖槽。在梁的两边分别掏出两道细细的小槽，深浅适当。第五步，做篦子齿。竹片破成篾，用专用的刀拉成篦子齿儿，要拉得粗细均匀。第六步，搓篦齿儿。用五尺长的搓刀一遍遍搓篦子齿，直到根根光滑纤细。第七步，上齿儿。先把胶抹到梁两边的沟槽里，再用镊子把篦子齿一根根插到槽里，要插的整齐紧密。第八步，安挡头。第九步，着色。用烟叶熬成浓浓的水，刷在篦子上，篦子晾干后变成烟黄色，看起来很古朴。第十步，绘制花纹。要想篦子能卖个好价钱，还要在篦子的横梁上做一些装饰，如画上一些梅、兰、竹、菊等富贵吉祥的图案，这样，篦子不但有实用价值也有了些许观赏价值。长垣县的木梳、篦子精巧实用，很受农家妇女的欢迎。

受传统思想的影响，身体发肤受之父母不敢毁伤，旧时的人是不随意剪头发的，无论男女，清朝的男人还要留有大辫子，梳子、篦子成了人们的生活必需品。过去条件有限，人们又很少洗头洗澡，虱子、虮子几乎是人人头上必备的动物，很痒，洗也洗不掉，捉也捉不完，篦子主要用来对付虱子、虮子，虽然不能根除，但能缓解人们的切肤之痒。

二　民间工匠习俗

民间匠作很多，并且和我们生产和生活息息相关，也形成了行业的一些习俗，如师承习俗、职业行话、不等价的报酬等。

（一）师承习俗

牧野地区民间要想从事某项手工技艺，一定要拜师学艺，如果没有拜过师傅是不允许营业的，也很难得到雇佣。所以旧时的拜师学艺之风很盛行，并形成了严格的师承制度。从选徒、拜师、传艺到出师，各行各业都有自己的一套规矩。

行拜师礼。做师傅有一定的规矩，如果匠人的师傅还在，或者自己的年龄还没有达到45岁，是不允许收徒弟的。匠人不轻易收徒弟，靠手艺养家糊口的人家一般都比较贫穷，添一个徒弟就多一张嘴吃饭；在封闭的小农经济社会，人员流动不大，招收徒弟多，势必给自己日后的生计带来困顿，可是一旦收徒，就会当成一件大事。首先，要有中间人介绍，待师傅同意后，选定一个吉日，备份厚礼，在家长和中间人的陪伴下，到师傅家拜师，拜师要行"拜师礼"。"拜师礼"是向行业的祖师爷磕头，如木匠、石匠、泥瓦匠向鲁班，铁匠、窑匠向李老君等，表明自己学艺的决心；其次，向师傅行礼，师傅接过礼物后，便结成师徒关系。师徒关系一旦形成，就如同父子。它其实有两层含义：一是指血缘关系，子承父业，世代传承；二是没有血缘关系，却如同父子一般，徒弟像对待自己的亲生父母一样对待自己的师傅，同时师傅对徒弟也有相应的权利和责任，生活上的照料，行为上的管教和技艺上的传授等。

徒弟的学徒期一般是三年或五年，主要看技艺的难易程度和自己的资质如何，学徒第一年主要为师傅家干杂活，挑水、做饭、劈柴、打扫卫生、看孩子，什么活都要干，不能嫌脏怕累，唯命是从；第二年会跟师傅干一些粗活、简单活；第三年师傅会教一些技术性较强的活计。到了第四年，可以出师了，徒弟要主动要求毫无代价地为师傅干一年活，期满师傅会送给徒弟一套工具，给徒弟未来的从业提供方便。以后，逢年过节和师傅家里的婚丧嫁娶等重大事情，都要到师傅家里探望。

绝技难学。旧时，民间匠人为了保住自己的饭碗，传艺时总要留一手不外传。如泥水匠的绝技是垒墙角、立砖柱；木匠的绝活是凿眼技术，尤其是凿斜眼；铁匠的高难度技术是"淬火"等，过去的徒弟，如果不是祖传，即门里出身，是很难学到师傅的绝技的，俗话说"教会徒弟，饿死师傅"。匠人的技艺传男不传女，或者传媳妇不传闺女，因为闺女是要嫁人的，不能把技艺带到别人家。

（二）职业行话

也称行业语，是各行工匠为了本行业的技术保密或者其他特殊需要而创造、传承的一种同行用语，外行人很难明白其中的意思。如牧野地区的石匠们见面先用行话盘道。盘道如下：

当地石匠："老师儿是从哪里过来的？"

外地石匠："我从上面过来的。"

当地石匠："那么，你是咋下来的？"

外地石匠："一穴一穴下来的。"

石匠往往从上处到下处找活计（从西到东），到了当地，先找当地的石匠，行话说对了，当地石匠不仅提供他饭食，还会帮他支铺子，介绍生意，亲如一家。

传统木匠行与其他行一样，有不少行话，行外人很难听懂。如称锯子为"洒子"，刨子为"光子"，尺子为"较量"；墨斗为"提炉"；墨线为"必正"；搂钉子为"吃"等等。木匠做桌子和椅子时，会根据人的身高来确定桌子和椅子的高度：人身高八尺时，尺八二尺八，坐下八挂搭，即人身高八尺时，椅子的高度应该是一尺八，桌子的高度要求二尺八，能坐八个人吃饭；人体七尺高时，尺七二尺七，坐下吃东西；人身高六尺高时，尺六二尺六，坐下吃馒头。理发匠管剃头刀叫"青儿"，把磨刀石说成"喂口"，推子说成"老嘎"，称剃头挑子为"平儿"等。这些都是职业行话，遇到同行如果用行话来搭话，会得到意想不到的帮助，就是我们经常说的"人不亲行亲，和尚不亲帽子亲"。

（三）不等价的报酬

牧野地区的匠人一般没有什么生产资料，仅有的是自己手上的工具，做一些来料加工或者上门服务的活计，很少有能力开店的，手艺人靠得是力气与技术，只要肯下力气，还是能解决一家人的温饱问题的。经常说"家财万贯，不如薄技在身"，实际上，匠人的收入是要比一般的农家殷实些，农忙时节在家里干农活，农闲时出来做工，或多或少都要得到一些报酬，自然匠人家的生活就会好很多。

三 民间工匠的信仰与禁忌

牧野地区的民间工匠，大多是亦工亦农，农忙时节干农活，农闲时节出来做工，分散作业较多，但各行各业也有自己的信仰和禁忌。

祖师爷崇拜。每个行业都有自己的祖师爷，"是从业者供奉的用来保佑自己和本行业利益，并与行业特征有一定关联的神灵"[1]。在日常或重要的节日，都要祭拜祖师爷。凡从业时间较长的匠人，家里都要供奉祖师爷，如民间木匠、泥瓦匠、石匠都要供奉鲁班；窑匠供奉李老君等，出工前、节日里或祖师爷的生日、祭日，匠人们都会在祖师爷的牌位前跪下，再拜一拜，祈祷祖师爷在天之灵保佑匠人做工顺利。还有一些比较重大的节日，如除夕或者春节，或者徒弟学习期满辞别师傅之际，会在祖师爷牌位前摆上做工的工具，摆上供品、点上香，还要在房外点上一挂鞭炮，向祖师爷磕头祭拜，保佑匠人的做工平安顺利，能得到更多收益等。

匠人们所尊奉的祖师爷，有的是本行业的创始人或是在本行业有重大影响的人；有的只是有某些联系；有的是人们的牵强附会，想象出本行业的祖师爷，却很少考究祖师爷的来历，他们本能地认为各行业都要有他的祖师爷，这是他们的精神领袖。

行业禁忌。在旧时，由于生产力低下，匠人们在做工中，有许多自己不可控的因素存在，因此各行都有自己的禁忌。木匠忌讳将拐尺拿在手上

① 李乔：《中国行业神崇拜》，中国华侨出版公司1990年版，第1页。

转，认为这是"停业之兆"；木匠做完活要留些刨花给主人清理，意思是"有活干"，但做棺材是必须打扫干净的。铁匠打铁时，忌讳吹口哨，因为"哨"是李老君的乳名。石匠做活时不能由一个匠人把活做完，如凿磨盘，要在磨眼与龙沟处留一寸左右不凿透，让主家再请一个工匠来做，叫"扒龙口"。窑厂的忌讳更多，旧时，窑厂所烧的质量好的砖瓦是呈青蓝色的，万一烧成红色就成了次品，所以，在窑厂是不能讲"红色"这样的字眼的，也禁止妇女进入窑道等；因窑匠的祖师爷是老君，因此人们把窑门对着烟囱门口放的那块砖叫"老君砖"，牧野地区的风俗认为老君砖是辟邪物，有逢凶化吉、遇难呈祥的功效，因此有的人就在家里放块老君砖，有的人家因为前面邻居盖的房子比自己家的房子高，就在屋脊上放一块老君砖，并刻上"泰山石敢当"，以此破解家中不好的运气等。

中华人民共和国成立后，破除封建迷信，工匠的信仰禁忌观念有所淡漠，但祖师爷崇拜和工匠开工或完工都要放鞭炮庆贺一番的现象还是普遍存在的。现在为了减少环境的污染，许多城市也禁止燃烧烟花爆竹了。

第四节　牧野民间商贸民俗

牧野大地历来以农业为本，随着农业生产的发展，人们就用过剩的农产品交换自己日常生活所需的日用品，就如《易·系辞下》所言："日中为市，致天下之民，聚天下之货，交易而退，各得其所。"早期的民间商贸活动，是用以己所有、换己所无的物物交换的基础之上的，并不一定等价。几千年来，牧野地区民间商贸形式多种多样，既有专门的市商贸易，也有集市交易和在庙会上进行的商品交换。

长期受小农经济思想的束缚，牧野人"重稼穑，轻商贾"，大多数人并不善于经商。民国前，牧野地区民间从商者大多来自卫辉府，民间称从商者为"生意人""跑生意的""做生意的"。中华人民共和国成立后，民间贸易活动开始多一些，尤其从20世纪80年代以来，民间贸易活动活跃起来。长期的贸易活动实践，牧野地区民间也逐渐形成了具有本地特色的商贸习俗和信仰。

一　集会商贸习俗

集市是最古老最原始的交换方式，我国定时、定点的集市贸易，大约兴起于殷商时代。这种交易场所有市、墟、集、会等多种叫法，"南方曰市，北方曰集，蜀中曰疾，粤中曰墟，滇中曰街子，黔中曰场"①。牧野地区民间集市贸易是在远古时期的"日中为市"商品交换形式与后来的娱神活动结合在一起发展起来的，成为民间传统的庙会。

（一）集市

集市是定时、定点开展贸易活动的场所，民间起集设市的地方大都是一个地区政治、经济、文化、交通的中心。乡村的集市大多设在大、中型自然村落，城镇集市多设在繁华街道或交通便利的地方，集市的名称多以所在的地方或所经营的产品命名。

逢集。民间称集市交易日为"逢集"，以农历计时，一般隔日一集或三日一集，不是交易日称为"背集"，即交易的物品没有逢集的日子丰富；也有天天集的，但很少，仅见于各县县城和较大的城镇商品集散地。相邻集镇的集市一般单双日错开，以便人们随时赶集。

露水集。亦称"早集""上集"或称"早市"。早集多在凌晨四五点钟起集，露水未干已散集，所以人称"露水集"，这种集的好处就是不耽误农活；也有下午集的，一般在下午四五点钟起集，夜幕降临的时刻散集，如新乡的洪门镇是农历逢一逢七的下午有集，新乡的公村农历的逢二逢八的下午有集等。

民间集市交易的商品，以当地的农副产品和土特产品为主，如瓜果、蔬菜、山货、药材、鸡鸭肉蛋、自产土布、农用器具等。逢集日，各个赶集者，携带自己家的农副产品，自觉地到各个分区摆放，以便购买者能顺利购买或交换到自己需要的商品。但进入腊月中旬以后，被称作"腊月集"，腊月集上什么样的年货都有：香烛纸炮、年画、门神、灶神、灯笼、春联、鸡鸭鱼肉、牛肉、羊肉、核桃、点心等各种食品，琳琅满目，应有尽有，平日里按商品种类摆放的位置，这时候也被打乱，可以随便摆放，卖家谁去得早还可以占据一个有利位置。

---

① （清）陆以湉：《冷庐杂识》，卷八"市"。

集市上的摊位也很有讲究，按人流方向分上摊和下摊。摊位的位置很重要，如果摆在交通便利和人流较多的地方，生意做起来就容易多了，否则就不易获得较多利润。所以赶集摆摊售物者，早上起的都比较早，以便占有一个有利的地理位置。赶集售物者非常忌讳第一个生意失败，有时即便赔钱，也会出售，为的是希望这样可以给一天的生意带来好彩头，图个吉利；更避讳说一些不吉利的言辞。

1. 蔬菜瓜果市。各集市均设有专卖市场，蔬菜瓜果市场上经销的基本都是自种自销的农产品。民国时期，贫穷人家会采集一些野生菜类和瓜果到市场上出卖，获取微薄收入，以贴补家用；卖瓜的市场上一般有西瓜、甜瓜等，主要以西瓜为主。蔬菜市场上也有卖肉的，主要是猪肉，有生熟之分，卖生肉的支有一个木架子，用铁钩子钩住生猪肉，边砍边卖，俗称"屠夫"或卖猪肉的。

2. 粮食市。通常把人们赶集卖粮食称"粜粮"，买粮食称"籴粮"。大集市上的粮食市，多设在粮坊、油坊附近，掌管粮店买卖事务的称"掌柜"。贫困的农民赶集时会背上三五升粮食到集市上卖掉，然后在集市上再购买自己所需物品。

3. 牲口市。也叫"骡马市"。在较大的逢集之日或传统庙会期间，扯绳护栏一定的区域，为牲畜交易市场，牲口市上栽有木桩，以麻绳相连，所卖牲口均拴在木桩或麻绳上。按照牧野地区传统民俗，卖牲口者不卖牲口的笼头和缰绳，买牲口者要另买牵绳。所以，牲口市场一定有卖绳的，因此又称"绳市"。专业从事牲口交易的人称"牲口经纪"，从中收取一定的中介费。牧野地区民间家庭无论饲养大牲畜还是小牲畜，都是先买小的，养大后出售，以此来增加收入，改善家里的生活状况。

4. 农具市。以出售各种生产农具为主，特别在麦收、秋收季节前，是农具市最为兴盛的时刻。分季节出售不同的品种，如麦收前出售的农具有：铲子、镰刀、木锨、笆子等，秋收前出售的有铁锨、铡刀、耧、菜刀、抓钩、耙等，赶集者会在其中挑选自己收割或播种用的工具。

另外集市上还有小吃市、草编市、柴草市等，集市上出售的大部分商品，都是用于满足人们日常生产和生活需要，琳琅满目，应有尽有。

(二) 庙会习俗

庙会，牧野人习惯上简称"会"或"古会"。庙会的活动范围一般在庙宇周围，按照崇拜的对象给"会"来命名，如龙王爷庙会、关帝爷庙会、比干庙会等。牧野地区几乎比较大点儿的寺庙都有"会"，内容也各有特色。

1. 庙会时间。庙会春季最为兴盛，比较集中的时间一般在农历的十一月、十二月至次年的正月、二月间。因为这个时候，农人们没有更多的农活干，也比较悠闲。时间按农历来计时，节点固定。民间庙会会期多为三天或五天，一般第一天"起会"，第二天是"正会"，是各种娱乐活动和贸易活动高潮的一天，第三天是"末会"，客商和商贩先后撤退，赶会者也先后离去。但也有庙会时间更长的，如新乡市关帝庙庙会每年从正月初十持续到元宵节，新乡老君庵古庙会每年从农历的二月十五开始，持续达十天之久，据说农历二月十五是太上老君生辰，集会的日子就以这一天为起始。根据现存石碑记载，明、清时期每逢农历二月十五，有山东、河北、安徽等省民众到老君庵赶庙会，吸引20多个省市民众；特别是改革开放以来，老君庵古庙会受到了政府的重视，高村市场管理委员每年都要在这里举办物资交流大会。较之传统的老君庵庙会，现代的物资交流大会，货物更加齐全丰富，主要经营农副产品、农具、家具、服装、日用品等，新乡市西干道桥头一带还有春季树苗交易场所等；新乡城隍庙会，每年农历三月十八，祭祀城隍爷，"城隍出巡"为武祭，唱大戏娱神，歌舞是其特色。明洪武二年（1369）整顿祭祀，全国按照行政建制统称府城隍、州城隍、县城隍，并按同级衙门规模建造。百泉药会，在辉县市，四月初八。百泉为卫水之源，明洪武八年（1375）有祭河神庙会。清康熙五十七年（1718）建药王庙，供奉药王三真人神农氏、长桑君、孙思邈，明代已有药材交易，成为药材交易会。报载1980年复会，1987年上会代表1.3万人，药品3400多种，成交额9.5亿元，有"药不过百泉不全"之誉。

2. 庙会组织。庙会的组织由"会首""副会首"和成员组成，会首和副会首由当地群众推选产生。旧时，一般由当地有权势的头面人物担任，现在大家推选的是大家信得过、有威望的人来担任，主要负责庙会期间祭祀庙神供品和祭祀仪式的举行，副会首和成员负责筹措会费、请戏班子、组织社火等工作，会首和副会首主持商讨庙会时的剧目点演、社戏安排和商业收费等。旧时，庙会有庙产地，举办庙会活动的经费从庙产收入中提取；无庙产者，一般均采取摊派或者募捐的方式。这种临时筹措的资金，主要用于庙会期间的祭祀和社戏娱乐活动。

3. 庙会内容。庙会有大型和小型之分。小型庙会，一般赶会的人是方圆数十里者；大型庙会可能会吸引到方圆数百里甚至全国各地的赶会者，甚至会达到几十万人的流量，人山人海，煞是热闹。庙会的主要内容有祭祀神仙、庙会戏剧、庙会社火和庙会贸易等。

旧时，庙会时还要搭设"神棚"，戏台要面向神棚搭建，目的是取悦神灵，保佑一方黎民百姓的平安和幸福。神棚内设置神的主牌位和庙会"会首"的座位，以便"会首"能更好地掌控庙会的局面。20世纪50年代以前，牧野地区民间庙会主要是城隍庙、火神庙、龙王庙、奶奶庙、土地庙会等。进庙拜神的主要诉求无外乎早生贵子、风调雨顺、五谷丰登或者子女孝顺、长辈平安等。祭祀的供品主要有用面食制作的各种鸟兽虫鱼或者一些家禽等，还有一些猪牛羊肉等肉食。随着社会的进步和科学的发展，人们的思想也得到了解放，烧香拜佛的活动日渐衰微，代之以娱乐成分多了，不但娱神，更多的是娱人，使人紧张的情绪得到释放，在紧张单调的生活中身心得到更大程度的愉悦。

庙会戏剧演出，民间称"唱大戏"。会首要和成员商量会前请戏班的事宜，也叫"写戏"或"点戏"，一般要请三天的戏。演戏一般在寺庙戏台上进行，如果没有戏台的要临时搭建，多搭在村中心处或村边比较空旷的地方，还在戏台的两侧柱子上写上对联，很是喜庆。旧时，民间娱乐活动贫乏，唱大戏对于人们来说是很盛大的一件事情，也是为人们所向往的一件事，全家老少都会出动去赶会听戏，甚至有的人家还会喊上亲戚来听戏，有歌谣唱的"拉大锯，扯大锯，姥姥门前唱大戏，接姑娘，请女婿，小外甥儿也要去"就是这种情形。旧时，庙会戏演出前，要先唱"安神戏""敬神戏"等。民国之前，庙会的各种活动必须在"安神戏"唱过之后，庙会的各项活动才能进行，但到20世纪50年代以来，各地的安神戏基本就取消了。在演出期间，会有许多抱孩子的听戏者，会到后台请演员给孩子"画花脸"，认为画了花脸的孩子能够平安长大成人，幸福吉祥。因此，遇到小孩子来"画脸谱"，演员们会欣然从命，画好后，孩子家长会给演员封礼酬谢。

庙会社火形式也很多，它是由祭神活动发展起来的，主要有踩高跷、舞龙、舞狮子、背阁、抬阁、擂大鼓等。庙会上各种娱乐活动为庙会贸易招揽顾客，庙会上的商品各式各样，琳琅满目，如农民出售五谷杂粮、家禽肉蛋以及山货、纺织品和女红等，甚至还有牲畜市场，各种日常用品，零食等等，夹杂有看相、算命的，各种杂耍艺人的表演，还有许多吹糖人、捏面人的民间艺人穿插于内，应有尽有，目不暇接，使人们流连忘返，也给人们单调的生活注入了斑斓的色彩，感受到生活的美好。

庙会，作为民俗的载体，蕴含了丰富的文化内涵，凝聚了牧野人的思想情感和审美情趣，也承载了社会运行机制中的经济和文化载体，虽然有很多民族中的精华，也有很多封建糟粕的东西，我们要科学对待，批判地继承这一古老文化遗产。

二　市商贸易习俗

牧野大地是农业大区，牧野人大多不善于经商。到民国时期，经商者才逐渐多起来，所经销的商品大多是日常生活用品，饮食为多。牧野人经商很重诚信，大多保持牧野人所固有的敦厚朴实，讲究公平交易。按照经商形式分坐商和行商，他们也有各自的标志。

（一）坐商

坐商是指有固定的营业场所，并有固定的营业时间和营销商品的商人，亦称"三定"。坐商一般集中在城市和较大的乡镇，拥有固定的资本并有固定的店面，因所处地方和规模不同，就相应的有店、铺、馆、庄、坊等不同称谓。他们除了重视自己的店铺和招牌之外，还有一个非常重要的标志，就是根据所经营内容，在店铺门口悬挂幌子。

坐商店铺大多采用"前店后仓"或"前店后坊"的形式，即前面临街是店铺的门面，后面是存货的仓库或制作的作坊。各类店铺均有同行聚居的习惯，俗称"店多拢市"，如许多城镇就出现了经营同类商品的街道，如：菜市、米市、布庄街、饮食一条街等。

在坐商经营中，开店庆贺是必需的。如挂匾额选一个黄道吉日，门前放鞭炮，接贺庆联等。一般在腊月二十五封账，大年初五开市。不过现在人们一般是大年初六或者初八开门营业，也是取个好彩头，"六六大顺"，或者"八八发发"等。

经商者俗称"生意人""做买卖的"，做生意的人有自己的一本生意经。俗语说"有同行，没同利"，主要看你生意经念得熟不熟，如怎么布置店铺环境，设置怎样的营销策略，进货渠道，货物的质量如何，怎样讨价还价，货物怎样摆放等等。经商不容易，都有一定的技巧在里面，"一年学会庄稼汉，十年学不会个买卖人"。店铺经营的诀窍是"生意三件宝，伙计、门面、信誉高"。首先，店铺经营的好坏，"伙计"的选配很重要。要选好"内柜"，更要选好"外柜"。"内柜"也称"内把式"，负责店铺的营业销售，即我们现在说的服务员；"外柜"，也称"外把式"，负责店铺采购、对外批发和联系生意等。选配好的外柜，可以保证货源、价格、运输中转等，有一个称心可靠的帮手；所选内柜也必须熟悉业务，能说会道，对顾客态度和善，笑脸相迎，告辞送行，懂得和气生财的道理。商店中的店员，无论内柜、外柜，在交易活动中，都把他们统称为店员、伙计、相公或"掌柜的"。其次，必须注意塑造良好的"门面"，包括店铺的位置、商品的摆设、日常经营货物的质量和齐备情况及服务态度等，能达到这些要求就是有"好门面"。如经营杂货铺备货就要齐全，即备足畅销货，又配好冷门货，懂得"不怕不卖钱，就怕货不全""囤得千日货，自有赚钱时"的道理。店铺内摆货的货架，总给人一种"货足货全""货堆如山"的印象，日用百货、油盐酱醋之类生活用品等一应俱全；店铺每日的营业时间也很长，晨起便开门，直到深夜才关门，随叫随到，营业时讲信用，做到"童叟无欺"，民间十分欢迎此类店铺。第三，讲究信誉。信誉是生意的保障和命脉，是做好生意的法宝，经商者要讲仁义，俗话说"三分生意，七分仁义""买卖不成仁义在"，灵活经营，服务的宗旨是让顾客满意和喜欢。

在长期的经商交易中，各种不同的坐商店铺形成了各自不同的经营方式和习惯，但服务态度要好、服务质量高，尽力满足顾客的需要是他们遵守的共同原则。

旧时民间认为做生意的学问颇深，所以，要想从商，必须先拜师学艺，学习各种经商知识。民国时期及以前，学习经商者称为"学相公"，一般多从很小就开始学起，称"小相公"，从伺候掌柜做起，打理店铺中的各种勤杂活计，人要勤快，不怕吃苦，抽空闲学习打算盘、记账等生意技巧。学相公一般要三年时间，之后，随着年龄和专业知识的增长，由小相公升为大相公，开始站柜台或做"帮柜"，直至做到账先儿。学得好的相公有可能被掌柜招婿。从小相公升到大相公，要练就能说会道、善于应酬、精通算账的本领，做到"徒弟娃儿登柜台，买卖预先练出来"。民间认为学经商很难，"十年读出个秀才，十年练不出个买卖"，许多人对经商者心生向往，但又不敢尝试，因而从畏惧到鄙视，加上农本思想的影响，认为忠厚老实之人是不适合做生意的。

（二）行商

行商是一种流动性的交易方式，也可以说是集市贸易的补充和发展。行商可以分为两大类，一类是资本雄厚，多有自己固定的店面的商人，他们或贩运货物上山下乡，或收取农产品贩往城镇，或与城镇之间往来贩运等。其中最为著名的辉县山西会馆，创建于清乾隆二十五年（1760），嘉庆年间陆续增建，是晋商出资在辉县设立的馆所，在历史上曾对辉县的商贸发展起过较大的作用。会馆一般都建在交通便利、商贾云集之处，由此可见历史上这些地方商业的发达。一类是无固定店铺，赶集追市、走村串户，进行小本经营的商人，俗称"脚商""行脚商""跑生意的"等。

行商中多为零售者，他们之中摊贩商和担挑推车贩卖的最多，大都本钱少、无固定营业点，有的经营内容也经常更换，民间称他们"卖啥吆喝啥"。小贩们从城里以批发价采购针线、梳子、镜子、刀剪、火柴和孩子们喜爱的小零食等日用品，送货上门，从中赚取薄利，很受乡村人的喜欢；城市里走街串巷的小贩，大多出售蔬菜、水果、自制的熟食等日用品。民间对走乡串村的小行商按其经营内容称呼，如卖芝麻糖的、卖熟肉的、卖糖葫芦的、卖油的、卖苹果的、收破烂的、卖鸡娃儿的、卖老鼠药的等。

在走村串乡的小行商中，有许多小手工业者，他们之中，有离开自己作坊下乡出售各种手工制品和生产生活器具的；也有肩挑或手推手工器具和原料，边制作边销售的，如牧野地区常见的有锔缸的、补碗的、张罗修笼的、磨剪子戗菜刀的等，在乡村中靠自己的手艺来获取微薄利润贴补家用。

（三）市商标志

无论坐商或行商，在他们的发展过程中都逐渐形成了自身独特的民俗标志。坐商的民俗传承，主要表现在幌子、字号牌匾、店堂标牌、商标、广告以及商品的包装形式诸方面。牧野大地的民间经商者，历来讲究自己的商业标志，既重美观实用，又注重其内涵的文雅和吉祥；行商的民俗传承，以"市声"最为突出，也就是我们平常所说的"吆喝"。

1. 市声。招徕市声，源远流长，招徕市声可以理解成一种广义上的招幌。市声分"叫卖声""唱卖声"和"敲击声"三种，它是商业宣传的最原始的方法，目的是在传递商品信息，招揽顾客。市声从单一的高声叫卖，发展到集唱、做、念、白为一体的形式。

吆喝叫卖。最原始的叫卖吆喝是个什么样情景，在《诗·卫风·氓》描述了"氓之蚩蚩，抱布贸丝，匪来贸丝，来即我谋"的以物易物的原始贸易活动，但这里却未提及理应伴存的招徕推销性质的叫卖吆喝之声。《韩非子·难势》"自相矛盾"中，市上兼卖矛、盾者一边展示所售实物，一边反复向人夸耀的"吾盾之坚，莫能陷也"和"吾矛之利，于物无不陷也"[1]，这应当是有关叫卖招徕市声的较早文字描述。民间有"卖啥吆喝啥"的俗语，意即卖什么货物，就直接叫卖其名称。

牧野地区民间商贩最善于市声叫卖者为小商小贩，他们叫声高亢，唱词诙谐夸张，表演幽默滑稽。在集市、庙会及其游动设摊之处，随着他们的叫唱和表演，会吸引来很多顾客。吆喝叫卖，此类最多见，一般商贩遵循"卖啥吆喝啥"的原则，用词简短明快，多在一个呼句之间或末尾拉长一声，使声波引起人们听觉的震动。如卖烤红薯的高声叫卖"热红薯了——"；卖豆腐的叫"换豆腐咪——"；卖包子的喊"热包子啦，刚出笼的热包子——"；卖西瓜的叫"沙瓤的西瓜，不甜不要钱——"；起刀磨剪子的"磨剪子戗菜刀咧——"；卖盐的高喊"鸡蛋换盐——"。

唱念叫卖。原始的叫卖吆喝，并非音乐，但不失音乐色彩。《淮南子·道应训》曰："今夫举大木者，前呼'邪许'后亦应之，此举重劝力之歌也"[2]，亦即后来鲁迅《门外文谈》所谓的"杭育派"作品。就此意义而言，富有音乐色彩的唱念叫卖市声，亦可谓一种源于商业活动的艺术。唱念叫卖的音乐色彩，是"人心之感于物"的结果，乃至于逐渐音乐化。有关韵语说唱招徕市声语料，主要是清代以来文献所录。郑振铎先生从清乾隆年间抄本《仙庄会弹词》中，曾发现了苏州商人卖年画的大

---

① （战国）韩非：《韩非子》。

② （汉）刘安：《淮南子》。

段说唱招徕之辞，如："打开画箱，献过两张，水墨丹青老渔翁，老渔翁朵哈哈笑，赤脚蓬头戴笠帽，手里拿之大白条，鳞眼勿动还为跳。笔法玲珑手段高，苏杭城里算头挑，扬州城里算好老。只卖八个钱，两张只卖十六钱。献过里朵两张，还有里朵两张，《西游记》里个前后本，王差班里个大戏文……"从年画的主题、内容、质量，直唱到价格和劝买。

游动设摊的商贩，大多采用唱念与简单的表演相结合的形式，唱词生动流畅，念白表意真切，即使人们赏心悦目，又能诱发其购物欲望。新乡商贩的许多唱卖歌，生命力强，至今仍流传于民间，如新乡市小吉街刘保山的《卖大糖摇爻会歌儿》、新乡县合河李明山的《卖香料面歌儿》、新乡县小冀张云鹏的《拉洋片十样景歌》以及各种商贩的"叫客词"，如卖梳子的、卖刀剪的、卖膏药的等等，真是五花八门。特别是卖老鼠药的，嘴上的唱功可是了得，他们往往一边唱一边卖，两不耽误，"除四害，讲卫生，消灭老鼠首当冲，病疫多为老鼠传，岂能容它胡乱行。老鼠药，小百灵，老鼠一吃活不成，大老鼠一吃蹦三蹦，小老鼠一吃动不成。老鼠药，老鼠药，老鼠一吃跑不脱，买了我的老鼠药，一次可药死一大窝"。

敲打叫卖。吹、打、弹、拉四大类中国古乐器，是构成传统商业器乐音响广告的基础。器乐音响不仅可以同叫卖吆喝、说唱相配合，还可以作为"代声"单独使用。尤其是对于受民俗禁忌等社会因素制约而不宜口头招徕顾客的行当，如旧时的理发、游方行医、修脚的等等，约定俗成的特定器乐音响更是必要的招徕广告媒介。民间俗称"唤头""叫号"等。

牧野地区商贩中最常见的敲击物有拨浪鼓、小锣、梆子和串铁等。敲击物不同，所售货物也不同。拨浪鼓，其形扁圆，直径七八寸，置于一尺的木柄上，鼓之两侧，各有一用皮绳相系的小铁球，用手摇动，即发出"嘣咚嘣咚"的响声。执拨浪鼓者，多系出售化妆品或者是染布的。人们听到鼓声，唱声，便知道货郎来了。商贩常用的唤头中，还有响板也称"连铁片"，由五六片长10厘米、宽7厘米的薄铁片用牛筋或麻绳交错串联于一木柄上而成，甩动木柄时便发出"扑啦啦——扑啦啦——"的响声，卖簸箕、扎笤帚和张罗修笼者多用此作市声。商贩用木梆作声者多为卖油卖豆腐者，其木梆用柳木制成，长约20厘米，宽8厘米，厚6厘米，中空有眼，置于木柄上，用一木槌敲击，发出"哪哪"之声。卖芝麻糖、吹糖人等商贩喜用小铜锣，人称"镗锣卖糖"。牧野地区各种商贩的吹打敲击器具，实际上成为其叫卖、唱卖的"伴奏乐器"，他们营业时，往往使人感到他不仅是个卖东西的而且还是个艺人。

2. 招牌。招牌，古已有之，指写有商店名称和经营货物的牌子，俗称"字号"，古时也称招幌。"幌"，就是幌子，即"巾帷"。《文字集略》解释"幌，以帛明窗也"①，指店铺尤其是酒铺的门帘、布帷等物，后来被引为酒旗的别称。它的主要作用是引起人们的注意，更易于招徕顾客，建立自己的信誉。招牌的形式也有很多，如幌子、字号牌匾、标识、广告及商品的包装等。幌子有旗帘、实物招幌、模型招幌、文字牌匾、字号牌匾等。

旗帘。中国传统商业幌中最早见于文献记载的形象即是"酒旗"，明清的许多学者认为，"幌子"出自宋元时期酒旗的"望子"的音讹，乃系因酒旗招引顾客远望之功用而得名，并相沿成习，也称"挑旗""望子"等，茶馆、酒店用者多。旧时的酒店、当铺、茶叶店前爱用旗帘为幌子，大大的"酒""当""茶"字挂起来，路人远远就能看见所经销的商品，布制招牌于店铺中多晨挂暮收，在行商中则置于摊点上或担挑和推车上。

实物招幌。即直接将所经营的商品实物陈置或悬挂出去作为招徕标识，多为经过挑选或整理的样品，是供消费者直观鉴别的标本。民间俗语道，"挂羊头，卖狗肉"，喻义为表里不一、名不符实，其实，这就是肉铺的实物招幌。旧时中药店门前，会挂上成串的膏药模型作为幌子；修理车子的店前会挂一个烂车胎等实物幌子；染坊前立一高杆，上面悬挂一染好的布块或线捆作为幌子；饭铺门前挂一罩篱；游乡理发者也称"剃头的"，标记是一独脚的旗杆，旗为龙凤旗，上绣"魁星斗"，旗杆插于剃头挑子上，挑子由剃头盆架、木墩（椅子）等组成。民国以前，剃头匠的独杆旗也是其"营业执照"，无此旗杆者不许营业。有此旗杆者，不仅可营业，且不受任何关卡限制。现在有些生意人为了表现自己的新意，还会使用这些实物幌子，不过已不多见。实物招幌的最大优点是能迅捷直接地传达信息，让顾客一目了然。并且又简便易行、成本低廉，因而成为最早出现并历久不衰的传统招幌民俗种类。但是，实物招幌也有其先天的种种缺陷和局限性，有些经营内容难以用实物展示，如酒、油、饮料等液体

---

① （南朝梁）阮孝绪撰：《文字集略》。

商品；有些实物不宜长时间裸露陈展，如肉类、熟食等食品；有些实物用作招幌有失雅观或给人以不良心理刺激。

模型招幌。为了弥补实物招幌的不足，商家制造出了模型招幌，它以商品实物的特定模型作为招幌，即将商品实物加以夸张变形或体积放大等艺术手段加工处理后，替代实物，是一种实物的翻版。如蜡烛店悬挂或放置的木制、加彩大蜡烛模型，袜店悬挂的木制、彩绘巨袜模型，水果店会放置塑料制作的果篮、鞭炮铺悬挂的一串鞭炮模型等，都属模型招幌。另外，商家有时为了补充货物的经营物品，有的杂货店店门前会竖一个长木牌子，写上店里经营的品种等，这是文字牌匾。

字号牌匾。新乡店铺字号命名的形式多种多样，有在姓氏后加"记"冠于经营商品之前为号，如"葛记红焖""萧记烩面""杜记牛肉""李记烧鸡"和"翟记薄荷茶"等；有的直接用老板的名字或特点来命名，如"牛忠喜烧饼""罗锅肉"等；有的以地名来命名，如"原阳黄金晴大米""小店菜刀""长垣油馍""延津火烧"等，过去常见者多为木制匾、牌，挂在门外一侧或门额上，也有砖雕、石刻者，有的将字镀以金色，俗称"金字招牌"。除大门上的匾额字号以外，有的店堂还竖有小木板，写上"货真价实，童叟无欺""微笑服务"等标识，来表明店主的经营之道，也是中华民族传统道德在商业民俗中的一种表现。

图 1-12　牛忠喜烧饼店

（图片来源：赵会莉拍摄）

特定标志招幌。20 世纪 50 年代以前和 50 年代初期，夜晚开业的店铺门前多挂以灯笼。一般浴池、茶店多挂红灯笼；理发店挂以"转灯"，外面灯罩上罩以红、黑纸条；药店、大的商店，则以传统的多角形木制纱灯相挂。各种挂灯上均写着店铺的字号、特殊标志等。1956 年后，各种店铺夜间多不营业，所以逐渐不重视灯具招牌。20 世纪 80 年代以来，城镇店铺招牌中的霓虹灯招牌、塑料板、有机玻璃板以及漆写招牌比比皆是。

广告。20 世纪 50 年代以前，牧野地区商贩宣传介绍商品的广告形式主要依靠店铺橱窗的布置、货架的陈列和店铺营业标志来做宣传，对自家独有且少见短缺的商品则采用"招贴"的形式，将其名称、特色、质量写于招贴纸上，张贴在店铺门前，也有利用商品的包装做宣传的，俗称"货卖一张皮"。所以，商店售货时非常注意包装，在包装时，将印有自家店铺字号标记的标签连包其上，这种字号就是今天我们看到的商标雏形。

传统招幌和招徕市声是中国传统商业文化的代表之一，是民间文化的组成部分，也是作为人类在长期的商业活动实践过程中所创造的承负着中国商业文化精神的典型符号。传统招幌和市声以其悠久的形成发展历史，丰富的文化内涵和深厚文化底蕴，构成了极富民族特色的、典型的商业文化景观，具有深远的文化意义和现实参考价值。无疑也会唤起大众对某些特殊生活年代的记忆和想象，从而成为消费时代商业步行街文化景观中最具价值的精神图像。

中华人民共和国成立以来，各种市商标志有了很大的发展，尤其进入20 世纪 80 年代以后，市声中的电声渐趋普及。现代化的电子商标标志充斥着我们生活的每个角落，各种广告无孔不入，各种电台、电视台、报纸、杂志等等无所不在，消费者更要采取理性的态度来甄别。现代化的经商标志和传统的经商标志相呼应，在乡村集市的交易中，仍发挥着积极的作用，也为我们的生活提供更多的便利。

三 市商信仰与禁忌

中国自古以农业立国，素有重农轻商的观念，民间很看不起商人斤斤计较的职业习性。因为经商是以营利为目的，为取得利益的最大化，生意人的一切行为旨在一个"财"字。因此市商在他们的运行过程中，也形成了自己的信仰和禁忌。

（一）市商信仰

崇敬财神。经商人都将财神作为商业的祖师爷来敬奉，因为财神负责招财、利市、招宝的权利。财神到底是谁，说法不一：牧野民间认为主要有赵公明财神、关公财神和比干财神等，依据姜子牙封神的传说将赵公明尊为武财神，将殷纣王之叔父、少师比干尊为文财神；民间还有人认为关羽是正义的化身，也把他尊为武财神。大家对真正的财神是谁，没有做真正的考究，只是按上辈人所传去敬奉。关于财神的生日也有多种说法，有的地方认为是正月初五，有的地方认为是农历七月二十一日，每当这时，就会请戏班子为财神演戏，以求财神能保佑民众发财。

如果有新开业的店铺，要举行开店仪式。首先查看老黄历，或者找风水先生选择一个黄道吉日开业，店铺门前挂上各色彩旗，门上贴上对联，设神位祭拜财神，并宴请朋友和同业，祝愿自己"开业大吉、日进斗金、财源广进"等等；没有固定店面的行商，也会在自己家里设财神位，摆上各种点心、水果和肉食来祭拜，期望自己能够顺利经营，并能获得很好的利润。

发利市。做生意的一般把新年后的第一天营业，称为"大开市"，都非常重视。旧时大开市一般在正月初五之后的正月初六，有的是在正月初八或者正月初九，人们普遍认为"三""六""九"是好日子，初八是取其谐音"发"。商家认为，大开市生意的好坏会影响到一年的生意，因此生意人普遍比较重视大开市。为了庆贺大开市，商家会贴上新的楹联，店面披红挂绿装饰一番，货架上货物摆放丰富，应有尽有，先焚香祭拜财神，燃放上万头鞭炮，店员和主人穿戴一新，满面笑容迎接顾客。开市之日，不讲究赚钱，特别第一位顾客，待若亲朋，哪怕赔些钱也要让顾客满意，目的是求得一年生意能够顺风顺水。

（二）市商禁忌

商人求利，希望在钱上有个好兆头，因此凡是与经商主旨相违背的言语、行为都是禁忌。商人敬奉财神，因此忌讳直呼财神的名字。如文财神比干、武财神关公和赵公明等，直接唤名是犯忌的；店铺招幌、标记等在商人心目中是最为神圣"招财进宝"的象征，每天挂幌子，必须说"请幌子"，忌讳说"挂"，忌讳挂不牢而坠地，倘有伙计不慎将店幌失落于地，便视为得罪了财神，严重的会遭到解雇。对于店员，禁止随意拨打玩弄算盘，更禁止将算盘反着放在柜台上，说是经商只能往里算计，不能往外算计。此外，扫地时忌往店外洒扫，尤其是春节，不准扫地，不准往外倒脏水、垃圾，说是这等于"倒财"；不得坐在店门或柜房的门槛上，怕拦堵了财神；忌冲着店门方向和当日财神方位小便；忌在店铺前打呵欠、伸懒腰等懒怠动作，以为会冲撞财神。封建时代，店铺如果刚一开门就来个进京赶考的举子，便认为是大吉大利，宁肯不收钱白送，以取吉利。如果第一位是妇女，尤其是孕妇、小女孩，便被认为晦气。人走后，必以草纸点而熏之，熏罢扔于店外，以资破解。

经商者日常讲话，也要注意自己的言行，不能说一些对经商不利的言辞，话语中忌讳带着与"赔"谐音的字眼。凡是对本行业不利的字眼，都要避免使用，甚至姓"裴"的人都要认真考虑自己是否适合做生意。

生活不易，旧时，做生意有很多自己掌控不了的因素，所以经商者就自设禁区，祈求自己的生意能获得较大的利润，实际上于经营并无积极意义，并且会造成许多心理上的负担。随着时代的进步，人们的思想认识的提高，商业禁忌由多变少，除店规、守则、公约之外，许多落后、束缚人们思想的信仰和禁忌逐渐被摒弃。

第二章　牧野物质生活民俗

物质生活民俗包括服饰、饮食、居住建筑及交通等方面的民俗。物质生活是一切活动的基础，生活也是居民们头等大事。物质生活民俗最初只是以满足人们的生理需要为目的，在无意中自然形成的，如服饰是为了遮身蔽体和防寒保暖，饮食是为了满足基本生理需要，住所是为了防止风雨和野兽的侵袭，交通也是为了满足日常生活所需等。但随着社会的发展，生活民俗日益多样化、复杂化，它不仅仅停留在生理需要，更多的是安全需要、归属需要和自我需要的较高层次需要。

牧野大地地处中原，春夏秋冬，四季分明，是中华文明曙光初绽的地方，在衣、食、住、行等方面表现出鲜明的地域民俗特征。

第一节　牧野服饰民俗

服饰是人类特有的文化现象。作为物质文化，它是人类物质生产的产物；作为非物质文化，即精神文化，它又是人们政治、宗教、哲学、伦理、审美等观念的结晶。服饰民俗是指人类在服饰构成以及服饰穿戴、服饰审美等与服饰相关的日常生活中所形成的行为习俗与行为规范。

服饰发展史也是一部人类进步的文明史。河南人从裴李岗文化时期的使用骨针，从事简单的缝纫到仰韶文化时期的用野麻纤维和蚕茧织布，从此皮服之俗已变为布服为主。人们将上身穿的称"衣"，下身裹的称"裳"，确立了上衣下裳的形制。商周时代，冠服制建立，开始了以衣冠"昭名分，辨等威"的服饰制度。这种冠服制直到清朝建立后，才发生了较大的变革，其显著的特点是长袍马褂、剃发留辫，明以前的宽衣大袖改为窄袖紧身，不用扣的衣服也用上了纽扣，衣襟的形式由大襟改为对襟。

清末，随着西方文化的影响，掀起了剪发易服风潮，但由于传统习惯及规章制度的束缚，这种服饰改革始终未能彻底进行，发生巨大变革是在辛亥革命以后，剪发易服成了革命的象征。此时牧野民间着装在服饰改革大潮的影响下，既有继承传统，承袭清制的着装，又有仿效西服，自裁自制的新服，呈现了一种古今交映、新旧混杂的服饰局面。中华人民共和国成立后，民间服饰从用料到样式都有了长足的进步，尤其是大量的机制服装为人们所接受，手工缝制的衣服日益减少。

牧野大地地处中原，四季分明，在服饰的穿戴上丰富多彩，分冬装、夏装和春秋装。一般来说，夏装简单，不仅指制作简单，衣短衣少，而且就个人拥有数量上来说，也是很少的。虽然黄河流域的文明历史悠久，但人们的生活还比较贫困，所以，人们生活都非常节俭、朴素。牧野大地的冬天是很寒冷的，从头到脚都要准备过冬的服饰，如帽子、围巾、棉袄、棉鞋、棉袜等。表现在服饰民俗上，主要包括服装的用料和缝制、衣着款式和习俗、发饰和配饰及服饰信仰等。

一　服装用料和缝制

自古以来，牧野人棉花种植历史悠久，是我国重要的产棉区之一。长期以来，棉布一直是新乡民间最常见的衣服用料；此外，还有少量用蚕茧丝或者葛麻纤维来作为人们衣服的用料。中华人民共和国成立前和成立初期，民间衣服布料多由自己纺织。纺织用棉多自产，纺织要经过轧花、弹花、纺线、织布和染布等多道工序。所用土制机具分别称作弹花弓、弹花机、轧花机、纺花车、织布机。纺花车几乎家家都有，织布机一般为殷实人家才拥有。机器纺织出现以后，民间将人工所纺棉线称"土线"，所织棉布称"土布"或"粗布"，机器纺织之布称"细布"。土布制作衣服则需要染色，自家染制一般采取"坑染""土染"，也有送"染坊"者。用土布染成小花的印花布多作衣料、头巾、围腰等，染成大花的作床单、包袱单、被褥表、门帘等。印花布是民间十分爱好的布料，也是民间嫁娶婚配和女子日常穿戴的衣料佳品，至今还可在山区农村见到。旧时，印花布还在庆生、祝寿、贺喜时作为礼品使用。中华人民共和国成立前，人们基本上穿自制的土布，很少穿机制布，更不要说绫罗绸缎了。到 20 世纪 70 年代，纺织品种类的逐渐增加，服装样式也开始增多，有中山装、军干服、学生装、工作服及女式小圆领对襟、方领对襟、裙子等，男女裤样都是小腰，只有前开口和偏开口之分。裤筒有锥形、喇叭形和直筒的区别。80 年代以来，土布已很少见，大都用机制布料和的确良、锦纶、华达尼、涤卡等化纤制品，毛料也开始走进人们的生活，衣服的布料比较丰富，花色品种也多起来，男子也开始穿带图案的衣服，样式众多，再不是清一色的灰和蓝，五彩缤纷，色彩斑斓。正式场合，西装也流行起来。90 年代以来，似乎出现返璞归真的趋向，人们又开始喜欢纯棉布料，不过大部分都是机制的布料，比手工制作要精细得多，穿起来也比较舒服。

牧野地区民间衣服一般均由自家主妇缝制。20 世纪 70 年代以前，主要依靠手工缝制。一般家庭都备有缝补衣服所用的用具。70 年代以来，缝纫机在民间日益增多，缝制衣服由自家裁剪缝制或请裁缝剪裁。

牧野地区民间家庭衣物补洗多由家庭妇女承担。20 世纪 50 年代以前，民间洗衣服所用去污品主要是皂角（为皂角树之果），也有用草木灰过滤水、豆浆水，富裕人家偶尔用些肥皂；洗衣一般在家中盆洗，乡间习惯直接到井旁或河边，用木棒槌和搓板捶搓洗涤。为使洗过的衣服整齐，各地还有浆衣的习惯，即将洗过的衣服，泡入米汤或面汤中浸泡揉搓后晾干，再用棒槌捶打平光。浆过的衣服布质变硬，又经捶光，即使打了补丁的衣服也显得整齐干净。60 年代后，肥皂、洗衣粉、洗衣膏等相继普及，用皂角等去污之习渐已丢弃；80 年代后洗衣机开始进入民间，浆衣之俗大多也为电熨斗熨衣所代替。

二　服饰款式和穿着

古人把披在身上的都称为"衣"，如冠巾称"头衣"、上体所着之衣，称"上衣"、下身所穿的裙子称"下裳"，所穿裤子称"胫衣"，脚上所穿鞋袜称"足衣"。后来，"衣裳"成为人们对衣服的总称。

（一）头衣

头衣，包括帽子和头巾。牧野人并不是一年四季都戴帽子，但一年四季却都有帽子，主要从帽子的实用角度来佩戴的，有冬帽、夏帽、春秋帽。男女有别，老幼不同，男人戴帽子的居多，而女人更多的是围巾。

1. 冬帽。主要有毡帽、抹护帽、皮帽等。

毡帽用兔毛、羊毛压制而成，比呢子要厚，顶呈圆锥形或略作平形，四角有檐向上反折，前檐作遮阳式。有黑、灰、黄、棕等颜色，富裕人家男子所戴毡帽，讲究装饰，如用金线在帽上缝缀"四合如意""蟠龙"等，有的还在衬里加以毛皮，20世纪60年代民间一般男人冬天多戴毡帽。

抹护帽。用黑色棉线、绒线或毛线制成的长筒锥形帽，其帽筒长可拉至脖下，帽筒上有一孔，风雪天戴上，可凭孔观看。平常戴时将帽筒翻折于额上，不戴时，用手抓成一团塞入衣兜，俗称"一把抓帽"。由于此种帽子戴起来方便又实用，20世纪70年代的农民和一些小工商业者喜欢戴"抹虎帽"。

皮帽。硬帽盖，软帽盔，皮毛帽耳巴。以羊皮、狗皮为最多见，也有少量牛皮的，保暖效果较好，在寒冷的冬天，很受男士们的欢迎。

此外，牧野地区冬天天气寒冷，人们外出喜戴耳套（俗称"耳护"）。耳套分两种，一为"耳按儿"，俗称"耳掩儿"。制作以耳为模，柔软布为料，套外下边接缝处镶以兔毛，富裕人家则以缎帛做面，面上还刺以花草虫鸟和诗词格言，如"眼观千行字，耳听万人言"等，戴时罩于耳上。另一种是套在耳上的耳暖，亦称"耳衣"，为一耳朵大小的圆圈，用兔毛或羊毛做成，两耳暖之间由一细线相连，不戴时系于衣扣上或佩戴胸前，是农民和流动小商贩的护耳之物，回族也喜欢佩戴。耳套戴在耳朵上，既可取暖，又颇具风度。

2. 夏帽。按材料来分，有草编类、竹编类、藤编类和布料等几种。

草帽是历史最悠久的夏帽，至少有三千多年的历史。草帽的材料是麦秸秆，从选料到成帽，要经过五道程序，即选、投、编、熏和缝，这也是牧野地区民间的一种手艺，也有人把它当作副业的。这种帽子檐儿比帽芯大数围或数十围，顶呈圆形，帽檐儿比较宽，不仅可以护头，尤其可以护肩，夏天经常在田间劳作的农民可以遮阴防晒。另外一种草编帽子是用秫秸篾儿编织的席篓草帽，秫秸篾儿即高粱皮儿，也称"凉帽"。先从帽顶开始编织，先编一个尖笠状的顶，内设帽圈，然后从尖部顺次四周编起来，并在帽子两边缀有两条带子，戴帽时，可系于颈部，编好后，再刷一层清漆或桐油，就可以戴了，挡雨效果比较好。

图 2-1　草帽

（图片来源：赵会莉拍摄）

竹帽。牧野地区地处中原，降水较少，竹子种植不多，因此竹编类帽子多从南方引进。斗笠是最常见的竹帽，新乡人把它叫作"竹席篓草帽"，但在本地使用的数量不多，夏天它不但能遮阳，也是在田间劳作农人的理想雨具。夏日平时多不戴帽，只在外出劳作时戴草帽、笠帽以遮阳或避雨。

布帽。夏帽也有布料的，这种帽子全用布缝，帽盔和帽檐儿都用单层布缝在一起，周围用一个大大的圆竹圈撑起，帽檐很宽大。戴这种帽子一般多是学生或者知识女性。

3. 春秋帽。在牧野地区春秋两季戴的帽子，最盛行的应该是帽盔了，有软、硬两种，多为手工缝制，上面有一个黑或红的大疙瘩，帽口周围，缝一圈半寸宽的花边；另外一种最常见、最普遍的是单帽，有灰、黑、蓝等颜色，圆形，前由大月牙帽盖，没有年龄限制，老少皆宜。

民间在喜庆、宴客或外出时多戴"瓜皮帽"和礼帽。瓜皮帽俗称"瓜瓢帽""帽撑""帽衬儿""帽垫"等，其形作瓜棱形圆顶或平顶，顶上结子小如豆大，帽用蓝色，戴时将帽子前倾而半覆于额前。据说这是明朝"六合帽"的传承。20世纪50年代后，民间男子时兴戴"八角帽""解放帽""军帽"和栽绒帽，城镇喜戴"前进帽"。80年代以来，帽子的形式，更加多样。

此外，六七十岁的老年妇女都喜戴"老人帽"，其形状反置过来像只木船，前缘缀以帽扣或玉石。婴幼儿所戴帽子简单大方又富有情趣。初生幼儿所戴是依据其头的大小用两块布做成的一寸多宽的双层布圈帽，内套艾绒，前缝一绣有莲花瓣或狮子头等图案的长方形布块，名为"呼吸帽"

或"凉瓢帽"；稍长之少儿，多戴"扇襟帽""狗头帽"。"狗头帽"两旁左右开孔，上装两只用毛皮做的狗耳朵。多用鲜艳绸缎制成，并镶嵌金钿、假玉，帽筒周围沿以花边。娇养幼儿脖子上还要戴"项圈"，有金项圈、银项圈、铜项圈等。贫寒之家戴不起金属项圈的，则用红布扎制布项圈。

20世纪60年代前期，帽子一般用自家制作的土布来制造，颜色主要是灰、蓝、黑，棉帽有火车头帽、用毛线织的帽子，城镇居民多戴鸭舌帽；60年代后期，中青年多戴军绿帽；70年代后期，人们多戴的确良料子的军绿帽、公安蓝帽子等。

4. 头巾。女人戴顶头布的历史悠久，仅从秦始皇时代算起也有两千多年的历史了。牧野地区民间女子戴头巾的颜色多呈黑色、蓝色，有长巾、方巾。使用时，双手大拇指和食指捏住方巾两头上角，将正中对准前额，向后脑勺一揽，再把另外两角扎叠一起即可，既可防尘又可保暖，又能梳拢头发，俗称"勒头手巾"。20世纪70年代以前，头巾主要用自家制作的"土布"，老年妇女多用黑、蓝色，年轻女子多用印花布或者绣花布等；70年代以后，头巾的质地花色就丰富了，有纯毛、真丝的、化纤的、的确良的等，这时系法也有变化，把方巾对折系在头上，另外两端系在脖子下面。

长巾。因其长，多围少顶，男女皆用，也有人称它为"围脖"。长围巾花色很多，有红、白、黄、绿色和长条、方块图案的，五四运动时期，知识分子用的很多；20世纪四五十年代，一些机关干部或者学生等知识分子，使用时的花样幻化多样，或系于胸前，或系于背后，或绕一圈脖子不系，在当时也可算是一道亮丽的风景了。

(二) 上衣

人类究竟什么时候穿上衣裳，学界尚无定论，但可以肯定，以我国对山顶洞人遗址中发现的一枚骨针算起，至少在一万多年前就出现了衣服。

中原民间服饰在20世纪中叶以前，一般穿的都是自家纺织的土布。牧野民间男女的上衣，也多为大襟右衽，宽大。主要有大衫、小布衫、棉袄、夹袄、皮袄、中山装、西服、短袖、小衣等。

1. 大衫。也称"长衫""大衫子"。20世纪50年代前，大衫子多为右衽、下长至脚踝上，左右两侧下摆处，开有一尺多长的衣衩。布料一般用自家织的土布，一般有黑、灰、蓝几种颜色；中上等人家多用士林布，甚至丝绸来缝制长衫的。大衫是男人的礼服，出席重要的场合必备的服装，比较贫穷没有大衫的，可以借，即使炎热酷暑，也必须这样穿着，方才显示自己的礼仪。民国初年，牧野地区城镇或乡间富裕人家的男子，尤其知识界，则以长袍（衫）、马褂（或马甲）为主要衣着，马褂呈对襟，窄袖，前襟缀以纽扣五枚，衣长至腹。马甲（亦称"坎肩"）则无袖，为日常所着。其实，女人也有长衣，它有个专有名字叫"大布衫"。立领布扣，上衣大多长过膝盖以下，年轻的女孩子多用花布，年纪大的用黑色或蓝色布料。

20 世纪 60 年代前，出现了短大衣，但这只是少数人在穿，而到了 60 年代后期，就已经普及了。70 年代后期，出现了棉大衣、呢子大衣，还出现了腈纶绒衣、绒裤、人造毛裤，服装的款式也丰富多样起来。

2. 小布衫。是相对于大布衫而得名。20 世纪 50 年代以前，有大襟、对襟之别，老人和妇女多穿大襟，年轻男子则喜欢穿对襟，均以布扣相结，大襟在腋下系扣，多用白色、灰色和蓝色，一般春秋日当外衣穿，冬日当内衣穿，便于换洗。多是自家缝制，很少请裁缝去做的。

3. 棉袄。棉袄由表、里和中间的棉絮做成，无棉絮的称"夹袄"，为冬季穿着的上衣，有大小长短之分，形制如长衫，略短于长衫，称"大棉袍"，宽、大、长为其特征；过去人非常重视棉袍，因它耗钱多且用处广，穿用久，有人穿时会在棉袍外面罩一件长衫，这是为了保护棉袍不至于脏得太快。白天穿在身上是棉袍，夜里又是被子和褥子了；里、表拆开，成两个布衫；去掉棉絮，里、表合一，又成一夹袄，穷苦人家确实把大棉袄当成半个家当了。俗言说"黄鼠狼，去赶集，里里外外一层皮"说的就是此。长至胯下，偏襟为右衽，又宽又厚的为"大襟棉袄"。短的则称"撅肚小棉袄"，多为对襟，缝制时省工省料，穿上劳动比较方便，青壮年的农民男子穿的最多。20 世纪 50 年代前，牧野地区民间大部分男子冬天上身内穿"对襟"小布衫，外穿"大襟长棉袄"或"小撅肚"棉袄。许多人穿着时喜在腰间束一条又长又宽的大腰带，俗称"战带""缠带"，长约 7 尺，宽约 1—2 尺，用土布做成，多染成蓝色。在活动和劳作时，穿大襟长棉袄者喜欢将下襟掖在大腰带里。大腰带也是吸旱烟者插烟袋杆的地方。女人也有棉袍，形制和男人的几乎一样，不过是颜色鲜艳一些而已。20世纪末，牧野地区民间冬季多穿毛衣、线衣、皮衣和羽绒服，穿棉袄的已经很少了。

4. 皮袄。皮袄多用羊皮、狗皮等，生皮经过加工鞣制成熟皮后，经过裁缝做成成衣，外面加一层黑或蓝一层布，为了对皮层的保护。皮袄穿时毛朝里，多为年迈体弱的老人穿用。今天已经很少见到了，今天我们看到更多的机制皮衣和其他皮毛制品。

5. 中山装。中山装的命名不仅是中国革命先驱孙中山第一个穿用，据说款式也是孙中山亲自设计的。辛亥革命后，孙中山先生从日本带回上海一件当时日本陆军穿的士官服，交给上海著名裁缝王财荣，受此重托，他精心制作了第一件中山装：直翻领，四个兜，胸前两个小贴兜，两侧两个大贴兜，纽扣用五颗；两袖口下侧，一排缀有三颗小纽扣。穿上此衣服，显得端庄大方。1949年，新乡的知识分子或国家公职人员流行穿中山装。20世纪70年代以后，一般男子都开始穿中山服，不论农民还是国家公职人员。

6. 西服。即西洋人的服装，又叫"西装"，从清末留学欧美时代开始，直到今天还是男士出席重要场合的服装。西装有里有表，面料多为毛料、呢子、化纤等，翻领，有垫肩，穿上西服使人显得挺括、精神。左胸一个兜，下侧两边各一个兜，纽扣有一粒、二粒或三粒的，一般不扣或者只扣第二个，袖口缀有一个或三个小的纽扣，衣后开衩，最近几年西服却很少有开衩的，稍微休闲的是在衣服两侧开衩。正式场合一般西装里面要配有马甲，打领带。当然，也有女式西服，一般是双排扣，颜色比较艳丽。

7. 短袖。在牧野地区民间称"布衫衩"，亦称"汗褂儿"或"半截袖"。男女有别，男式仅半袖或小半袖，开胸较大，左上有一胸兜，它由三块布片做成，两片做对襟，一片为后背，背后在腋下用布带儿相联结；有的样式是既无领又无袖的"布衫衩儿"，有很多男人，夏天劳作时，赤着脊梁，下身或着一短裤或穿一挽起裤管的大裆单裤。女式短袖，无兜、布扣，开领不大，腰身稍微收一下。

8. 小衣。或者叫"内衣"，主要指女人的衣服，有束胸和胸罩两种。束胸也叫小坎儿，常见于20世纪50年代前的城市女孩子穿用，跟今天的小背心有点相似，前后两片布，裁成背心样式，肩上和左侧缝死，右侧腋下缝扣子。胸罩也叫文胸、抹胸等，好像缠在胸上的一条宽带子，扣在后背，目的是保护乳房的健康。

旧时，牧野地区民间不甚讲究内衣，尤其农家脱了衣袄便是赤膀，因此衣服非常重视外衣衣扣的设置。妇女穿上衣服后不许敞胸露怀。男子赤膀露臂时不能露出肚脐，所谓"男不露脐女不露皮"，否则，要受到长辈的谴责和外人的嘲笑。60 年代以后，内衣成为人们不可缺少的穿着。秋衣、绒衣、毛衣和汗衫等各式各样的内衣遍及民间。

（三）下裳

下裳。指下身所穿的衣服，可分为裙子和裤子两大类。

1. 裙子。古代男女都穿裙子，到了 20 世纪，只有女性才能着裙装。有百褶裙，指褶皱多，并非实指，花色很多，根据年龄不同，颜色的选择也不一样；四片裙，顾名思义是由四片布组成，是成年女子的裙装，在 20 世纪 20 年代上半叶比较流行。当然，裙装是 20 世纪初民间富裕之家女子才有条件穿的。中华人民共和国成立后，裙子的款式也多起来，什么连衣裙、西装裙、超短裙、一步裙等等，应有尽有。80 年代后期，日常穿裙子的人逐渐多起来。

2. 裤子。裤子的历史可以追溯到两千多年前，有大裆裤、套裤、西裤等。

大裆裤。又名甩裆裤子，其特点是大裤裆、大裤腰、大裤腿。牧野地区是以从事农业为主，大部分人是参与体力劳动者，穿大裆裤，活动干活都比较方便。大裆裤的腰布是另外上的，成人的裤腰一般要 6—8 寸，裆前不开口，穿着不分前后。单层称单裤，双层称夹裤，絮棉花的称棉裤。因其腰身大，穿时必须在前面摺一个摺后用"裤腰带"贴身勒紧。一般人不穿内裤和裤衩（也称裤头），棉裤外面也不罩单裤。大都在裤腿下面沿裤脚四周近脚髁骨处扎一布带儿，称为"绑腿"。大裆裤子是不分男女的，不同处只是颜色和装饰不同，男人们主要有黑色、蓝色为主，女人们还有印花的、提花的做裤子，女人裤子也是大腰裤，中年以上的妇女常年腿扎"绑腿带儿"。日常劳作时，腰间都系以围裙。大裆裤子在 20 世纪 50 年代末期，在新乡的农村还很流行。农村经济体制改革以来，特别是 80 年代以来，的确良、哔叽尼、华达呢、斜纹、灯芯绒等布料的出现，给妇女的衣服款式和面料的极大变革，出现了直筒裤、喇叭裤、健美裤、连衣裙或套裙等款式新颖的服装。

套裤。又名叉裤，"衩裆裤"或"无裆裤"也有人称"露屁股裤"，有两千多年的历史。套裤只有裤腿没有裆，套裤前面长及大腿处，后面仅到膝窝以下，前面最高处系有两条布带儿，穿时将两条布带儿系在腰上，多是上年纪的老人或者有腿疾的人在春秋天穿来御寒，女人的套裤上多由绣花来装饰，女人总是爱美的嘛。套裤在20世纪50年代前多有人穿。

西裤。也叫西式裤，比起大裆裤有很多优点。它的特点是前开门，两边有兜，女性裤子则为旁开口，穿起来方便、快捷，人也显得精神。只不过对于农民来说，没有宽大的裤子方便，但轻巧很多。

到了20世纪六七十年代，大腰裤逐步被抛弃，穿大裆裤的主要是农村上了年纪的老人，年轻人穿的几乎是适合各自腰身的"合身裤"，男裤在前面开裆，女裤在两侧或一侧开裆，或双侧置兜或屁股后设一小兜，以便装随身常用之物，比大腰裤既合体又实用。

进入20世纪70年代后期，衣服"护体、装饰"的习俗正在变化，大部分地区民间，"一衣多季"被"一季多衣"取代，并开始以衣服的实用美观为主要追求，过去只讲结实耐穿，现在既讲款式的新颖，又注意服饰的色彩调配。乡间人特别是年青一代的衣着和城镇人的衣着渐趋一致。平时单从衣服的款式，大多已看不出城乡之别。70年代后期，多用缝纫机来制作；80年代后，多买成衣，不再自制，开始讲究美观大方。

另外，还有礼服。20世纪50年代以前，牧野地区民间很讲究婚丧礼服。结婚礼服中新娘仍沿明式的凤冠霞帔：即内穿自制或男方送的红棉袄、红棉裤，外着大红帔风、大红裙，男方送的称"催妆衣"，头戴凤冠或披红头巾。新郎则身着长袍马褂，头戴礼帽，红绸披于肩上系之胸前背后。丧葬礼服，民间仍行"五服"制。五服是古丧服制，以斩衰、齐衰、大功、小功、缌麻五种服装区别亲疏。斩衰为"五服"中最重者，用极粗的生麻布缝制、衣旁和下际都不缝边；齐衰次于斩衰，用稍粗的生麻布缝制，衣旁和下际缝边；大功、小功、缌麻分别以粗熟布、稍粗和稍熟细布缝制。孝子的鞋子要用白布幔盖，俗称"幔鞋"。幔鞋按亲疏幔缝，死者的儿女为"服重孝者"，要用毛边粗白布将鞋面全部遮严；侄儿侄女等旁系亲属只缝盖鞋的前半部；孙儿孙女只遮盖鞋前面一三角形，所幔鞋直至穿破。

20 世纪 60 年代以来，婚丧礼服发生了变化。结婚礼服男女一般着时新服装，外披红绸或戴鲜花，主要以干净、整齐为好。丧葬服大都已突破原五服制的严格规定，按照各自的习惯依亲疏用粗、细白布缝制孝服。国家公职人员一般穿常服左臂围以黑纱，黑纱上绣"孝"或"悼"字，只在举丧日穿孝服或胸前戴白花。中华人民共和国成立后，国家根据某些公职人员工作需要，规定的衣着有铁路服、军服、警服、医服等。近年来，税务人员等也都穿上了专用服装，不少学校，也设计了各种不同的"校服"，其样式带有各自专业的特色，并且逐渐为人们所接受，成为辨别着服人员职业的标志。

（四）足衣

人是世界上唯一直立行走的动物，双脚负重整个身体，因此也最容易受到伤害，为了加强对脚部的保护，出现了足衣，主要包括袜子和鞋子。

1. 袜子。牧野人在 20 世纪 50 年代以前民间穿的主要是布袜子，有夹、棉之分。夹袜即用两层白布做成，形制似靴子，在春秋天穿用；夹袜子中间套上棉絮就是棉袜子，袜底有两种，一种是原底，一种是用手工纳好一个袜底儿，然后再缝到袜子上，有巧手的女孩子还在袜底上绣上各种好看的图案。另外，穿用较多的还有一种棉线袜子，有人工织和机织的，要比布袜子轻便好多。60 年代又出现了机制的线袜、尼龙袜，乡间称为"洋袜子"，多是富裕人家的穿着，其花样繁多。女子以华美为上，男子则追求朴素结实，袜子花色品种也日渐增多，做法也更科学耐穿，民间的棉布袜也逐渐淡出了人们的视野。

2. 鞋子。远古的鞋主要有皮、麻所制，后来又出现了丝质和布制的。牧野地区民间鞋类众多，主要以布鞋为主，分单鞋，棉鞋；另外还有草鞋、胶鞋、拖鞋等。近百年来牧野地区民间鞋子的种类也发生了很大的变化，也从单纯的手工制作彻底的用机器代替了，大致给大家介绍几种典型的鞋子。

（1）小脚鞋。也叫"尖鞋"，是近代中国最值得记载备存的鞋子。20 世纪 30 年代以前，女子大多裹脚，所以女鞋称木船形，前尖后圆，中间向上弯曲似弓，鞋面上绣以各种图案，俗称"扎花鞋""绣鞋"。旧时女人崇尚小脚，女孩子四五岁就开始裹脚，有的女孩子由于裹的时候很疼，甚至走不成路，只能扶着墙走，更严重地趴在地上以膝代脚。旧时人们认为只有小脚才是最美的，如果哪个女孩子不裹脚，大脚板会有嫁不出去的危险。小脚的脚尖部特小，脚后跟很大，所以尖鞋都有鞋带儿，穿时要系上鞋带，否则，走路时鞋很容易掉。

尖鞋的鞋底有用针线纳成的，也有专卖的木头底子。鞋面多用布或者绸缎做成，两边绣花，鞋口沿彩色花边，讲究的人家还会在鞋头处缀上缨穗儿；年长的一般穿素色的尖鞋，年纪轻的姑娘媳妇儿就喜欢穿艳色的。直到20世纪七八十年代，还可以看到许多老人还穿尖头鞋。

（2）棉鞋。亦称"棉靴"。帮内敷以棉絮，鞋面多用黑布做面，其底、帮要比单鞋厚实、保暖。"棉靴"样式一般前面都缝制结实的履鼻，高高隆起，鞋帮可深可浅，形似母鸡的称"母鸡靴"；前后靴帮留壑、帮沿用皮线包缝和装饰的称"壑壑靴"。20世纪60年代以来，兴起一种取暖鞋，塑胶底，帆布面，用翻毛牛皮作头面，鞋里用带毛羊皮或人造毛，人称"大头鞋"。

（3）单鞋。单鞋的种类很多，根据鞋脸的样式不同有多种名称：鞋脸呈圆口的叫圆脸鞋，呈方口的叫"方口鞋"，鞋脸深长的叫"长脸鞋"，鞋脸短的叫"短脸鞋"，鞋帮上由系鞋带的叫"带襻鞋"等。20世纪50年代之前，民间布鞋大多为直底鞋，不分左右脚，直到50年代后期，人们的鞋子才开始分左右脚，人们穿起来更舒适些，也更受到人们的欢迎。

（4）儿童鞋。牧野地区民间儿童喜欢穿着绣有老虎、猫、狗、猪形象的鞋，俗称"眉眼鞋"，或分别称以"虎头鞋""猫头鞋""狗头鞋""猪脸鞋"等。眉眼鞋是用布剪成自己喜爱的动物形象，其眼、耳、鼻、舌以及胡须俱用彩线绣制。缝在鞋脸前部，做工精细，形象逼真。一两岁幼婴儿冬日则穿"包袱靴"，包袱靴底和帮用一块布剪成，上铺棉絮，加里，然后两帮折叠缝成前脸和后跟而成，穿着柔软舒适。

20世纪70年代前期，人们穿鞋多以手工的布鞋为主；70年代后期，夏日穿塑料凉鞋，其他几个季节穿塑料底子的布鞋和棉鞋，经济条件好的会穿解放鞋和网球鞋。50岁以上的妇女和男人，一般穿的是自家制作的布鞋；国家公职人员会穿皮鞋或高跟鞋。

三　装饰

爱美之心，人皆有之，概莫能外，装饰在服饰民俗中是不可缺少的内容。牧野人对自身的装饰，可以说从头到脚，如头饰、足饰、佩饰等，无所不包。

（一）头饰

头上的饰物因部位不同，又可以分为发饰和耳饰等。

1. 发饰。在帽子出现之前，初民将头发用绳子扎起来，盖在头上，防止风吹雨淋。商代以前，男人的头发多用绳子扎起来，然后再用兽骨、玉石制成的"束发器"罩于发上。商代以后，束发至头顶，编成一条辫子，然后垂至脑后；也有左右两侧束辫，辫梢卷曲，下垂至肩的；或者将头发编成辫子盘绕于顶的。周代，把这种盘绕于顶的头发，称为"髻"，头发稀疏之人也开始使用假发，当时妇女和男子的发式也是大同小异。汉代以后妇女的发式以绾髻为主，或绾于头顶，或两边或脑后。古代男子发式和女人一样蓄发不剪，人们认为"身体发肤受之父母，不敢毁伤"，所以留着满头长发。初或披于肩上，继而绾于头上。只有犯法的人才被剃去须发（称为"髡首"）。到了清代，在严厉的剃发令强制下，男人剃去了头部靠近前额的头发，后部则留一辫子垂于身后，这种发式延续了 260 多年。已婚妇女要以圆髻绾于脑后，俗称"绾纂儿"。髻大都用细丝线做的小套儿罩着，俗称这种套为"网儿"，髻上再别以各自喜爱的"簪子"。牧野地区的妇女多在"纂儿"左侧上方留一束头发垂于下边，据说是古代"分髾髻"的遗留。中老年妇女喜将头发剪短梳拢于脑后，并向上折叠用收发卡相卡，称"收发头""麻鸦雀头"，其式简单易梳，城镇颇多见。未婚年轻姑娘的发式大都垂辫于后，且多为单辫，及至结婚，才"上头"绾"纂儿"。各种年龄的妇女大都喜欢于额前留一绺头发，俗称"刘海儿""汗淋儿"，其式有平剪和横抹一线盖于眉间或遮住两眼的，有微作弧形的，有作月牙形的，还有的额发似有似无。旧时妇女的发式是辨别婚配与否的重要标志。绾"纂儿"的定是结了婚的，梳辫或垂剪发于肩的则是未婚女子。宣统二年（1910）朝廷才下达了准许臣民自由剪发的明令，但实际执行者寥寥。民国建立后，一些通都大邑的士人、官吏及知识界人士才相继剪去辫子，但民间尤其一些偏远地区的许多老年人仍留着发辫。1923 年以后，"剪发头"在河南妇女中开始流行，有长有短，长的披于肩上，短的和耳垂相齐。在城镇富家女子也有烫发者。中华人民共和国成立后剪去发辫的人，男人大多留以光头。直到 20 世纪 50 年代后期，在乡间留光头者仍占多数，其后留"分头""背头"或"平头"之风渐兴，光头多见于民间老年人中。

20世纪50年代后期以来，妇女以发式作为婚配标志的观念日益淡薄，除乡村部分中老年妇女仍留以"纂儿"外，其余大多数年轻妇女开始实行各种"剪发头"。留辫子的也并非全为姑娘，但独辫很少，多为两个短辫相垂。80年代以来，城镇女子烫发者增多，年轻妇女中又有绾新式"纂儿"者。一些青年男子又崇尚长发，他们将分头留长，有的长如女人的剪发头，披之脑后。

民间男子胡须，在20世纪60年代以前，多在50岁以上开始蓄留并以此作为显示尊严和成熟的标志。对于认为当留胡须而不留者，以"老来俏""不知老少"相讥。所留胡须依其生理条件而定，有"八字胡""山羊胡""络腮胡"等样式。70年代以来，城乡留胡须者渐少，仅在老年人及回族老人中可见。

婴幼儿的发式，男儿一般留"花剪头"，即在囟门上留一些头发，其余剃光。也有在脑后留一撮头发，其余剃光的俗称"狗尾巴""把式毛"。幼女只在耳上沿头顶一周留发，头顶扎一小辫。娇宠幼儿的发型非常讲究。有"铁箍"型，即将小儿颅顶剃光，沿耳际上，后脑前留一圈短发；有"鳖尾儿"型，小儿仅脑后留一片头发，其余全剃光，形似鳖尾儿。还有在头当顶留一撮长头发，称"蔓菁英"。民间认为留"铁箍"头、"鳖尾儿""蔓菁英"的小孩儿"不生病，不生灾，长命百岁"。还有以留特殊发型为小儿治病的，如患有"疝气"（俗称"气蛋"）的小儿要留"偏坠儿"发型，留发时，视小儿"气蛋"的位置，在左侧留右侧发，在右侧留左侧发，虽无科学根据，但反映了旧时缺医少药情况下父母对子女的一片心意。小儿发型一般留至12岁。

2. 耳饰。指耳朵上的装饰物，民间给它起了个宽泛的名字叫"耳坠儿"。它是女人必有的饰品，俗语说："千打扮，万打扮，不戴耳坠不好看。"民间女子多穿耳孔，俗称"扎耳朵眼"。一般在婴儿未满月时进行。幼时未扎的，扎时要在农历正月十六"扎耳朵孔日"进行。扎孔时，用米粒或绿豆粒贴捻耳垂处，轻轻揉捻，至耳垂捻薄时，用带红线的针穿透，将红线挽结于上。待伤口愈合，去掉红线戴上耳环。耳环、耳坠儿和戴在手腕上的"手镯"、手指上的戒指一样，多以金、银、玉石、宝石、珍珠等为料，几乎没有铜耳坠。旧时，为一般富裕人家不可或缺的装饰品，即使贫穷之家，也要在子女生日、婚嫁时千方百计为其备制，以便为子女留下美好的回忆和生活上的"私房""体己"，以为经济上的"防身"之物或传家之物。20 世纪 60 年代以后，佩戴金银首饰之俗曾一度冷落，80 年代以来此风又盛。

（二）足饰

足饰，主要指的鞋饰，牧野地区鞋饰最具有特征的是绣花鞋。前面提到的儿童虎头鞋、猪头鞋是其一，另外还有女人穿的绣花鞋。中华人民共和国成立之前，新乡农村的女孩还有裹小脚的风俗，当时人认为"三寸金莲"是女人对美的追求，女人既要把脚藏起来，又想把自己精巧的小脚的美展现出来的矛盾心理，她们为了吸引人们的注意力，就在鞋上做足了文章。20 世纪 50 年代之前女性的鞋子很多鞋面上全绣上各种吉祥图案，如梅花、荷花、喜鹊等，甚至鞋垫也要绣上各种花鸟图案，待字闺中的姑娘，有时为了表达对未来丈夫的情意，还会绣几双鞋垫送给他。

图 2-2　鞋垫

（图片来源：赵会莉拍摄）

（三）佩饰

佩饰是佩戴在人身上的装饰物。它和衣饰不一样，可佩戴也可以不佩戴，它是独立的，佩饰一为实用，二为美观，恰当的佩饰可以增强个人气场，帮助美化个人形象，包括颈饰、手饰、眼镜等。

1. 颈饰。指戴在颈部的装饰品的统称，包括围巾、丝巾、领带、毛衣链、项链、项珠、吊坠等。围巾，也称围脖，有长短、宽窄之分，主要用来御寒；丝巾和领带分别是女士和男士佩戴，可以提升人的气质，使人显得气质优雅大方；合适的毛衣链，可以给衣服起到画龙点睛的作用；20世纪50年代之前，牧野地区民间戴项链、项珠的人不多，主要作为城市青年人订婚时的礼物或者富人佩戴。

2. 手饰。指戴在手上的饰品，主要是为美观设计，包括手镯、手链、戒指、扳指、指环、指甲扣等。其中戒指是典型的手饰，古称指环、约指，它的历史悠久，至少在春秋战国时期就已经出现，它的发明本意是国君临幸妃子的时候有所选择。如果妃子有身孕，就把金指环戴在左手上，否则把银手环戴在右手上。后来这种习俗传到民间，戒指的含义也发生了变化，妇女月事来临时，就戴上戒指，含蓄提示丈夫要戒备房事。由于戒指的这种"指示"作用，戒指也成了青年男女的定情物。现代人戴戒指，除了追求美之外，其他的意义已不复存在。

另一种手饰是染红指甲。牧野地区民间女孩子染指甲用的是指甲草，也叫凤仙花。花瓣加明矾捣碎后，敷在指甲上，过一晚上指甲就会被染红了。染指甲主要是女人，有的十个指头都染红，有的是挑着染；爱美的女孩子有时把十个脚指头也染上，据说指甲草还有治疗灰指甲的功效。

图 2-3　指甲草

(图片来源：赵会莉拍摄)

3. 眼镜。旧时的牧野地区，不是人人都能戴眼镜，只有有钱人才能戴得起眼镜，如财东、账房先生和官宦人家。当时的眼镜片是水晶磨成的，圆形的镜片，中间有一个上凸的铜架，眼镜腿由两截组成，俗称"蚂蚱腿"，以便能收起来放进盒子里。金丝眼镜一戴，给人一种儒雅的感觉。现在各式各样的眼镜琳琅满目，什么近视眼镜、远视眼镜、老花眼镜及散光眼镜、游泳镜、太阳镜等，应有尽有，人们可以根据自己的需要，尽情佩戴。

四　服饰信仰

牧野大地民间小孩的衣着形式往往带有浓厚的信仰色彩，且大都伴有浪漫、美好的传说故事，以寓祝福。有的家里添了娃娃，家长要到村里乡邻百户人家无偿寻求各种花色的零碎布头，凑在一起缝制衣服，以应"百""岁（碎）"之意，俗称"百家衣"，让小儿穿上以祈长命百岁。还有向亲友邻里求取零碎铜钱铸造铜锁，戴在小儿项圈上，以锁其不被"妖邪"拉去，尊称"百家锁"，以"保佑"小儿健康。小孩要穿"虎头鞋"，鞋前面做成虎头，头上绣有虎鼻、虎眼、虎须、虎耳朵，栩栩如生，以为穿此鞋可除恶魔保平安等，所有这一切的做法都是期望孩子能够幸福平安地长大。

民国时期以前，姑娘从小要用一根长布条把脚紧紧地缠裹起来，直至缠得像莲花瓣那样又尖又小，美其名曰"三寸金莲"，谁缠得越小越被人称赞和仰慕。否则，会被人讥为"大脚板"，甚至影响结婚找夫婿。"缠脚"亦名"弓足"，是封建社会束缚妇女的陋俗，直到辛亥革命后才开始放足。但由于传统习俗的束缚，山区乡间仍有裹足者，直到中华人民共和国成立后，才彻底根除。

新乡获嘉县姑娘出嫁上轿时要穿婆家送来的又宽又大的红衣服——"催妆衣"，新娘穿上它上轿，到婆家拜天地，之后新娘把"催妆衣"扔到地上，这时，搀扶新娘的人要从地上捡起来挂在门口，同时口中念着"催妆衣，高挂起，明年一定见大喜"祝福新人。

衣饰颜色在古代是作为权力、地位和富贵、贫贱的象征，各个朝代都有严格的规定。历史上夏尚黑、商尚白、周尚赤、秦复夏制尚黑，汉复周制尚赤。到了唐代服色尚黄、旗帜尚黑，宋沿袭，元尚黄、明改制取法周、汉，用唐宋旗色而服色尚赤，清又复黄，并认为衣色与朝代的发展兴衰有极大的关系。这种以服饰颜色来标志自己信仰和追求的习尚，今天在牧野地区民间仍然有其痕迹。在农村，死了人要披麻戴孝，用白色以示哀悼，即是现代也以戴黑袖箍为征；而遇节日、喜事则穿红戴绿；许多老年人日常腰间要扎一红裤带，本命年的人也要穿上红内衣，以来"避灾祛邪"。

不同时代的服饰，体现不同的社会心理、价值观念。传统时期，中国人的服饰有着鲜明的等级性和阶级性，随着时代发展、文化交流，中国人的服饰也朝着平等和自由开放、朝着越来越舒服的方向发展。所以，服饰是一个民族的精神面貌和文明发展程度的反映。

第二节　牧野饮食民俗

告子曰："食、色，性也。"① 饮食生命得以延续的保障。随着人类文明的进程，饮食也形成了丰富的民俗。具体来说，饮食民俗，指人们在加工、制作、食用有关食物和饮料过程中所形成的习俗风尚。民以食为天，饮食是人类生活的重要组成部分，它是一个人生存和改造自身身体素质的物质基础，同时也是人类社会发展不可缺少的物质力量。在我国，不同的地区和民族有不同的饮食习惯，在长期的历史传承过程中，受自然环境、物质生产及人文思想的影响，形成了不同的饮食民俗，它们共同构成了我国丰富多彩的饮食文化。

一　饮食民俗概述

(一) 饮食原料

中国人传统饮食习俗以植物性原料为主。先秦时期，人们已经将农作物作为主要的饮食原料，我们今天所食用的谷物，在春秋战国时期都已经基本齐备。《诗经》《礼记》等书中，已经大量出现五谷、六谷等词语，人们还将稷作为谷神的代表，与社，也就是土地神，合称社稷，作为国家的代名词。

商周时期畜牧业已初具规模，到春秋战国时期又得到大的发展，当时已经出现了三牲、六畜、六禽等词语。古人以牛、羊、猪叫三牲，祭祀时，三牲齐全叫太牢；只用羊、猪，不用牛，叫少牢。人们食用这些动物的方法也颇有讲究，当时的家禽、家畜的饲养并不充足，所以只有王室贵

---

① 《孟子·告子上》。

族才能时常享用。所以，先秦时期，人们把士大夫以上称为肉食者。古代，人工种植瓜菜果品，从新石器时代到商周时期有了很大的发展，那时不仅有长年固定的菜圃，还有季节性的菜田。《诗经》中就有许多描写人们采摘野菜的情景，如《关雎》中的"参差荇菜，左右采之"；《卷耳》中的"采采卷耳，不盈顷筐"；到了汉武帝时，张骞出使西域，开辟了丝绸之路，从西域各国引进了许多植物种子，像葡萄、石榴、核桃、芝麻、胡萝卜、芹菜、胡椒等，大大丰富了中国原本的种植品种。

两宋至明清，饮食原料较之隋唐以前发生了较大的变化，如人们已经将稻、麦作为主食，人工培植的瓜菜果品日益增多。肉类主要为家禽、家畜、鱼肉等，而野味的比例则越来越小。加上明代时传入的马铃薯、甘薯、辣椒等很快普及，中国的饮食原料更加丰富多样。

（二）饮食特征

中国传统的饮食主要以植物性的食材为主，以五谷为主食，蔬菜为副食，外加少量的肉食。饮食特点以熟食、热食为主。在饮食方式上，采用聚餐制。其实，早在先秦时期，中国先民是分食的。由于殷周时期建筑技术有限，房屋比较低矮，空间狭小，所以，人们的活动一般都是在席子或者矮床上进行，人们席地而食，进食时只能陈设小的几案，只能分餐而食。唐宋时期，经济的快速发展，人们的居住条件、食用材料和烹饪水平都有了长足的发展，为聚餐制提供了充足的条件。一家人围桌而坐，气氛融洽，也是中国重视血缘亲情观念在饮食方式上的重要体现。

在食具方面，饮食习俗的一大特征是使用筷子。筷子，也称"箸"，其历史悠久，《礼记》中曾说："饭黍无以箸。"[①] 可以推断，在殷商时期，古人已经开始使用筷子进食了。筷子的材质一般是木制、竹制的，也有象牙、玉制等。筷子的使用也和中国人喜欢吃熟食有很大的关系。西方人看到中国人一双筷子可以完胜他们的刀、叉、勺子等餐具，无不惊叹中国古人的创造。

（三）饮食习俗的原因

影响饮食习俗的原因很多，主要有自然原因、经济原因、宗教信仰和民族原因等。自然地理条件是人类赖以生存和发展的物质条件，饮食民俗

---

① （西汉）戴圣所编：《礼记》。

对自然条件有很强的选择性和适应性，地域、气候条件不同，就会形成不同的饮食习俗，如南米北面、南甜北咸，山西人喜欢吃酸的，而湖南人爱吃辣等。有什么样的物质生产基础，便会产生相应的膳食结构和肴馔风格。我国是一个多民族的国家，由于各民族所处的自然环境和社会条件不同，各个民族的饮食也是多种多样的。宗教信仰也会导致饮食习俗各异，如回民不吃猪肉等。

二　日常饮食习俗

饮食在牧野人们的生活中占有十分重要的位置，像"人是铁，饭是钢，一顿不吃饿得慌"。饮食不仅能满足人们的生理需要，在漫长的历史进程中，牧野地区特定的自然环境也造就了它独具农耕文化特色的饮食民俗。这里我们主要谈论新乡人们的日常饮食、节日饮食及新乡的特产。

新乡地处河南省北部，南临黄河，北依太行，地理位置优越，四季分明，气候适宜，使得新乡物产资源种类较为齐全。新乡盛产小麦，因而面食是日常生活的主要食物，原阳烩面、卫辉空心挂面等均很有名。由于濒临黄河，新乡还利用黄河水种植水稻，米饭在新乡地区也是主食之一。餐桌上的大格调永远不变，似乎人们在遵循着一个不可更改的规律——一日三餐，简简单单，甜咸搭配，营养合理，千百年来，新乡人固守着老祖宗们的习俗，走过了或困苦或幸福的岁月。

（一）餐制和进餐习俗

远古时期，初民没有餐饮的定制，当捕到野兽或采集到果实的时候，人们可能饱餐一顿或一日多餐，若采猎不到食物的时候就要饿肚皮，甚至几天都吃不到东西。进入新石器时代逐渐形成了较为固定的餐饮时间，早餐一般在上午 7—9 点之间吃饭，晚餐在下午 3—5 点之间，当时所实行的是一日二餐制；到了秦代，在上层社会出现了一日三餐，汉唐时期及以后，三餐制在民间得以确立，其后两餐制和三餐制并行。在新乡，农忙季节大都坚持三餐制，饥荒年或者农闲季节、贫困人家或者山区居民大都采用两餐制。

图 2-4　饭场

（图片来源：赵会莉拍摄于张泗沟村）

在新乡的农村，男子很少做饭，受传统习俗的影响，认为做饭就应该是女孩子的事情，所以，未出嫁的女孩子把做饭当成婚前必备的一项技艺。一般自己家人吃饭，第一碗饭要盛给家里的长辈或者丈夫；其次是小孩子，长幼有序。家长没有到或者未吃的时候，其他人是不可以提前吃的。在新乡的乡间，一家人很少坐在一起吃饭的，家庭困难的人家，甚至就没有一张吃饭桌，每村都有几个比较固定的吃饭场所。夏季多在大树下，冬天就在向阳的墙根等地方，"饭时"一到，人们就端着饭碗和菜碗赶往饭场，边吃边聊，谈古论今，或议论农事，或邻里之间的趣闻，很是热闹，同时也加强了邻里之间的感情和交流。赶饭场的一般是男人，妇女一般携孩子在自家门口吃饭，或端着饭碗到邻居家串门，东家长、西家短的闲聊。农闲时节，在现在的乡间还可以见到许多赶饭场的场景。

（二）日常主食和副食

新乡主要的粮食作物是小麦，种植面积占耕地面积的绝大部分。临近黄河的原阳县盛产的大米也非常有名，另外还有玉米、大豆、谷子、高粱、红薯和其他杂粮等。因此，在诸多面类食品中，原料以小麦面为最多，其次是玉米、大米、小米、红薯、高粱及豆类等。旧时，生活比较贫困，新乡人在农忙季节，比如收小麦或秋收时，农活比较重，人们大多吃些细粮，即小麦面，也叫白面、好面；农活轻或者农闲季节，主要以粗粮为主，即高粱面、玉米面或红薯面为主。

1. 馍。也叫"馒头""蒸馍"等。馍是统称，蒸、炕、烙、炸的面食统统属于馍的范畴。蒸馍，顾名思义就是上笼蒸的馍，一般用发面酵子发的面来蒸馍。新乡人以面食为主，馍在主食中占有重要的地位，一天三顿饭几乎都离不了。用小麦面蒸的馍叫"白面馍""白蒸馍"或"白馍"；用玉米面、高粱面、红薯面、豆面等蒸的馍叫"杂面馍"或"黑馍"。黑馍虽然没有白面馍好吃，但在相当长的时间内，却是老百姓赖以生存的主要食物。乡间妇女用她们的聪明才智发明了很多种粗粮的做法：如做高粱馍的时候掺进去一些白面和豆面，吃起来味道就比较香甜；红薯面和玉米面掺在一起，有时再放进去一些红枣，吃起来口感就很好。新乡人在做黑馍时，喜欢做成圆锥形，里面有个凹窝，人们俗称"窝窝头"，在吃黑馍的时候，人们可以在凹窝里放上一些自家做的豆瓣酱或者辣椒酱，俗话说"吃馍蘸酱，越吃越胖"。

2. 烙馍。烙馍的工具一般是铁鏊子和平底锅，可薄可厚，可大可小，俗称"烙饼"。烙馍一般用的是"死面"，即没有发酵的面，面粉掺水一搅或者揉面，铁鏊子架在地上，以麦秸为燃料。用擀面杖擀成圆圆的薄片，撒上葱花儿、油、盐，卷起来，再擀成圆片烙，翻馍的工具是一尺多长的竹批，即轻巧也不烫手，边烙边吃。这种馍制作起来比较快捷，味道鲜美，很受人们的喜爱。

3. 包子。带馅的蒸馍叫"包子"。旧时，多是素馅包子，比如，韭菜、粉条、豆腐、野菜等，包子皮也是用粗粮。今天，经济条件好了，人们更多的吃猪肉、羊肉、牛肉包子，称为"肉包子"。生活日益提高的今天，人们更注意自身的健康，有很多人为了平衡膳食，又开始食用粗粮。

4. 面条。除了馍之外，新乡人吃得最多的应该是面条和饺子，俗语说"好吃莫过饺子"，不管是日常生活还是招待客人，面条和饺子都是新乡人的最爱。

面条起源于汉代，起初叫"汤饼""不托"。古人做汤饼时用一只手托面，另一只手撕面，丢进锅里，有点似今天看到的刀削面，不过把工具换成刀而已。后来出现了擀面杖，不用手托面了，所以又叫"不托"。唐宋时，面条已经是民间人们常吃的食物了；到了北宋，面条演变成长条状；至明清，面条的种类不断增多，到今天更是纷繁多样，有宽面条、窄面条、圆面条、刀削面、拉面、饸饹面等；吃法也有很多种，有汤面条、捞面条、炒面条、卤面、炸酱面、浆面条、烩面等等，应有尽有。

5. 粥。新乡人除了上面介绍的馍、面条和饺子外，早晚餐比较钟情的就是稀饭了，也就是我们常说的粥，俗称"汤"。新乡人爱喝汤和它所处的地理环境有一定的关系，新乡气候干燥，常年降雨量较少，人们身体需要补充水分来调节，因此就形成了早晚餐喝稀饭的饮食习惯。

日常喝的汤分甜汤、咸汤两种。甜汤多为大米汤、小米汤、绿豆汤、玉米糁糊糊、面汤等；咸汤有豆腐汤、胡辣汤、鸡蛋汤等数十种。天冷喝稠汤，天热喝稀汤，新乡人一天也离不开汤，就像南方人离不开大米一样。因此，我们说面条、饺子、馍和粥是新乡人饮食风俗中的最大特色。

副食。指主食以外的蔬菜、肉、蛋等。肉食以猪、羊、牛、鸡肉为主，其中以猪肉的用量最多，猪肉被称为大肉。牛肉是大牲畜，农民一般用来耕地，很少杀牛吃肉的，只有那些专门饲养肉牛的养牛户，可能会杀牛卖肉。旧时，民间食用的蔬菜都是自种自收的时令蔬菜，食肉也是自己家养的猪、羊、鸡、鸭，所以那时人们吃得很健康，没有像现在的添加剂和激素之类的，家畜和家禽生长的时间也比较长。

家庭平日用餐，副食的搭配也很简单，多半吃些时令蔬菜。在蔬菜的淡季，新乡人利用当地豆类丰富的优势，会生一些绿豆豆芽或黄豆豆芽，做一些豆腐、豆瓣酱和豆腐皮，豆类粮食作物的开发，对人们副食结构的改善有着重要的意义；或者秋季种一些萝卜，腌咸菜等。人们平日的生活很简单，几根咸菜和豆瓣酱就打发了。20 世纪 80 年代以来，随着农业技术的发展，一些农民开始种植一些大棚蔬菜，人们一年四季都能吃上新鲜的蔬菜；专业饲养家禽的农户增多，肉蛋也逐渐走进了人们的餐桌，人们平日的膳食结构日益丰盛起来。

中华人民共和国成立之前，人们生活比较困苦，一年到头基本都是粗粮和薯类，很少吃到白面。人们日常基本没有抽烟、喝酒的条件，即便抽烟，也是自家用烟叶卷纸烟或吸旱烟。中华人民共和国成立后，人们的生活得到了改善，早晚饭一般是玉米稀饭，配上一些咸菜或应季的自家种的蔬菜，午饭有糊涂面条、汤面条或者捞面。遇到重要的节日会改善生活，吃顿饺子或者炸油条；节日副食，会吃到鸡蛋、豆腐，富裕的人家会买点肉等。到了 1982 年之后，十一届三中全会使农业有了较大发展，人们的生活得到极大提高，以粗粮为主食的时代和人们告别了，基本上家家户户都能吃上细粮。

民国时期，多以玉米、大豆、高粱、谷子为主食。正常年景是一日三餐，困难时期是一日两餐；早晚是玉米稀饭，午饭是面条，只有在收麦子时，吃上几顿小麦面，一般在逢年过节的时候才能吃上白面。平时吃黑窝头，有红薯面、玉米面或者谷子面来制作，吃点自家腌制的咸菜。

人们永远记得1979年，农村实行了家庭联产承包责任制，人民的生活得到了彻底的改善，不但解决了温饱，终于全年可以吃上小麦面，也增加了肉、蛋等副食，这是一个划时代的变革。

三　节日饮食

（一）元宵节

春节过后的第一个月圆之日，即中国传统节日——农历正月十五元宵节。元宵节又称"上元节""灯节"。司马迁创建"太阳历"时，就已将元宵节确定为重大节日。正月十五真正作为民俗节日是在汉魏之后。这一天，人们提灯笼、猜灯谜、吃元宵，元宵节在中华五千年的华夏文明史上占据了重要地位。

"元宵"这种食品名称，出现于宋末元初。元宵又叫"圆宵""圆子"，元宵节吃"元宵"，象征着"合家团圆"，在新的一年中康乐幸福。新乡人习惯吃用糯米粉制作的元宵和汤圆，而且在制作的原料和加工工艺上有所不同，口味也不尽相同。元宵一般用白糖、玫瑰、芝麻、豆沙、黄桂、核桃仁、果仁、枣泥等作馅，用糯米粉包成圆形，可荤可素，可汤煮、油炸、蒸食，有团圆美满之意。"元宵"的制作程序是先放好馅料后手工摇制，其使用的糯米粉是将糯米泡后再用石碾子磨制。由于用的是湿粉，馅料是硬的，常常加入各种果料，所以吃起来有"嚼劲"。清代著名诗人符曾也曾在《上元竹枝词》中描述过元宵"桂花香馅裹胡桃，江米如珠井水淘。见说马家滴粉好，试灯风里卖元宵。"

（二）农历二月初二

农历二月二称"龙抬头节"或"青龙节"。这天，河南新乡农村的妇女一般都不动剪刀，不做针线活，怕动了刀剪伤龙体。在这个节日里，人们到田野里采野菜，包饺子，煎煎饼，炒黄豆，蒸枣馍，改善生活成为节日的一项重要内容。二月二这一天摊煎饼和吃炒豆的人最多，民间认为，这天是东海龙王的生日，煎饼是龙王的胎衣。吃煎饼，是为龙王嚼灾；扔煎饼,是为了掩埋龙王的胎衣。

（三）端午节

端午节也称"五月单五""端阳节"和"女儿节"。农历五月初五,是祭奠中华民族图腾神龙最为重要的节日,也是中华民族祭奠屈原的传统节日。屈原是春秋时期楚国的大臣。他倡导举贤授能,富国强兵,后被赶出都城,流放到沅、湘流域。公元前278年,秦军攻破楚国京都。屈原眼看自己的祖国被侵略,于五月五日抱石投汨罗江而死。传说屈原死后,楚国百姓纷纷涌到汨罗江边去凭吊屈原。人们还准备了饭团、鸡蛋、雄黄酒等食物丢进江里,目的是让鱼、虾、蟹吃饱了,以免伤害屈大夫。从此以后,每年的五月初五,就有了龙舟竞渡、吃粽子、喝雄黄酒的风俗,以此来纪念爱国诗人屈原。

端午节,包粽子、吃粽子是河南新乡人的一项重要活动。新乡地区不产竹子,用竹叶包粽子的很少,大多采用芦苇叶。新乡地区盛产黍米,黏性比较大,这一带较少吃江米粽子;辉县山区盛产大枣,多用黍米、红枣包粽子,吃起来口感比较好。现代的粽子不论造型,还是馅心,都有好多种。煮粽子很费时间,一般要煮上两三个小时,煮好的粽子讲究用原汁浸泡,这样可以放上两三天。现在,家家户户都有冰箱,不再担心粽子会变馊了。这天,新乡人不仅要吃粽子,还要吃油炸食品,有的炸一些麻花、麻叶、油条等,但最典型的就是菜角和糖糕。在旧时贫困的年代,人们很热切盼望过节,因只有过节才可以吃上这些美味的食品,而在平日只能是粗茶淡饭。

（四）农历六月初一

农历六月初一是中原民间比较重视的节日。新乡人都有六月初一过小年的说法。特别是农村,更为重视。人们把这天当作庆祝丰收、祀求丰年的节日。这时,麦子刚刚收获不久,丰收的喜悦洋溢在农民的心头和眉梢。人们在屋中、院内、麦场里摆上供桌,放上馍、枣山(馍的一种)和桃、李等五种瓜果,用斗盛满新收的小麦,斗上贴红色的"福"字,然后焚香燃炮,祈求秋季风调雨顺,五谷丰登。之后,人们高高兴兴地吃上一顿用肉、青菜、粉条、海带做成的"杂烩菜"。大人们在麦场里猜拳行令,孩子们边吃边耍,十分尽兴。

农历六月初一过后,是六月初六,所以,有的人家干脆把六月初六的活动揉到六月初一来进行。六月初六，民间称"炒面节""望夏节""闺女节"等，往往是相隔十里（5 公里）八里（4 公里），风俗就不大一样。不管怎样，节日就是吃、玩、走亲戚。辉县有"六月送羊"习俗，指的是每年六月舅舅为外甥"送羊"的风俗。这一习俗来源于当地的一则民间传说。据说古时有一夫妇老年得子，倍加溺爱，不料孩子对父母十分不孝，孩子的舅舅即把其带在身边，严加管教。一天，孩子因好奇羊羔跪着吃奶向舅舅发问，舅舅即以"羊羔跪乳"教育孩子要向小羊那样不忘父母的养育之恩。孩子受到教育后幡然醒悟遂对父母百般孝敬，之后舅舅在农历六月给孩子送只绵羊让其永记此事，不忘孝德。此事传开以后，人们纷纷效仿，六月送羊的风俗就流传下来。开始，人们送的都是真羊，后来就渐渐用"面羊"代替了。所谓"面羊"是用面蒸成的面羊馍，数量为 24 个，大中小各 8 个。大羊呈站立状，10 斤左右；中羊略小，为卧姿，背上驮一头小羊。后来，人们除送面羊以外，还增加了面制的飞禽走兽和花鸟虫鱼，形成了一种特殊的饮食礼俗。"六月送羊"这一民俗在辉县当地已经流传两百多年了，并且绵延至新乡的四区八县，一直被当地民众传承着。

（五）七夕节

农历七月初七，也叫"乞巧节"。河南新乡一带的乞巧风俗是在每年的农历七月初六晚上，当地未出嫁的姑娘七人凑成一组（以应"七夕"之数），每人会出一些白面和食物，为织女准备供品。有的要买葡萄、石榴、西瓜、枣、桃等七样瓜果，烙七张油烙馍或糖烙馍，包七碗小饺子，做七碗面条汤。除此之外，还要单独包七个大饺子，饺子馅由七样蔬菜做成，内包用面做成的七样东西，像针、织布梭、弹花槌、纺花锭、剪刀、蒜瓣或算盘子等。这七样东西，要能代表七位姑娘的心愿。这天晚上，七位姑娘把供品摆在瓜棚下或清静的地方，焚香点纸，跪在月下向织女祈祷，念完祷语后，七个姑娘分吃水果和七碗小饺子。然后把七张油饼和七个大饺子放在竹篮内，挂在椿树上。这天晚上，七个姑娘一齐守夜，看守竹篮子。这种举动称为"守巧"，目的是防止爱开玩笑的男孩子偷嘴吃，把"巧"（大饺子）偷去。七月七日清晨，天刚刚蒙蒙亮，七个姑娘闭着眼睛，在竹篮内各摸一个大饺子。谁摸出的饺子内包有针、剪刀等东西，谁就是未来的巧手。

（六）中秋节

中秋节又称仲秋节、八月节、拜月节、团圆节等。时在农历八月十五月圆之时，是中国第二大传统节日。古人爱月，亦将自己的各种情感寄月以抒发，"明月千里寄相思"，圆圆的月儿象征着团圆，也寄托着游子的相思意；"但愿人长久，千里共婵娟"，美好的意象，寄托着人美好的情怀。中秋节的传统习俗有祭祀、拜月、赏月、猜谜、食月饼、饮桂花酒等。同样，祭祀、拜月是礼的至高体现，而其他活动礼也贯穿其中，重要的还是家人团圆的喜悦。中秋节也有吃团圆饭一说，一家人在餐桌前其乐融融，餐后共同赏月、分食月饼、亲情融融，喜悦重重，与家人的团聚是件最幸福旳事，也是中国传统儒家礼教文化影响的结果。

中秋时分，正是春华秋实，一年辛勤劳动结出丰硕成果的季节，因此各家都要置办佳肴美酒，欢度节日。同时，也是远方游子回家团聚的日子，也称为"团圆节"。中秋节赏月和吃月饼是新乡人的习俗。月饼一词，源于南宋吴自牧的《梦粱录》，那时仅是一种点心食品。到后来人们逐渐把赏月与月饼结合在一起，寓意家人团圆，寄托思念。同时，月饼也是中秋时节朋友间用来联络感情的重要礼物。

（七）祭灶节

农历腊月二十三，是"祭灶节"。河南新乡腊月二十三有祭灶的习俗，每到腊月二十三这天，中原城乡噼噼啪啪燃放起新年的第一轮鞭炮。城镇居民忙于购买麻糖、火烧等祭灶食品，而在广大农村，祭灶的准备活动和隆重的祭灶仪式便在震耳欲聋的炮声中渐渐拉开了帷幕。祭灶仪式多在晚上进行。祭灶时，祭灶人跪在灶爷像前，怀抱公鸡。也有人让孩子抱鸡跪于大人之后。据说鸡是灶爷升天所骑之马，故鸡不称为鸡，而称为马。若是红公鸡，俗称"红马"，白公鸡，俗称"白马"。焚烧香表后，屋内香烟缭绕，充满神秘的色彩。男主人斟酒磕头，嘴里念念有词。念完后，祭灶人高喊一声"领"！然后再执酒浇鸡头。若鸡头扑棱有声，说明灶爷已经领情。若鸡头纹丝不动，还需再浇。祭灶仪式结束后，人们开始食用灶糖和火烧等祭灶食品，有的地方还要吃糖糕、油饼，喝豆腐汤。在河南新乡，典型的祭灶食品要首推灶糖。灶糖，是一种又粘嘴又粘牙的麦芽糖。祭灶供灶糖的原因，是为了粘住灶爷的嘴巴。传说灶爷是玉帝派往人间监督善恶之神，它有上通下达，联络天上人间感情，传递仙境与凡间信息的职责。祭灶这天除吃灶糖之外，火烧也是很有特色的节令食品。每到腊月二十三祭灶这天，城市中的烧饼摊点生意非常兴隆。在河南，人们把祭灶节看作仅次于中秋的团圆节。凡在外地工作、经商、上学的人，都争取在腊月二十三之前赶回家里。能吃到家里做的祭灶火烧，便会得到灶神的保护，来年家人就能平安无事。

（八）春节

中国农历年的岁首称为春节，是中华民族最隆重的传统节日，也是亲人们团圆的节日。据记载，中华民族过春节已有4000多年的历史。作为中国人最重视、最隆重的节日，几千年来，形成了一些风俗习惯。汉族的春节习俗，包括了贴春联、放鞭炮、给压岁钱、吃团圆饭、拜年等众多活动，其中独具中国特色的美食更是春节习俗中的一大亮点。

由于春节标志着新年的第一天，所以新年的第一顿饭是相当重要的。中国北方人，除夕和春节五更时通常吃饺子，据说大约在1600年以前，饺子在中国流行，它形似元宝，象征着招财进宝。汉字"饺子"的读音和"交子"相近，意思是"子夜"。

春节是中国人民的传统节日，也是中华儿女最盛大的节日，是各种美食聚集的时刻，所有的美味聚集在这个时刻也不为过。在新乡，初一五更时分，人们先放三个闪门炮，促使家人赶快起床。家里的主人下好饺子，用几个小碗分别盛四个饺子，然后磕头祭拜灶君及天地诸神，继而分吃祭神的饺子，在祖先牌位及神像面前放上两碗，以求合家欢乐，人神同食。若有家庭成员没能回家，也要盛上一碗，表示家人已经团聚了。春节这天一天要吃四顿饭，中午一顿家宴是很丰盛的，要做上七碟八碗，鸡鸭鱼肉、各种菜蔬，应有尽有；还有的人家吃炖菜，肉、白菜、粉条、豆腐、海带等放在一起煮，也有人称大烩菜等。全家人围坐一起，欢聚一堂，说说笑笑，分享这一年来的喜悦，幸福时刻洋溢在脸上。

四　新乡的特产

（一）原阳大米

原阳县地处黄河下游冲积平原顶部，1968年原阳县原武镇试种水稻成功。该地土壤中含有丰富的钙、镁、铁等微量元素，又有富含有机物的黄河水的灌溉，使得原阳大米在20世纪90年代，在国内最权威的农产品博览会上多次获得大米金奖。原阳大米无污染、无公害、无残留，米质晶莹透亮，软筋香甜，香味纯正，适口性好，粗淀粉、氨基酸含量均高于举世闻名的泰国米，多次获得全国大奖，被誉为"中原第一米"。

（二）新乡烧鸡

新乡烧鸡由滑县道口镇传入，距今也有 60 多年的历史，是全国闻名的风味食品，可与道口烧鸡相媲美，成为新乡市特产之一。新乡烧鸡清洁卫生，色泽鲜艳，味香肉嫩，酥烂脱骨，肥而不腻。经过铝箔袋真空软包装，可保鲜 6 个月，深受广大顾客欢迎。

（三）罗锅肉

1944 年有一个卖卤肉的人，在新乡新荣街开设了一个店铺，他制出的卤肉选料讲究，色泽鲜艳，味道鲜美，颇受远近食客的欢迎。但店铺没有字号，只知道业主是滑县桑科营后街叫熊明月的，在新乡县城新荣街 151 号设酱肉店铺。① 只因他驼背弯腰，是一个罗锅，于是，人们就根据他的特点，给他制作的卤肉起了一个非常形象的名字——"罗锅肉"。罗锅肉的特点是：肉质酱红，色泽鲜艳，味道鲜美，五香可口，肥而不腻，熟透而不烂。现在的产品在原来十几种的基础上，又发展为 20 多种，成为罗锅系列酱肉。

图 2-5　罗锅肉

（图片来源：赵会莉拍摄）

（四）赵记馄饨

赵记馄饨也称新荣街馄饨，在新乡市已有 100 多年的历史。清光绪二

---

① 新乡县史志编纂委员会编：《新乡县志》，生活·读书·新知三联书店 1991 年版，第287 页。

十六年（1900），赵全义之父赵玉堂创办了三兴馄饨馆。赵全义随父经营
30 余年，继承了父亲的丰富经验和经营特色。① 赵玉堂去世后，由赵全义
继续经营馄饨馆的生意。因三兴馆的馄饨味道鲜美，每天来吃馄饨的人数
不胜数，成为地方名吃，不仅为新乡食客所喜爱，外地来新的客人也慕名
而至，上门品尝。

图 2-6　赵记馄饨

（图片来源：赵会莉拍摄）

（五）牛忠喜烧饼

牛忠喜生于一个贫苦家庭，不满 12 岁就跟着新乡市辉县城里做烧饼
的名师王老三学打"缠丝火烧"，又叫圆烧饼，这种烧饼在当地很有名
气。牛忠喜 15 岁出师后，到汲城（即现卫辉市）谋生，专门打烧饼，逐
渐在汲城也小有名气。1940 年，牛忠喜带着几个徒弟来到了新乡。

1956 年合作化以后，牛忠喜打烧饼的名气更大了，老百姓都喜欢买
他打的烧饼，称之为"牛忠喜烧饼"。党的十一届三中全会以后，新乡市
饮食服务公司在老解放路中段路西专门设立了"牛忠喜烧饼店"，日产
2000 个左右烧饼，很受群众欢迎，牛忠喜也成为国家级烧饼大师。牛忠
喜烧饼的特点是：松酥起层，香不腻口，无硬核，冬季可放一个多月仍然
香酥不变味。1980 年在全盛名菜名点风味小吃展销会上颇受欢迎，被评
为河南省优质产品，并正式定名为"牛忠喜烧饼"。1989 年获商业部系统
商品"金鼎奖"。牛忠喜烧饼在制作过程中，选料严格，操作讲究。在和
面、配料、加工、火候等方面都与众不同，做出的烧饼酥脆可口，冬季存

① 新乡县史志编纂委员会编：《新乡县志》，生活·读书·新知三联书店 1991 年版，第
289 页。

放月余而香味不变①，深受人们的欢迎。

（六）封丘二花（金银花）

金银花，又名忍冬，是国家二类贵重药材。封丘种植金银花已有1500多年的历史，明清以后，大部分村庄都有种植，且大部分都销往外地。1981年中国药材公司定原阳为金银花生产基地，封丘县金银花节现已成功举办了三届，每年5月10日在司庄乡举行。金银花以其个大花肥、色绿货鲜、药用价值高而享誉海内外。

20世纪70年代末，国家医药总局在封丘投资建立了国家级万亩金银花生产基地，现已发展到8万余亩，计划发展到10万亩，封丘现已成为全国金银花生产第一县，此外原阳县也有较大种植。1983年经专家鉴定，新乡市金银花栽培技术为"全国首创"，一度荣获国家科技进步三等奖和国家医药局二等奖。

哈药集团在此设立了中药药源基地，用金银花制成金银花冲剂、银花晶、银菊晶等。盛花季节，花蕾白黄相间，绿叶映衬，景色秀丽，微风吹拂，幽香阵阵，游客置身其中，如临仙境，流连忘返。

（七）封丘石榴

封丘县石榴栽培历史悠久，据《封丘县志》记载，早在清朝康熙年间封丘的石榴已作为供品进贡朝廷。封丘石榴果大皮薄，色泽鲜艳，籽粒饱满，晶莹剔透，汁液充足。封丘石榴主要分布在司庄乡和陈桥乡等地，品种有红石榴、白石榴、青皮、铜皮等30多个品种。它们品质优良，个重一般在300克左右，最大的可达750克左右。20世纪70年代以来远销北京、上海、广州、港澳和东南亚等地。1958年，周恩来总理曾派人前来考察，1986年河南省确定在封丘县建设石榴生产基地。第一届石榴节于2001年9月28—30日在历史文化名镇陈桥镇举办，以后每年举办一次。盛果期间，游人置身万亩石榴园中，可采果品尝。

（八）延津火烧

延津火烧是豫北地区特有的一种地方小吃，发源于安阳市滑县牛屯镇，因为延津县王楼乡与牛屯镇只有一条马路之隔，也就慢慢流传到延津

①　新乡县史志编纂委员会编：《新乡县志》，生活·读书·新知三联书店1991年版，第289页。

全县。带馅是延津火烧的一大特点，似烧饼而比烧饼大，面粉为延津优质小麦粉，馅为细碎五花精肉、细盐、葱花、佐料面拌和均匀，面伸开后卷入其中。火烧熟后，中间鼓凸，层次分明，外焦里嫩，香气四溢，使人垂涎欲滴。延津火烧不仅色香味美，而且价格便宜。

为进一步发展延津火烧产业，现已有人申请成功非物质文化遗产保护。注册了"鸟巢"、"大口客"等商标，并在传统加工工艺、配料工艺上进行创新改良，制作出了口感更细腻、味道更鲜美、外观更炫、香气连绵的新口味延津火烧。2013 年，延津火烧经新乡市人民政府公布为第三批新乡市市级非物质文化遗产保护项目。

（九）获嘉饸饹条

获嘉饸饹条主要原料是面粉和食用碱。把面粉、食用碱和食盐按一定的比例和匀，揉成微微发黄的面团儿，面团先揉光揉筋道，最好的是揉到面团摊开来，四周的边儿都有往里蜷的感觉，再蒙上笼布让面醒一下。醒好的面在案板上再次和匀揉筋道，再把面团分成拳头大小的剂子。

轧饸饹条有专门的工具，叫饸饹床，是一个直径 15 厘米左右底端像筛子一样的圆柱形的铁管，放入面团后，用带着长长的力臂的木头墩子在上面使劲压，面团透过底部的筛子网眼被压挤成细长条，就是饸饹条了。现在早已实现机械化，改成电机带动的。饸饹床支架在大锅上，直接把面压到锅里去，方便又省事。

饸饹条口感筋道，耐嚼，配料也极其简单。一锅高汤，吃面的时候，加上青蒜苗、香菜，连汤带肉的舀一勺子浇上去，面条筋道汤厚味重，令人垂涎三尺。获嘉饸饹条因其味道鲜美，好吃不贵，早已经成了获嘉人爱吃且百吃不厌独具特色的经典食品。但它作为地方风味小吃，始终没有登过大宾馆、大饭店的大雅之堂，也始终没有走出获嘉，这不能不说是种遗憾。

（十）长垣烹饪

长垣烹饪历史源远流长，起源于商朝，经春秋至唐代的发展，到了北宋，由于长垣距离京都汴京较近，可以说是京畿，长垣的烹饪业得到了更大的发展，盛于明清，辉煌于当代，在中国烹饪史上有着举足轻重的地位。唐代诗人岑参曾在长垣留下《醉题匡城周少府壁》的诗篇："妇姑城南风雨秋，妇姑城中人独愁。愁云遮却望乡处，数日不上西南楼。故人薄暮公事闲，玉壶美酒琥珀殷。颍阳秋草今黄尽，醉卧君家犹未还。"诗中的"西南楼"即是唐代长垣（时称匡城，治所姁姑城）有名的酒楼。到了近代，长垣烹饪吸收全国各地饮食的特点，形成了以炸、熘、煎、炒、蒸、煮、烙、烤为主的烹饪特点，其中长垣厨师所创制的"凹、拔丝、琉璃、挂霜"等烹调技法到目前为止仍是河南最为擅长。

长垣自古就有尚厨之风，民间早有"长垣村妇，赛国之厨"之俗语。长垣烹饪久负盛名，长垣厨师也遍布天下，在亚非拉和欧美等国家和地区的餐馆、酒吧和中国大使馆，共有长垣厨师一万余人。日本学者石毛直道亦说："中国餐馆遍布于世界，只是各国人民赞誉中国饮食是真正的美味佳肴，而同国家权力毫无关系。"① 中国饮食的魅力得到全世界公认。长垣籍厨师的杰出代表、原北京钓鱼台国宾馆首任总厨侯瑞轩，被誉为当代"国宝级"的烹饪大师，从事烹饪六十余载，先后曾为毛泽东、邓小平、江泽民三代领导人服务，其传奇的厨师生涯已被载入《世界名人大典》。1999 年 12 月，河南省烹饪协会命名长垣县为"烹饪之乡"；2003 年被中国烹饪协会正式命名为我国首个"中国厨师之乡"。

过去中国人见面，第一句一定是"你吃了吗？"可见，饮食在中国人的心目中是多么重要。法国的一位营养学家曾说过一个民族吃什么和怎么吃，决定了这个民族的文化走向。我们知道，西方人以肉食为主要饮食原料，而中国人以谷物、小麦和蔬菜为主要饮食原料，因此就有学者根据中西方饮食材料不同，把西方人称之为动物性格，把中国人称为植物性格。反映在文化方面，西方人喜欢冒险、开拓、冲突、征服，性格外向；而中国人含蓄、保守、内敛、友善。中国更能够长治久安，人与人之间能够和睦相处，这和中国人的饮食和餐桌文化是有一定联系的。中国人民用自己的聪明才智创造了历史悠久、充满艺术魅力和文化意蕴的饮食民俗，同时对中国人的思想影响也是深远的。

---

① ［日］石毛直道：《中国饮食文化在世界的地位》，载［日］中山时子编《中国饮食文化》，本经，中国社会科学出版社 1992 年版，第 6 页。

第三节　牧野居住民俗

居住民俗就是指一个国家、民族或地域的广大民众在居住活动中所创造、享用和传承的属于本群体的独特的民俗习惯模式，如居所新建时的一系列仪式、居住房屋及宅院、院落的建筑设施、居住习俗、房屋建造的信仰和禁忌等等。牧野大地历史悠久，在漫长的历史变迁过程中，居住房屋也发生了翻天覆地的变化，从 1949 年前的茅草房、土房、石头房子、平顶房、瓦房，到 20 世纪 70 年代以来钢筋水泥结构的楼房，也走进了寻常百姓家，形成了现代和传统建筑相融合的居住习俗。

一　居住房屋

牧野大地的传统民房主要是独家独院。草房，在 20 世纪 30 年代的牧野地区农村，家境在中等及以下的人家，绝大多数住草房，有的地方叫草庵，这是一种原始状态的房子，因陋就简，不用花钱就可以建造起来。农民用黄贝草、白草、麦秸秆苫子，黄贝草耐腐，多年换一次，而麦秸秆比较容易腐烂，年年复加；草房比较矮小，挡风效果较差。20 世纪 70 年代以来就很少见了；平原地区多为土房，墙体用土坯来垒建；条件好的人家，会在墙里面用土坯，外墙用砖，房梁、檩、椽用榆树、杨树的枝干。

瓦房。房顶全部用瓦盖的房屋，旧时只有富裕人家才能盖得起瓦房，用的是弧形小瓦，也称"青瓦"，20 世纪 50 年代出现了机制瓦。整个建筑有梁无柱，房架上铺草毡、荆笆或编织的芦苇席。60 年代以来，许多瓦房逐渐为平顶房所代替。

平顶房。顾名思义，就是房屋顶部不起脊。分老式平顶房和新式平顶房，老式的是顶部呈漫拱形，铺以煤渣、石灰、沙土混合搅拌的泥渣；20 世纪 70 年代以来，牧野地区的平顶房用上了钢筋水泥和预制板，成为现代意义上的平顶房。在辉县山区，石料丰富，人们就地取材，贫苦农民用石头砌墙，建造石头房子，房顶用石板覆盖，四壁用石块垒砌，摆放时，纵向接缝，缝上用小石块压盖，冬暖夏凉，很受山区人的喜爱。

楼房。楼房有新旧样式之分，旧式楼房和现代楼房差别很大。旧式楼房一般都是上下两层，有的楼梯在外，上下分明的开放式楼房；另一种是楼梯在房里，上下一体的封闭式楼房，从后墙看，几乎看不出楼房与高大瓦房有多少区别，只是墙体更高一些罢了。随着人们经济条件的提高，20世纪70年代以来，民间普通人家也建起了楼房，一般是三间或五间两层，前廊后室，楼梯在房子外面，不占楼房的建筑面积。

中华人民共和国成立之前，贫穷人家住的是泥草房；中等人家住的是泥瓦房；富裕人家才能住上砖瓦房，有前后院或者四合院等。中华人民共和国成立后，居住条件得到改善，居民可以住上瓦房。20世纪50年代，房屋打地基用石、砖砌两尺多高，墙用坯砌或泥垛；顶为泥棚或草。70年代，普遍用砖镶门镶窗，用白灰刷墙。80年代，砌墙全部用砖，房屋样式有平房、明三暗五，甚至富裕人家盖起了楼房。

图 2-7　泥瓦房

（图片来源：张新词拍摄）

二　居住宅院

宅院是牧野地区民居的基本形态，居民院落多为一户一院。房屋是宅院的一部分，院是指房屋围墙以内的空地，宅院的平面布置形式呈现多样化的特点，但大致可归纳为四种基本形式，即四合院、三合院、半截院、小杂院和有些山区的前后排房院，20世纪80年代以来，出现了小楼套院等。

（一）宅基地

牧野人对土地有一种天然的感情，安土重迁是他们几千年的信仰，因此对于祖祖辈辈生活的宅基地分外重视，他们坚信宅基地选择的好坏关系到一个家族的兴衰荣辱。通常人们在购置或在宅基地建新房子前都要请风水先生来看一下，这叫"相宅子"。主要看这个地方适合建房子与否，怎么建，建的时候有什么需要注意的地方。毕竟，建房子对一个家庭来说是件很重大的事情，所以非常重视。

牧野人相信藏风聚气，认为这样的地方是个好地方：背靠山冈，前面是开阔的场地，左边有潺潺的溪水，右边有宽阔的马路。宅基地后面是山冈意味着有靠山，左青龙、右白虎、前朱雀、后玄武，这才是最理想的宅基地，认为这样的宅基地会给家人和后代子孙带来祥瑞。如果找不到合适的宅基地，最常见的破解方法是在房屋的门头上方安一块镜子，这样就可以挡住一切邪气侵扰；或者在屋脊上立一块砖，写上"泰山石敢当"，把一切鬼怪挡在宅院的外面。

相宅子的认为：房子不能建在风口上；也不能直冲大路；不能住在庙后；不易住在低洼潮湿的地方等。有人说风水是种迷信，其实有很多科学在里面，我们要一分为二地来看待这个问题。

(二) 院落类型

由于阶级、阶层和经济状况不同，家庭成员的多少，所住的院落类型也有很多种。

四合院。旧时，中上等人家才能盖得起四合院。四合院由大门、影壁墙、过厅、正房（也称堂屋、主屋）、耳房、东西厢房、南屋、庭院和围墙组成。主房的正门中线是轴心，东西两侧对应，大门位于东南角，各个房屋之间有走廊相连。富裕人家也有在东西厢房的拐角处再延伸一进院、二进院、三进院的；也有院落组合的方式沿中轴线纵向扩展成几个院落的，规模大小视主人经济能力和社会地位高低，以及个人喜好而定，主要分为纵向、横向。院落组合，往往以庭院与庭院之间的转换婉转曲折，悠长迂回的居多，每个庭院都是一个独立的空间，具有很强的私密性。从一个院落不可能对另一个院落一览无余，也不可能直截了当地进入另一个院落。典型的形制是：进大门左转进入前院，从前院进入后院则要从厅堂一侧绕过，使院落多了一份宁静和内敛，从而创造出了丰富的视觉和心理效果。

三合院。三合院相对于四合院少一座南屋，南边是围墙，在围墙跟前栽一些花草树木或者搭个牲口圈，大门一般也是在东南角。直到今天的牧野大地农村，我们看到更多的是这种三合院。民间四合院和三合院的特点是墙高而院落狭窄，就是我们所说的"高墙窄院""庭院深深深几许"。如果家中比较贫穷，人口较少，人们只盖主房和东厢房，有的甚至只盖主房，再搭一个草房。

（三）院落的建筑和设施

1. 大门。在牧野大地的民居中，宅院的大门寓意是意味深长的，一般由门体和房式顶盖组成，也叫"门楼"。牧野人比较讲究门楼，俗话说"房屋好盖，门楼难修"，不论房子盖的如何，门楼是要修得气派，有"穷院子，富门楼"之说。大门是家的符号，是一家人的脸面，经常说的"门脸儿"大概源于此；大门是一种血缘的界限，所谓的五世同堂、四世同堂，同一血缘关系的人住在同一个院落里。牧野民间我们经常听到的一句俗语"一个门里的"，即血缘关系较近的、一脉相承的关系。大门里、外是两个世界，也是人们心理上的一道保护墙。

牧野地区民居的大门，各式各样，从外观上看，大概有以下几种：

一种是脊架门楼，指门上顶架结构，形状似屋顶，有脊有檐，顶上覆盖有茅草、青瓦、石板等；一种是过道门楼，一般中上等人家修的门楼，一般是以临街房中的一间作为门楼，门楼不设门槛，门楼像个过道，旧时能过一辆太平车，若设门槛则为活动门槛，车马进出比较方便，门楼过道内还可以放一些生产、生活器具，又是家人休闲的场所；还有一种是随墙门，即在宅院的围墙上开一个门洞，没有门楼，安一个栅栏或者装一个门框门板，有时为了防雨，会在门头上用茅草搭个小棚子，有单扇门和双扇门之分。

图 2-8　脊架门楼

（图片来源：张新词拍摄）

图2-9　过道门楼

（图片来源：张新词拍摄）

图2-10　随墙门

（图片来源：张新词拍摄）

2. 影壁。在牧野地区民间称"影壁墙"，又叫"照壁"。在现在的乡村仍有很多人家还有影壁墙，一般人家建在大门之内的内影壁墙，叫"一字影壁"；而一些富商或官宦人家的影壁墙有一内一外两个影壁墙。据说，影壁是阴阳五行的产物，牧野大地的房屋一般是坐北朝南，北方属水，南方属火，水火是不相容的。于是人们就在门里盖一土墙或砖墙作为屏障，墙上多绘以山水花卉之类或者松鹤延年等吉祥图案，讲究的人家会在影壁墙下种一些花卉来装点。

其实，影壁还有很多其他功能：其一，中原人的性格比较内敛，不喜欢张扬，进大门有一影壁墙，这样外人进来不会对庭院一览无遗；其二，牧野地区多风，尤其是冬天，有了影壁寒风不至于直接吹到房间，具有挡风的功能；其三，旧时的人们比较迷信，认为晚间会有死后的鬼魂游荡，如果碰见照壁就进不到宅院，保护了家人的安全。

图 2-11　宅院中的影壁

（图片来源：张新词拍摄）

3. 厨房。民间称"灶屋""厨屋"。牧野地区民间的厨房一般在院子的东面或东南面，不能安置在南面，东和东南在五行上属木，木和火是相生的。厨房中最重要的是炉灶，20 世纪初，民间做饭的燃料是柴火，炉灶称为"地锅"，烧火用风箱，是用木头来做，风箱嘴对着地锅下的一个小口，一推一拉，风吹进炉灶，火苗就大起来；灶台用土坯或砖来砌。20世纪中叶，城市开始用煤火，燃料变成了煤。

此外，家里的主人会根据烧火的需要，建有日常生活配套的设施，如宅院里还有厕所、水井、地窖和牲口房等。

牧野地区民居是当地最常见的一种建筑样式，民居可大致分为三合院和四合院，在平面布局上一般呈中轴对称。以土木结构为主，因此，古代常常以兴土木作为建筑的代名词。从历史上赫赫有名的阿房宫、故宫到名不见经传的寻常百姓家，从杜甫的草堂到欧阳修的醉翁亭，无一不是土木的世界。

三　房屋建造的信仰和禁忌

牧野大地民间建房不仅注重房屋的使用功能，而且会将住房与"家"的兴衰联系在一起。每一个家族或家庭，都希望自己能够不断富足和幸福，后代子孙能够光宗耀祖，趋吉避凶。因此，人们便在住宅房屋的建造上大做文章，在长期的居住建筑环境中也形成了他们的一些信仰和禁忌。

（一）建房信仰

建房讲究风水朝向、重视奠基仪式、举行上梁典礼等。住宅的朝向以坐北朝南为最佳，阳光充足，宅院的大门一般在东南角，所谓"紫气东来"，房子要建在藏风聚气的地方。宅基地选好后，房主要选择一个黄道吉日动工修建，并在宅基处焚香设置供品来祭拜，以达到趋吉避邪的目的；动工前，还要书写红条幅压在宅基地上，内容大多是"姜太公在此，百无禁忌"，人们认为这样做就会顺利建房。今日形式比较简单，放把鞭炮来行奠基礼。

建房中，上梁的日子是个大吉的日子，主人常把写有"吉星高照"或"姜太公在此，诸神退位"的竖联贴在梁柱上，这天还要宴请帮忙的邻里街坊大吃一顿，图个好口彩和吉利等；宅院的大门一般都漆成黑颜色。

（二）建房与居住禁忌

建房是牧野人心目中的一件大事，千万马虎不得。一般建房的地点、方位及房屋结构、陈设等都要符合"风水"，否则，就被列为禁忌。首要的是要让居住者在精神上感到住宅是安全的，排除其他邪鬼的入侵可能。这种做法虽然有很多迷信的成分，但其中也有科学的道理在。

1. 房子高低的忌讳：前后两家盖房子，如果住在前面人家的房子高于后面的一家，后面的住户就会认为前面人家挡了自家的风水，住在后面的人家就会在自家屋脊上竖起一个神龛，上面立一块砖，并写上"泰山石敢当"，用这种方法来破解风水。

2. 门窗安装的忌讳：旧时人们建房子，不在后墙上开窗户，人们认为窗户就是房子的眼睛，正常人的眼睛是不能长在后背上的。窗户不能比门高，不能比门大，牧野人认为窗户是眼睛，门口是嘴巴，眼睛不能大过嘴巴的。建房禁忌"门对门"和屋脊对门，有此情况，俗称"相冲"，即相克之意，往往在门框上挂一面镜子或八卦图来破解。

3. 盖房子扎根脚、瓦瓦和建台阶只能单数不能双数；不能在太岁头上动土，打地基时要放鞭炮、祭拜太岁。

4. 牧野人在自家宅基地上建房子不能超过九间，旧时"九"是帝王专用的数字，最少的房间数也不能少于三间，人们认为一间不算屋，两间不算房，三间才能起院墙。一般情况下，民间的四合院正房是三间，东西厢房两间，南屋盖两间，然后再盖一间耳房，来避开"九"这个数字。

5. 宅院的房子，主房要高于其他的房；宅院要做到前窄后宽，不能成"刀把院"，认为这是"凶宅"。

四 牧野独具特色的古民居

古民居一般指有百年以上历史、供人们集中居住的建筑群。牧野大地有很多历史悠久、文化底蕴深厚的古民居，其中最具有代表性的有新乡拍石头乡的小店河明清时期的古民居、郭亮古民居和张泗沟村古民居等，这些古民居是中国传统建筑的遗存，它养育了一代又一代淳朴、勤劳和智慧的人们，承载了深厚的历史价值和文化内涵。

(一) 小店河

小店河民居建筑是豫北地区规模最大和原有风貌保存最完整的清代民居建筑群，位于河南省卫辉市西北太行山东麓狮豹头乡小店河村，该建筑始建于乾隆十三年（1748），由闫氏第十世宗祖闫榜所建，至今已有280多年的历史。

据闫氏家谱记载，闫氏祖居山西林虑，后几经迁徙，到第十世时，闫榜、闫永弟兄奉母命迁到沧河岸边，这里东西南三面群山（太行山支脉苍峪山）环抱，形成一道自然屏障，很好地阻挡了冬季北方寒流及风沙；北面的沧河水为人们提供了便利充足的水源，并且有利于灌溉农田。兄弟二人看到这里优越的地理自然环境，就准备在这里安顿下来，结束漂泊的生活，于是他们就在沧河边建了一座小店铺，因此就把这个村子叫小店河。闫氏兄弟继承祖训，苦心经营，开辟了牧羊和造纸两条致富路，为闫氏家族积淀了雄厚的经济基础，也成了闻名一时的豪门望族。小店河民居自乾隆十三年闫氏在此兴建，历经道光、同治、光绪及民国十六年（1927），经过179年的翻建、扩建，形成了现在的规模。

小店河是清代民居建筑群的典型代表，有着深厚的文化内涵和意蕴，它从选址、建筑的布局和建筑装饰都别具一格，古朴典雅，构思巧妙，浑然天成，体现了人和自然的和谐共生。

小店河古村落坐西朝东，正好位于山谷盆地中，盆地内有一高坡，在外形上看似神龟，龟首伸向村前流经的沧河，小店河村恰好位于高坡

（龟背）上，在风水学中被称为"神龟探水"。其村落整体位于较高的龟背上，房屋建筑平面呈阶梯状，村前视野开阔，景色优美。小店河的选址三面环山，隔离风沙，阻挡寒流；地势较高并呈阶梯状，利于排水泄洪，避免水害；河流环绕村落，方便用水；临近古道（今省道226），交通便利；植被茂密，涵养水源，调节气候；依山傍水，景观优美，适宜居住。

图 2-12　小店河

（图片来源：赵会莉拍摄）

　　小店河是一个家族建立起来的民居建筑群，采用的是传统的建筑布局，建有院落10座，皆为四合院，每进院的院门皆建在中轴线上，正房两侧是厢房，每座院落有一进、两进、三进或四进，共有23进四合院和86座房屋，房子的外墙厚高而坚固，外墙高处开小窗甚至不开窗；采用明清时的硬山式建筑，砖石结构，粉墙，方格窗，屋内方砖铺地，木制隔扇门板。房屋布局有主有次，错落有致，其规格、布局、造型及用料相同。每个院落相对独立，但又通过院落的侧门有曲径小路院院相通，从而又连成一个整体，封闭独立，又各有其道；纵横交错的街道，四通八达，方便了人们的日常交流。

　　穿过深宅大院，石砌的寨墙环绕村落一周，寨墙高达2米多，寨墙上面放有突出来的石板，石板上有碎石块，碎石会砸到想要翻越寨墙入侵寨子的人。每段寨墙中间都有一个通往寨外的寨门，现存寨门面阔一间，进深一间，坐南面北，砖石结构，青石券门，这也是进出寨子的地方。晚上寨门紧闭，并派专人巡逻把守，现在成了村民休息乘凉的地方。出于对族人安全的考虑，还在后山上设有瞭望台，以防外人入侵。

图 2-13　寨墙

（图片来源：赵会莉拍摄）

　　小店河民居建筑群的分布及建筑装饰特点别具一格，古朴典雅，自然和谐。其 10 座院落中，有 8 处院落坐落在地形似神龟的背上，自南向北一字排开，规划布局严谨，单个院落依地势坐西向东而建，从大门至正房逐渐抬升。自南向北的 10 座院落，分别编号为 1—10 号院。小店河单体民居多为三开间，部分正房五开间，建筑结构基本都是木制隔扇门窗，砖石结构，硬山瓦顶，粉墙方窗。

　　一号院，闫氏家祠，位于整个建筑群的最北端，是村子唯一一座坐北朝南的建筑，为一进四合院，建于清嘉庆二十五年（1820），后改为小店河村小学。上房面阔五间，进深一间，配房各三间。破损的门窗也有经过后来修缮的，改成槛窗的。门窗棂格图案多变，不仅增加了视觉美感，也丰富了房间内光影的变化。

图 2-14　一号院

（图片来源：赵会莉拍摄）

　　二号院的房屋主人闫多澄，建于民国十五年（1926），是整个建筑群中建成最晚的一座一进四合院。二号院地势比较高，门楣上石碣一方凸雕行楷"侨云山房"，意思就是居住在极高的地方。进入二门，一眼瞥见五间上房外的两根木柱上雕刻的石榴，古色古香，上下两层楼房，看起来很是气派，二楼门楣上石碣楷书四字"天赐纯嘏"，意思是上天赐予人福气满满；配房南屋和北屋面阔各三间，门楣上分别石碣楷书四字"秋听鹿鸣"和"春观鱼跃"。建筑构件上还雕刻有麒麟呈祥、双喜闹梅、如意平安等吉祥图案，说明主人生活的恬适及对美好生活的追求和向往。

图 2-15   二号院

（图片来源：赵会莉拍摄）

三号院是文秀才院，三进院，五间倒座门楼上悬木匾一块，上书"捍卫乡闾"。进门迎面的是一座山影壁，即在厢房的山墙上直接砌出墙帽并做出影壁形状，影壁和山墙是一体的。影壁四周用方砖砌成，分上、中、下三部分，上部分为墙帽，好像房子的屋顶；下部是底座；中间是影壁的中心部分，壁面平整，雕刻吉祥的装饰图案或者"寿""福"等字样。

图 2-16   三号院

（图片来源：刘梦林拍摄）

图 2-17　影壁

（图片来源：赵会莉拍摄）

　　二门位于中轴线上，木制扇门，垂花门楼，门楣上书写"迎日丽"，字体洒脱飘逸。第二进院上下两层，庭堂明三暗五，绣楼上青砖铺地，木制槅扇，阳台为几何图形木制栏杆。南北配房各三间，滴水瓦当上均雕有"福""喜"二字；穿过厅堂进入三门，迎面是木制槅扇影壁，对面是太极八卦图，以镇邪驱灾，保护家人吉祥平安。

图 2-18　三号院二进门

（图片来源：赵会莉拍摄）

图2-19　三号院第二进门院西上房

（图片来源：赵会莉拍摄）

四号院是三进四合院，现在还有人居住；五号院为五进四合院，它的大门形状是拱券的，当地人叫圆房，该院装饰也最为豪华和阔气，它们都是文秀才院。

图2-20　四号院

（图片来源：赵会莉拍摄）

图2-21　五号院

（图片来源：赵会莉拍摄）

图 2-22　五号院气派的四道门楼

（图片来源：赵会莉拍摄）

图 2-23　五号院第四进院的小姐楼

（图片来源：赵会莉拍摄）

图 2-24　五号院第四进院高 11 级青石台阶的正房

（图片来源：赵会莉拍摄）

六号院是最早的草房，是仆人住的院落，三进四合院，经过后人的修缮，现在还有人居住。

七号院，文秀才住所，两进四合院，上房五间，配房各三间两层。文秀才的院内，为了勉励后代诗书传礼的家风，门楣的匾额上雕刻有"守身为大""作善降祥"（出自《尚书·伊训》："作善降之百祥，作不善降之百殃"），坎墙上装有木雕十字海棠透花槛窗，既秀气又不失文雅。作为家训，一个人要洁身自好，慎独；多做善事，就会带来好的运气。

图 2-25　七号院第二进院落北侧厢房，门额上有书"守身为大"

（图片来源：刘梦林拍摄）

八号院，三进四合院，倒座门楣上有"行叠翠"字样，门楼上有木雕琴、棋、书、画四艺图，两侧有"暗八仙"木雕，象征书香满园、喜庆吉祥。

九号院，三进四合院，建于 1826 年，第一、二进院皆为武秀才练武场。倒座门楣上有"惠迪吉"字样，寓意仁慈就会带来吉祥；正房面阔七间，屋脊上有"攸宁所""日月有恒"，南北陪房各四间，屋脊上雕刻有"竹苞""松花"，寓意家族兴旺发达。

十号院，闫氏女子学堂，一进院，现存两座建筑。

小店河清代民居建筑群是典型的北方建筑，村落小巧精致，保存完好，深宅大院内的四合院功能齐全，有高大的过庭、堂屋，东西厢房、南屋和门楼，门外有拴马桩，封闭的空间内就是一个小社会。从寨子和院落总体布局到建筑装饰的局部处理，处处体现了内外之分、男女有别、长幼有序的封建礼制，具有很高历史和文化价值。闫家是当时的大户，文武秀才有 70 多人，因此，他们要求自己和家人要知书达礼。建筑装饰上的木

图 2-26　咸丰年间打造的重达叁佰壹拾斤的石锁

（图片来源：赵会莉拍摄）

雕、砖雕和石雕的石榴、牡丹、荷花、麒麟呈祥、双喜闹梅、如意平安等吉祥图案；瓦当滴水上均有砖雕的"福""喜"，影壁、山墙上雕刻的"寿""诚""正""庆"等，无不折射出闫家对后代子孙的教育和诗书传家、勤俭奋斗的家风，以及家族的辉煌和吉庆。同时，还建有典雅的绣楼、灵巧的垂花门、曲径通幽的院院相连的小径，又显现出南方建筑的秀美，可以说小店河民居建筑群集南北方建筑为一体，古朴中不失典雅，内敛中不乏情趣，是豫北清代民居的代表作之一。

（二）郭亮村

郭亮村位于山西和河南两省交界处，海拔 1700 米，地处太行腹地，这里红岩壁立，陡峭险峻，交通闭塞，在数百年的岁月里，郭亮村民过着与世隔绝的生活，唯一通向外面世界的是在悬崖峭壁上凿出来的天梯。直到 1972 年，时任村支部书记的申明信带领郭亮人，经过五年艰苦卓绝的奋战，在没有任何电力、机械设备的情况下，单凭人力一锤一锤在悬崖绝壁上打造出一条长 1250 米的道路，这就是被日本名古屋电视台称作"世界第九大奇迹"的绝壁长廊，即郭亮洞。从此，打开了郭亮人走出大山的门户，也结束了郭亮人上下攀爬天梯的苦难日子。

郭亮村房屋大部分是清末民初所建，村民就地取材，手工开采石料，石灰岩和石板岩是建造房屋的主要材料，其坚固、耐用的特性使这些民居保持至今。郭亮村民众没有出现什么官宦或者富商大户，因此他们所修建的房屋就是一般民居，建造比较粗糙，也不十分考究，房屋的墙面用大的石块垒砌而成，石灰勾缝，砌石接缝紧密，房屋造型古朴大方。郭亮村的房子建筑形式主要是三合院，包括正房和东西厢房，正房和厢房前都有条石做的长凳，供家人休息聊天或坐下来做一些简单的家务。院落接近正方形，院内用碎石板铺地，院子不仅供家人日常沟通交流，也是祭祀烧纸的场所。村内的公共建筑很少，也只有一座庙宇。

图 2-27   郭亮村石头房子

(图片来源：赵会莉拍摄)

图 2-28   郭亮绝壁长廊

(图片来源：赵会莉拍摄)

郭亮村正房一般是两层，三开间一进深，木石结构，二层的楼板和屋架采用木制的，硬山顶，抬梁式建筑，上层层高很低，采光通风较差，主要用来储藏粮食和日常用品等。厢房和正房的结构和功能差不多，一楼用来住人，是子女的住处，二楼用来贮藏杂物等，但层高要比正房低一些。

郭亮村民居的大门和照壁一般都是木制的，位于正房的中轴线上，独立的随墙大门。因郭亮村独特的地理位置决定了它的交通闭塞，生活环境封闭，和外界交流甚少，建筑装饰主要以实用为主，雕刻工艺简单粗糙，主要就是窗户上的钱纹和龟背锦以及屋脊上的走兽等，来表达人们对吉祥和富贵的追求。

（三）张泗沟村

张泗沟村位于河南省新乡市辉县市拍石头乡，自明朝建村，至今已有600多年的历史。明太祖朱元璋称帝后，为了中原地区的发展，实行了移民政策。当时山西省壶关县有一个姓张的人，在家排行老四，从山西迁移到太行深处，他发现这里四周群山环抱、四水汇流、土壤肥沃，就决定在这里生存下来，从此该村便叫作张泗沟村。

图 2-29　张泗沟村

（图片来源：赵会莉拍摄）

张泗沟村位于太行山深处的一条深沟，海拔700多米，村子四周是金鸡岭，只有龙头山、虎头山之间的缺口是村子与外界联系的唯一通道。张氏先人相信"龙虎把门、金鸡岭绕"的地形，这里肯定是块风水宝地。但由于海拔较高，导致山泉断流，张泗沟天然缺水，当地人深深感受到了干旱对人们生活造成的严重影响。这里的建筑大都保留着传统的建筑风格，他们就地取材，建筑材料基本是石材，房子墙体由青石砌成，一院一屋，门楼也比较小巧，影壁也是石头垒成，影壁上还设有神龛，是居民祭祀神灵的地方，院子都比较小巧，石板铺地，院内院外多种有树，雅致天然。张泗沟村的乡间小门楼既没有繁复的雕刻，大门也很简陋小巧、随意，高约2米，门的宽度仅容一人进出，门楼外通常有长长的青石条，供人休憩。院子里有储水的地窖，供人们日常生活所需。

村里的一栋两层建筑，是清代秀才张琳的故居。在这栋秀才楼的石头门匾上，雕有"多文为富"四个大字，语出《礼记·儒行》，昭示着房屋主人"不求金银、以知识渊博为富足"的文人情怀。

图 2-30　张秀才故居

（图片来源：赵会莉拍摄）

儒家思想对张泗沟人的影响深远，在民居的很多匾额上都刻有"让""仁""俭""勤"等字样。建村 600 余年来，村子里走出张琳、张瑜等秀才以及现代数学大家张锦文等不少人才，对张氏后裔起到很好的典范作用，激励后人奋发图强，诗书传家的家风。

图 2-31　"第一楼"简介牌

（图片来源：赵会莉拍摄）

牧野地区古民居最大特点是封闭的四合院建筑，在平面布局上沿中轴对称，这种结构便于安排家庭成员的住所，使长幼、尊卑、男女、主仆等都各得其所，而又井然有序，适合中国古代的宗法和礼仪制度。这种对中轴线的迷恋，与传统文化中的礼制紧密相关，礼制强调尊卑有序，而中间则强调权威居中，这在另一方面也与中华民族的文化心理有关。中国人在审美上追求中和平稳，所以在建筑上也追求左右对称的均衡。

五　传统民居的精神诉求

中国居住建筑不是以单体的个别建筑为目标，而是以尽可能大的空间占有、平面铺开，在严格遵循中轴对称的原则下，各个建筑之间有机连接和配合，又展现出空间序列的内在纵深发展，故有"庭院深深"的意境，与中国人的内敛、含蓄和中庸性格极为吻合。

中国传统民居以土木结构为特点。木结构材料轻盈，配上厚重的山墙，给人一种庄重中不失活泼的审美感受。中国人虽然也追求长寿，但更理性地知道人的生命是有限的，不希望以物质使自己的生命达到永恒，所以也不会使建筑永恒，在这种价值观下自然产生一种生命是有变数的观念。人的生命有限，自己的基因需要子孙后代来延续，中国人是要儿孙来纪念自己，而不是房子。建筑与人的生命一样，不需要过分追求它的永恒和持久，房子就像人的衣服，旧了就扔掉；房子旧了就应该建新房子。中国人喜欢新的东西，新房子、新衣服、新家具等等，他们认为只有新的才是喜庆的、充满希望的。这一点和西方人完全不同，西方人要以房子来纪念自己，所以，西方有很多城堡，他们会为拥有一座13、14世纪的城堡而自豪。

从建筑文化的角度看，中国人建房子是以人为中心。盖房子首先找一个风水先生来决定房子的方位，而不会首先考虑景观。在很多人的概念中，中国人是非常爱好自然、亲近自然的一个国度，因有中国的许多山水诗歌、绘画对自然都有很多的赞叹和表达。其实，中国传统盖房子的目的是寻求一个安心和安宁的居住空间，以求得家庭的兴旺发达，而不是为了寻找一个美丽的景致，这种做法和中国的传统思想和文化是有很大关系的。

第四节　牧野交通民俗

衣食住行是人类生存的基础。自从地球上出现了人类，人们就开始不停地奔走。为了生产、求学、经商人们必须出行，在历史的发展过程中，也就形成了独具特色的交通民俗。

交通是指借助一定的交通设施、工具，实现人员与物资的空间转移。交通民俗就是在交通设施和交通工具的创造与使用过程中产生的与交通有关的民间习俗与惯制。如道路的建设和管理习俗、交通工具的制造和使用习俗、外出行旅的习俗及交通信仰和禁忌等。

地处牧野大地的新乡，从自然地理条件来看，"豫北明珠"新乡市地处中原腹地，河南省北部，北纬35°18′，东经113°54′，南临黄河，与郑州市、开封市隔河相望；北依太行，与鹤壁市、安阳市毗邻；西连太极故里焦作市，与晋东南接壤；东接油城濮阳市与鲁西相连，地处十分重要的位置，平原面积较大，古代的新乡驿道四通八达，陆路交通十分发达；卫辉段的古运河的水运也是交通的枢纽，北可达天津，南至苏杭，贯穿南北水运的大动脉，可以想见当时的水运是如何的繁盛。因此，可以说新乡是国家重要的综合交通枢纽，也是中原城市之一。

一　交通设施管理习俗

牧野地区地处中原，是国家重要的交通枢纽，不仅有陆路、水路、码头、桥梁和驿站，随着社会和经济的发展，又修建了铁路和高铁，四通八达的交通网，给人们的出行带来了很大的便利。

（一）陆路

旧时，凡是陆路上的道路，牧野人均称为"旱路"。人们是以陆地作为主要栖息地和生活活动区域，行之所至，皆会成为路。原始人需要采集和狩猎，集体出去行走，踩出来的脚印，天长日久就形成了路，可见，陆路交通远在水路交通之前。旱路有大有小，有宽有窄，有山区的山间小路，也有平原上的宽阔大路。民国之前，连通各省之间的官马大道，称"官道""国道"；省内各县之间的官马支道称"省道"；各乡镇之间的道路称"县道"，这些道路主要是国家运送粮食物资或者传递邮件的道路，民间均称"马路"，也是现在公路的前身。在秦朝称"驰道"，元朝称"大道"，清朝称"官路"，民国称"马路"等，即使在现在的今天我们还能听到"油漆马路"的叫法。

清末民国初年，牧野地区旱路又增添了铁路和汽车路，汽车路肩负着近现代公共运输和交通，故有了"公路"的称谓。中华人民共和国成立前后，新乡的公路主要用石子和砖渣来铺路，其余的道路皆为泥土，大家都称它是"土路"，特别到了雨天，道路泥泞很难行走。直到20世纪50年代以后，才有了用水泥和沥青铺路，称为"洋灰路"和"沥青路"，80年代出现了高速公路，近几年又出现了高速铁路，我们习惯称"高铁"。

山区的道路，狭窄、弯曲且坡度大，所以又称"羊肠小道"。山中小路，一边靠山，一边是山沟的狭窄处，行人需要侧身而过，有些地方需要脚横着放才能通行，这些道路"宽窄三脚半，小路一条线，走路弯着腰，东西靠肩挑"。山区坡多，行走困难，山民走山路的诀窍是：向上爬脚跟用力，向下走依靠脚尖的力量。

民间道路的保护和维修，主要依靠民间自觉参加，人们通常把修桥修路看成是积德做好事的行为。平时，人们在农活不忙的闲暇时间，就会扛上铁锨，沿路看到哪些不平或有坑洼的地方进行修补。20世纪七八十年代以来，公路快速发展，尤其21世纪以来，乡间的土路都铺上了沥青，变成了柏油马路，人们出行更为便捷；山区的道路也加宽了，柏油路铺到了山村，交通的便利，也促进了山区的经济发展。

（二）水路

以船代步，沿河而行，称为"水路"，牧野大地的新乡主要有卫河和黄河两大水系，为新乡人的水路交通提供了优越条件。

卫辉段运河是中国历史上大运河永济渠段的重要组成部分，河道走向基本以卫河走向为主。卫河发源于太行山南麓，至天津市入海河，全场900余公里，因其主要河段在古卫国境内，所以称为"卫河"。据清朝王立泰撰写的《畿辅安澜志》记载，卫河在古代称清水，汉代称白沟、隋朝为永济渠、宋元称御河、明称卫漕，到了清代，因该河发源于春秋卫地，终止于天津卫，取其首末两端"卫"字，因此命名"卫河"，一直沿用至今。古代，漕运、商运甚繁，帆樯往来，络绎不绝。近代，仍是豫北地区与天津之间物资交流的重要航线，卫河在巩固北部边防、区域经济文化交流和沿途的农田灌溉都发挥了重要的作用。卫河素有北方"秦淮河"的美称，谈及当年的盛况，人们还津津乐道，赞誉之词不绝于口。

（三）港口、渡口、码头

隋炀帝开凿永济渠后，航运得到快速发展。随着卫河航运的兴起，新乡到天津逐渐形成了数以百计的水运码头。古代一般20公里设一码头，出天津后，在新乡只经停卫辉和新乡。当时，卫河两岸的城镇也因商品流通而逐渐发展起来。码头是船只装卸客货的地方，仅在卫辉府的这段卫河就有客运、粮运、煤炭专用码头和几处杂货码头，码头上有票房、候船室和货场。卫辉码头主要以运输粮食为主，附近有集中粮食的大型粮仓，今卫辉市区北部的卫河故道附近仍有"北仓"这一地名。

新乡县合河村的杨树湾是卫河上的首起码头，溯流而上虽可通行小船，西来的货物经陆运汇集新乡饮马口等码头装船东运，东来的货物须在新乡码头卸货，或西运，或在当地销售。天津溯流而来的舶来品，如俄国的花布、红布（当时称洋布），英国产的三枪牌自行车，日本产的自行车（当时称洋车），瑞士产的怀表、手表、挂钟，德国产的闹钟、座钟、颜料等，均在天津装船溯流卫河运至新乡码头，然后分运新乡各商店或外埠出售。新乡以东生产的棉花、小麦也由卫河船只运抵新乡纺织业和新乡面粉加工业。

清末民初，随着京汉铁路和道清铁路的兴建与通车，设立的道清火车站又与卫河码头相衔接，形成了水陆交通枢纽。新乡的工商业陆续崛起，商贾云集，人口稠密，新乡很快成为豫北地区的工商业发展集散地。

德胜桥，建于卫河与孟姜女河交汇处，是过去盐商船停靠的码头。盐店街建于明朝崇祯年间，有北、西盐店城。据史料记载，潞王藩卫期间，设立了赫赫有名的"卫辉盐仓"，向各地销售官盐，当时，盐店城储盐多达万吨，是当时全国最大的以食盐为主的物资集散地之一。清初，卫河仍是食盐和粮食等物资的运输要道，到清朝雍正年间，卫河航运更是繁盛，碧波万顷，百舸争流，码头熙熙攘攘，夏秋是卫河航运旺季，高峰时航船每天能停靠上千只，来自河北、山西、山东、内蒙古、开封、洛阳的客商聚集于此，白天车水马龙，夜晚水面灯火点点，给卫辉带来了无限商机。声名远扬的盐店街"三把刀"，即剃头刀、修脚刀和菜刀代表着卫辉的理发、沐浴和餐饮等服务行业的发达。

渡口，在古代称作"关津"或"津渡"，是陆路和水路的交叉口，指有船摆渡的，过河的地方。靠近新乡黄河沿岸遗留下众多的古代渡口遗址，如今新乡市西南的卷津，原阳县西北的杜氏津和延津县南的延津渡口等，为当时黄河两岸的人们生活提供了极大便利。当时繁华的卫河两岸的渡口众多，从河南省汲县到河南省新乡县合河的渡口就不下 10 余家。如：汲县城关渡口、曲里渡口、河头渡口、西牧村渡口、花园渡口、桥西渡口、高湾渡口、水东渡口、合河渡口等，渡口摆渡多为当地船户，他们自有木船，常年以摆渡为业。摆渡形式多样，有的在两岸设石桩，以钢丝或牵绳固定，绊住船上木桩，作为手的拉线，借以摆渡行船。中华人民共和国成立后，卫河上逐渐建筑桥梁，到 20 世纪 50 年代后期，卫河渡口相继退出历史舞台。

卫河主要的港口有汲县港和新乡港。汲县港位于汲县城北门外的卫河北岸，紧靠主航道。港区平坦宽阔，港内流速缓慢，历年很少结冰，河堤呈斜坡，装卸货物可全年正常作业。这个港距京广铁路汲县站 2.5 公里，汲县以下各地的货物大部由此转运，是铁路与航运货物换装接转的主要港口。共产主义渠建成后，在离原港 1 公里处又辟新港，码头为共产主义渠堤。1963 年后汲县港全部由卫河航运管理处管理。

新乡港位于新乡市，分新老两个港区。老港区在市区内，即老卫河港区，新乡航运站设于此，经管港站的运输装卸业务。港区内场地狭窄，装卸作业不便。1958 年，卫河共产主义渠建成，在新乡市白小屯，形成了新港区。该港区停泊区域大，停靠船只多，装卸作业场地宽阔，附近有卫河航运管理处新乡船厂。但自 1962 年引黄济卫停止放水后，未能投入使用。

二　民间交通运输习俗

在没有发明交通工具前，人们的出行受到很大的限制，出行方式基本都是步行。交通设施道路的出现，为车的诞生提供了充足的条件。我国是世界上最早发明和使用车的国家之一，相传黄帝时已知做车。车辆自发明和产生以来，一直是人类社会重要的交通运输工具。陆路交通民俗中的车，根据牵引力不同，可分为人力车和畜力车两类。人力车是人类最先使用的一种车，主要有手推车、独轮车、架子车、黄包车、洋车和轿子等；畜力车是马、牛、羊、狗、鹿等动物拉的车。

中华人民共和国成立前，新乡地区运转货物和往来通信，多靠人力和畜力。

（一）人力搬运

交通不便，工具落后，日常生活中短距离和少量物资的转送，主要依靠人自身的力量，人力搬运十分普遍，主要的运输工具有扁担、箩筐、木桶、篮子等。

1. 扁担。扁担的材料一般用柔韧性比较强的桑木或竹子，长约7尺左右，两端钻小孔，安一个木橛子，呈扁形，所以称"扁担"。根据货物的不同分别用绳子、筐、桶等来装物品，如用扁担挑水、挑菜赶集、挑粪上地、挑柴等，旧时，担挑是生产和生活中不可或缺的运输方式。担挑还用于长途运输，走长途时，担挑者常辅以"挂棍"，在担挑行进途中，可以用其立地支撑扁担换肩，不用把货物放在地上。20世纪50年代之前，民间贫穷的农民，从事担挑长途贩运的很多，我们称为"担挑儿的"。

散碎物品或定形硬物，一般会扛在肩上或背在身后，如柴草、小件货物等。在山区，人们更习惯用背篓背东西；较轻物品，男人习惯手提，女人习惯用篮子扛，左右胳膊轮换运输等。

图 2-32　扁担

（图片来源：赵会莉拍摄）

2. 独轮车。由东汉时的"鹿车"发展而来，或称辘车。《后汉书》卷二六《赵熹传》唐李贤等注引东汉应劭《风俗通》，对"鹿车"解释为："鹿车窄小，裁容一鹿也。"① 故而得名。这种车结构简单，由车轮和车盘两部分组成，全部用木料制作。独轮车中间只有一个轮子，由一个人推行，可坐人也可载货，使用很方便，尤其在崎岖的山路更显示出它的优越性，可以说是交通工具历史上一项重要的发明。后来牧野人称独轮车为小红车，一般会在小车的两个车把上配有布制或皮制的襻带，推车时，将襻带顺双肩搭在背上，双手握把，撅起屁股，利用屁股的扭动来保持小车的平衡。人们常说"推小车不用学，只要屁股扭的活"。小车在旧时不仅是重要的生产运输工具，也是长途贩运者重要的运输工具，他们三五结伴，小车一路上叽叽拧的声音，也为他们单调的路程增加了几许情趣。中华人民共和国成立后，人们改进了轮子的装置，给轮子装上轴承和充气轮胎，小车推起来就更省力气了。20 世纪 60 年代后，使用独轮车逐渐减少。

图 2-33　独轮车

（图片来源：赵会莉拍摄）

3. 架子车。又称"平车""板车"和"拉车"。与城市自行车同步发展的是乡村的人力架子车，中国农民在 20 年前基本放下背篓和扁担，从而进入轮子时代。架子车是继独轮车之后在牧野大地普遍使用的人力车，

---

① 《后汉书》卷二六《赵熹传》注引《风俗通》，第 913 页。

20 世纪 80 年代河南省被称为"架子车王国"。起初车轮较大，铁轮箍外包胶皮，20 世纪 40 年代轮子改小，铁轮改为可以充气的胶轮，行驶起来也轻便许多，载重量增大了；到 50 年代后期，车盘和轮轴可以自由分离，用后可以将车架靠墙放置，轮轴放在房中。从几千年前的独轮车到双轮架子车，这无疑是一种很大的进步，不仅载货量大了许多，而且不再有翻车之虞。也就是说，仅仅 30 多年前，中国才第一次成为一个轮子上的国家——虽然这个轮子仍需要用人自己的力量驱动。

图 2-34　架子车

（图片来源：赵会莉拍摄）

4. 二轮车。源自日本，1905 年自上海传入河南，所以又称"东洋车"，因其车身多漆成黄色，也称"黄包车"，民间称以拉二轮车为生的人为"拉洋车的""拉黄包车的"。中华人民共和国成立前后，新乡的城镇也使用过。车身前由两根长长的车把，把的顶端有横木相连。车上一般可以坐两个人，起初是敞篷，后改为半圆布棚。另一种"二轮车"——自行车却成为普通百姓的主要交通工具，新乡人称他们为"洋车"。从某种意义上来说，中国全面的轮子时代是从自行车开始的。半个世纪前的 1962 年，飞鸽、凤凰和永久这三大名牌自行车凭票供应的价格为每辆 650 元，而当时的人均年收入仅为 70 元左右，几乎不吃不喝劳动 10 年才可以买得起一辆自行车。实际上自行车几乎是最廉价的轮子，如此精巧的发明竟然连专利限制都没有。当 20 年前中国自行车保有量达到了 5 亿辆时，中国第一次进入轮子时代。自行车使中国人第一次将自己的移动速度集体性地提高了一倍，将自己的活动半径延长了数倍。甚至当时将"幸福"和"繁荣"定义为每个家庭拥有一辆"飞鸽"自行车。现如今我们也倡导绿色出行，自行车一直以它独特新型的款式出现在人们的日常生活中，到今天又出现了共享单车。

5. 三轮车。实际就是自行车和黄包车的结合物，呈"品"字形，前面和自行车一样，后两轮装车座，改黄包车的徒步拉人为用脚踩车载人。20 世纪 50 年代，人力三轮车是城镇中常见的客运工具；80 年代以来，随着"面的"的出现和日益增多，人力车和三轮车逐渐减少，特别是进入 21 世纪，私家小轿车当领今日交通的风采。现代人们日常出行方式包括：铁路、公交、高铁、汽车等。

6. 轿子。古时称"肩舆"（肩扛的车）或"步辇"（步行的车），是从去掉轮子、用人扛起来行走的车发展而来的，已经有上千年的历史。出行乘轿盛行于唐代都市中的贵族妇女，普及于南宋时官场和民间。"轿子"一词出现于宋代，也是轿子发生根本变革时期，这个时期的轿子较之前敞开式的肩舆要舒适得多，轿内开始设置高脚椅座，不用席地而坐了，可以垂足而坐。明朝有"凉轿"和"暖轿"之分。轿子也是一种权利、地位和财富的象征，不同等级的官员，抬轿的人数有严格的规定，清朝出现有二人、四人、八人抬的，四人以上抬的轿子称"大轿"，二人抬的轿俗称"小轿"。贫民使用的轿子是二人抬的青布小轿，结婚时用一顶"红轿"，富家一般用一红一绿两顶轿子。

（二）畜力运输

人类最原始的代步工具是那些脚力好，性情又温顺的动物，如马、驴、骡、狗等。牧野人驯养马、牛、驴、骡等牲畜代替人力做交通工具运送货物，有着久远的历史。我们可以推断，乘骑牲畜应该在畜力车发明之前。商周时代骑乘之风在中原地区比较流行，春秋战国时期马的单骑出现，特别是战国中期自赵武灵王胡服骑射之后，单骑之风更加盛行，马不但用来拉车，还可以用来骑乘。秦汉时，用马驾车或单骑已经很普遍了，隋唐时候以乘马为最贵，也有乘骑驴、骡、牛的。在车运不方便的时候，用牲畜驮运机动灵活、速度快，其中，身份高的是马，身份低的是驴，一般人家只能养起驴养不起马；毛驴性情温顺，平时可以耕地拉磨，在山区翻山越岭驮运也比较方便，一般农户都有喂养。俗话说："耕牛战马磨碾驴。"

在牧野大地比较常见的畜力还是牛。"马之驯熟，难于牛也"，牛车比马车的历史要长很多。在商代运送大件笨重物品一般都用牛车,因此牛车被称为"大车"。宋代坐轿风气盛行,物品的运送多用牛车,五代以后驴车更为普遍。在20世纪五六十年代,新乡农村耕地、拉车用牛的较多,因为牛的力气大,耐力强;山区或短途运输的,毛驴较多。

三　牧野的交通运输

中华人民共和国成立前,人们出行主要是步行,少数人骑牲畜。城里富人乘畜力车或黄包车。老年人出行,坐独轮推车;新人迎娶会坐花轿;县官出行,坐轿子。卫河航运期间,有人出行会乘船。清末,京汉、道清铁路通行后,出远门就改乘火车。有钱人出门多乘铁轮轿车,中等人家乘铁轮马车、牛车;山区的有钱人会坐滑竿,中等人家骑驴代步;贫苦的人家只有步行了。

中华人民共和国成立后,20世纪50年代多用铁轮马车、牛车,国家机关开始有公用自行车;60年代交通工具多用胶轮马车、推车、平车、自行车;70年代,城镇的自行车开始普及,农村也开始有人购买自行车;特别是80年代初,人们经济生活得到改善,城镇居民几乎人手一辆自行车,农村几乎家家都有了自行车;人们代步工具有拖拉机、汽车和火车,距离较近的,人们就会骑自行车。1985年,名牌摩托车成了抢手货,农民也开始购置三轮摩托车,个别农户还用购买的面包车跑运输;市内公共汽车通达城郊六个乡镇。国营长途及个人客运汽车通达其他四个乡镇。县乡机关和其他企事业单位也购有小汽车,个人代步工具变成了摩托车,方便了很多,很少能见到走远路徒步去的。

目前,新乡是豫北地区唯一的国家级交通运输枢纽城市,铁路南北大动脉京广铁路和太石铁路在此交汇,107国道及京港澳、大广、济东高速穿境而过,新乡交通十分便利。新乡的城乡公交发达,基本实现了"有路就有公交车";开通了新乡—郑州、新乡—开封、新乡—许昌、新乡—鹤壁、新乡—安阳、新乡—焦作市际公交,极大地方便了人们的出行;铁路运输可以直通全国除福州、台北、西宁、拉萨外的所有省会、直辖市城市;新乡高铁站是国家一级运营站,省内实现了一小时内到达,到达北京也只需两个多小时,进京办事一天就可以来回往返;新乡与省会郑州隔黄河为邻,新乡市区至新郑国际机场约100公里的路程,这些交通工具和设施都为现代人们的出行提供了极大的方便。近年来，经济的高速发展，人们生活水平的提高，私家轿车也走进了寻常百姓家，几乎家家有私家车，人人都是司机，人们的出行更加便利。

四　牧野的交通行旅习俗和禁忌

牧野人历来以务农为主，很少外出，如果遇到万不得已需要外出远门的，就非常看重。出远门要做好衣食住行等各方面的准备，以防在外发生什么意外的事情，这和牧野人长期的"农本思想"有关；再者，旧时国家的交通落后、社会不安定等因素都给人们的出行带来了许多不可预测的事情。长期以来，牧野民间就形成了许多交通行旅的一些习俗和禁忌。

（一）行旅准备

"故土难离，穷家难舍。"牧野人比较恋家，不到万不得已，他们是不愿离开家乡的。"在家千日好，出门时时难"，"出门矮三分"，在老百姓的心里，出门意味着背井离乡，充满艰辛的畏途，他们向往的是"三十亩地一头牛，老婆孩子热炕头"的生活。人们认为离家出行是件大事，对旅行前的准备工作极为谨慎和小心。俗话说"穷家富路"，出门在外要带足够的钱财，以防不测，因此有"出门在外，干粮多带"的说法。干粮是我国行旅人所携带食品最早的称谓，"饥不饥带干粮，冷不冷带衣裳"。做好钱财、干粮、衣服的准备之外，还要防止到外地的水土不服，还要带一些"家乡土"。骑驴、骑马出行的，带足够的草料。最后，为了祈求旅途的顺利平安，临行前要到祖庙的天地神位、祖宗牌位和自家灶前烧香祭拜，或者祭拜路神，祈求神灵和祖宗的保佑；安排好家中的一切事宜，再挑选一个出行的好日子。

（二）择日出行

旧时，牧野人出远门都要查个好日子，多以农历三、六、九为外出启程的吉日，俗语有"日逢三六九，不问出门走""初五、十四、二十三，太上老君不出鞍""七不出门、八不还家"之说，这是民间最为简单的择吉方式；再一个方法就是查黄历。旧时，每家每户都要备有一本黄历，方便自己的生活。传说此俗来自宫廷，宫廷文武百官定在每月的三、六、九为朝见皇帝的日子，君臣相见，被看作一件大喜事，后来传到民间，民间便沿用这些日子出门或者回家，以期望诸事顺遂。

（三）饯行、接风

每遇到家中有人要出远门，家中的亲友都要来看望，讲究富者赠钱，以财力相助，贫者以吉言相赠，叮嘱一路要小心谨慎。行前要向家族长辈道别，向邻居辞行，请求邻居帮助家中的老小。临行前，与家族兄长、亲朋好友和邻居设宴话道别。牧野人在饯行和接风的时候讲究"出门饺子回家面"。民间信奉"鸡为司晨之神""雄鸡唱，神鬼藏"，鸡叫时候动身，是行旅启程的最佳时刻。随着交通事业的发展，人们不再以鸡叫为准，而是以钟表来确定。牧野人送行，常在外出之人走出自己的视线后才回家；有的还要送到路口或车站等。

往日道路多是土路，行路难免蒙上尘土，因此人们以接风洗尘来比喻。家中人或亲朋为出远门的归来旅人摆宴席迎接，为外出的人洗去风尘。外出返乡的人，第一件事情就是要拜见长辈，将带回的礼品奉送长辈和分发给晚辈，有的还要带给亲邻礼物，感谢出行时托请的亲邻给予家中的帮忙和照顾。

（四）言行禁忌

几千年来，受小农经济思想影响，牧野人认为出门在外有许多不安全因素和不可控情境，所以，在行旅中形成了很多禁忌。

牧野人外出，会在身上带点儿朱砂或者桃木，即使强壮的男子，腰间也要系上一根红腰带，认为这样可以辟邪，旅途会顺利；天黑以后，不满六岁的孩子不准出门上路，否则就会招致鬼魂，使幼儿身体受到伤害；走夜路要走在大路中间；路途中问路要讲究礼节，俗语有"见人不施礼，多走五十里。"路途中不可预见因素太多，人们的禁忌也有很多，并形成很多俗语，如"宁走十步远，不走一步险""一人不进庙，二人不看井""乘船骑马三分险"等，可以说这些前人的经验，是有一定科学道理的。

民间对驾驭的车辆也十分尊崇。每年春节都会在架子车、推车、拖拉机上贴春联，如"日行千里车马保平安""一路平安"等；坐车、坐船忌讳说"翻"；搬运贵重物品时，要系上一条红布；遇到过路的蛇，决不能伤害，俗信认为蛇是土神，它能保佑路途顺利等。

农耕时代，交通和信息落后，出行可以说是人们日常生活中的大事，暂时离开自己的家乡，离开自己熟悉安全地，这时，难免会让人对未知的外部世界心生担忧和畏惧，会有一种"恋家"的心理积淀。如今，交通设施和交通工具非常发达，私家车已经普及，有人形容说："脚下一踩，千里之外。"确实，交通发达便利，使这个世界变得越来越小，人们行走的半径越来越大，相反，传统社会的一些出行信仰和禁忌却渐行渐远。

第三章　牧野岁时节日民俗

　　岁时节日作为主要的文化现象，是人们在长期的社会实践中不断适应生产和生活需要的产物。岁时节日的形成经历了漫长的历史发展过程，我国传统的岁时节日，与农业文明相适应，在漫长的发展历程中形成了独具特色的节俗文化形态，不同的节日有不同的民俗活动，以年度为周期，循环往复，周而复始。其中既渗透着民众与自然打交道，处理人与自然关系的智慧，也承载着民众与社会互动，处理人与社会关系的智慧。这些节日反映了祈求消灾避祸，期盼趋吉辟邪、健康长寿，提高生活质量，追求婚姻幸福等方面的文化心态。

　　岁时节日，主要是指与天时、物候的周期性转换相适应，在人们的社会生活中约定俗成的，具有某种风俗活动内容的特定时日。据统计，我国各民族，从古到今的节日有1700多个，其中汉族的传统节日有500个左右，少数民族的传统节日共计有1200多个，这些丰富多彩的节日文化，记载着先民对自然运行规律的认识和把握，也注入了多种社会现实功能。因此，了解节俗产生、发展和演变的规律，对于正确认识节日文化现象，积极引导节俗活动健康发展，有着十分重要的意义。

第一节　牧野岁时节日民俗的起源和发展

一　岁时节日的起源

　　我国是世界上最早进入农耕生活的国家之一，在六七千年前，原始农业就已经出现，农业生产要求先民掌握准确的农事季节。在成文的历法出现之前，我们的先人最早是通过对身边环境的观察来感知时间的。飞鸟的去来、草木的荣枯、日月星辰的起落等，都成为人们感知时间的重要方式。在现有的典籍记载中仍残留着通过物候来标记时节的记录，比如说，在《隋书》中就记载着，琉球国"俗无文字，望月亏盈来纪时节，候草荣枯以为年岁"①。在清代的《台湾府志》中记载："番人无姓氏，不知岁月，惟凭草木，听鸟音，以节耕种。"② "年"的名字始用于周朝。在古文字中，如"年"的字形结构，在甲骨文当中，我们看到"年"的形状是一个人背着禾草的形状，可以推知当时人们认知时间的方式。《说文解字》中解释说："年，谷孰也。"谷熟一次标记为一年。在过去，我们的先人不仅通过对天象物候的观察来确定年度时间单位，还从对天象、物候的长期观察进一步确立了四时。③

在成文的历法出现之前，古人要通过对物候现象的观察来确定时间以安排生产、生活。但是，物候只能告诉人们大致的时间，却不能呈现更精确的时间。随着农业生产的发展，人们对时间的划分要求更加细致，我们祖先靠仰观天象、俯察地情，在四五千年前创立了为农事服务的历法。如《尚书·尧典》曰："乃命羲和，钦若昊天，历象日月星辰，敬授民时。分命羲仲，宅嵎夷，曰旸谷。寅宾出日，平秩东作。日中，星鸟，以殷仲春。厥民析，鸟兽孳尾。申命羲叔，宅南交。平秩南为，敬致。日永，星火，以正仲夏。厥民因，鸟兽希革。分命和仲，宅西，曰昧谷。寅饯纳日，平秩西成。宵中，星虚，以殷仲秋。厥民夷，鸟兽毛毨。申命和叔，宅朔方，曰幽都。平在朔易。日短，星昴，以正仲冬。"④尧帝命令羲氏和和氏观察日月星辰的运行规律，制定历法，以指导人们按照时令、节气进行农业生产；又分别命令羲仲、羲叔等人分别居住在东南西北四方，通过对日影和星象的观察，确定仲春、仲夏、仲秋、仲冬的时间。在《尧典》的记载中所提到的：日中、日永、宵中、日短就是对于春夏秋冬四季太阳变化的描述。春秋时期，四时八节已经确立了，到了汉代《淮南子·天文训》中已经有了完整二十四节气记载。二十四节气是人们在春夏秋冬四季、四时观念的基础上对时间的进一步细分，它的形成体现了先

---

① 《隋书》（唐）魏征，卷八十一·列传第四十六·东夷。

② （清）蒋毓英：《台湾府志》卷五，台湾府志三种，中华书局1984年版。

③ 参见钟敬文主编《民俗学概论》，上海文艺出版社1998年版。

④ 《尚书·尧典》。

人们对大自然运行节律的更精确的把握和总结，二十四节气逐渐成为传统农业社会的时间系统，成为妇孺皆知的知识，自然而然地指导着农业社会的生产生活，同时与人们生活的节律也紧密相关。

受之于过去人们认知的限制，在人们的观念中，农业的丰歉，社会的稳定与否，都与大自然有着密切的关联性。因而，人的行为要与大自然的节律相同，不违天时。《礼记·月令》中详细记载了每年十二月的时令安排，人事与天时之间形成了严格的对应关系。例如立春前三天，天子开始斋戒，到了立春这一天，天子率领三公九卿、诸侯、大夫到东郊去迎春。同时，天子还要率领三公九卿、诸侯、大夫带着农具亲自到农田进行象征性的耕作仪式，以顺应天时。这个月，顺应相应的节气，还要祭祀山林川泽，但是，祭祀的供品不能用雌性的动物，也禁止伐牧、禁止宰杀幼虫等。这个月只能行春令，如果春令不行，就会造成时序的错乱。人们严格按照大自然的时间节律来安排一年的祭祀，祭祀的节点一般都依照着四时节气，例如"春祈秋报"时间一般是在立秋或立秋后的第五个戊日，人们分别在播种的季节向神灵祈求五谷丰登，在收获的季节祭祀神灵庆祝丰收。这些依照节气的相关仪式活动成为岁时节日的早期形态。

自从农历把一年分为十二个月、四时、八节、二十四节气起，人们把两节气相交日定为交节，它为节日的形成提供了必备的前提条件，但还不具备民俗意义上的节日含义，节日是人类社会发展到一定阶段的产物。人们在季节转换和年岁更替的特殊日期举行一些活动，年复一年，代代相传，节气日子逐渐演变成具有一定民俗意义的岁时节日，如"冬至""清明"等。历法的定型是社会生产劳动的需要，是年节风俗形成的一个重要原因。从汉到清两千多年一直沿用此历法，岁时节日风俗活动也就一年一度以固定日子沿袭下来了。

除了起源于节气的节日外，还有一些与季节变换有关的，主要有各月的朔望之间的日子。如：正月初一是古代人祭祀的日子，相沿下来，成为今天的"春节"；正月十五是一年的第一个望日，演变成今天的元宵节；八月的望日演变成今天的中秋节。还有一些数字重叠的日子，如二月二、三月三、五月五、六月六、七月七、九月九等。

最早的民间信仰是节日活动产生的渊源。在人们的认识能力和生产能力低下的情况下，人们产生了对自然崇拜。一方面祈求自然的恩赐，同时又以各种禁忌来躲避自然给人们带来的灾难。如中秋赏月，就是由人们对月亮的祭拜发展而来的。随着自然崇拜到图腾崇拜，人们认为自己氏族的祖先是由某种动物或其他生物转化而来的，它能超越时空，神通广大，无所不能，如我国最早也是最普遍的龙图腾崇拜。龙，对于一个传统的农业大国来说，排在首位的能力就是呼风唤雨，最早是把龙作为雨神来祭祀的；古代皇帝称自己是真龙天子，要穿龙袍，打龙旗；端午节保留节目是赛龙舟；二月二，龙抬头；华夏子孙自称"龙的传人"。因此，龙图腾崇拜对中华民族的影响是极其深远的。古人对灵魂的崇拜，他们相信人死后灵魂不灭，暗中对人起作用，家中长者死后，能成为家族或家庭的保护神，因此受到后人的隆重祭祀，这是上古的祖先崇拜。汉代以后，岁节祭祖已成惯例。除了善灵和祖灵之外，古人认为那些死于非命的或者非正常死亡的人，死后就变成恶鬼，会到人间捣乱，加害于人。《搜神记》卷十六记载："昔颛顼氏有三子（生下即死），死而为疫鬼：一居江水为疟鬼；一居若水为魍魉鬼；一居人宫室，善惊人小儿，为小鬼。"为了免于恶鬼伤害，人们想出很多办法，或驱赶，或躲避，或祭典等。于是，古人七月十五这天在郊外的河边放河灯、焚香烧纸，为的使这些孤魂野鬼找到归宿。演变到今天，我国很多地方把七月十五这天称作"鬼节"，形成祭祀祖先和一些孤魂野鬼的风俗。另外，各种节日习俗还与古人的迷信、禁忌、巫术观念等密切相关。

岁时节日民俗起源于上古，岁时节日所有的仪式都与社会生产劳动息息相关，它不仅是先民们期望人寿年丰的期盼，也是人们对美好生活的向往和追求。

二　岁时节日民俗的发展

先民在日常生活中，发现植物都是有"节"的，节是植物的关键部位，节外才会生枝，也是植物躯干最坚硬的部位，劈柴时最难将其劈开。植物中的"节"的这种特征，影响到中国人对时间的认识，古人认为时间也有"节"的，也是一年四季的关键部分，后被引申为划分岁时的节日。根据《管子·幼官》的记载，最早的岁时和节日是混合在一起的，都是服务于农业生产。自汉魏时期开始，岁时活动开始与节气相分离，过去依附于节气的岁时活动逐渐转移到新的更符合于农历月度规律的节气，岁时节日在夏历的历法体系中逐渐有了相对固定的节期。到了东汉魏晋时期，中国传统的岁时节日体系基本形成，我们今天所熟知的春节、上巳节、寒食节、端午节、七夕节、重阳节等许多节日，在这一时期，要么已经形成，要么已经得到了很好的发展，要么在这一时期找到了原型。

其实，岁时节日民俗包括两个部分的内容，一是岁时民俗，一是节日民俗。岁时民俗指一年之中，随着季节、时序的变化，在人们生活中所形成的不同的民俗事象和传承，节日民俗是岁时民俗的一种独特的表现形式。不同的季节，有不同的岁时节日，这两个部分是有紧密联系的。

我国的岁时节令既与大自然的变化即农业生产服务的农历有关，也与原始社会以来各种原始崇拜及各种各样的禁忌有关，其实，一些主要的节日风俗大都在汉代陆续定型。最早的节俗活动，意在敬天、祈年、驱灾、避邪，直到魏晋南北朝以前，禁忌、迷信、禳解等观念及活动在节俗中依然占主导地位。这些节日起初并不像后世演化的那么欢天喜地，称"佳节良辰"，直到隋唐时代，我国许多节日逐渐从避忌、防范的神秘气氛中解脱出来，向礼仪和娱乐化的方向变化，成为人神共欢的日子，才成为真正的良辰佳节；到明清，随着岁时节令而开展的社会应酬活动和娱乐活动多了起来，传统节日变得充满喜庆、欢乐并多姿多彩，超越时代变迁一直延续到今天，经久不衰，成为我国非常珍贵的精神文化遗产；到了现当代，随着社会制度的深刻变化和现代经济的飞速发展，一些最悠久的节日民俗也与时俱进，赋予新的时代特色。

第二节　牧野岁时节日民俗

一年有四季，每个季节都有它的岁时节日民俗，这里主要介绍一些影响较大的岁时节日民俗。一年之计在于春，春季是农业生产非常重要的时段，在这个季节主要的民俗节日有立春、春节、元宵节、二月二、清明节等；夏季是牧野地区农业生产的重要时节，主要的活动是田间小麦的管理和收获，这个季节主要的民俗活动有端午节和六月节；秋季是农作物收获的季节，主要的岁时节日有七夕节、中元节、中秋节、重阳节等；冬季是个冬藏的季节，主要的节日有十月初一、冬至、腊八、祭灶、除夕等。

一　立春

每年公历 2 月 3 日或 4 日或 5 日为立春。立春仪式从东汉明帝永平年间开始。"立"有开始之意，民间习惯把它作为春天开始的日子，农谚称"打春"。"打罢春，阳气升"，牧野地区河水开始解冻，气温缓慢上升，万物萌发，也在提醒农民们要安排农事了。在古代，立春这天有"鞭春"的习俗，意思是唤醒冬闲的耕牛，以备春耕，表达人们对五谷丰登的美好期盼。牛是人类的朋友，以牛耕地，已有几千年的历史，在自给自足的自然经济社会里占有十分重要的地位。

起初，春牛为土制，立春日，通常村里会推选一位老者，用鞭子象征性地打春牛三下，意味着一年的农事开始。然后众村民将泥牛打烂，分土而回，洒在自家的农田里，以求当年能有个好收成。有些地方还会把春牛肚子里塞上五谷，当春牛被打烂时，五谷便流了出来。拾起谷粒放回自家的梁仓中，预示仓满粮足。鞭春牛的活动，一直延续到民国。不过，这时的土牛已不是土制，而是纸糊的了。那时，人们纷纷将春牛的碎片抢回家，视之为吉祥的象征。

立春这日，牧野地区有的集会上，一般都会在卖黄历的同时连带着卖春牛图，春牛图上前面牵牛的那个男子，画的就是芒神。一般人家，会把春牛图请回家，和那些拿回家里的春牛的碎片的意义是一样的，祈祷春神和春牛的保佑。

"立春"这一天，中国民间习惯吃萝卜、姜、葱、面饼，称为"咬春"。牧野地区民间咬春的一种食品就是萝卜，因为萝卜味辣，不仅可以驱寒，还可以杀菌，也是古人的养生健身之道，俗话说"冬吃萝卜夏吃姜，不用医生开药方"。

二　春节

春节，又称过年，是汉族最隆重的传统节日。从农历正月初一开始，至十五日结束。古代春节叫元旦、元日、新年。中华人民共和国成立后，将正月初一正式定名为春节。

年，谷熟也。谷物一年一熟，即"年成"。古代过年是在谷物成熟季节，年与庄稼收获的季节周期有关。在远古时代过年是人们喜庆丰收的日子，利用新收获的粮食酿酒，制作各种精美的食品，祭祀各路神灵。大禹时代，过年的时代是在六月，六月初一前后过年。在今天的牧野地区有些地方还有六月初一过小年的习俗。

牧野大地春节的民俗活动有守岁、祭祀祖先及各路神灵、吃年饭、贴灶公、贴"福"字、贴对联、贴年画、拜年、放鞭炮、放焰火、走亲戚、点蜡烛、包饺子、剪窗花等习俗，后来又增加一些娱人娱神的活动。春节首先要祭拜天地神灵，其次是祖先和各路神灵，第三拜灶王爷，最后拜财神等，以此来驱邪消灾，酬谢祖先，保佑农业一年风调雨顺，保障五谷丰登、六畜兴旺，祈求来年再获丰收。我国第一部诗歌总集中的《诗经·周颂·丰年》就是祭祖时所唱的乐歌。

正月初一，俗称"年节"，是一年中最隆重的节日，家家户户都要起五更，穿新衣，摆设供品，焚香祭祀祖先和各位神灵，家中晚辈依次给长辈磕头拜年，长辈要给年幼子孙压岁钱。放鞭炮庆贺新春，在我国已经有两千多年的历史。大年初一放的鞭炮应该是长度最长的，期望新的一年能有好的运气；五更第一顿饭必须吃饺子，春节吃饺子可以说是粮食文化意义理解的具象化。牧野人平时也常常做饺子招待客人。春节，在家人吃饺子前，盛上几碗饺子，先敬天地，然后再敬祖先和神灵，之后再敬灶君，这一切活动结束后，家人才能端起碗吃饭，除每人一碗外，还要多盛几碗，意思是希望家里人丁兴旺。饭后，家中年长的在家守拜，晚辈首先要先到族中长辈家拜年，然后再到街坊长辈家磕头拜年，说一些过年吉利话，几乎跑遍整个村庄。所到之处，都要给晚辈核桃、糖果等。

岁首还有求吉的民俗。春节这天只能说些吉利话，不能说不吉利的话；不能打破家里的器皿，认为这样会带来一年的恶运。汉代的《汉书·鲍宣传》中说："小民正月朔日尚恐毁败器物，何况于日亏乎！"可见，在汉代就有破败器皿的禁忌。这种风俗传承至今。①

大年初二，是出嫁闺女带上丰盛礼物回娘家的日子，也是母亲和闺女最高兴的一天。到了大年初三，因出嫁闺女有过世的父亲或母亲、携丈夫和子女回娘家给老人拜年和上坟祭奠日，以此表示女儿对父母的思念和感恩之情。大年初五，也称破五，就是破五天之内的禁忌，从大年初一到初

① 参见钟敬文主编、萧放副主编《中国民俗史·汉魏卷》，人民出版社2008年版，第226页。

五，人们一般不大干活，妇女已经将剪刀在年三十晚上收起来，农具也收起来。初五这天要脱下新衣服，穿上原来破旧的衣服开始干活了，但这天忌讳动刀剪，也是要吃饺子的。

三　元宵节

"元"是第一的意思，古代称正月为元月，元宵是一年中第一个月圆之夜。元宵节，又称上元节、元夕节、灯节，是汉族传统的节日，每年农历正月十五日举行。元宵节大约源于西汉，据说周勃、陈平等在正月十五这天戡平诸吕叛乱，为了纪念这个日子，西汉文帝在每年的这一天都要出宫，与民同乐，于是定这一天为元宵节①，但当时并没有燃灯习俗。东汉初年，佛教传入中国。东汉明帝信奉佛教，于是就模仿西域"大神变"故事，下令正月十五夜在宫廷和寺院"燃灯表佛"，后来传到民间。古代元宵节原为正月十五一夜，唐代延长至三夜，宋代延长至五到六夜，明朝更长，有十天之久；清朝是从正月十三到十六夜，共四天；近代一般是正月十四试灯，十五日为正灯，十六日为继灯。

牧野地区民间元宵节活动内容丰富，有"十五大似年""小过年，大十五"，也称"小年节"，热闹程度仅次于春节，只是不起五更了，一般是三天，从正月十四到正月十六，基本过完元宵节，这新年才算过完。在这一天活动很多，有吃元宵、打太平鼓、观花灯、灯展和猜灯谜、踩高跷、担花篮、舞龙灯、小车会、舞狮子、扭秧歌、唱大戏和点灯盏等。旧时，人们一般用纸糊灯笼。先手工用高粱秆扎制成一个小小的四方体框架，然后用彩色的图画纸糊在上面，里面串一个用木板和铁丝制成的提手，木板上放置一截蜡烛或自制萝卜灯。萝卜灯是取一截萝卜，在萝卜正中挖一个圆形的窝，倒进麻油或煤油，用细麻绳当灯芯点燃，灯光昏黄，给人以朦胧的美感。提灯笼的孩子会故意用自己的灯笼对着别人的灯笼撞下去，别人的灯笼如果着火，就会高兴地喊"轰了，轰了"，据说这样人在一年中就不会害病。有歌谣唱"碰碰碰，碰碰碰，碰坏了灯笼做好梦"就说的这样场景，还有淘气的孩子会喊"放倒明，放倒明"。若把灯笼放倒，纸糊的灯笼很快就会着火。

---

① 参见钟敬文主编《中国礼仪全书》，安徽科学技术出版社 1995 年版，第 219 页。

人们认为正月十五娱神，可以得到粮食的丰收；同时，人们也娱乐了自己，使他们以百倍的精神投入到各种农事活动中。

中华人民共和国成立前，牧野民间在正月十五夜，家家户户要点灯盏，也称"送灯盏"，是牧野人在元宵节重要的祭神祈福活动。它是用黍子面蒸熟，圆柱形，直径约2寸，高约1寸，中间是凹进去的，方便放灯油和灯芯。正月十五、十六夜幕降临时分，把蒸好的灯盏添上棉油或香油，放上灯芯点燃，放在自家院内的神龛、牌位、锤布石、墙头、猪圈、牛棚、过道等处，小孩子就会去偷灯盏吃，据说吃了偷来的灯盏吃这一年就不会害病；当年吃元宵的很少，大部分人都是吃饺子。到了20世纪80年代，经济条件好转，各地会举行踩高跷、担花篮、舞龙灯、玩狮子、灯展和猜灯谜等各种民间娱乐活动；亲戚之间也有来回走动，互赠柿饼和汤圆等。

四　二月二

农历二月初二，俗称"二月二"。这时大地苏醒，万物复苏，人们认为这时龙要从蛰伏中抬头登天，所以也称"龙抬头日"，或称"龙头节"。所谓"龙抬头"指的是经过冬眠，百虫开始苏醒，降雨始闻雷声。① 俗话说："二月二，龙抬头，蝎子、蜈蚣都露头。"龙神，其实还是农神，是专门保证民间风调雨顺的。古时，主要的活动是祈福、消灾为中心；民俗活动有剃龙头、送鱼、煎年糕、炸糖糕、吃炒豆、炒面、炒凉粉等。

龙抬头节在唐代已有记载，历代相传。在牧野地区民间认为，龙是司水之神。由于牧野地区气候比较干燥，有"春雨贵如油"之说。秋播的小麦经过寒冷冬天蹲苗，春播的作物这时也要备耕，因此，对雨水的要求非常迫切。过去，由于人们对自然现象的不理解，民间人们认为下不下雨是龙掌管着的，因此，牧野地区村村建有龙王庙，二月二这天专门对龙进行祭奠，祈求龙王能保障民间风调雨顺，粮食丰收。该地流传着"二月二，龙抬头；大仓满，小仓流"的民谚。

---

① 延津县志编纂委员会编：《延津县志》，生活·读书·新知三联书店1991年版，第684页。

剃龙头。牧野老一辈人总说："二月二，剃个头，一辈儿不用愁。"牧野人有个习俗，"正月不剃头"，而是等到二月二再去理发，民间认为二月二是蛰龙升天的日子，中国人素以龙为图腾，在这一天理发，会使人红运当头、福星高照。因此，民谚也有"二月二剃龙头，一年都有精神头"的说法。由于牧野地区普遍流传"正月剃头死舅舅"一说，所以很多人在腊月理完发后，一个月都不再去光顾理发店，直到"二月二"才解禁。民俗学会专家刘振超此前曾表示，"正月剃头死舅舅"这其实是一种误传，"死舅"是"思旧"的谐音，清朝初期汉人以正月里不剃头的方式怀念明朝，但又不敢公开与下达"剃头令"的清政府对抗，因此就有了上述说法。不过随着社会的发展，正月里剃头的人也在增多。

送鱼。在新乡地区，每到二月二，出嫁的女儿要给自己的妈妈送鱼，很多老新乡称这天叫"女儿节"，这可是我们牧野人自己独有的习俗呢。预示着年年有余，平安富贵。从之前送活鱼，到现在变成送面包鱼，表达的是牧野女儿给父母消灾、添福添寿的心意！

牧野人二月二在饮食上有一定的讲究，因为人们相信"龙威大发"，就会风调雨顺，才能五谷丰登，所以这一天的饮食多以龙为名。人们采购猪肉、韭菜、面条，这天做的饺子叫"龙耳"，面条叫吃"龙须"，吃"龙耳""龙须"都是为了图个好兆头，这一切都是为了唤醒龙王，祈求龙王保佑一年风调雨顺，获得好收成。另外，还会在龙抬头这天吃年糕，寓意新年步步高。其实，这天摊煎饼和吃炒豆的人最多。

此外，二月二这天不套车、不动磨碾，并用青灰撒在粮食囤周围，据说青灰有防止五毒的作用。

五　清明节

清明大约始于周代，已有 2500 的历史。清明属我国历法中的二十四节气之一，在公历每年的四月五日前后，《淮南子·天文训》说："春分后十五日，斗指乙，则清明风至。"清明时节，气温升高，春光明媚的日子，人们趁着春光，可以到野外踏青，接受大自然的沐浴，到春天里享受清新的空气，这时是春耕春种的大好时节，故有"清明前后，种瓜种豆"的谚语。清明节是我国农耕时代形成与发展的重要节日，起源于远古时期宗教活动水禊，即人们这天到水边沐浴，洗去污秽，求得清新和健康。作为节日形态，清明节形成于唐代，它是由"清明"节气、寒食节和上巳节三者融合而成的节日，唐代诗人王维的《寒食城东即事》曰："少年分日做遨游，不用清明兼上巳。"后来又融进了禁火寒食、上坟扫墓、踏青春游、插柳的习俗。

清明这天，牧野地区民间各家门头上要插柳，南宋诗人陆游的《春日绝句》："忽见家家插杨柳，始知今日是清明。"男生女生头上要戴柳条编织的环，据说戴柳条环可以免百毒气，驱除恶气，迎接阳气，无疑对人们的身体健康是有益的，这也是柳枝在人们的信仰中有驱除邪恶的象征。有谚语说："清明不戴柳，死了变成老黄狗。"清朝诗人杨韫华写的《插柳枝》道："清明一霎又今朝，听得沿街卖柳条；相约毗邻诸姐妹，一株斜插绿云翘。"

清明这天，上坟祭祖，凡坟茔都于这天拜扫，剪除荆草，供上祭品，焚化纸钱，寄托后人的相思，"清明时节雨纷纷，路上行人欲断魂"，祭拜祖先、慎终追远。从 2008 年起，把清明、端午、中秋节三个传统节日增设为国家法定假日，增进了人们的情感归宿。这天，学校老师或企事业单位会组织青年学生或社会青年去烈士陵园扫墓，缅怀先烈。

清明节是一个追忆古人、缅怀先烈的日子，面对逝去的生命，反思和审视现实人生，在春天的明媚和充满生机中，人们产生对美好生活的憧憬，更加关注现实人生、珍爱生命。

六　端午节

每年农历的五月初五是我国传统的节日端午节，又称端五节、端阳节、重五节等。"端"有开头、开端之意，五月初五称"端五"。古代逢五日皆称"午"，"五"与"午"相通，故有称"端午或重五"。古人常把"午时"当作"阳辰"，所以又称"端阳"。在古代，人们推崇五与午，都是阳的极致，端午的来源与太阳崇拜有关，是民间小麦收获后祭祀田神和太阳神的一次活动。主要的节日活动习俗有赛龙舟、挂艾蒿、带香包、穿绣有五毒的服饰；吃粽子、糖糕、菜角、油条等。

民间在端午节有赛龙舟的习俗。五月五日接近盛夏之时，气候炎热闷湿，毒虫肆虐，人类极易生病，因此，给人们的心头蒙上一层不祥的阴影，认为农历五月五日是恶日。因此在端午这天举行划船等活动也是被禊、驱疫活动的组成部分，由此即奠定了端午节俗的信仰基础。① 这一习俗流传日久。《事物纪原·端阳》记载："竞渡之事起于越王勾践，今龙舟是也。"后来这一古越民族龙图腾崇拜的遗俗与屈原的死联系起来，就有了纪念爱国人士屈原于五月初五投汨罗江的普遍说法，由此形成了龙舟竞渡的风俗。《荆楚岁时记》云："按五月五日竞渡，俗为屈原投汨罗日，人伤其死，故并命舟楫以拯之。"

端午节这天，牧野地区民间多在日出前带上镰刀到田间、河边或者山坡上，采取带露水的艾草，带回家里插在门头或者窗户上，据说这样可以驱除蚊虫和避免疾疫。早在先秦时期的人们就认识到了艾草的药用价值，并开始采艾的活动。《诗经·王风·采葛》中就有云："彼采艾兮！一日不见，如三岁兮。"旧时，端午节家人团聚有饮雄黄酒的习俗，后来，人们端午节也饮酒，但不是雄黄酒，大多是自家酿的米酒、黄酒，度数比较低。端午节，牧野地区民间要做香草布袋佩戴，俗称"香囊"，内装香草，气味芳香，有防毒驱虫的功效，一般在节前，家中妇女用彩色丝绸或者棉布面料，有菱角形、蝴蝶、小鸡、猴子等形状，最常见的是三角形，孩子和女人佩戴的较多；有的人还让孩子穿上事先做好的五毒肚兜，形象有蝎子、蜘蛛、蛇、蜈蚣、蟾蜍等，据说这种风俗起源于唐朝，目的都是驱毒避邪。古代，五月被称为恶月，多阴雨天，衣、物容易霉烂，天气酷热，蚊虫横行，日子挨过，细菌和病毒都很活跃，容易流行疫病，特别是小孩子容易被传染，端午节时佩戴香包，也是一种预防措施。所以人们想尽各种办法趋利避害，来度过一年中最难熬的日子。20 世纪 70 年代以来，人们保留的习俗有吃糖糕、菜角、粽子等，其余的基本消失。

在《荆楚岁时记》中记载："夏至节日食粽……周处谓为角黍，人并以新竹为筒粽，楝叶插头，五彩丝系臂，谓为长命缕。"在汉代，有皇帝赏赐百官粽子的习俗，到了魏晋以后，把粽子与纪念屈原联系在了一起。牧野人也有戴无丝彩线的习俗，其主要作用是辟邪，这种以符辟邪的习俗最早可以追溯到汉代。据《续汉书·礼仪志》记载，汉代五月五日时，以"朱索无色印为门户之饰，以止恶气"。朱索，即五色丝缕，五色代表五方，这种五行主五色学说，已深入到人们的社会生活，因而在人们的心

---

① 参见韩广泽、李岩龄《中国古代诗歌与节日习俗》，天津人民出版社 1992 年版，第 140 页。

目中，五色丝缕具有驱鬼驱瘟的神奇力量。①

七　六月节

六月节，是庆祝丰收的节日。牧野人称六月初一为"小年下"，这是一年的中间的日子，一年已经过去一半，也称"半年节"。此时，夏收夏种已经结束，人们可以稍微松口气，用收获的麦子磨成白面，蒸成白馍、炸成各种食品来焚香祭祀神灵和土地，鸣放鞭炮，感谢他们的恩赐。旧时的人们，平时都是粗茶淡饭，即使收了小麦，也不可能经常吃白面，只有这时才可以吃上白面，犒劳一下自己。许多出嫁的女儿，带上白馍和油炸食品，去看望自己的父母，俗称"麦子上了场，闺女去瞧娘"。此风俗一直流传到今天。

农历六月六，古人以"六"为吉祥之数，两个六相叠，自然是吉上加吉。相传始于北宋，这天人们进行晒书、晒衣物或走亲戚、吃炒面等活动。旧时，传说六月六日是龙王晒鳞日，所以有谚语说："六月六，晒龙衣，龙衣晒不干，连阴带雨四十五天。"农历六月间，牧野地区多雨，衣物容易泛潮发霉，民间也依照这个规矩，把衣物和书籍拿出来晒一晒，去掉潮气，衣服在夏季就不易发霉、生虫；据说，这天老人的"送老衣"也一定拿出来晒一晒，可以延长老人的寿命，其实这不过是晚辈子女的一个美好祝愿而已。因而，人们把农历六月六当作"晒衣节"，一直流传到今天。

六月六，牧野人有吃炒面的习俗。炒面，就是把面放在锅里炒熟了，和开水、红糖搅拌来吃。牧野地区居于黄河北岸，自古水患频繁，每年夏季水灾的时候，人们都会逃到地势比较高的地方，这时最好携带也最能抵御饥饿的食物就是炒面；再者进入夏季，天气湿热，人们吃瓜果较多，容易腹泻，炒面呈热性，有止泻、祛湿热、除目疾的功效，所以人们自然就会食用这些食物。

---

① 参见韩广泽、李岩龄《中国古代诗歌与节日习俗》，天津人民出版社 1992 年版，第146—147 页。

八　七月七

每年农历的七月初七，叫"七夕节"，又称"乞巧节、女儿节"。传说农历七月初七是牛郎星和织女星双星相会之日，谚语有"七月七，天上牛郎会织女"。牛郎和织女原是天上的织女星和牵牛星，到了汉代，牛郎和织女被赋予了美丽的爱情故事。织女星和牵牛星在农历七月七这天遥想对望，人们很自然地把它们比喻成夫妻，又演绎出牛郎织女美丽的爱情故事，世代相传。这一则传说浓缩了中国传统社会对于男耕女织生活方式的全部理想，秦观的《鹊桥仙》里面写道："纤云弄巧，飞星传恨，银汉迢迢暗度，金风玉露一相逢，便胜却人间无数。柔情似水，佳期如梦，忍顾鹊桥归路，两情若是久长时，又岂在朝朝暮暮。"所以，七夕节，又被称为"中国情人节"。

牧野地区民间叫"七夕节"，或者直呼"七月七"，参加七月七活动的大多是少女和少妇。旧时，七月七这天，吃过晚饭，家中的长者会带领全家老小，坐在庭院中，一边给孩子讲牛郎织女的故事，一边教子女认识牛郎星和织女星。结合星象，指出哪里是扔给对方的织布梭子、哪里是牛索头、哪里是它们的两个孩子，饶有趣味，孩子们很感兴趣，既听了故事，又认识了星座，真的是实践教学的范例。

民间也称七月七叫"乞巧节"，相传这天是牛郎和织女相会的一天，织女是天宫的巧手，织锦能手，这天妇女们在庭院中摆下瓜果、点心等贡品来供奉织女，希望织女能把自己的手艺传给自己。在《西京杂记》卷1曰："汉彩女常以七月七日穿七孔针于开襟楼，人俱习之。"这里的"穿七孔针"开了后来乞巧风俗的先河。[①] 在牧野地区，每年七夕节，姑娘们便高高兴兴地组织起来，七人为一组，每人从自己家里拿出一定的面和菜，然后用七样菜来包饺子，在所包饺子里藏绣花针一枚，晚上吃饺子时，谁若吃到绣花针，就说明谁的手最巧；也有在饺子里包上硬币的。有地方是在七夕晚上，年轻的姑娘和媳妇，三五成群躲在葡萄架下，偷听牛郎织女相会的情景，据说在这里还能听到牛郎织女的悄悄话呢。20世纪六七十年代，七夕节的这种活动在乡间还很普遍，但现在这种风俗却渐行

---

① 参见韩广泽、李岩龄《中国古代诗歌与节日习俗》，天津人民出版社1992年版，第176页。

渐远，代之于把七夕节过成了中国的情人节。

九　七月十五

起源于道教，因道教把一岁分为阴阳两半，称正月十五为上元，七月十五为中元，十月十五为下元。农历七月十五这天要上坟祭祖，俗称"鬼节"。如果在外的游子，距离家乡太远的，晚上就在当地的十字路口，为去世的亲人点上些纸帛，以寄相思和怀念。

十　中秋节

"中秋"一词起源较早，《周礼·夏官·大司马》有"中秋，教治兵"的说法，不过这不是节日，只是节令的标志。中秋由节令变为节日，可能在南北朝至隋唐之际。隋唐时期，中秋节已经正式形成。中国古代的历法，把农历的七八九三个月作为秋季，称为"三秋"，八月居秋季之中，十五又在八月的正中间，恰恰为三秋之半，所以称"中秋节"，又称"仲秋节""秋节""月夕""月节"团圆节。

中秋节起源于古老的秋社。早在先秦时期，人们受天人合一和鬼神信仰的影响，在播种和收获的时候，都会祈祷祭祀土地神，春天称"春祈"，秋天称"秋报"。农历八月中旬正是谷物收获的季节，人们祭祀土地神，就举行"秋报"仪式，为后来中秋节的活动奠定了基础。中国古代有对自然的原始信仰，"祭月""拜月"是其主要活动。后来，它逐渐与嫦娥奔月的神话故事联系在一起。相传嫦娥奔月以后，她的丈夫后羿在庭院中摆放供果，向着一轮明月顶礼叩拜，遥寄妻子，期盼有一天能够团圆。到了唐代中秋赏月已约定俗成。自此以后，每年的八月十五都要拜月、赏月、吃月饼，期盼阖家团聚。宋太宗年间，开始定于八月十五为中秋节，至今一千余年的历史。中秋夜的名月，也常常带给古人以深邃的哲思，如文人学士苏轼的"人有悲欢离合，月有阴晴圆缺，此事古难全，但愿人长久千里共婵娟"。司空图的"此夜若无月，一年虚过秋"。平民百姓也有"秋夜月偏明，西楼独有情。千家看露湿，万里觉天清"①。

---

① 《古今图书集成·岁功典·中秋部》引《和崔中丞中秋月》，中华书局、巴蜀书社 1985年版。

　　牧野人把中秋节直呼"八月十五"。牧野地区中秋节活动主要围绕祭月、赏月和庆丰收、乐团圆为主。中秋节白天饮食吃饺子，到了夜晚，皓月当空，亮如明镜，圆似玉盘。家家户户设供桌于庭，进行祭月活动，民间有"男不祭月"之说，因此祭月之事要由家庭主妇承担。首先在供桌上摆上西瓜、梨、葡萄、枣子、苹果、石榴等各样时鲜果品，民间所上供品，多是因地制宜，根据自己家所有，但月饼是一定要有的。当月亮升起时，祭月的妇女们便焚香对月做拜，祷告"月婆婆"享用月饼，并保佑庄稼的丰收等，应该是早期人类祭拜月神习俗的遗迹。祭月之后，全家团坐，一边赏月，一边分食月饼和美食，共同享受这月圆人圆的幸福时刻。人们借助各种象征团圆的节日活动，表达一个共同的心愿；祈愿家人团圆、生活美满。中华人民共和国成立后，废除了祭月的习俗，但在八月十五的前几天，要串亲戚馈赠月饼，该日晚上，全家团圆，吃月饼、果品，饮酒赏月。

　　中秋走亲戚。出嫁的闺女要在中秋节前两三日回娘家送月饼，亲人之间送月饼，取团圆之意。"每逢佳节倍思亲"，这是中国人特有的传统情感。对于炎黄子孙来说，即使远在天涯海角，中秋节有条件的总要赶回家去看望父母，赶不回去的，也要给父母捎去问候，寄托中秋节的明月，带去对亲人的缕缕相思与祝福。在中国人心目中，中秋是一个象征团圆的传统节日。团圆是中秋节最主要的民俗信仰，几乎贯穿于各项节俗活动中。

十一　重阳节

　　晚秋时节的重阳节，因为它的时间在每年农历的九月初九，所以叫九月九；两九相重、日月并阳，称"重九"或"重阳"又叫重九节、登高节、茱萸节。《易经》以阳爻为九，九为阳数，那么九九相遇，就是阳阳相重，所以又称"重阳"。重阳节原本是收获期的丰收节，只是它的这一层含义逐渐被人们所淡化，而一则传说在民间广为流传。相传方士费长房教汝南人桓景，在农历九月初九这一天，用登高眺远、赏菊饮酒和插戴茱萸的方式来驱邪避凶，保佑全家平安。那么，自此以后，人们都纷纷效仿，久而久之，登高眺远、赏菊饮酒和插戴茱萸就成了重阳节的习俗。提到重阳节，人们都会想到王维的诗句《九月九日忆山东兄弟》："独在异乡为异客，每逢佳节倍思亲；遥知兄弟登高处，遍插茱萸少一人。"

农历的九月初九，与端午一样，是太阳崇拜的节日。近代以来，牧野人过重阳节，主要是改善生活、联络亲情为主。"九月九，卸石榴"，栽有石榴树的人家，这天采摘石榴吃。民间有杀鸡卖肉、摊煎饼的习俗，俗称"九月九摊囤底"，以庆秋季丰收。① 20 世纪 80 年代以来，重阳节有复苏的苗头，各地组织菊展，供人观赏，重阳节登山活动也增加了。延之到现在重阳节成了敬老的节日，爱老敬老是我们中华民族优良的传统，所以应该发扬光大。

十二　十月初一

农历十月初一，民间称"鬼节"，与清明、七月十五的鬼节同为牧野人一年中三大祭祖节日。迷信传说这天是阴间为小鬼们放风的日子，他们可以出来领取家人所送衣物，因此，也称"寒衣节"。牧野地区民间直呼"十月一儿"，谚语有"十月一儿，送寒衣"，十月一日上坟烧纸，剪纸为衣，为死去的亲人焚香、烧些纸钱，但不像清明要赶早进行，因为鬼魂十月一日才被放出来，可以晚些祭祖添坟。意思是冬天到了，给祖先些纸钱让他们在阴间买些衣服，以便很好地度过冬天，也表达晚辈们的一份孝心吧。至今，"送寒衣"这种习俗基本消失，但是扫墓祀祖的习俗还保留着。

十三　冬至节

冬至是一年当中黑夜最长的一天，古人把冬至看成一年节气的起始，从冬至起，白昼开始变长，阳气上升，所以杜甫在《小至》中写道："冬至阳生春又来。"冬至在古代是非常重要的节日，古人有"冬至大如年"的说法。据传，先秦的君王每逢冬至，都不过问国家大事，要听五天音乐，老百姓也可在家作乐。汉代帝王这一天要在宫内听"八音"。② 汉代人认为，过了冬至，白天变长，阳气上升，所以认为冬至日是个大吉大利的日子。汉代及其以后，都把冬至作为一个特殊的日子来庆贺。

---

① 原阳县志编纂委员会编：《原阳县志（1986—2000）》，中州古籍出版社 2010 年版，第75 页。

② 参见钟敬文主编《中国礼仪全书》，安徽科学技术出版社 1995 年版，第 258 页。

　　牧野人在冬至节通常会做一些丰盛的食品来祭祀先祖。近代，过冬至节祭祖者已经不多见了，代之以更多的是吃饺子来庆贺。这天家家户户要包饺子，俗语有："冬至不吃饺子会冻掉耳朵"的习俗。此俗传说源于张仲景，据说当时张仲景看见许多穷苦百姓耳朵都冻掉了，便在白面中掺入中药，捏成耳朵状的扁食，发给老百姓，结果老百姓吃了以后，耳朵上的冻疮慢慢好起来了，从此人们便形成了冬至吃饺子的习俗。还有人以是否吃饺子来测来年麦收时的气候，说"冬至不过冬（吃饺子），打麦扬场没有风"。当然，现在冬天有暖气等取暖设备，人们就不会再受冻了。

十四　腊八节

　　腊八节是在农历腊月初八，所以称"腊八"。腊者，祭也。中国远古时代有一种祭礼就是人们把猎获的禽兽祭祀先人，以保佑他的后人平安，所以把冬月称为"猎月"。古代的"猎"和"腊"相通，后来便将农历十二月称为"腊月"。南北朝时把腊日固定在农历十二月初八，当时并不吃腊八粥，而是祭祀诸神的日子，并祈求丰收和吉祥。

　　传说释迦牟尼佛得道成佛是在农历十二月八日，也是佛教徒的节日。据说释迦牟尼佛得道成佛前，曾游历名山大川，访问贤明，寻求人生的究竟和真谛。有一天，又累又饿，晕倒在地，一个牧羊女用泉水一口一口喂他，又采来野果，加入小米熬制成粥，释迦牟尼吃了之后，顿觉浑身充满力量，精神振奋，后来在菩提树下静坐沉思，于十二月八日得道成佛。从此以后，每年的这天，寺院就集会并诵经演法，喝小米粥，以此来纪念之。腊八粥早在宋朝都已经盛行。牧野地区民间腊八节以古腊日和佛祖成道日结合起来，这天早上多以吃腊八粥为食。腊八节早上吃"腊八粥"，有八样食物煮成的粥，一般有大米、小米、糯米、粳米、黑豆、黄豆、赤小豆、花生等煮成，绵软清香。旧时，还会把腊八粥抹在灶王爷脸上，希望他上天的时候多多美言，以保佑全家平安；据说腊八节还是枣树的生日，所以这天吃腊八粥还要盛出一碗喂枣树，即将粥抹到枣树上，据说这样来年枣树可以结出更多的果实。吃了腊八粥，意味着新年快要来到。"腊八、祭灶、年下来到"，大家都开始扳着手指等待过新年了。

十五 祭灶节

"二十三，祭灶官。"农历腊月二十三为祭灶节，从这一天，春节开始进入倒计时。主要的民俗活动就是送灶神上天，称"送灶"或"祭灶"，家家户户都要举行"祭灶神"的仪式。它是商周时代五祀之一，起初是夏祭，后改为腊祭。唐宋时期固定在腊月二十四，明代有"官三民四"之说，官府在腊月二十三，民间在腊月二十四日祭灶；清中叶以后，牧野人多数在腊月二十三祭灶。"祭灶"应该源于古人对火神的崇拜。

民间传说，灶王爷是玉皇大帝派往人间监督善恶的神，人们尊称其为"灶君""灶王"，俗称"灶王爷"。牧野地区民间灶王爷的神位多设置在厨房的后墙上，灶神画多为开封朱仙镇的木版年画，画的正中是灶王爷夫妇，下面印有当年的历法和农历二十四节气表，两旁有一副对联，写有"上天言好事，回宫降吉祥；二十三日去，初一五更来"，横批是"一家之主"。

古俗有"男不祭月，女不祭灶"的说法。月亮属阴，灶君属阳，祭灶往往是男人们的事情，近代却多数由家庭主妇来充当祭灶的角色。祭灶时，摆上糖果、水果、点心和一碗面汤，把旧灶君揭下来，烧掉，一边说道"送灶王爷骑马升天了——"，然后烧香叩头，一边磕头还一边祷告，祷词有长有短，跟随自己的心愿而讲，如"一把草，一把料，喂得小马吱吱叫，二十三日去报到，初一五更就来到"，烧时再加一些谷物和草料，好给灶王喂马。有的是随时把新的灶爷轴贴上，有的是到除夕贴上。现在，很多人家的祭灶风俗已废止，人们大多晚上吃饺子和祭灶糖，放放鞭炮而已。

牧野地区民间讲究"祭灶祭在家"，有"祭灶不祭灶，全家都来到"之说。人们把祭灶节看作仅次于中秋团圆节，因此凡是出门在外经商、工作、求学的人都要回家，出嫁的闺女祭灶这天也不能待在娘家，迷信的说法是会死老公公。据说，这天灶君上天要清点家中的人口，只有待在家中的人才能得到灶神的保护，否则就会漏掉。但如今随着经济的飞速发展，这种在祭灶前回家的愿望未必能实现，大部分人会在除夕前赶回家中。祭灶后，家人共进晚餐，吃饺子、放鞭炮、吃祭灶糖，意思是黏住灶王爷的嘴巴，不让他说坏话，嘴巴甜了，只能说好话。民间传说，老灶爷要上天

给玉皇大帝汇报他在民间工作一年的业绩，上天专门告人间罪恶，一旦被
告，大罪要减寿三百天，小罪要减寿一百天，所以在祭灶时，要打点一下
灶君，求其高抬贵手。

　　过了二十三，民间认为诸神上了天，百无禁忌。娶媳妇、嫁闺女不用
择日子，称为赶乱婚。直至年底，举行结婚典礼的特别多。地处北方的牧
野大地，人们辛苦了一年，只有这个时间才能闲下来完成子女的婚姻大
事。祭灶日为新年的前奏，过完祭灶，基本上就进入了过年的节奏，有这
样的一些说法：二十三，祭灶官；二十四，扫房子；二十五，磨豆腐；二
十六，蒸馒头；二十七，杀公鸡；二十八，贴画画（年画）；二十九，扁
食扭；三十儿，贴画门。

图 3-1　灶神画

（图片来源：赵会莉拍摄）

十六　除夕

　　腊月三十，也是一年最后一天，俗称"除夕"、大年夜，期间活动都
围绕除旧迎新、消灾祈福为中心。牧野地区民间除夕之日是最忙碌的一
天，所有的事情必须在这一天办理完备，天涯海角的游子无论如何都要赶
回家里与家人团聚，并开展一些辞旧迎新的活动。百业封门，女人们洗刷
器物、包饺子、炸制油食、备足菜肴；男人们打扫庭院、除旧布新、贴春

联，一家人分工合作，各司其职，忙得不亦乐乎。

贴春联。春联，是春天的红喜报，春联也是新年喜气洋洋的笑脸。牧野地区有"三十儿，贴花门儿"的活动，说的是在大年三十家家户户都要贴春联的习俗，但也有"二十八，贴花花"的活动。古时，称春联为"桃符""门贴"，明代开始用纸写，称"春联"。牧野地区民间俗称"对联""对子"。春联包括门对、门头、门心、方子、春条等。门对包括贴在门框上和眉额上的联，分上联、下联，上下联之间讲究平仄对称，眉额多用四字，根据上下联的含义选择；门心是贴在门扇上的图腾，也叫门神画；方子呈正方形，多贴在墙壁上，写一些吉利的词语，一般以代表绿色的"春"字与红色的"福"字为最多，"春"字多贴于厨房，"福"字多贴于正厅；春挑子是写着吉祥、祝福的长方形红纸条，根据所贴位置的大小，可长可短。牧野人贴春联的内容主要是围绕辞旧迎新、祈福纳祥来选择内容。旧时，有这样一个规矩，凡是贴上春联以后，债主便不能上门讨债了，所以，欠债人家很早地贴上对联。

旧时，没有自来水管，各家各户除夕的晚上要将家中的大小水缸装满，以备节日使用，俗称"抢财"。还有一项重要活动就是守岁，俗话说"一夜连双岁，五更分二年"，说的就是除夕的零点。"守岁"源于先秦的"遂除"，在除夕之夜全家玩游戏、猜谜语、谈心等。有首《守岁》："相邀守岁阿戎家，蜡烛传红向碧纱；三十六旬都浪过，片从此夜惜年华。"描绘了对如水岁月逝去的留恋之情，也有对美好未来的希冀。20世纪80年代以来，中央电视台的春节联欢晚会成了除夕必不可少的娱乐大餐，鞭炮声声，全家老少围坐在一起享用美食守岁，谈笑风生，通宵达旦。守岁忌讳早睡，据说早睡得不到上天赐予的财富。如今，人们遵守这种习俗没有那么严格了。人们会在子夜新年钟声敲响之际，家家户户开门放炮，谓之开门炮。辞旧迎新，新的一年在人们的美好祝福中到来了。不过，现在人们环保意识越来越强，很多地方禁止放鞭炮，人们感觉年味也在逐渐变淡。

除夕夜，家庭主妇要让老人、孩子试穿新衣服；吃团圆饭，生活比较贫困的年代主要是吃饺子，民间有"好吃不过饺子"的说法，现在一家人要摆上一大桌菜肴，有的甚至在饭店定制年夜饭。若有家人在此时没有赶回来，也要盛上一碗饺子，放上筷子，以示同餐。家中长辈给孩子发压岁钱，以图旺财，儿孙要向长辈磕头，称之"辞岁"。

中国社会讲究的家族人伦，亲属关系是人们的重心所在，因而，也是岁时节日习俗中要维护的重要关系所在。首先，节日习俗给了人们祭祀祖先、追溯家族历史时间，这在诸如春节、清明节、端午节、中秋节等都有很好的体现。其次，亲属关系也在岁时节日习俗中得到强化，如祭祀祖先的仪式，是要全体宗族成员，尤其是男性成员参加来完成，这本身就是通过对共同祖先祭祀实现活着的人们宗族认同的一种方式。另外除了参加祭祖仪式外，岁时节日也为亲属、宗族成员之间的相互走动创造了机会。

岁时节日庆典在日复一日、不断重复的日常生活中设置的这些"非常时"，为人们提供了专门的关系维护时间与空间，以传统节日习俗的方式调和着、强化着人们家族人伦关系、社会中人和人之间的关系，强化着人们的家族与社会认同感，明确社会人伦秩序，也是一种以家族与社会为核心的共同体方式的智慧表达。

第四章　牧野人生礼仪民俗

礼是指社会行为中人们应当遵守的法则、规范、仪式等总称。我国素来以文明古国、礼仪之邦著称于世，在汉班固的《白虎通德论》中说"礼始于皇帝，至尧舜而备"，中国上下五千年的历史演变过程中，不仅形成了一套宏大的礼仪思想和礼仪规范，而且礼仪的精髓深入人心，形成完整的伦理道德、生活行为规范，进而转化为中华民族的自觉意识并且贯穿于心理与行为活动之中。

每个人的一生中都要经过这几个标志性的阶段——出生、成年、结婚以及死亡，每个阶段都要经历的礼仪习俗，即人生礼仪。在中国传统文化中，人们视"生"为盛世庆典，视"死"为人生的终极归宿，牧野地区民间习惯将生死称为"红白喜事"，表现了人们对生的喜悦和对死的坦然。他们对人的一生的各个重要环节都极其重视，因此衍生了一系列的礼仪和习俗，包括诞生礼、成年礼、婚礼和葬礼等，每个人的一生，都会面临着民俗对他的塑造。

第一节　牧野诞生礼俗

诞生礼居于人生四大礼仪之首，是人所说的从"彼世"到达"此世"时必须举行的一种仪礼。它作为人类社会生活的重要内容，涉及许多文化现象。几乎每一个民族都传承着一种与妇女产子、婴儿新生相关的民俗事象和礼仪规范。婴儿刚一出生，还仅仅是一种生物意义上的存在，只有通过为他举行的诞生仪礼，才获得在社会中的地位，被社会承认，成为一个真正意义上的"人"。比如，汉族民俗中就有为初生婴儿剪胎发及与此相关的"三朝礼""满月礼"和处理胎发的一些仪式。"三朝礼"是人生礼仪中，表示小孩脱离孕期残余，正式进入婴儿期的标志。诞生礼仪持续的时间较长，其中还经历许多有趣的环节。从内容上看，大体包括求子仪式、孕期习俗、产后习俗和庆贺生子几个阶段，而以庆贺生子阶段为核心部分。

在中国这样的农业大国，自古以来人们对生育礼都非常重视，在牧野地区的民间，这种礼仪其实在结婚的时候就已经开始了。从最初的求子到怀孕再到生育，便产生了丰富烦琐的生育习俗。

一　求子习俗

在中国传统的观念里有"不孝有三，无后为大"，即将生育看作"孝"道的首要条件。在聚族而居，具有浓重血缘宗族意识的传统社会，人们是从血亲群体的繁衍中获得发展和安全的。因此，没有子嗣是件很严重的事情，整个家庭都会笼罩在阴影中。若婚后两三年没有怀孕的，街坊邻居就会说三道四，遭人白眼，甚至被诅咒"绝户头""断子绝孙"，以致影响家庭关系和夫妻感情，婚姻也不会稳定。除了血缘传承意义之外，在男耕女织的小农家庭经济，生产技术比较落后的情况下，人类资源就显得尤为重要；同时人口的繁衍也直接关系到国家的经济和军事力量。所以，对人口的需求几乎贯穿整个中国传统社会，是家和国的共同需求。旧时的牧野人，在这种对生育的崇拜和敬畏中，产生了一系列的习俗和禁忌。如向神灵求子、求旁人送子或者实行巫术求子的活动。

向神灵求子。在牧野地区的农村，向神灵祈子是最普遍的一种求子方式，为迎合人们的需要，民间就虚造出主管生育的神灵，如碧霞元君、送子观音、金花夫人等，并为之立庙建祠，以达到向其求子的目的。几乎每个村庄都建有庙宇，有大有小，一般供奉的有老天爷、观音菩萨和送子奶奶等道教的神仙，送子奶奶寄托着全村人的生育信仰。求送子奶奶送子，一般是婆婆或者自己到庙里烧香磕头，诉说自己的无子痛苦，最后许下宏愿，如果得子来还愿等等。"奶奶庙"里一般都有泥塑或者布缝的娃娃，求子的人用红线拴住一个，默念事先给孩子取好的名字，然后回家路上不许回头，到家放到枕头下面，据说就可以怀孕了。有了送子娘娘的存在，不孕的家庭就充满希望，内心也不再焦躁和沮丧，精神压力减轻，或许真的就能怀孕了。

旁人送子。牧野地区的求子习俗，有旁人送子，即由亲人或特殊人物向盼望得子的家庭和妇女本人作出象征性的"送子"举动。首先是送去某种食物，据说妇女吃了可以很快受孕，如有偷瓜送子的风俗。其次是送去带有多子多孙意义的某些吉祥物，常见的有"孩儿灯""麒麟送子图"。新乡县七里营村的求子仪式中有搭"灯山"的习俗。当地人用木棍捆成三角形，层层垒起直到搭起一座小山的形状。在山坡的木架上，摆上许多用粟米面做成的灯盏。到了晚上，再将油倒入灯盏点燃，在夜晚时闪闪发亮，故名"灯山"。想要求子的人，趁人不注意，悄悄把灯盏带回家，"灯"喻为"丁"，喻为家里添"丁"。当拿灯盏的人得子后，会加倍将灯盏奉还，以示感谢。

巫术求子。牧野人还有把农历四月初八定为烧香求子之日。新婚夫妇为了早生贵子，在天还未亮时，二人光着身子悄悄跑到院子中去敲打楝树，边打还要边说"四月八打楝花，来年生个胖娃娃"。因楝树籽多，打了它可以多子多福，求子的意识自始至终贯穿于传统婚姻的每一个环节。人们利用一定的方式，或者是交感巫术，或者是比拟巫术，根据同类相生或者果必同因的原则，把彼此相似的东西，通过模仿来实现自己的目的。诸如近代仍在流行的对山洞、石洞、石柱、石祖等的崇拜，其历史渊源都可以上溯到原始先民对种族繁衍的强烈追求和向往的古老遗风。

求子习俗反映了中国传统社会人们对家族兴旺的祈盼和多子多福的思想。尽管求子礼仪的思想基础是泛神论和"灵物崇拜"等一些唯心主义的东西，然而作为社会民俗事象的重要组成部分，它符合人们的愿望、精神和要求，因而在人类社会发展的过程中，具有一定的积极而有利的作用。中华人民共和国成立后，人们科学文化水平提高和医疗条件的改善，不孕不育者都可以到医院就诊治疗，但民间仍可以看到一些年长的妇女到庙里求神赐子的，生育习俗包含着人们的信仰习俗。但无论怎样，人们对生命的重视和对生活的美好憧憬是没有错的。

二　孕期习俗

传宗接代，人丁繁盛可以说是中国家族兴旺发达的追求。因此，从结婚之日起，人们就开始盼望生孩子，可以说，整个结婚程序，也是一个对生子公开追求的祈祷仪式。

胎教。对生殖和伦理道德的重视，中国人早在周代就已经产生了胎教的思想。汉代人对其进行总结，形成文字，进行宣传教化。汉代的胎教已经注意到了要以母亲的行为影响胎儿将来的身体和秉性等诸多方面。如贾谊《新书·胎教》云："周后妃妊成王于身，立而不跛，坐而不差，笑而不喧，独处不倨，虽怒不骂，胎教之谓也。"他们所树立的榜样是周成王之母邑姜，她在妊娠时，站立不举踵，坐时不偏斜，兴奋时不大声喧哗，独处时不疏慢，虽在愤怒之中，也口不出恶言，所以孕育出了杰出的儿子。汉代人认为，母亲对于外界形体、音乐的感受，直接影响到胎儿，所谓"感于善则善，感于恶则恶"①。直到今人看来，这些胎教思想还包含一定的科学道理，也得到了印证。到了北齐，胎教的规约进一步详尽，关涉到孕妇的饮食、寒暖、居处、情绪等。今天看来，胎教是有一定科学道理的，孕妇们也逐渐开始重视胎教了。

孕期禁忌。妇女有孕之后，民间常以"有喜""害口"等俗称。在医疗条件低下的年代，孩子能来到这个世界有很多不易，为了确保妇女怀孕期间的安全和孩子出生时的健康平安，中国民众创造出了许多怀孕期间的禁忌，包括饮食、器具、视听、外出等日常行为的许多方面。古人认为，怀孕妇女如果拆修房子，或者搬家，容易动了胎神和胎气，会对宝宝不利。孕妇在孕期不能拿剪刀，否则生出来的小孩可能会有缺陷，比如会生兔唇宝宝。民俗说法，"人有三把火"，最大一把在头部，二把火则在肩膀，有些孕妈妈非常介意被人拍肩膀，因为古人认为孕妇被人从后背拍，很容易导致流产。老一辈人则认为胎神，即附在胎儿之魂上的神，民间相信，从孕妇怀胎开始到生产后的百日之内，都有胎神在左右，可保佑胎儿在妈妈肚子里平安健康地长大。但怀孕的事情若讲得太早，会惹得胎神不高兴，反而会伤害到孩子，让孩子不能够留下来。怀孕期间不能钉钉子或敲敲打打，否则会造成宝宝有难看的胎记。这些禁忌有些是迷信的产物，但有些还是有科学道理的，甚至是有科学依据的。如孕妇饮食禁忌有：不能吃姜、螃蟹、公鸡、狗肉等，也不能吃油腻的食物，尤其不能吃兔肉，因为吃兔肉孩子会变成兔唇，汉代人认为"妊妇食兔，子生缺唇"，因为

①　（西汉）刘向：《列女传》。

这是"遭得恶物象之故也"①。现代科学证明,孕妇确实不宜吃公鸡、狗肉,但是吃兔肉会得兔唇,就是典型的迷信说法。再如孕期起居和日常行为方面的规定,在怀孕期间,夫妻要节制性生活。孕妇应该避免听到噪音和别人的脏话,避免看到丑恶的东西,孕妇要注意自己的言行,不说脏话,保持平和的心境;不参加祭祀,不能从事重体力劳动。这些对孕妇和胎儿都有一定好处。

催生习俗。我国各地有很多催生的习俗,一般当女儿嫁到婆家后就开始准备了。首先要准备的是小儿的衣物和女儿坐月子期间的食物。女儿临产时,小孩子未来的外婆必须去看望女儿,这就是民间所说的"催生",据说只有这样才能顺利生产。母亲还会嘱咐女儿:"如果过了预产期还未生产,就把自己的衣箱打开一会儿,便会顺利生子。"这就是感应巫术遗留下的旧俗。

生产时出现难产,在一旁守候的家人就得在接生婆的指挥下一起吆喝,据说这样吆喝可以起到催生的作用。民间的说法是,难产的婴儿上辈子都是小猪或小狗,在转世之后、出生之前还保留了猪狗的习性。所以,人们用这样的办法它们才会出来。

接生方式。旧时孕妇分娩,常常请接生婆到自己家里来协助分娩。由于对血污有所忌讳,很多地方不准婴儿生在床上,害怕冲撞了床神。因此,有的地区就让产妇坐在盆上生产,称为"临盆";有的在床前铺上谷草,让婴儿生在草上,称之为"落草"。

三　产后习俗

孩子刚出生,为了保证产妇和孩子的健康平安,牧野地区有很多产后习俗。如旧时民间常在产妇门上悬弧或设帨:家中生了男孩,就在家门口的左边挂弧,弧就是弓和箭,象征着男生的阳刚;家中生了女孩,就在右边门口挂一条佩巾,类似今天的毛巾,以"帨"象征着女孩的阴柔。直到今天还有这种习俗,不过现在是在产妇的门上拴一条红布条来辟邪。婴儿出生后,产房就成了禁地,许多人是被禁止出入产房的,以免外人带来细菌,影响婴儿的健康,看来这种禁忌是有一定科学道理的。产妇和婴儿

---

① 《论衡·命义》。

的身体都比较虚弱，外人的过多接触可能会带来病菌，所以有所禁忌是可以理解的。

牧野人今天的习俗有刚生完孩子，产妇进入休息期，所以产妇在生产后一个月内不能做事，不能出门，中国人把这段时间叫"坐月子"。产妇坐月子，有很多的禁忌和习俗：产妇一定要坐满30天，不能到处走动，不能去别人家，认为这一个月内产妇肮脏，是"血腥鬼"，去别人家，会污秽别人家的宅神，若不慎去了别人家，满月后，要给人家赔礼道歉，并祭宅神。王充在《论衡·四讳》中记载汉代"讳妇人乳子，以为不吉"①。比如牧野人孩子生下九天以前不能去看望，特别是第四、第六天，说是孩子会犯"四、六风"带来不吉。坐月子不准洗澡、洗头；不能到井边打水；忌房事；忌干重活；忌用凉水洗衣服；忌拿针线，否则会落下头疼、手麻的毛病；产妇在一百天之内都要防风寒。因此，在这个时期，产妇要包头巾，下扎绑腿带等。

为了保证奶水的充足，产妇的饮食有严格的限制：食物以清淡为主，甚至不放盐。一般来说，不能吃猪牛羊等肉类，不能吃辣椒、姜等味道重的东西。坐月子产妇多喝小米汤和面汤，吃煮鸡蛋和荷包蛋，放红糖。民间认为红糖有补血的功效，流质食物容易消化，鸡鸭鱼肉都不能吃，否则有可能下不了奶水。有经验的老人也会买一条鱼熬汤让产妇喝，汤中不放盐，喝过后很快就有奶水了。随着人们认识的进步，现在坐月子，产妇的饮食没有那么多禁忌了，什么鸡鸭鱼肉、蔬菜水果都可以吃，猪蹄和鲫鱼是最适合产妇吃的食物。

对于婴儿也有一些禁忌。一般庆贺孩子诞生会办九天儿或者十二天儿，看孩子，要给孩子见面礼；婴儿的衣服不能在院子里过夜，牧野人认为婴儿的衣服在外面过夜会钻进妖魔鬼怪，危害到孩子的健康。

当代医学，较之前进步很多，孕妇大多有围产保健，可以定期到医院做产检，到时在医院生产，在家或"月子中心"安养，礼俗也少了很多。

四　庆贺生子习俗

有新生孩子的家中，如果生了男孩子，要在门口挂一把竹制的弓箭，

---

① 蒋祖怡：《王充卷》，第298页。

弓上就插根箭；若是女孩，就在弓上插根旗。街坊邻居看到有这种标志，就不会去打扰，以防新生儿感染外人带来病菌，保证孩子健康。有的是在门口拴条红布，也表明这家刚生了孩子，东西概不外借。添丁进口，无论是对一个家庭乃至一个对宗族而言都是一件大喜事。一般来说，牧野地区生孩子贺喜的活动有：报喜、看"三"、办"九天"、请满月、做百天和抓周等。

（一）报喜

婴儿降生以后，要向产妇的娘家专门报喜。《新乡县续志》记载："初生男女，三日报喜，抬礼盒用米面、鸡酒之类，男用雄鸡，女用雌鸡；母家但受酒，余物各添少许，鸡之雄者配以雌，雌者配以雄，仍令抬回，亦有牵羊者，须舔配一羊，否则折羊钱。越五日，母家备礼叩喜，男家择吉请酒，谓之'吃面'。母家赠小儿以首饰、衣物之类，厚薄不等，亲友亦以鸡酒致贺。弥月后，母家来接女回，谓之'住满月'。"① 过去是俩人抬一个层层叠叠的食盒到孩子姥姥家报喜；后来简单了，一般去时带一个竹篮，内装些鸡蛋米面之类东西、外拴一只公鸡和牵一只公羊，羊和鸡的身上都要披一块红布，一看报喜人拿的礼物就知道生了个男孩子；若生的是女孩，就抱只母鸡牵只母羊，近年来，牵羊的已经没有了，但送鸡的还有。礼物的数量一般是男单女双，外婆家接到礼物后，要回送亲家相符的羊或鸡，以期望女儿女婿能够儿女双全，还要给闺女送些小米、红糖、鸡蛋、挂面等礼物，并付给报喜者"小封儿"，即辛苦小费。同时通知孩子姥姥吃喜面的日期，在孩子生下三五天之内再通知其他亲朋吃喜面的具体日子。

（二）看"三"

"三"在中国传统民俗文化中是个吉祥的数字，民间认为，"三"是个小循环，"天道小成"，也有"事不过三"、看病吃药也是一般拿三天的分量。因此，"三"是个重要的数字，也是可喜可贺的日子。

"看三"主要是姥姥去看外孙、外孙女，孩子出生第三天，姥姥家便携带小米、白面、鸡蛋、红糖、挂面和婴儿的用物去看望孩子和闺女；同时，这天还要给婴儿洗澡，叫"洗三"。洗澡水是用艾水，民间认为艾草

---

① 《新乡县续志》六卷·民国十二年刻本，第214页。

能驱除毒气，所以，用艾水洗澡，可以起到消毒杀菌的作用，保证婴儿的健康，同时唱一些对孩子美好祝福的歌词。

（三）吃喜面

牧野人也叫"吃满月酒"，民间男孩子通常选在孩子出生的第九天、第十二天，生子头胎要做"九"。做"九"要送九样礼物，"九"礼类主要是红糖、米类、鸡蛋等物品，产妇娘家还要送孩子若干套衣服和被褥类。女孩在第十八天，新乡市一般吃喜面是在孩子满月的时候，视具体情况而定。吃喜面，主要的两大成员有自己家族和孩子外婆家族，来吃酒席的亲朋都要带上礼物，一般是鸡蛋、挂面、红糖之类的。孩子的姥姥要备厚礼，除了以上这些，还有给孩子准备的被褥和婴儿衣服等，孩子的奶奶收了礼物之后还要回礼，一般回敬涂有红颜色的鸡蛋、一些糖果和瓜子、方便面等。亲戚朋友入门后，首先要到卧室看看孩子，给孩子包有红包，按照亲疏不同，红包也有大小；孩子的姥姥还要送婴儿一个布老虎，认为老虎有辟邪的作用，希望孩子能健康平安成长；孩子的舅舅要给孩子买一顶帽子，亲手给孩子带上。吃喜面的当天，左邻右舍也会参加，恭喜添丁进口。亲友及街坊前来做客，主家要设宴款待，宴席开始之前，客人们要象征性地吃些面条，寓意孩子幸福绵延。

（四）叫满月

也叫"住满月""挪腺泊""挪腺窝"。生男孩子的在满月前一天，生女孩的在满月后一到两天，由舅舅接婴儿和产妇到姥姥家，表示娘家对母子平安的祝贺。走之前，还要给孩子理发，说是理发，其实是象征性地由孩子的奶奶在孩子头发的底端剪几缕头发，压到家中的水缸下，意思要孩子扎根在这个家里；新生儿的胎发，百日内禁忌剃去，否则小儿有夭折的危险，剃胎发不能剃正头顶的胎发，俗称正头顶为"呼歇顶"或"天灵盖"，那里的波动起伏让人感到可能就是灵魂出入的地方，因此要格外小心避忌，禁止手触、拍打，否则，认为小孩会哑巴或痴呆。之后，奶奶还要在婴儿的额头和鼻尖上抹上黑锅灰，到姥姥家由姥姥擦掉。旧时要在姥姥家住够一个月，现在住的时间比较短了，一般不会超过 10 天，多为"男五天，女四天"，取意"五大三粗""四大白胖"，都是对孩子美好的祝愿。住满月到期后，女孩子由姥姥家送回来，男孩子由孩子的爷爷接回，以应"爷叫孙儿，扎下根"的吉利。孩子回奶奶家前，还要在婴儿的额头和鼻尖上抹上白面粉，所以就有了俗语"黑狗去，白狗来"，童谣还唱有"奶奶抹，姥娘擦，小孩能活一百八"。抹黑、抹白，目的是对婴儿采取的保护措施。迷信的说法是孩子刚满月，魂魄不全，容易招惹小鬼，给孩子抹上白鼻子或黑鼻子，可以迷惑小鬼不招惹孩子。一旦满月，产妇就获得了和一般妇女同等的权利，行动、言语就没有多少禁忌了。

（五）百天

孩子在一百天时举行的庆贺仪式，称"百岁"，又称"百晬""百禄"等，含义都是祝福小孩能够健康长寿。较之满月礼，百天要简单得多，一般是自己家人庆贺。孩子一百天的时候，父母要带孩子到照相馆照百天相，这是孩子出生后的第一张照片，家人都很重视，照片上一般还有四个字"百天留影"，也希望孩子要有"百岁留影"，期盼孩子能够健健康康，长命百岁。

（六）过"周岁"

周岁是小孩诞生礼的最后一个高潮，富裕家庭还会给孩子戴上事先准备好的银锁等。许多家庭会举行预测孩子未来的"抓周儿"仪式。届时，先给宝宝洗澡，换上新衣服，把各种玩具和一些象征物品，比如文房四宝、剪刀、尺子等放在桌子上，然后将孩子放在其中，挑逗孩子自己抓取东西，然后凭孩子抓取的东西来预卜孩子的前程，这种活动虽没有什么科学依据，但我们可以感知父母那种望子成龙的一颗痴心。现在，有的家庭还有举行这种"抓周"活动，但多为挑逗孩子的游戏而已。周岁之后，这种活动便不再举行，只是在小孩每年过生日时，父母煮鸡蛋和长面条给孩子吃，取意"长寿面"。20世纪八九十年代以来，生活条件好转，过生日的时候开始食用西方的生日蛋糕，并唱生日快乐歌，祝福生日。

生育习俗文化无不包含着人们的信仰崇拜，时代在发展，社会在进步，人们的思想也在慢慢向科学转变，但无论怎样变化，人们对生命的重视和对美好生活的向往是不会改变的。

第二节　牧野成人礼仪

父母把孩子带到这个世界，就应该好好教养。中国是礼仪之邦，有五千年的文明传承，对孩子礼的教育非常重视。孩子到了一定年龄，其知识、能力或品德在社会上被承认的时候，便给青年举行成人或成年的仪式。根据各民族社会进程和社会阶层结构不同，人类学家把这种举行的仪式分为成丁礼、成年礼和成人礼三类。

"成丁礼"指一个民族还处在部落阶段时，考核男孩是否成为勇士的仪式。在部落阶段，人们需要勇士，作为渔猎和保家卫国的主要力量。勇士的产生是男孩通过成丁礼，虽然说各个民族的成丁礼各不相同，千姿百态，最主要的考核标准是十几岁的男孩子忍受痛苦的能力为主，其他能力次要。如果孩子能证明自己有足够的勇气，能忍受相当的痛苦，他便成为部落的勇士，就有参加勇士聚会、进入勇士会所的权利，也能够享受勇士的待遇。其实，成丁礼并不是只有男孩子才施行，许多民族的女孩子也施行，只不过对女孩子的要求较少，年纪甚至更小，目的是承认她有结婚成家的资格了。

"成年礼"指的是男女生理成熟时举行的仪式。依照古代典籍的记载，古人认为男女成年的年龄有别，女子在二七 14 岁，男子在二八 16 岁具有生育能力，这个结论是符合事实和现代医学的。为什么要举行成年礼，这是承认青年具有结婚条件的仪式。

"成人礼"指青年已经具备社会上所要求的知识、能力和品德而举行的仪式。成人礼显然比"成丁礼"和"成年礼"要求高得多，年龄自然比成年礼要大些。

成年礼和成人礼是从成丁礼演化而来的，成人礼要求的是青年的能力和责任，而不是简单的忍受痛苦的程度。从有典籍记载开始，古代中国已远远脱离部落阶段而进入国家的形态，因此，古代的典籍找不到成丁礼的记载，我国从一开始便是成人礼，即"冠笄之礼"。后来，人们把成年礼和成人礼合二为一，统称"成年礼"，也有人称"成人礼"，其内涵是一致的。中华人民共和国成立后，宪法规定男女 18 岁开始有公民权，也就是"成年"人了。

成年礼有严格的仪式，身份阶层不同，仪程简繁有别。据《仪礼·士冠礼》记载，秦汉以前，对士的冠礼仪式是非常讲究的。冠礼一般在宗庙里举行，由冠者的父亲或兄长主持。另有专门负责加冠的人，加冠的人被称为"宾"，通常是父兄的僚友，事前须再三敦请对方答应而来。行冠礼时，宾要给冠者戴三次帽子：第一次是一项用黑麻布做成的，叫作

"缁布冠";第二次是一项用几块白鹿布拼接成的,叫作"皮弁";第三次是一种用白葛布或者丝帛制成的平顶帽,颜色红中带黑,与雀头相似,故称作"爵弁"。三项帽意义各不相同,分别象征着从此有治人的权利、服兵役的义务和参加祭祀活动的资格。而女子的笄礼规模要小好多,主要由女性家长为行笄礼者改变发式,将头发绾成一个发髻,插上簪子,表示从此结束少女时代,可以谈婚论嫁了。

成年礼在清末已基本取消,余绪仅在一些注重礼仪的士大夫家,"士大夫家,子弟十六,父命加冠,或岳丈为婿加冠。"(《良乡杨志》)① 至今,汉族中已几乎找不到成年礼的历史遗迹。在新乡地区,有行"圆锁礼"的习俗,通过这一礼仪,以后便可独立做事了。民间认为,小孩到12岁魂魄才长全。婴儿满月或百日、周岁时戴的保佑婴儿身体健康、长命百岁的百家锁、长命锁,一直要戴到12岁。所以,要摘下锁来,说明孩子能独立应付灾厄和鬼祟。圆锁礼在孩子12周岁生日时举行,一般要铺排酒席,大宴宾客。

成年礼,由少年进入成年,是人生的一大转折。我国古代,只有进入成年的人才享有一定的权利。比如家族中的议事权,社会事务的参与权,均田制时期的土地使用权;与此同时,也开始承担一定的社会义务:纳税、服兵役、赡养父母等。可见,一个人进入成年不仅是他自己的事,而且是社会关注的事情,因此一个人进入成年要举行成年礼。另外,只有成人才可以结婚,成年礼是成为婚礼之前必须经过的程序,是婚礼的前奏曲。

在现在所谓"全球化""地球村"的情景之下,很大程度上也改变着现代人的生活习惯和价值观,尤其对年轻人的影响更大。在长辈的眼里,现在的年轻人吃不了苦,责任心不强,没有担当,年纪不小了,说话做事还相当幼稚。这种现象的出现,有社会、教育、文化、经济等方面的复杂原因,也不是个别国家的问题。因此,近年来,很多人呼吁要恢复"成年礼",他们希望通过这样的仪式来教育年轻人要有能吃苦、愿负责、敢担当、有勇气的品质。我们今天的青少年缺乏的正是一种成人的意识,如果给我们今天的青少年一种标志性的事件——成人礼的话,可能青少年会

---

① 胡朴安:《中华全国风俗志(上)》,《民国学术文化名著》,岳麓书社2013年版,第5页。

更好地感知成人应享有的权利和应担负的责任与义务，树立青少年成人意识，培养青少年自尊、自爱、自重意识。

成人礼作为一个传统的社会活动，不可避免带有固定的民族信仰，青少年在这个过程中可以更好地接触本民族信仰，发展与社会经济、文化的密切联系，更好地融入社会生活，传承民族信仰。

作为民族文化的一种载体，成人礼对民族文化特别是民的共同心理素质产生了极大的影响。各种成人礼增强了民族意识和民族内聚力，也是影响社会凝聚力和民族认同感的重要因素。另外，成人礼作为一种全面参与的社会活动，可以很好地调动社会内部的各方面力量，提升社会参与成员的团结意识。

成人礼作为一种社会活动的存在，在一定意义上会提升人们对于成人问题的关注程度，青少年就会有意识地、选择性地学习，能够有效加速成人过程的知识，如伦理知识、生活技能知识、性知识、历史发展知识、民族发展知识等。因此，在今天的牧野地区许多地方为孩子举行成人礼，我们说成人礼的回归是有其现实意义和必要性的。

成人礼作为从人类社会早期就存在的社会活动，本能地应该承担起社会教育的重要作用，成人礼中体现了民族的多元文化传承的重要性。怎样设计成人礼的仪式是我们现代人应该考虑的事情，历史走到多元化今天，它的设计首先要符合现代社会现实，其次对青年要有期勉的意义在里面，最后呢，要在众人的见证下完成这一神圣时刻。成人礼的回归有着极为深远的意义。

第三节　牧野婚姻礼仪

婚姻是维系人类自身繁衍和社会延续最基本的制度和活动。男婚女嫁，历史久远，古人对婚礼非常重视，认为它是"礼之本"，关系到"君臣有正"的国家大事。婚姻作为民俗现象，它的内容主要包括婚姻形态和婚姻礼仪两个方面。

一　婚姻形态

男女结婚组成新的家庭，必须得到社会的认可和亲友的祝福，婚姻仪式是结婚男女向社会公开并得到承认的最传统的方式。在人类发展的进程中，婚姻形态多种多样，见之于牧野地区民间的婚姻形态就有十多种，一般的婚姻形态是一夫一妻制，另外还有童养婚、指腹婚、抱养婚、娃娃婚、表亲婚、入赘婚、换亲、转房婚、买卖婚、再婚、冥婚等。

（一）一夫一妻制

一夫一妻的婚姻制度形成得很早，在公元前3000年左右随着私有制的产生，这种婚姻制度与父系家族制度就已经出现了。当时，有"同姓不婚"的规定，实际上这是为了防止有父系血缘关系的人通婚，但与母系一方的限制显得较松散，没有严格的规定。在择偶方式上是"父母之命，媒妁之言"，几乎见不到自由恋爱的影子；在择偶方面，有明显的社会等级观念，讲究"门当户对"。婚姻关系的建立实际上就是两个家族的结合，因此要受到家庭、家族和社会关系等方面的限制和制约，婚后要从夫居。家庭是社会的细胞，一夫一妻制组成的家庭最稳定，也有利于社会的和谐、发展和人类的文明、进步。

（二）童养婚、指腹婚、抱养婚

童养婚多是旧时贫苦多子女家庭，无力抚养，将幼女卖给比自家富裕的人家，待到结婚年龄，让抚养的女儿和自己家儿子结婚。被抚养的幼女，俗称"童养媳"，童养媳结婚叫"圆房""完婚"。童养媳的地位很低，寄人篱下，从童年就承担繁重的劳动，收养童养媳的人家，习惯把她看成是廉价的劳动力，任意驱使。牧野地区在20世纪50年代以前民间比较盛行童养婚，也是中国旧时极端包办婚姻形态。

指腹婚是两个门当户对的人家，关系又非常好，当主妇同时怀孕时，由家长指腹为未出世的孩子订婚。如果是同性别，则为兄弟或姐妹。这种习俗源于六朝，以严格的门阀观念为基础的婚姻习俗。

抱养婚多是男方单身或者孤儿寡母，生活条件一般，讨媳妇儿又没有钱财，恰遇到一户女儿较多，生活困顿，抚养困难，便由中人说合，由男方抱回养育，待到结婚年龄，便与其成婚。这种婚姻的男女双方年龄悬殊较大，但地位要比童养媳高。

童养婚、指腹婚、抱养婚都是不顾婚姻当事者的意愿，具有强制性，也有因双方家庭的变故，酿成悲剧的很多。20世纪50年代以后，这种畸形的婚姻形态在牧野地区民间几乎就很少见了。

（三）娃娃婚

也叫"娃娃亲""娃娃媒"，是包办婚姻的一种。通常是在孩子幼年时由家人包办为孩子订立婚约，待到结婚年龄再进行聘娶。因定婚约到结婚时间较长，很容易发生婚变，因此，媒人在其中的作用很大，往往要请四个媒人来做媒保证。20世纪50年代，牧野地区的民间还能见到这种婚姻形态，今天几乎绝迹。

（四）表亲婚

表亲婚分为姑表、舅表和姨表婚，指那些姑表、舅表和姨表关系的兄妹或姐弟结为夫妻的关系。俗话说"亲加亲，辈辈亲，打断骨头连着筋"，于是就有了"表亲婚"这种血缘联系为基础的婚姻形态。在牧野地区，姑表亲允许侄女嫁到姑姑家，不允许外甥女嫁到舅舅家，牧野地区民间认为这是"骨血回堂"，视为大忌。表亲婚是近亲结婚，所生子女多有先天性遗传病或畸形或痴呆等。中华人民共和国成立后，婚姻法禁止直系血亲和三代旁系血亲结婚，表亲婚随之也废止了。

（五）入赘婚

牧野地区民间习惯称"招上门女婿"，也称"倒插门"，即招男方到女方家结为夫妻。在牧野地区民间，招女婿多为女方家庭没有男孩子，即没有男性继承人，招进女婿，一则为女方父母养老送终，生下的孩子必须随女方的姓，可继承女方的家产。入赘女婿，一般是自家男孩子多，经济困难，或者是自己孤身一人。这种形态的婚姻，婚礼形式一般比较简单。

（六）换亲

两家或两家以上家族协议互换其女为媳妇的婚姻，在旧时牧野地区的民间很常见。换亲一般是家庭很贫穷或者家里名声不好很难娶上媳妇儿，就用女儿交换媳妇。换亲是以牺牲女儿的幸福为代价，大多没有什么幸福可言，婚后不和闹离婚的比例较大，因此，往往会引起连锁反应，换亲的各家庭都会面临解散的危机。

二　婚姻仪礼

男大当婚女大当嫁，古今同礼，古人说婚礼是"礼之本"，今人称"婚姻大事"。周代婚嫁礼仪趋向完善，形成了纳彩、问名、纳吉、纳征、请期、亲迎等"六礼"。牧野地区民间所举行的婚礼，有传统的婚姻仪式，也有现代婚姻仪式的与时俱进，但基本的核心还在。婚姻是一个人一生中的大事，也是一个人人生重要的转折点，历来人们都非常重视婚姻中的礼仪。就仪式而言，牧野地区传统意义的婚俗，包括了从谈婚、订婚到结婚整个过程的礼仪程式，繁文缛节。一对青年男女由相识到结婚至少要经历提亲、议婚、相亲、定亲、娶亲、回门等几道大的程序，单娶亲仪式就有压箱、迎礼、拜堂、撒喜床、宴宾客、看新人、闹洞房等多种礼仪。

（一）提亲

提亲，即古代"六礼"中的"纳彩"，就是我们通常说的"说媒""提媒""提亲"等；对于男方来说，就是"找媳妇"，对女方来说就是"找婆家"，"结婚必凭媒妁"。① 中华人民共和国成立前，牧野地区有早婚习俗，男子婚龄一般在15—20岁，女子婚龄一般在15—18岁。男女婚姻须遵父母之命，媒妁之言，门当户对，没有自由可言，婚姻的促成基本上由媒人来承包。媒人一般是能说会道又有热心肠的人来承担，民间对媒人的称谓很多，如"月老""红娘""介绍人"，俗称"媒婆"。给人说媒，即落人情又能受到款待，俗语有"成不成，三两瓶（酒）"，给人说媒成功，男方会给媒人一些钱财或礼物作为答谢。即使中华人民共和国成立后，人们婚姻自由了，可以自由谈恋爱，也会找个中间媒人说合，以便婚事更顺利和谐。民间有"无媒不成婚"的说法，即使今天还有很多人依靠媒人来成就婚姻的。

近年来随着经济的快速发展，城乡差异的不断缩小，受男女平等、多元文化观念以及西方婚俗的影响，牧野地区当地的婚俗至少在观念、仪式等方面都发生了巨大的变化。就观念而言，以往在牧野地区农村有早婚习俗，如今豫北城乡青年的婚龄都普遍推迟，"男大当婚，女大当嫁"已成为过时的旧话。在20年前，社会舆论总爱把25岁以上的未婚青年称作"大龄青年"或"晚婚青年"；在现在的牧野地区，青年男女结婚的年龄普遍都在25岁以上，特别是对于市区中的青年人来讲，30岁以上的未婚者大有人在。可见，"大龄""晚婚"的概念在很多青年人心目中更加淡化。他们不考虑所谓的"婚龄"问题，有的甚至甘愿做"单身贵族"，以实现自己的人生或社会目标，这些都反映了现代人婚嫁观念发生了重大的

---

① 《新乡县续志》六卷·民国十二年刻本，第213页。

转变。更值得关注的是男女婚嫁择偶渐显自主、自立、自尊的个性化特征，传统的"父母之命，媒妁之言""门当户对"等单一婚嫁观念逐渐被人们摒弃，婚恋方式更加自由和多元化，"闪婚""裸婚"也正在被相当一部分都市青年所追捧。

（二）合婚

合婚，民间称"合八字"。家长先托媒人，经媒人往来通话，了解对方属相，按阴阳学的迷信说法看双方属相的冲合，看看男女双方八字合不合，属相是否相生，相当于传统"六礼"中的"问名"。俗话说"一床不能窝二龙"，即两个属相是龙的人不能结婚；"龙虎相斗，必有一伤"，属相是龙和虎的不能结合；"鸡狗泪交流"，属相是鸡与狗也不合。最合的属相为龙与兔，称之为"龙缠兔，辈辈富"。女方年龄可大于男方二三岁，但不可大一岁，民间说法："妻大两，黄金长"，"妻大三，做高官"，"女大一，没饭吃"。如果合婚后，两个人没有什么妨碍，媒人就安排男方和女方见面。在旧时，男女婚姻仅有父母之命，媒妁之言，自己是做不了主的，甚至到洞房花烛夜才能见到新郎和新娘的模样。

（三）相亲

在相互探问对方家境后，进行相亲，也称"见面"。介绍人约定相亲时间和地点，由媒人导引，与陪相人一同前往，到男方或媒人指定的地点同男方见面，媒人当面介绍双方情况，让男女双方交谈和了解。看相后，男方给女方见面礼。如双方均满意，就开始商讨订婚事宜。

（四）订婚

20世纪50年代之前，民间没有"订婚"之说，"换小贴"就等于订婚了。60年代后，开始出现了"见面礼"，有"小见面"和"大见面"之说。"小见面"，就是两个人互相偷看下，看能否看中对方的模样；"大见面"就是男女双方面对面地坐下来谈话，男方要给女方见面礼。然后约定时间订婚，也叫定亲。定亲时，一则男方要设"定亲宴"，招待男女双方的亲朋好友，一起来见证这门亲事。订婚宴后，男女双方到集镇或县城，女方挑选衣物和日常用品，由男方来付钱；二则男方要向女方下聘礼，送些钱财和衣物等，以表示男方的诚心和承诺。80年代，比较流行三大件：自行车、缝纫机、手表；90年代流行"三金"：金戒指、金耳坠、金项链，还要送660元或6660元现金，意味"六六大顺"，或者送

880 元或 8880 元现金，寓意"发、发、发"，两家都要发大财，取个好彩头。送财物的多少，是由家庭的贫富和地位来决定。女方也要回赠礼品，送根腰带或领带，意为拴住对方的心。不过，最近几年在农村，彩礼的数额在不断的涨高，给男方家庭带来了不小的经济负担。

（五）送好

俗称"择日子"，按照黄历或者找个算命先生，根据男女双方的八字选择一个吉利的日子，一旦确定下结婚的日子是不能随便更改的。20 世纪 90 年代前，大多选择在腊月结婚，腊月人们一般比较清闲，有更多的时间来筹办婚礼。男方择好典礼吉日，给女方下喜帖，以便双方准备结婚的物品及通知亲戚朋友来参加婚礼。后来，五一节和国庆节结婚的人也越来越多了。

《中华人民共和国婚姻法》颁布后，青年的婚姻自主，到乡政府民政部门登记结婚。购衣物，登记结婚后，男女双方会到集镇或县城，女方挑选衣物和结婚用品，由男方来付钱。

（六）套被子

男方做新婚用的被子，要求参与做被子的三个不同姓氏的妇女，并且儿女双全。缝制前先由婆婆抓三把棉花铺开，用升和斗在上面滚一滚，口中还要念念有词，然后，抓一些花生、红枣、核桃撒在上面，由缝制者缝入被褥中，意为"早生贵子"。放这些物品，希望未来的新人能够早生贵子，也是一种美好的祝福。

（七）请客、送礼

结婚前几日，男方请董事，也就是管理婚礼各项事宜的人、本族人和街坊喝酒，商讨结婚当天事情。结婚当天或者结婚前两天，男方送通信盒给女方，里面装有化妆品一套、裤子一条和酒肉等物。男方的姑姑、姐姐、舅妈、姨妈送布料、鞋帽等，称"贺喜"；女方的姑姑、姐姐送衣料等称"添箱"。

（八）压床

娶亲的前一天，男方布置洞房，当晚由新郎的小弟压床，陪新郎在婚床上睡一晚上，且允许在新床上撒尿，寓意新娘进门就可以很快怀上男孩子，以讨吉利。

（九）送嫁妆、压箱

结婚的前一天下午或者结婚的当天早上，男方要派人到女方家把嫁妆拉到男方家里。女方在出嫁的前一天，由新娘的嫂子或姐姐将新娘的嫁衣装进箱子后，在嫁衣上面放压箱钱。新娘到婆家后，婆婆要在此箱内放钱，且多于压箱钱数。出嫁前一日或当日早晨，由女方弟弟将娘家所办嫁妆均插一柏枝，送至男方家中，意为万年长青。嫁妆送到后，男方家以酒席款待，由陪客人向送嫁妆人索取开箱钥匙，陪客的要拿上男方事先准备的红包给女方的弟弟，商量交换嫁妆上的钥匙，对方满足以后才将钥匙交出。

（十）坐花轿迎娶

娶亲有两种方式，一种是迎亲，即新郎在家中等待迎接新人；一种是新郎带人到女方家去娶。传统嫁娶，新人都要坐花轿，并有鞭炮齐鸣，伴有唢呐的吹打，煞是热闹。20世纪50年代废除坐花轿，改为骑马；60年代，流行骑自行车载新人；70年代，改为马车或拖拉机；80年代，主要乘小轿车等。迎娶新人的工具也体现了时代的发展和进步。

（十一）开箱

男方客人和女方客人一起打开箱子，首先拿出来一条裤子让新郎穿上，然后再清点衣物及女方放在箱子里的压箱钱，报于婆婆，婆婆要拿出多于女方的钱放置于箱子里。

（十二）撒草料

新娘下来婚车走向天地桌前，男方派人向女方头上撒草料。现在多是撒彩色纸屑。

（十三）拜天地

"拜天地"是婚礼的高潮，男女双方站在天地桌前，焚香燃烛，鞭炮齐鸣。由礼相主持婚礼，先证婚，证明新人此刻成为合法夫妻，然后介绍恋爱史，接着是对新人的祝福；再拜天地和双方的父母。

（十四）洗脸、吃饺子

新娘入洞房后，由小姑子端来洗脸水让新娘洗脸，这时，新娘要给小姑子封红包。把女方带过来的喜饺子煮好，由小姑子端来给新娘和新郎吃，饺子不会煮熟，女方一边吃，旁边的女客就会一边问："生不生?"本来就不熟，新娘就会说"生"，这和生孩子的"生"是谐音，也是讨个好口彩吧。

（十五）喝交杯酒

交杯，古时称"合卺"，始于周代。卺是一种匏瓜，俗称苦葫芦，其味苦不能食用。古时日常饮酒的酒器常用匏瓜，《礼记·郊特牲》说礼仪上"器用陶匏，以象天地之性也"①，陶匏，即葫芦形的陶器。葫芦是原始先民对生殖崇拜的一种偶像，葫芦本身就像怀孕妇女的身体，它腹大多籽，是多子多孙、种族繁衍的象征②，实际也是对原始生活的一种纪念。合卺是将一只卺从中间剖开，一分为二，里面装上酒。匏瓜一分为二，象征婚姻把夫妻二人连成一体，分之则为二，合之则为一。卺味道和酒一样，都是苦的，用卺作为酒器，寓意夫妻二人婚后要同甘共苦，患难与共。又因匏是古代八音乐器中的一种，又含有音韵调和之意，暗喻夫妻二人婚后互敬互爱、琴瑟和鸣之意。到了宋代，"合卺"的酒具改为木制的，"合卺"也被称作"喝交杯酒"。今天，交杯酒的酒具材料很丰富，一般用玻璃酒杯或瓷制的红色酒杯，对于新婚夫妇来说，有着同样的寓意，希望新婚夫妇和谐相处，美满生活。

（十六）上拜、闹洞房

新娘给男方亲友长辈敬酒，并改口称呼对方，凡受拜的长辈要出拜礼钱。"闹房"，又称"吵房""弄新媳妇"等，新婚之夜，喝过交杯酒，新郎本族的弟弟们及晚辈，就开始闹洞房。闹洞房者，想出种种游戏项目，让新郎新娘表演，以逗乐取笑为主。民间有"三日无大小"之说，来宾朋友可以不讲礼法，对新郎新娘恣意戏谑取乐，进行一场新房中的嬉闹。民间闹洞房有"文闹"和"武闹"之分，武闹就直接对新娘百般戏谑，甚至动手动脚；文闹就是让新娘做一些有意思的游戏项目，或者开玩笑等，滑稽谐趣，现在杜绝了武闹。

婚后的礼仪相对简单，有回门、叫九、送九等。新婚第二天，新郎和新娘要带上贵重礼品去看忘女方父母，女方父母也很重视女婿的第一次到来，会喊上本族亲近的人来陪客；一般吃过中午饭就要回去，据说回去晚

---

① 引自宫福清《红山文化论著粹编·综合研究卷》，辽宁师范大学出版社 2015 年版，第449 页。

② 孙新周：《中国原始艺术符号的文化破译》，中央民族大学出版社 1998 年版，第 109 页。

了对婆婆不利。新娘过门九天后，按原商定日期由娘家兄弟叫走，称"叫九"。在娘家住九天，然后再送回婆家，叫"送九"。

随着时代的发展，男女青年婚姻观念的更新，有的会参加集体婚礼或者旅游结婚。现在农村结婚仪式还会沿用传统的结婚仪式，一般趁节假日或者选农历三、六、九日举行结婚仪式。在婚事操办上，有的仍保留着见面礼、套新、送嫁妆、压箱钱、宴请、闹洞房等传统色彩，不过也简化了很多。

现代社会，缔结婚姻由当事双方决定，但经营婚姻的对象并不只是配偶，永远还有家人亲友。所以，年轻人在讨论订婚、婚礼等具体细节上，不妨让双方父母和家人参与，达成基本的共识，也是婚姻的良好开始。再则，婚礼最好简单有个性，铺张并非好事，特别是婚礼的花费都依靠父母的新人。有些青年能力有限，却花巨资拍摄大量婚纱照，筹备豪华的蜜月旅行，迎娶的婚车同款同色数十辆，把父母的积蓄几乎花光，甚至还要举债举办光鲜的婚礼，在父母亲朋的眼里，恐怕会为这种不务实的婚姻前景担心。

婚俗作为一种生活方式，它身上必定带有社会发展和文化变迁的烙印，虽然说婚姻的基本内核变化不大，婚姻仪礼由以前的繁杂变得更为简单了，婚礼形式也更加多样化，恋爱自由、婚姻自由的思想被人们广泛接受。经济的发展，物质的丰富，使婚俗内容也发生着与时代合拍的一些变化，社会和媒体应该积极引导婚姻朝着更健康的方向发展。婚姻是两个人的相濡以沫，家庭需要夫妻双方的坦诚相待和无私奉献，而不是物质上的攀比，婚姻幸福美满应该是婚姻的最好状态。

第四节　牧野丧葬礼仪

丧葬礼仪自古就被认为是人生大事，周代完成了一整套丧葬礼制，所体现出的是"生有所养，死有所葬"、"侍死如侍生"、死者为大的传统思想，因为对于死者的态度和葬礼的规模，常常是衡量活人孝与不孝的标准。在"百善孝为先"的中国传统社会，人们都尽其所能来办丧事，因此从主观到客观及人们的社会评价都要求人们重办丧事，也成了人们几千年来所行丧葬礼仪的规范，并形成了具有各自特色的丧葬习俗。

中华人民共和国成立以来，国家提倡节俭办理丧事，积极倡导丧葬改革，摈弃旧葬礼中的封建迷信成分和繁缛、奢靡之风。20 世纪 60 年代后，牧野大地大力倡导科学文明的火葬，国家公职人员带头实行火化；有条件的民间也要积极采用火化，在没有条件实行土葬的地方也大多提倡俭约操办。90 年代以来，随着公共墓地的兴起，城乡出现了很多火化的丧葬形式。虽然丧葬品准备及丧葬程序不断简化，但是主要内容并没有太大变化，并且流传至今。丧葬文化也是中华民族几千年文化文明史的一部分，它涵盖了儒家、道家、佛家三大教派的思想理念。

一　殡葬类型及土葬墓制

（一）殡葬类型

牧野大地殡葬类型主要有棺木土葬和火葬两种。

土葬之制，源于上古。起初人死后，葬在荒郊野外，身上盖上厚厚一层柴草即可；到新石器时代，人死后埋入土中成了处理亡者最重要的方法；殷商时期，土葬还只是有墓而没有坟堆，到了周代才有坟堆。秦汉以后，在"人之发肤，受之父母，不敢毁伤"的封建伦理道德熏陶及"入土为安"的思想影响下，土葬逐渐成为以后几千年来所实行的主要葬式，只不过是把尸体入棺，然后葬于墓穴中。

火葬与土葬并行的殡葬形式。起源很早，查考我国古代文献，早在春秋战国时期我国某些地区就有火葬习俗。东汉以后随着佛教的传入，火葬得到了发展，特别是宋、元最为盛行。但也曾一度遭到封建卫道士的强烈反对，特别长期处于封建社会政治、经济、文化中心的牧野大地，更是如此。明清以来，火葬逐渐被严格禁止。中华人民共和国成立后，大力提倡火葬，并逐渐成为牧野地区民间丧葬的主要方式之一。

中华人民共和国成立前，人死后成殓入棺，待葬时间长短和家人的贫富有一定的关系。富者一般在家停尸"七七"四十九天，更有甚者，在家停尸三年。丧葬仪式也相当烦琐，造成了很大的浪费。贫穷者一般在家停三到七天，丧葬仪式也相对简单。中华人民共和国成立后，实行丧葬改革，一般在家停三到五天，仪式也简化好多。20 世纪 50 年代，提倡丧葬开追悼会，以佩戴黑袖章代替穿孝衣；60 年代后，提倡实行火葬，一般老百姓还不能接受这种方式，但在国家机关干部中已普遍实行；在农村，基本还是实行土葬。

（二）土葬墓制

坟墓是土葬的标志，是人类实行土葬后逐渐发展起来的。古代土葬无坟称之墓，有坟称之茔，封曰冢。进入封建社会后，人们对坟墓越来越讲究，各种墓制也产生了。

1. 祖坟。牧野地区民间各个宗族的坟墓，都是聚族而设。埋葬每个家族的始祖、高祖的固定坟地，俗称"祖坟"或"老坟"。

2. 坟地。埋葬近亲长辈的地方，有别于老坟的称呼。当祖坟埋葬本宗族的人已经满时，就要由族人商议另选墓地，或按分支自行选择坟地。不入祖坟而另选坟地者，称"迁坟""拔茔"。也有因同宗族中人丁不旺，或者本族人中常出现夭折、生理缺陷者，便会找风水先生来看阴宅，认为祖坟的位置不佳造成族人丁不旺，就会另立新坟来摆脱这种状况。

3. 向口。即墓坑、墓室的方向。向口有"正向""子午向"和"倒向"之分。顺地势、水流方向而设的为"正向"；正南、正北为"子午向"，反之是"倒向"。牧野人认为头枕高山、脚蹬流水的"向口"是福气聚集之地，是令人最满意的。

4. 立碑。有条件的人家，一般会在人去世三年或者十年的时候"立碑"，找石匠用青石板刻上死者的生平和事迹。石碑有大有小，根据自己家庭条件来决定，一般多为2米左右高，60厘米宽。

5. 兄昭弟穆。牧野地区民间墓地的排列和设置有一定的规定，兄弟坟墓的排列是兄长的墓在左方，弟弟的坟墓在右方，俗称"兄昭弟穆"。

二　丧葬礼俗

民间丧葬习俗是比较复杂的，分葬前礼俗、葬日礼俗和葬后礼俗。

（一）葬前礼俗

葬前礼俗指的是人去世后殡葬前的准备阶段的习俗。

1. 做棺材。人没有死前准备的棺材板称"喜活儿""喜板儿"或"寿板儿"。有的只是把板裁好，有的是把活儿打好，不上漆，不开扣，棺材头要搭一块红布。做棺木的木材首选柏木，杨木次之，再次就是桐木，20世纪70年代后多用松木。最好的棺材是"四独"，即天板、地板和两墙板各为一整块木材；其次是"上三独"，即天板和两个墙板是整块的独板，底板一般由三块板组成，忌讳用两块板；再次就是"拼板"了。一般做棺木必须达到长度两米四（合古代匠尺七尺三寸），俗语有"七尺三，走遍天"的说法。葬前，棺材要漆成黑色，板头刻一阴文"奠"或"福"字，漆成金色，周围刻上吉祥图案。

2. 寿衣。也叫"送老衣"，牧野地区民间一般在老人年过花甲时，儿女就要为老人准备寿衣了。男式的送老衣要有袍有褂；女式的送老衣有袍有裙。男女上衣，统一缀以约2寸长的布条，不许缀扣子。送老衣所选衣料可以是丝绸，但绝对不能是缎子料，因和"断子"谐音；忌讳用皮料，以避免死后变成牲畜。男士衣服的颜色用蓝、白色或黑色；女人一般是红、白、绿、黄色等，鞋子没有什么讲究。要在人将要断气身体尚未变凉时为之穿衣服，如等老人咽气再去裁制送老衣，便会被认为不孝。如若去世的是位妇女，还须有娘家人在场。

3. 挺尸。给去世的人穿戴好后，要抬到堂屋事先架好的木板上。

4. 饭含。将尸体停放好之后，举行饭含仪式。这种习俗历史久远，早在《礼记·杂记下》中"啥巾以饭"①；《后汉书·礼仪志》记载"饭含珠玉如礼"②；《汉书·原涉传》记载侠士原涉为了帮助穷人安葬母亲，"具记衣被棺木下至饭含之物，吩咐诸客"。汉代的饭含以玉石珠贝为主，也有人含五铢钱的；一般富裕的家庭会在死者的口中放玉、珠，而平民老百姓大多用铜钱或饭粒等，意在使死者在冥界免于饥饿。现代牧野人也还有用古钱（主要是清朝的古钱币）作为饭含的，它的用途是"以实亲口"，"不忍虚也"。让死者口中有食物，寓意在另一个世界衣食无忧。

5. 贴白方。家中有人去世，要在院子大门上贴上一尺见方的白纸，以表示家中有人辞世。

6. 入棺。也叫"入殓"，就是把死人从木板上抬进棺材里，叫"入小殓"，即不钉棺材口。死者床上铺的草席要烧掉，叫"烧草铺"。入殓时，由长子抬头，闺女抬脚，其他人架尸体缓缓放入棺材。棺内草灰上放七枚铜钱，铺上由儿媳做的黄色褥子，然后再盖上一条白色被子，寓意"铺金盖银"。头枕"鸡鸣枕"，耳边放一团带籽棉花，手中拿一把麦麸。

① 《仪礼注疏》卷三十五，第1130页，下栏。

② （南朝·宋）范晔撰：《后汉书》志第六《礼仪下·大丧》，第3141页。

还把死者生前喜爱的东西放进棺材。如果夫妻双方先后去世，就选择阴历的双日入棺；若一人先辞世，选择在阴历的单日入棺，入棺时间一般是在夜间十二点左右。

7. 报丧。报丧分两种，一种是送口信，一种是发讣告。送口信的报丧人先把死者的亲属从家里喊出来，抓一把锅底的草木灰拦门，再进门说明情况。接到报丧后，近亲即日就须赶到，关系较远的亲属，会在出殡的当天及早赶到。

8. 守终。解放前，人死后先把尸体停放在草铺上，之后才移至主房，然后再给死者插隐身草，系绊脚绳，意思是怕死人魂魄跑掉来吓唬人，放噙口钱、盖蒙脸纸，身上压三根稻草，叫"影身草"，双脚用麻绳扎紧，俗称"绊脚绳"，一切安排停当之后，亲人才能开始哭。

9. 移灵。出殡前一天晚饭前，将灵柩移于灵堂，灵柩一般设在街道上，此晚上，晚辈们要彻夜守灵，不得离开。

10. 纸扎。殡葬时的陪葬物，顾名思义这些物品是由纸糊的，一般有金童、玉女、纸马等物什。更多的牧野人乐于相信人死后灵魂将在另一个世界里继续生活，"以生者饰死者也，大象其生，以送其死也，故如死如生，如亡如存，终始一也"①。死者家属照搬死者生前的生活用品糊一些如纸马、桌子、房子或者死者生前比较喜爱的物品，现在的纸扎还有手机、汽车、麻将桌等，也算是与时俱进的表现。

11. 吊丧。亲友和街坊闻讯前来吊唁，一般还要拿上黄纸和鞭炮，到灵堂前交给管理丧事的人员点燃，再行四叩首礼。孝子要行磕头礼拜谢。丧葬礼品，根据和死者关系的亲疏，礼品是不一样的。家亲是供礼，供礼包括25个馒头、一条1斤到3斤的肉、五个供碗和一包纸；街坊邻居是普礼，包括一包烧纸、一挂鞭炮，或外加五个点心盘。吊者行四叩首礼，鼓乐吹打，观看者坐墙上或坐在树杈上，陪灵人哭声悲痛，吊唁者礼毕自行退去。

12. 服孝。也叫"穿孝"，死者的晚辈亲属都要为死者穿孝。"烧草铺"后，就开始用白布幔鞋，儿女穿重孝，即戴孝帽、穿毛边的白大褂孝衣，腰里还要系一根麻绳，脚穿毛边的白鞋。幔鞋时，若有一方健在，

---

① 章诗同：《荀子简注》，上海人民出版社1974年版，第214页。

不能幔严。儿媳妇要肩披白布，公公死了披左肩，婆婆死了披右肩。除了重孝，其他人的讲究不是太多，但都要戴孝帽。按照牧野地区习俗，依据和死者的关系亲疏，服孝的服制也不一样，儿女媳妇儿和女婿、孙子、孙媳妇儿是最重的，穿全身孝衣，头顶七尺孝布，也就是我们通常所说的丧服的五服中的"大功"，侄子、侄女和侄媳妇儿只穿孝裤。也有曾孙、曾外孙孝帽上插红缨的习俗。儿女的孝鞋穿三年，百日内儿子不能理发、剪胡子，"五七"内，儿子不能洗脚。现在这些旧俗已经渐渐淡出人们的视野，更多的兴起戴黑袖章。

（二）葬日礼俗

葬日即出殡，包括打墓、出殡、路祭等。

1. 打墓。出棺前一天如挖成墓坑，则墓坑不可空坑过夜，要放一物品（如鞋子等）在坑中。如当天挖，则不必放物品于坑中。殡葬日上午，长子端上一个"斗"，里面放上纸钱，首先在墓穴处放鞭炮、烧纸钱，斟上三杯酒倒地上祭奠，然后长子在墓穴的周周和中间各挖一锹土，打墓人才可以深挖，墓穴的深度一般在3—5尺之间。

2. 祭吊。出殡日灵棚口设礼桌，灵棚后孝子男女分列两边，每有来吊唁者，孝子们都要陪哭。吊唁者主要有街坊邻居和亲戚朋友，街坊一般带烧纸、鞭炮和布幛；亲戚朋友一般会上礼金和馒头、油炸食品和肉类等，当然，烧纸、鞭炮也不能少的。

3. 出殡。出殡有两种方式，一种是人抬，一种是车拉。午饭后，由长女给死者洗脸，也叫"敬面"，然后由管事的人钉棺口，死者的亲人这时会大声哭喊着死者。抬棺出殡前，由大儿媳一手拿扫帚一手拿簸箕扫天板，然后倒入粮食囤，据说可以为家里带来财运。由长子摔老盆，长孙拿"灵幡"，长孙女端食品盒，其他儿子、孙子、侄子依次背引魂柳在前哭路，女孝子跟在灵柩后面哭路。送葬队伍以纸扎品为前导，后随唢呐班，再后是男孝子，男孝子后是棺材，棺材后面跟的是女孝子。

4. 路祭。灵柩行至村外十字路口停下来，此时由女婿、外甥等男性亲眷来祭拜，一般有四拜、八拜和二十四拜礼。

5. 下葬。也叫安葬。棺木到营地时，所有人都要加快速度，俗称"抢风水"，直到墓穴前。灵柩入墓穴，调整方位，灵柩小头插入引魂柳。孝子捧土三抔，由帮忙工封土成堆，点燃纸扎。墓穴封好后，灵幡和哀杖棍都插在坟上，孝子向忙工、土工行礼致谢。进入 21 世纪，国家大力推行火葬，安葬仪式也简化很多。

在牧野大地有"身穿热孝，不登邻宅"的习俗，即在服孝期间，不能到邻居家串门，因为家中有人去世是不幸之兆，运气不好，接触外人，怕给人带去晦气。家里有人去世，三年不能贴红对联。

（三）葬后礼俗

1. 覆墓。葬后第二天上午，子女挑水桶、拿铁锹，带食品上坟。祭奠之后，浇引魂柳，俗称添汤、"附灵"或"圆坟"，再整理墓堆，然后到姥姥家或舅家谢孝。

2. 祭奠。一般在五七、七七、百日、周年、三周年由子女、本族和亲眷祭奠上坟。三周年是比较隆重的祭祀，要到坟地请魂、糊一些纸扎，还要请一些吹响器的或者唱戏，或者演场电影等，跟去世时的仪式有些相似。有的地方还有十周年大祭。

豫北的丧葬礼俗传承已久。从 20 世纪 80 年代中期以来，在国家和当地政府所颁布的一系列殡葬法规政策和移风易俗、"厚养薄葬"等社会观念的制约和影响下，牧野地区当地的丧葬习俗，至少在入葬方式、丧葬消费和丧葬礼仪三个方面，都发生了很大的变化。就入葬方式来讲，从 20 世纪 80 年代尤其是 90 年代中期以后，牧野地区各市辖区、县级市、县等已基本实现变土葬为火葬——其实质是遗体火化。目前除了在极偏僻的山区依然还在实行土葬之外，遗体火化的方式已被当地民众普遍接受。不过值得关注的是，在牧野地区各地市郊农村中，虽然已推行遗体火化，但总体上仍走不出墓葬的范围。可见，真正实现由传统墓葬到"不留骨灰不占地"的非墓葬式转变，还有很长的路要走。当代，牧野地区丧葬消费习俗也发生了很大的变化：如礼品赠送由花圈、日用品转为送钱；出殡时用的哀乐，由传统唢呐吹奏转为现代乐器和放音设备等等。另外，丧葬礼仪的演进和嬗变也极为显著：报丧吊丧、出殡入葬、服丧期等传统程式和礼仪都大大简化了甚至省去。如：逝者之女出嫁者要哭回婆家报丧的传统习俗已被电话报丧所代替，"服三""服七"（葬后三日、七日扫坟祭奠）等繁缛的服丧礼节也大大简化。这些都表明，当代牧野大地的丧葬礼俗更趋向于简省。

不过，毋庸讳言，在丧祭风俗演进过程中亦有消极的成分。例如：传统的丧葬观念和陈规陋习又沉渣泛起，有些地方耗巨资修建豪华坟墓，甚至看风水做寿坟，大搞超度、招魂、请魂等迷信活动；丧葬习俗演进中的愚昧落后成分也是不容忽视的。特别是在牧野大地的一些农村，丧事中所请吹鼓手（俗称响器）由传统唢呐演奏演变为融唱歌、跳舞、表演为一体的大杂烩，而且大多数表演语言粗俗，格调低下，色情味浓，影响极坏，对未成年人更是一种毒害，对这种现象一定要引起重视。

第五章　牧野信仰民俗

民间信仰习俗是人类成长发展过程中，由于社会的、历史的和自身生产生活和心理的需要而产生和传承的一种文化现象。牧野大地的生产方式是自给自足小农经济，这种封闭的社会生活大大限制了人们观察认识世界的视野，也形成了牧野地区民众这种天人合一、万物有灵的世界观。中华人民共和国成立前，牧野民间家家户户对祖先神灵和对自己生活关系紧密的天地日月等自然神、行业神和古圣贤、龙王、观音菩萨等皆有普遍的崇拜。随着社会的发展，人们科学文化水平的提高，一些民间信仰中的自然现象得到科学的解释，不少迷信习俗逐渐被人们摒弃，民间信仰也在发生着变化。

第一节　牧野自然神崇拜

远古先民，由于认识水平限制，他们认为大自然中的事物和现象都非常神秘，解释不了，因此赋予很多神秘色彩而加以崇拜，这就形成了对自然神的信仰。牧野地区民间信仰中，天帝处在该信仰系统的最高层，是无所不能至高无上的神，即天神。

一　崇拜天神

原始信仰中，人们认为自然界的天，是许多神灵的居所，"天帝"是天神的最高统治者。道教产生后，天帝与道教神谱融合，被道教称作"玉皇大帝"，它总管着三界十方万灵的神，牧野民间俗称"老天爷"。天的阴晴雨雪是老天爷的喜怒哀乐，天下的万事万物和每个人的生死福祸都是老天爷掌管着的，它统辖分管雨、雪、风、雷、电、山、川、草、木及人间、鬼界的各路神灵。直到今天，如果遇到可怕或者难解决的事情，第一句喊出来的也会是"我的老天爷呀!"西汉末年，佛教传入中国，牧野地区民间对天的信仰又加入了佛教的内容，认为人的祸福皆有天定，也由"命"定，即所谓"天命"。相传天有十八层，地也有十八层，人在生前积善行德，死后就会升入天堂，来世可能转生为人;如果生前作恶，死后就会下十八层地狱，来世转生为猪、狗、牛等牲畜。因此，在日常生活中，人们就会时时刻刻记着"天"，如:男女结婚首先要"拜天地";为表示衷心要对天发誓;遇到灾难要呼唤"老天爷";朋友结拜要对天盟誓;一切活动请老天爷保佑等。20世纪50年代以前，牧野地区的乡村几乎家家户户都供奉天神的牌位，逢年过节或家里遇到重大的事情都要烧香跪拜，祈求老天爷保佑事事平安顺利。50年代以后，拜天之俗日渐淡薄。

二　崇拜大地神

牧野大地是农业地区，世代以农耕为主，因此，他们对土地有着深厚的感情。人们在家乡这片热土上辛勤耕耘、收获、繁衍生息，这种感情使人们对生养万物的大地充满了敬畏和崇拜，于是就产生了对土地的种种信仰，其中土地神是牧野民间祭祀和崇拜的主要对象。

土地神，古代称"社"，是管辖一方土地的神灵，后世俗称"土地爷"。最初，人们直接将土地当作自然神，向土地祭拜，一般有两种方式:一种是将牺牲埋入土中或地坛中，直接向地神献祭;另一种是祭品撒在地上或灌注于地下，如酒、人血或牲血都不必掩埋就可以渗透到地下，为土地吸收。

西周以后，人们已经开始把土地神称作社神或社主，把祭祀土地神的地方称"社"，社神与许多事物相关，因此社祭的内容也更加丰富，如农业丰收祭社神、求雨祭社神、出兵打仗祭社神等，实际上，此时社神已经是各级地方的保护神了。

从西晋开始，地方的社神逐渐人格化成土地公，中国第一个世俗化的土地神相传是东汉的蒋子文。唐朝以来城市中以城隍信仰为主，土地神失去了在城市里的威力，成为城隍的下属神，土地神成为一个地方小官，只能保一个地方的平安。近代以来，牧野地区农村几乎每个村子都建有土地庙，也不知从何时起，人们害怕土地公寂寞，还给他找一配偶——土地奶奶。

20世纪50年代以前，牧野大地的土地庙不计其数，几乎村村都有土地庙，有的地方土地庙气派堂皇，建得非常漂亮；也有用几片砖瓦建得非常简陋，高不到一二尺。土地庙多建于村落中的公共场地，也有的在村头设一土堆供奉土地神。每年大年初一天亮后，人们所要做的大事之一就是去拜土地神，保佑农业风调雨顺，五谷丰登，有个好收成。人们认为土地神不仅是农民主要祭拜的神，而且能使人致富，成为民众生活中信仰最为普遍、感觉最为亲近的神灵。

在日常生活中，人们充分表现出了对大地的敬畏和崇敬之心。在婚嫁礼仪中，新娘下车脚不准站在地上，要拜天，也要拜地，以求大地证明婚姻的合法和幸福；婴儿落地要在地上站一下，意为"落地生根"；人死后，埋葬前儿媳妇要从墓穴的四角各抓一把土，然后包回家里撒到粮仓里，以求粮食丰收等。

三　天地全神——牌位崇拜

旧时，由于人们认识事物的能力限制，认为人的吉凶祸福都有神灵掌握，在牧野地区的农村几乎家家户户都敬神。几乎每个家庭堂屋的正中都供着天地三界十方万灵的牌位或"天地君亲师之位"的牌位，每逢年节都要祭拜、烧香磕头，以保佑全家平安。牌位一般是木质的，形制为长斗形，下有底座。长约七至九寸，宽二到三寸，厚约一寸，牌位外套一木套。有人考证，牌位是男性生殖器的象形，反映了封建宗法社会的父权观念。后来，人们简化成用黄表纸写个牌位，但牌位上的内容是不变的，一般会在春节前要换成新的。后来，有的人家会供奉各路神灵，同样也是在家中的正厅用黄纸写上"天地三界十方万灵真宰之神位"。另外还有供奉观音、财神、牛王、马王、灶神等，在大门口内还要供奉门神。

牌位在中国传统文化中有着重要的作用，旧时牧野地区的民众相信万物有灵，天人感应，他们认为世界上的所有事物都是由神灵掌控着的，事物之间可以相互感应。牧野民间平时每逢初一、十五，要给天帝神位烧香、磕头、供香汤；在各种岁时节日，特别是春节最隆重的时刻，会在牌位前点上红色的蜡烛、燃香、摆供品、放鞭炮，人们通过给牌位烧香祭拜来沟通人神，对着牌位来表达他们的诸种要求和情感，这充分表现了中国传统文化象征主义的特点。

四　崇拜日神、月神和星神

（一）日神崇拜

日、月、星也是牧野民间十分崇敬的神。太阳在牧野地区民间被尊称为"日头"，太阳每天东升西落，给人间带来光明和温暖，是地球上万物生长的能源。古人认为，太阳和人一样有喜怒哀乐，逐步把太阳人格化，称"太阳公公"，形成了日神崇拜。在新石器时代就已经形成了太阳神观念和太阳神崇拜，流传的最著名的神话当属"后羿射日"了。民间还流传有太阳中有玉鸡的传说，鸡打鸣，天放亮，百姓开始一天的劳作，自然人们就把日出和鸡打鸣联系起来了。在民间所举行的各种驱除邪魔仪式中，杀鸡撒血是重要的环节，雄鸡象征阳气，能够驱散邪恶，所以人们认为鸡叫天明，天明日出，日出鬼逃，其实这也是太阳崇拜的表现。另外，在牧野地区忌讳下午尤其是日落后去看望病人，晚上阴气重，如果去探望病人，会给病人带去阴气，不利于病人的康复。

旧时，发生日食，牧野地区的民众就认为天狗把太阳吃了，人们便敲盆、敲锣打鼓吓唬天狗，解救太阳；人们还根据日食的形状来预测当年的收成，若日全食复明，是天狗吃了太阳又把它拉出来了，预示歉年；若日偏食后复明，是天狗吃不完又吐出来了，预示丰年。20 世纪 50 年代后，随着人们科学水平的提高，已经不再相信天狗吃太阳的说法，仅作为一个传说在人们口中流传。

（二）月神崇拜

月亮被称为"月奶奶""月婆婆"。月神观念产生之后，在牧野地区民间广为流传，直到中华人民共和国成立前，牧野民间还有祭月拜月的习俗。有关月神的形象有很多种，起初，蟾蜍、玉兔等被视为月神的象征；后来，月神的形象定型为嫦娥。在牧野民间，嫦娥奔月的故事广泛流传，嫦娥被民众视为月神，中秋佳节拜月的风俗也在民间流传开来。

牧野地区有关月神的崇拜风俗主要有两种。首先是中秋祭月，据考证，中秋节的起源可能与古代对月的原始信仰有关。在牧野地区民间各地，祭月的方法和名称也有所不同，据乾隆二十年《汲县志》记载，在汲县（今卫辉），祭月时要"陈西瓜、月饼、枣、柿子、石榴等水果及毛豆角拜月。祭毕，饮于月下"。① 在阳武县（今属原阳），称祭月为"圆月"，据民国二十五年《阳武县志》记载，在旧阳武县，"至晚陈列瓜果于庭，谓之'圆月'，皆妇人主其祭，俗有男不圆月之说"②。其次是救月，即发生在月食时的仪式，救月与救日时采用的方式一样，所用方法比较简单，敲盆及敲锣打鼓把天狗吓跑，让它吐出月亮。

牧野民间对月神的崇拜还表现在一些禁忌方面，如有"男不拜月，女不祭灶"之说，因为月神被认为是女性神，男人拜月有亵渎神灵之险；平时也忌讳用手指月亮，这会被认为对月神不敬。

日神、月神的崇拜有许多相似之处，这大概和人习惯把日月相提并论有关。

（三）星神崇拜

夜晚，遥望灿烂的星空。在人类早期，人们对星空茫然无知，就产生了关于星星的许多猜想，星神崇拜就产生了。人们把人间的吉凶祸福与星辰变化相对应，产生了人星混同的观念。在牧野地区民间至今还流传着"天上一颗星，地上一人丁"的俗语，俗信认为地上有一个人出生，天上就会多出一颗星星；若是有一颗流星划过，就认为地上要有一个人死去；若这颗流星大而亮，就认为要有重要的大人物去世。

民间并不是把所有的星辰都奉为神，而是把那些耀眼夺目而又重要的星辰奉为神，并赋予其神性和神职。在牧野地区，人们主要信奉北斗星、南极星、木星、文曲星、彗星、牛郎织女星等。

北斗星。在星神崇拜中具有特殊的地位，牧野地区老百姓很早就认识到北斗七星在夜间是方向的标志，它的运动和季节、气候有关，对制定历法有很大的作用。因此，北斗星很早就被奉为星神，它的职能也较多，如掌管人的福禄和寿命长短、掌管庄稼的丰歉等。

南极星。俗称"寿星"，被人们认为是负责人间寿命长短的星星。其形象为一白发老翁，高脑门，头特别长，长发长胡须，手持一根弯弯曲曲的长拐杖，俗称"南极仙翁"，为人们所喜爱和敬奉。东汉时，人们对寿

---

① 丁世良、赵放主编：《中国地方志民俗资料汇编·中南卷》（上），书目文献出版社 1991 年版，第 54 页。

② 《阳武县志》，民国二十五年整理本，华北石油地质局 2004 年印刷，第 133 页。

星的祭祀和敬老活动结合起来，当时东汉政府就对 70 岁以上的老人赐以九尺长的鸠头王杖。南极星翁也常被民间制成画像作为寿礼或年画，贴于中堂或老人房中，也是对老人长寿的祝福表现。

木星。俗称"岁星"，是太阳系中九大行星之最大者。古人十分重视岁星的运行，认为岁星的一切迹象，密切关系着天下的政治。俗信认为"太岁头上不能动土"，所以人们在建房时要避开它，否则，就要遭受祸灾。通常牧野地区民间建房或者迁徙都要请风水先生弄清太岁的方位，以防在太岁头上动土招致祸灾。

文曲星。又称"文昌星""文星"。牧野地区民间认为此星主管人的功名利禄，读书人家多供奉他，为家中子女学习祈福。如果谁家的孩子读书好，能取得好的功名，就称赞他是"文曲星下凡"。

彗星。俗称"扫帚星"，因其出现在天空时拖着扫帚状的长光而得名。牧野地区民间认为扫帚星的出现是不吉利的象征，认为"天上扫帚星，地上动刀兵"，将会有灾难、瘟疫甚至死亡等。在民间，如果谁爱招惹是非，就称这人是"扫帚星"。

牛郎织女星是牧野民间信仰最广的星神之一，在这里，牛郎织女的传说妇孺皆知，民间还有许多七月七的一些活动。

与日、月星相比，星辰没有对人造成直接的危害，人们对星神崇拜比较晚，所以星神在人们心目中地位也没有日神、月神那么高，但星神崇拜对人们的影响程度还是很深远的。

五　信奉雷电神

在牧野民间，若有人干尽坏事，人们常常会说要遭到"天打五雷轰"，这种观念是牧野地区对雷神崇拜的体现。远古时期，人们对巨大无比的雷声感到恐惧，因此，也引起人们对它的敬畏。在天神或上帝观念尚未形成之前，雷神是受人尊敬的最高神，当天神观念形成后，雷神地位降为它的下属神。后来，人们把二者结合在一起，认为打雷、闪电是天在发怒。民间俗信认为雷神不仅主宰万物生长，更是扬善惩恶之神。在这种观念的支配下，人们听到打雷就非常害怕，就会反思自己是不是有什么不良举动惹怒了雷神。人们认为雷神能明辨是非，因此在发生纠纷或口角、诅咒或发誓时，人们常说"遭雷劈""天打五雷轰""谁要是做坏事就让雷劈了他"等，以表明自己的清白。

在牧野地区民间，对雷神的普遍称呼是雷公，并由此延伸到对闪电的崇拜。人们观察到雷声和闪电总是相伴相生的直观认识，使人们认为雷神和闪电是夫妻，因此，民间就有了"雷公电母"之说。民众的目的是希望雷电这对夫妻能主张正义，扬善除恶，为人民带来幸福。

关于雷的禁忌也是雷神崇拜的一种反映。若是在不该打雷的季节有电闪雷鸣，人们便认为会有灾难降临。新乡有民谚说"正月雷，坟成堆"，认为正月打雷，会死人的；十月已经进入冬季，也不应该打雷，认为如果十月有雷电，来年有灾疫等。其实，这些是没有什么科学道理的。

六　崇拜水神

水是生命之源，可以说，没有水就没有人类。同时，水也是危险的，水灾、水患是农业生产的大敌。近古以来，黄河的多次决口给河南人民造成了巨大的灾难，老百姓对水是既爱又怕，认为它很可能是由某种神灵掌控的。因此，中原人民就对水和水神产生了崇拜和信仰，水神崇拜也是自然神崇拜的对象之一。当然，牧野地区人民依黄河而居，以崇敬黄河及其支系的水神为主。

龙王是牧野人广为信奉的水神之一。唐宋以后，逐渐形成了凡有水的地方皆住有龙王的观念，主掌本地的水旱及农作物的丰歉。20世纪50年代前，民间认为管水的神是水龙王，俗称"龙王爷"。牧野地区各地乡间几乎村村都有龙王庙，专门用于祭龙王求雨。龙王庙的规模一般都不大，大者有十几平方米，小者四五平方米，有青石结构的，也有砖木结构的。每年，各地还有龙王庙会，如农历三月初一封丘县张光庙会比较有名，届时一些善男信女就会前来进香，鞭炮齐鸣，车水马龙。会首会请几台戏，煞是热闹。

每当汛期来临，黄河水涨，沿河居民就会聚集到龙王庙里，顶礼膜拜，并许愿"只要不发水灾，就会重修庙宇，再塑金身或唱三天大戏"。在发生水灾时人们认为水中爬出来的蛇就是"龙王"，绝对不能伤害，一定要很谦恭地把它装入瓷盘内，供于神棚中，烧香磕头，祈求保佑大家人身和财产的安全。如果天气大旱不雨，同样会到关公庙里祈求，大概程序差不多。如果碰巧应验了，村里人就会推举两三个人当"会首"，到本村或附近村里募捐，兑现自己的诺言，或修庙或唱戏。

天旱不雨时，具体有几种祈雨的形式，包括抬关公、晒神、寡妇扫坑、泼庙等。具体方式为：天大旱时，在新乡、封丘等地，把关公塑像或者龙王塑像从庙里抬出来，成群结队的群众来到关公像或者龙王像前来求雨，放在太阳底下晒，不烧香不磕头，人们走过它的身旁就会说："你旱俺俺晒你，不下雨，就不让你进庙去！"直到天下雨为止，才把神像抬到庙里，这种通过暴晒某位神灵塑像而致雨的行为是一种交感巫术。天逢大旱，村上会集合12名寡妇，手拿铁锨、扫帚到坑塘中打扫坑底，边扫边祷告，扫完之后，坐在坑底大哭一阵，每天来扫一次，直到天降大雨。封丘县还有用泼庙的方式求雨，如果遇到天气大旱，久不下雨，全村的人就会拿上水桶或脸盆往庙里泼水，每天一次，直到天下雨才会停下来。在辉县，中华人民共和国成立前，每逢春夏大旱，乡村群众便头戴柳条圈，手持柳木棍，抬着龙王塑像游到泉旁或者河边，以求降雨。

近代原阳县包厂乡一带流行一种"擂马皮"的求雨方式。参加者百余名男子，人们首先在方圆几十亩的土地上犁出一道沟圈，代表城墙，然后，顺沟撒上草木灰，称"撒灰城"。然后，把全村的各路神像搬到灰城内，参加祭祀的男人们手持大棍和铁锨，趁夜深人静的时候躲到灰城内，若这时有某种动物闯进灰城，所有人持棍狂舞，直到有人累倒，大家便认为这是"马皮神"附身，把他抬到神棚内，对他烧香祭祀，受拜后，便手拿大刀和马皮鞭向天空挥舞。据说，如果马皮显灵，此鞭可在空中悬空而直立。然后，会首向马皮神求问："几时有雨，雨来自何方？"马皮神一般会回答三日或五日下雨，若按期下雨，村民们就会唱大戏表示酬谢。旧时的获嘉县杜滩村有"神马皮"抗旱求雨的习俗；封丘有"打马皮求雨"的习俗。

水的禁忌也有很多。春节期间禁止从井里打水，所以，各家各户都要在大年三十把家里的水缸灌满。有的地方还要在井边贴上"一年长不安，自在今一天"春联，感谢这一年来它对人们的奉献，并表示井龙王难得闲暇春节一天，决不来打扰。过年时，不向大门外泼水，认为这样把家中的财泼掉了，人们把水看作财富，直到今天，人们还这样认为，水是财的象征。

七　桃树信仰

崇拜植物神也是商贾原始宗教信仰中自然神崇拜的遗留。牧野民间尤其敬奉树干粗大、枝叶繁密、享有高龄的树木，诸如入千年古柏、百年老槐等。如果哪个村庄有此类的树木，附近人便传言树上住有仙家，封此树为神树，并在树干上挂上神帘，信仰者便在树下烧香、祭拜，求其保佑。传说，有关神树不敢冒犯，否则就会遭到报应，引祸上身的种种传说。如新乡市城里十字有棵古树，即使修路绕道，也没有人敢动，树下烧香的人络绎不绝，特别是初一、十五，烟雾缭绕，树上扎的红布条迎风飘飘。

牧野民间认为，桃木具有驱赶邪魔的力量。古代，每逢春节，家家户户都要在大门上悬挂桃符，人们认为它能保全一家老小一年的平安吉祥；家有病人的，就在病人的枕头下面压一根桃枝。桃树的果实被认为是仙果，吃了可以延年益寿。在《西游记》中说，王母娘娘的蟠桃园里蟠桃吃了会长生不老。福禄寿三星中的老寿星形象，也是经常手持一根拐杖，另一只手托着个大仙桃；民间给老人祝寿的时候，也是往往用白面蒸一个"大仙桃"，祝福老人健康长寿，福寿延年。

八　石头崇拜

崇拜石头，据说源于石器时代。石头不仅是牧野地区先民们生产生活工具，也是冷兵器时代的武器。进入文明社会后，石头的功能更加多样化，久而久之，人们将石头神化，加以崇拜祭祀。

牧野民间认为，石神有辟邪驱魔的功效。据说，宅院门厅是不能正对大路或高大的建筑物，这样就会阻挡人的运气，还有可能招来灾祸，破解的办法就是在大门外竖个长方形的石头，并在上面刻上"泰山石敢当"的字样，便可以避鬼邪、消灾难。

民间由对石崇拜，引申出对石头做成的器物崇拜，石磨被称作"白虎神"、石碾和石磙被称作"青龙神"。《新乡县志》和《获嘉县志》记载这些地方，正月初十"石不动"的禁忌，凡是带有"石"字的，都不能动，如：石碾、石磨、碓、臼、捶布石等。因为牧野地区民间认为，在这一天是石休息的日子，平日里加工粮食等工作很辛苦，所以在过新年的日子里，应该休息一下，人们显然认为石和人一样有着生命的特征；有的家庭比较娇贵的孩子会认石磨或石碾做干爹，求其保佑孩子健康长大。在民间忌讳坐石碾，坐石碾意为压住了青龙头，对夏收和秋收不利。

第二节　牧野祖先崇拜

祖先神是人类神化已故先人的产物。牧野地区民间崇拜的祖先神有人类始祖、家族祖先神、行业创始人、伟人圣贤以及一切亡故的鬼魂等。人们对崇拜的人神、鬼魂，或采取亲近、敬奉、讨好的态度，或采取忌讳或驱除的态度，在日常生活，尤其是逢年过节都要进行各种祭祀或祈祷活动。

一　祖先崇拜习俗

祖先崇拜是指人们对自己的祖先一种宗教的信仰和膜拜，也是表达亲情的一种方式。人们相信死去祖先的灵魂，仍然会影响到现世，会继续保护自己的后代子孙。祖先崇拜最初始于原始人对同族死者的某种追思和怀念，进入父系氏族后，人们逐渐有了其父亲家长或氏族中前辈长者的灵魂可以庇佑本族成员、赐福儿孙后代的观念，并开始祭拜、祈求其祖宗亡灵的宗教活动，从此形成严格意义上的祖先崇拜。

中国人对祖先的崇拜表现在定时扫墓、祭拜。祭拜时，并定时烧纸钱，甚至在不同季节送不同纸样衣物。祭祀是生者和祖先联系沟通的主要手段，祖先在阴间得到子孙后代的孝敬，阳世子孙冥冥之中就会得到祖先神灵的庇护和保佑，生活就会非常顺利、安康；那些在阴间得不到儿孙关爱和供给的灵魂就会降罪于阳间的子孙，使其生活出现种种不幸。过去，在牧野地区民间，几乎每家都设有祖宗的牌位，年节等一些主要节日都会对祖先进行祭祀或膜拜。祖先崇拜反映了中国民众的一种宗教意识。

清明节是一个以祭祖、上坟为主兼及踏青的节日，祖先崇拜的主体表现得最为直接。这天，人们黎明即起，在门上插上柳枝，一家人早早出发到故去的亲人墓地上坟扫墓，即使身在外地的游子也要赶回来参加。到了墓地，先清锄墓地周围的杂草，焚香点烛，摆上果品，将纸钱撒在坟墓周围，坟头上的纸钱用石子或土块儿压住，以免被风刮走。纸钱奉献完毕，儿孙们在墓前跪拜行礼，尽子孙孝道，也祈求祖先保佑儿孙平安如意。然后，烧纸钱和燃放鞭炮，让先人来收取财物和美食。春播之前祭祀祖先，也含有祈求祖先保佑农业丰收的含义在里面。

农历七月十五，老百姓称"鬼节"，这是一个安抚亡魂的节日，一般的百姓还是要祭祀祖先。春季的清明节和秋季的中元节对祖先的"春祈秋报"并不表示一年对祖先祭祀的结束，还有十月初一和春节。十月一日有寒衣节的称呼，主要节俗是祭祀祖先，为亡去的亲人"送寒衣"，与清明节、中元节一起合称"三鬼节"。牧野地区有的地方还有请故去的先人回家过年的习俗，在年三十傍晚将祖先的牌位拿出来供上、烧纸、燃鞭炮并焚香，一切准备妥当，等待大年初一早上全家人对着祖先牌位隆重祭祀。

在牧野地区有的人由于自己距离自家祖坟较远或者亲人亡故在外地，就在平川大道十字路口或交通要道的地上画一个圈，焚烧一堆纸钱，寄托对先人的思念和孝敬。

二　鬼魂信仰

人民常常用"妖魔鬼怪"来泛指人世间一切看不见、摸不着，但似乎又无处不在的恐怖之物。鬼魂观念的形成，与当时社会的生产力发展水平和人的认识水平有很大关系。早期人类所特有的"灵魂不死"和"万物有灵"的观念是其源头。人类无法正确理解人类生命体消亡的现象，就想象人死后，人的灵魂会离开躯体在人世间游荡。人们为了求福消灾，在民间就流行许多崇拜鬼魂的迷信仪式。

招魂。俗称"招魂儿"，一种迷信活动。如果家中小孩子受到惊吓夜间一直哭闹或者头疼发热，家中老人就认为是"掉魂儿"了。情况较轻者，父母会提着小孩子的耳朵，嘴里呼唤着孩子的名字，"回来吧，回来了"；情况较重者，要在夜深人静的时候，拿着幼儿的衣服，到小孩子受到惊吓的地方喊孩子的名字，嘴里念道"×××，跟我回家了"。另一种情况的招魂是人刚死或者将要死时，拿上死者的衣服，站到房顶或者高处呼喊死者的名字，目的是为了挽留死者的生命。

祭祀孤魂。是牧野民间对阴间那些无家可归、无人照料的孤魂、野鬼行善的一种祭祀迷信活动。每年的七月十五或者十月初一祭祀过自家祖先后，到大路的十字路口焚烧些纸钱，来祭祀野鬼孤魂，不至于他们日常在阴间没有钱花，没有衣服穿等。

驱赶鬼魂。预防或驱除作祟鬼魂的迷信举动。20 世纪 50 年代之前，家家户户都敬门神。每年春节家家户户贴门神驱鬼魂来保护家庭平安，牧野民间所信奉的门神有秦琼、尉迟敬德、关公、钟馗等。日常，民间还有许多自创的破除鬼魅的方法。如果有人一时神经错乱，说的话和死去的人说话的口气一样，人们便认为一定是鬼魂附体了，家人便端起一碗凉水，含在嘴中，快速地朝病人脸上喷三次，并许愿让鬼魂离开。

三　古代圣贤崇拜

古圣贤，是指智慧高超、品格高尚和有才有德的古人。牧野地区民间崇拜的古代圣贤很多，有历史名人、历代忠臣良将和神话传说人物。

比干。今河南淇县人，商朝帝王太丁的次子，20 岁就以太师高位辅佐商王帝乙，从政 40 多年，主张鼓励发展农牧业生产，减轻赋税徭役，提倡冶炼铸造，富国强兵。当时殷纣王暴虐荒淫，横征暴敛，滥用重刑。比干看到这种情况就直谏纣王，因而得罪了纣王和妲己，被纣王剖腹验心。比干为殷朝忠谏之臣，后来比干被奉为林氏祖先，并在明朝初建比干庙，现为全国重点文物保护单位。每年农历四月四日是比干诞辰纪念日，自 1993 年以来卫辉市连续举办祭祖和纪念活动，吸引了海内外林氏后裔。2006 年被命名为"中国财神之乡"，多次举办财文化节。

姜子牙。殷商末年汲人（今新乡卫辉），因其先祖辅佐大禹治水有功，被封在吕，后又随封地的名称而姓吕，并建立诸侯国吕国，为吕氏始祖，受封为吕侯，被赐姓姜，所以又称"吕尚、姜尚、吕望"等，字子牙，又称姜子牙，民间俗称姜太公。由于姜子牙灭商有功，被封于齐，成为周代齐国的始祖，姜子牙奋发图强，励精图治，把齐国治理得非常强盛。姜子牙是一位满腹韬略的贤臣和非凡的政治、军事家，他在军事理论方面，在政治、经济斗争的策略思想方面，都为子孙后代留下了不可磨灭的丰富遗产，人们称他是兵家权谋思想的始祖。周代延续了八九百年，这些伟业的开拓，姜子牙功不可没。

关羽。关羽崇拜在民间经历了泛化的过程，许多行业把关羽作为保护神，如烟业、绸缎业、糕点业、屠宰业等，在老百姓心目中，关羽就是正义的化身，是无所不能的神，他可以治病消灾、驱除邪恶、保佑科举、保护家宅等。

关羽讲信义，民间做生意的人就把他作为保佑生意顺利的武财神，生意人会在家中或者店内供上关羽的神像。建于元代的新乡市红旗区劳动路与东大街交叉路口的关帝庙，里面就供奉着关羽，明朝万历、崇祯和清代康熙、乾隆年间相继重修。因为关羽有驱除瘟疫、驱鬼辟邪的功能，牧野人还把关羽作为门神春节张贴在门上，希望他保佑家宅平安，镇妖除邪。

新乡封丘等地，认为关羽是掌管雨水之神。旧时，如果遇到天气大旱，县令会亲自到关帝庙烧香祈雨。假如最终还是没下雨，县令就会率领下属徒步捧香到刘备的祠，请刘备的神像入城，放在关帝庙中，然后朝夕焚香祭拜，希望关帝能够下雨；把关帝像搬到庙外，早晚焚香，待下雨后方才把神像抬到庙里祭拜。如果能够下雨，还会唱大戏祝贺。

岳飞。字鹏举，今安阳汤阴县人，南宋抗金名将，中国历史上著名的军事家、战略家、民族英雄。他忠孝两全的传统美德，使其在牧野地区民众中影响非常大。岳飞曾经在新乡率军和金兵作战13年，直到现在新乡还流传着"小冀到新乡，一溜十八营"的佳话。十八营是指新乡市卫河南边一连十八个村庄，村名都带"营"字，相传这里是岳飞抗金时在新乡扎营的十八个地方，打败金兵后，乡亲们怀念岳飞抗金的英雄事迹，就在岳飞扎营的十八个村庄名字后边添上一个"营"字：店后营、马小营、臧营、孟营、金家营、沈小营、八里营、七里营、留庄营、任小营、东营、秦村营……东西一条线，南北一条线，排成一个十字形。扎下18个营盘，像铜墙铁壁一样，构成了一道阻击金兵南渡黄河的强大防线。

岳飞在牧野地区13年，为百姓做了不少好事，百姓们拥护感激岳飞，今天新乡市饮马口就是岳家军平时放马饮水的地方。岳飞被害后，新乡人在宋王庄西南地的高岗上修建了岳飞庙，该庙的全称是"宋忠武穆王庙"，此庙是全国最早的三座岳飞庙之一，它的原址早已无存。新乡市于元代建关帝庙，民国初期将关羽与岳飞合祀，关帝庙又名"关岳祠"。虽然时间上已过去了几百年，但岳飞的民族气节和宁死不屈的英雄气概被后人敬仰，流芳千古。

张良。字子房，被封留侯，秦末汉初谋士、大臣，韩国后裔，其父、祖父均为韩国丞相。公元前 218 年秦国灭韩后，他深怀家仇国恨，趁秦始皇东巡至阳武今原阳县博浪沙时，埋伏在途中刺杀秦王，误中副车。秦始皇大惊失色，逐下令捉拿刺客，张良藏匿于原阳齐街一村中，后人将该村改名留后村。刺秦后，逃亡至下邳时遇黄石公，得《太公兵法》，他苦读兵法，深明韬略，足智多谋，终于成为刘邦重要谋士，为刘邦完成统一大业立下了汗马功劳，刘邦称他"运筹策于帷帐之中，决胜千里之外"。周恩来总理 1914 年也有"中原方逐鹿，博浪踵相踪"的著名诗句。张良在惠帝六年病卒，谥号文成侯。

张苍。旧阳武人（今河南省原阳县福宁集镇张大夫寨村人），生于战国末年（公元前 256 年），死于汉景帝五年（公元前 152 年）。曾任西汉初丞相，封北平侯，曾任丞相十年，主持改定历法，校正了我国最早的数学专著《九章算术》，在中国数学史上占有重要的地位，也是中国历史上主张废除肉刑的一位古代科学家。战国末期曾在荀子的门下学习，与李斯、韩非等人是同门师兄弟。张苍墓位于原阳县城关镇东北 2 公里谷堆村，属河南省重点文物保护单位。张苍墓东西长 40 米，南北宽 30 米，高 1—2 米，墓周槐林茂密，郁郁葱葱。墓前有清康熙年间立《汉北平侯张苍之墓》石刻，存有墓碑一块。上镌有云龙图案，中刻"汉丞相北平侯张公讳苍之墓"，为清康熙年间立。另有"张苍纪念堂"大殿和"西汉丞相张苍故里"大型石碑。

毛遂。战国晚期人，故里在今原阳县师寨乡路庄村。公元前 257 年，因向赵国的平原君自荐说楚成功，遂声名大振。成语中"毛遂自荐""脱颖而出"的故事均出于此。

第三节　牧野民间禁忌

一　禁忌的产生、发展和特征

禁忌，又称"忌讳"，它是以信仰为核心的心理民俗，主要通过人的心理因素产生作用，指人们对于神圣或不洁、危险的事物约定俗成的禁忌心理和行为。禁忌存在于世界的每一个角落，甚至可以说，世界上所有的民族都有禁忌。据《汉书·艺文志·阴阳家》记载："及拘者为之，则牵于禁忌，泥于小数，舍人事而任鬼神"① 这大概是关于"禁忌"一词的最早记载，从中可以推断，在中国，最迟汉代就出现了"禁忌"一词。禁忌风俗产生的历史源远流长，伴随人类社会的发展一直走到今天。

当人们无法明晰地判断行为的结果究竟是利还是害的时候，便容易产生禁忌或忌讳，形成禁忌习俗。人类有避害的本能，这类本能反应在禁忌文化中，就是人们自觉自愿地服从于禁忌。日常生活中虽没有什么明文规定，但大家会不约而同地遵守，有的带有浓郁的迷信色彩，但其中也有一些带有合理和科学的成分。我国古代，由于生产力的低下和科学的不发达，人生的各个阶段或是日常生活的方方面面，随时随地都存在各种禁忌，有很多禁忌，在今天还影响着人们的思想意识和生活。

理解禁忌，我们就要把握禁忌的基本特征：(1)禁忌是一种否定性的行为规范。一般情况下，禁忌在外观形态上是没有什么表现的，也是摸不着看不见的。(2)禁忌是一种社会心理层面上的一种民俗信仰。(3)触犯禁忌所遭到的处罚也是不可抗拒的，它是由当事人精神上的或者内心力量来执行，否则，禁忌也就失去它存在的价值。

二　禁忌的表现

在中国传统社会，牧野地区的生产方式以自给自足的小农经济为主，科学知识落后，人们对自然神秘力量的崇拜、对鬼神的恐怖、对死亡的畏惧以及人们的生活经验和求吉避凶的心理，就产生很多禁忌。禁忌习俗表现在各个方面，如岁时节日方面、日常生活方面、人生仪礼方面和其他方面等等。

(一)　岁时节日方面

"除夕"是一年的最后一天，据说各路神仙都要下凡间，牧野民间家家户户都要举行祭祀活动，敬鬼神，祈福禄。所以，在这一天，禁忌打扫卫生，不能在院子里泼脏水、倒垃圾、丢弃杂物、不准大声呵斥和打骂孩子；忌讳打破碗、碟子等，否则就会被认为不吉利。

大年初一，新年的第一天，在人们追求吉祥平安思想支配下，认为有好的开端，整个一年都会万事顺遂，百事大吉，所以在这一天的禁忌也有

---

① 《汉书》卷三十，中华书局标点本。

很多。如：包饺子的面和饺子都要很多，能够剩余下一些才吉利，意为年年有余，否则一年就会受穷；人们起早拜年，不要给卧床的老人磕头拜年，这样是不吉利的，会给受拜者带来病痛；春节这天出嫁的闺女不能在娘家过年，会对娘家不利；不能扫地、倒垃圾，否则会扫走运气、破财，假使非要扫地不可，须从外头扫到里边，直到今天许多地方还保存这一习俗；除夕前必须把家里打扫干净；大年初一忌讳说不吉利话，否则这一年就会不顺。所以，在新年伊始，大家都希望多说吉利话，为未来一年美好的生活讨个好口彩。

牧野地区民间以立春日为一年农事的开始，故人们认为这天宜晴不宜阴，晴天预示今年是丰年，阴天就是荒年；忌讳在惊蛰节前听到雷声；忌讳在清明节不戴柳，因清明节是祭祀先辈的日子，插柳、戴柳有驱邪避煞、消灾解祸的巫术作用；端午节的时候，给孩子的手腕上戴上五彩线，在系五彩线的时候不允许小朋友说话，要等到端午后的第一场雨才能解掉五彩线，在孩子眉间点上雄黄酒以辟邪驱瘟；中秋节的时候，男人不能拜月，有俗话说"男不拜月，女不祭灶"；出嫁的闺女忌讳在娘家过冬至、祭灶、春节和正月十五等。

（二）日常生活方面

1. 服饰。服饰体现了社会文化的特征。在牧野地区，人们的穿衣打扮多是遵从社会的约定俗成，基本都要符合社会的审美原则。旧时，服饰的颜色象征着人们社会地位的高低，如黄色被认为是尊贵的颜色，也是皇室专用色，其他人没有使用的权利，否则，会招来杀头的危险。随着时代的发展，服饰颜色禁忌也有所变化，体现人们的审美观念也在发生变化。在牧野民间，男性禁止戴绿颜色、青色的帽子；白、黑二色是丧礼时常用的颜色，纯白和纯黑色在日常生活中被认为是凶色，因此，在一些喜庆的场合如婚礼、寿礼、诞生礼上是忌讳穿这种颜色的衣服，但在丧礼上就应该穿白色或黑色的服饰；相反，在婚礼上忌讳穿白色的衣服，但现在的年轻人有举行西式婚礼，穿白色婚纱的例外，参与婚礼的亲朋好友也是忌讳穿白色的衣服。

给老人做的寿衣袖子要长，必须将手完全盖住，忌讳袖子不够长而把手露在外面，否则，将来儿孙就可能受穷而出门讨饭；寿衣不能用皮草，否则来世就会变成兽类。牧野民间忌讳幼儿的衣物晚上晾晒在室外，认为这样孩子的衣物上就容易沾上晦气或邪气，影响孩子的健康；小孩子衣服剐破或者扣子掉了，要尽快缝补，但不能穿在身上缝补，否则小孩子会变成哑巴，真正的用意应该是为了避免扎伤孩子。

2. 饮食。牧野人忌讳吃饭的时候用筷子敲碗、用手掌平托碗底或用手攥着碗边儿吃饭，他们认为乞丐讨饭的时候才会有这些动作；忌讳从窗口递食物吃，这样会得噎食病。有一些动物，人们出于习惯而不食用，如蛇、猫等；宴席上，忌讳问客人吃不吃醋；宴请宾客时候，主人要始终作陪，忌讳提前离席；客人在，忌讳扫地，这样会被误认为要赶客人走；丸子碗忌讳先上桌；猜拳时，不准只伸小拇指或食指，也不准出食指并中指等。

3. 居住。人们建造房屋的目的并不是简单地为自己构筑一个居住空间，同时也在构造一个观念体系，用以表达自己对安全、舒适和富足的期盼。因此，牧野人在选择居住地的时候，都非常重视风水。宅基地的选择和房屋的建筑有许多禁忌：建房不能直冲大路、豁口；不能在原来是坟地的地方建房；宅基地的形状以四方形为佳，忌讳簸箕形，即左右陪房外展，这样会散财；宅基地忌讳前宽后窄，院子中配房忌高过主房，更忌讳前面邻居家的院墙和房子高于自己家的，认为这样会压住自己家的运气，如果自己家有什么不顺心的事情就会责怪到邻居家头上，甚至会结下仇怨；房屋的山墙忌讳冲邻居家的宅院，牧野民间认为这样是以"箭"射人，邻居家的破解方法，往往是在自己家院中安装一面镜子，把一些煞气挡回到对方家中。门前不栽桑树，房后不栽柳树，院子里不栽"鬼拍手"（杨树）。

牧野地区民间盖房忌讳自家的屋门正对着邻居的门、窗和山墙，俗语有"窗户对着门，不打官司就死人"，"门对门，尽死人"，"门对窗，人遭殃；窗对门，必伤人"，尤其忌讳自家的门口小，而对方的门口大，俗称"大口吃小口"，如果不能避免，可以在自家门内垒个影壁以挡邪物进入；窗户不能比门宽大，俗称"眼不能比嘴大"，同时忌讳窗户一大一小，俗称"大眼瞪小眼"，可能会招致家庭成员之间关系不和等。我们可以看到这些禁忌，有很多是迷信的成分，但少部分也有科学道理的。

4. 交通。旧时牧野民众大多务农为生，小农经济社会，人们很少外出，也鲜有外出的经验，他们普遍认为，出门在外，可能会遇到很多不可控因素，不像在家里，乡里乡亲的，有个什么困难大家都可以帮忙，因此就有"在家千日好，出门一时难"的俗语。行旅当中，人们最为熟悉的"七不出门，八不还家"，因"七出"为妇道之禁，而"八"与王八（龟）之嫌，让人感觉很窝囊；为了旅途的安全，如"一人不上路，二人不看井"，是说行路中，要结伴而行以便有个照应；最好在白天赶路，忌讳夜间赶路；路途当中，忌讳遇到发丧的，认为这样会倒霉。

（三）人生仪礼方面

1. 诞生礼。在牧野人的观念中，认为怀孕的妇女身边有"胎神"的存在，它既能保佑胎儿的健康又能危及胎儿的安全，所以人们必须敬奉胎神，不得触犯。人们认为胎神居于孕妇的房内，在交感巫术感应原理的作用下，就产生了在孕妇室内的各种禁忌。如忌在孕妇房间的墙上、家具及门窗上钉钉子，人们会认为钉钉子会对孕妇腹中的胎儿产生影响，有可能会钉到胎儿，造成胎儿的损伤；忌动刀剪、针线，认为刀、剪会对胎儿产生相似的行为；忌捆绑东西，"不能肩头搭线"①，认为这样会导致胎儿脐绕颈或者可能导致生下来的孩子手指和脚趾伸不直。孕妇的一些禁忌，主要目的是为孕妇创造一个清静和安全的环境，让其度过一个平安的孕育期，能够顺利地生下一个健康的孩子，有些做法虽然有些荒唐，但有些还是有科学道理的。如忌讳参加嫁娶婚丧之事，民俗中认为当世的人都由往世的鬼转生而来，胎儿还没有完全发育成"人"，还带有"鬼"的性质，而"鬼"会给世人带来不幸，但从避免孕妇情绪激动这一点来说，是有益而无害的；忌吃生冷食物，不能喝凉水等，以免闹肚子，影响胎儿的生长。

在传统社会，牧野地区禁忌孕妇在娘家生孩子，认为在娘家生孩子会致使娘家贫穷；也忌讳在别人家生产和坐月子，一是认为分娩的不洁会污染人家，再者是别人家的福气会被新生的孩子带走；生孩子不满月的妇女不允许走亲戚和串门。直到今天，在牧野的某些农村还有这样的习俗。产妇在坐月子的一个月内，禁止外人进入房间，从保证产房的安静和卫生来讲，是有着积极意义。

---

① 原阳县地方史志编纂委员会编：《原阳县志（1986—2000）》，中州古籍出版社 2010 年版，第 73 页。

2. 婚礼。婚姻是人的终身大事，因此，在婚礼中也有很多禁忌。在牧野地区，结婚时找人帮忙，就忌讳找离过婚的或者死了丈夫或妻子的人；新婚前夜，准新郎忌一个人独睡新床，认为这样有可能会独守空房，不吉利，要找个未成年的男童和新郎同睡在新床上；结婚当天，新娘出门时，姑姑不能护送，要回避，因为"姑"跟"孤"同音，不吉利；孕妇及戴孝者都不能目睹新人出门或过门；新娘于结婚吉日忌穿"旧鞋"，要在上新车前把"旧鞋"脱掉，换上新鞋，同时，新娘子上轿，忌踏土地，意为怕把娘家的福气带走；婚嫁忌生肖属虎的观礼，因虎会伤人，免得因此导致夫妇不和睦或不孕。

新娘上轿前，按汉族的习俗，要蒙上红盖头。红色象征红火，吉祥祛邪。还有人说"盖头"是古俗掠夺婚的遗存，新娘蒙上"盖头"就看不见路了，使她不得跑回自己的家中。现代文化人类学者又从过渡仪式上解释"红盖头"的作用，"盖头"被揭开就完成了女人一生中最重要的生活转折。"红盖头"是旧时中国最普遍最有特色的一种婚姻习俗，新娘上轿前蒙上盖头一直到入洞房才能由新郎掀开。这一习俗曾使许多包办婚姻、买卖婚姻"生米做成熟饭"。在封建礼教的重压下，往往新郎掀开"盖头"之时，才得以见到新娘的面孔，因而许多婚姻悲剧也从这一瞬间拉开了序幕。

牧野一带，汉族结婚行轿有"东来西走，不走重道"的习俗。民间说"走回头路，夫妻不能白头到老"。忌讳"重"，担心走重道要重婚；又怕恶鬼在来时的道路上捣乱使坏。绕道走，那可能发生的凶祸便避开了。这种避忌的方法虽然简单一些，却能满足一般平民的心理需求。

花轿抬到男家门口，许多地方要放爆竹，以示喜庆吉祥；又有的说是要崩掉新娘子带来的煞气。婚礼当晚，要为新郎和新娘备一桌酒席，由同辈儿或晚辈儿的来参观指导新人喝"交杯酒"并逗乐嬉戏。夜深新人入寝，还必须有人来听房，即趴在窗户下偷听新郎新娘私语，如果没有人来听房，还要象征性地在洞房窗户下放一把扫帚。① 婚后三日，新媳妇回娘家又叫"回门"，雅称叫"归宁"。必须在当天日落以前赶回夫家，不能

---

① 延津县志编纂委员会编：《延津县志》，生活·读书·新知三联书店1991年版，第679页。

留宿，"一般午饭后即回，说是回去晚了妨婆婆"。① 新婚满一个月后，姻亲便可以自由往来。出嫁的闺女，忌祭灶、正月初一、正月十五回娘家。祭灶没有女人的事，女不祭灶，娘家也不在这一天叫闺女回来；嫁到夫家就把婆家的事摆在首位了，大年初一是岁首，自然不便回娘家；正月十五是一年中第一个月圆日，新媳妇回娘家，举家不得团圆，恐非吉兆。所以一般都是正月初二回娘家，正月十六回娘家，以照顾到婚姻双方的团圆喜庆。

3. 丧葬礼。牧野人给死者做棺材，习尚用松柏木，忌讳用柳木，因为柳树不结籽，人们认为会断后，而松柏象征长寿；死者的寿衣忌讳用缎子的布料，因"缎子"谐音"断子"，担心会有断子绝孙的报应；死者的寿衣一般为单数，三、五、七、九件不等，忌讳双数，唯恐死亡的凶祸再次降临；死者入殓后，忌雨打棺，俗语说："雨打椁，辈辈穷。"如果恰巧在埋葬之后下起雨，则认为是吉兆，俗语说："雨打墓，辈辈富"。人若客死他乡，家里还有长辈，尸体就不能进家门；眼泪不能落在尸体上，否则，死人就会诈尸等；孝子不过百日，不准剃发刮胡子。

（四）其他方面

因教育而形成的禁忌。一般家庭因教育子女需要而设，旧时母亲吓唬女孩子会说"小女孩儿不要跟小男孩儿玩，否则就会烂手指头"，其实是在遵守"男女七岁不同席"的古训，使他们逐渐形成男女有别的知识；"不得乱丢弃粮食、吃饭不准剩碗底儿，否则会遭雷公劈"，这是教育孩子不要浪费粮食，出于教育孩子的目的而设的禁忌。下午和晚上忌讳看望病人；卖南瓜（难过）的不能喊南瓜，要说倭瓜；在砖瓦窑前忌讳吹口哨，这样烧的东西就会破；人逢 45 岁、73 岁、84 岁时忌讳直说这些数字，俗语有"73、84 阎王不叫自己去"，所以这个岁数就要多说 1 岁或少说 1 岁；每逢农历初一、十五忌讳摔打盆碗；天空出现彩虹，忌讳用手指，认为这样就是亵渎天公。新乡小冀人，忌讳唱《搜杜府》；大、孝宋佛忌讳唱《崇祯吊死煤山》；西营忌讳唱《三上轿》等；公爹忌讳入儿媳妇卧室，兄长忌讳与弟媳妇开玩笑；早起不说梦，晚上不准小孩子玩灯玩

---

① 原阳县地方史志编纂委员会编：《原阳县志（1986—2000）》，中州古籍出版社 2010 年版，第 71 页。

火；儿童忌讳重长辈的名字，晚辈对长辈、年轻对年长者忌呼名字。

三　禁忌的教化功能

禁忌的基本叙事模式是不要做什么，否则，就要遭到惩罚。因此，禁忌常被作为伦理教化来用，以制止某些不道德事情的发生。如某些子孙对长辈的不敬不孝被列为禁忌，违禁者就会遭到天打五雷劈；孩子的浪费粮食被列为禁忌等。禁忌在劝导民众弃恶扬善，遵守伦理道德方面发挥了重要的作用。旧时，人们并没有认识到对一些不法之徒应该绳之以法，宁愿将缺德的行为列为禁忌，让超自然的力量去惩罚他，也是民间进行自我伦理道德教化的独特话语。

民俗禁忌传承历史源远流长，不同时期产生了不同的禁忌，本质上讲是一种迷信，但其中也有一定的科学成分，我们采用科学的态度，接受其合理的一面，同时也要摒弃它的糟粕。加强对牧野地区民俗禁忌文化的研究，对于传承优秀的民族文化，繁荣社会主义文明都具有重要的意义。

第四节　牧野吉祥崇拜

在我国，吉祥崇拜源远流长，在历史的长河中积淀下来多姿多彩的祈吉习俗，吉祥图案和吉祥物是这种吉祥崇拜的主要表现形式。它不仅是一种物质文化存在，也是一种精神和信仰。生存繁衍、求吉纳福、辟邪禳灾是吉祥崇拜的永恒主题，也是中华民族几千年吉祥文化的积淀，表达了人类向往和追求吉庆祥瑞观念的共同情感。

一　"吉祥"的含义

吉祥，《辞源》中解释为"美好的预兆"，吉、祥二字的字意与联系，在中国的古代典籍中有很多解释。《周易·系辞上》云："吉，无不利。"《说文解字》中曰："吉，善也。"①《周书·武顺》曰："礼仪顺祥曰吉。"（同上）。可见"吉"字的含义有"善""利""美""顺"等意思。在

---

① （清）段玉裁：《说文解字注》，二篇上"口部"。

《尔雅·释诂》曰："祥，善也。""祥者，福之先者也。"①"祥"字，是形声字，《说文解字》曰："祥，福也。从示，羊声。"由于祥为"羊声"。故"吉祥"又称"吉羊"。"祥"的本义是凶吉的预兆，预先显露出来的迹象，后世多以吉兆为"祥"，凶兆称"不祥"。

在古人观念中，"吉"指事象，"祥"为意象。"吉""祥"二字本来意义就相通、相近，它们的原意都是福、善、顺等美好的征兆，因此，常把这两个字相提并论。从上面的典籍记载来看，最初"吉祥"两个字是单列的，如《易·系辞下》："吉事有祥。"它的含义就是吉利的事必有祯祥。"吉""祥"有共同的价值观和功利观，是一个相互关联、并存互补的整体，求吉避凶、祈福纳祥是它们共同的诉求。

二　吉祥符号

吉祥符号是指在吉祥观念和信仰支配下，通过联想、想象、象征等方式制作出来的吉祥图案和吉祥物。

（一）吉祥图案

吉祥图案，顾名思义，指蕴含吉祥合顺的图案。传统的民间吉祥图案广泛应用于年画、剪纸、刺绣、雕刻、服装、建筑和家具上，使传统吉祥图案得以传承和发展。吉祥图案作为吉祥崇拜的一个重要组成部分，也反映我国民众的祈吉习俗和审美情趣。

1. 吉祥图案的起源与发展。在人类社会的童年，生产力水平低下，先民的生存环境极其恶劣，能够生存下来是他们的头等大事。他们除了积极应对死亡之外，还相信有超自然的力量存在，它能保护人类不受侵害。在原始巫术"万物有灵"的观念中，我们今天可以看到原始社会时期，原始的彩陶纹样中，有动物纹和人面鱼纹，这些应该都带有敬天神的意思。鱼有多子的性能，寓意子孙延绵不断。这些图纹，客观上为传统吉祥图案的形成奠定了基础。

夏商西周前期的吉祥图案基本沿用原始社会时期彩陶上的装饰内容，即以动物为主要对象。周代，青铜制造业发达及对某些动物的崇拜，以至于人们把许多自然界中常见的动物如牛、羊、猪、鱼、龟、蛇、鹿等雕刻

---

① （清）阮元:《经籍籑诂》，卷22"祥"。

在青铜器上；另外，人们通过想象创造出了饕餮、夔纹、龙、凤等纹样也装饰在各种器物。其中，龙和凤是中国历代装饰图案中应用最广泛、时间最长久的，它们是美好和祥瑞的象征，是最完美的图案组合，发展到战国时期，已经相当普遍了。

秦汉时期，我国的吉祥文化受到方术、巫术和早期佛教、道教的影响，趋吉避凶的形式多样，反映吉祥寓意的内容丰富。这一时期的吉祥图案主题有鹿、蛙、鱼、大吉羊、青龙、白虎、朱雀、玄武、羽化登仙等，在青铜器、陶器、瓷器、瓦当、画像石、丝织品等器物上都可以见到这些吉祥图案。此外，还有装饰纹样的云气纹，也叫流云纹，因为云可致雨，雨水可以灌溉农田，人们便奉云为保护神加以崇拜和祭祀。此时，还出现了用文字作为器物的装饰图案，如瓦当上有"延年益寿""大吉富贵"等吉祥语，有的还与其他图案组合使用，给人精神上以美的享受。

魏晋南北朝时期，佛教、道教的盛行，因此这一时期的吉祥图案融入了大量佛学、道学和玄学的内容。如莲花和卷草纹是极具时代特色的主流纹样，在砖瓦雕刻、石刻和金银铜器上大量出现。莲花是佛教的符号，代表"净土"，象征着纯洁无瑕，尤其是南北朝时期，随着佛教的盛行而更加风行。忍冬，也称"金银花"，是另外一种广泛用于佛教的装饰图案。莲花和忍冬图案的广泛应用，预示着从商周至汉代动物纹为中心的装饰题材开始过渡到植物等其他吉祥图案。

隋唐时期是我国文化发展的主要转折期。唐代开始，吉祥图案开始转向以各种花草为主的植物鸟禽纹样，动物纹样已经逐渐淡出主流纹样。吉祥图案内容的转变，反映的不仅是人们审美观念的转变，更多的是人们生活方式的转变。唐代的文明，可以说代表了东方中世纪的文明，它的特点是将花草纹样、祥禽瑞兽、仙人神物穿插组合运用。花卉纹中使用最普遍的是牡丹、莲花和忍冬等，唐代人对牡丹花情有独钟，牡丹是富贵的象征，因此产生了很多诸如"富贵平安""荣华富贵"等牡丹图案。唐代的民间信仰中，对人物神祇的崇拜很流行，秦琼、尉迟敬德是唐代著名的两位门神，专门用来驱鬼保平安。

宋代城市繁荣，市民生活水平提高，对精神需求增大，这一时期迎来了吉祥图案发展的又一高峰。宋代门神画、年画艺术发展日趋成熟。梅、兰、竹、菊因寓意高雅脱俗，成为宋代及以后装饰图案的主要祥瑞题材。

从内容上来看，宋代基本沿袭唐代，以珍花异草和祥禽瑞兽为主要吉祥题材，主要有牡丹、菊花、梅花、莲花、忍冬、竹子、凤凰、鹿等。

元明清以来，吉祥图案达到进一步繁荣和发展。吉祥题材年画丰富，有五子登科、麒麟送子、龙凤呈祥、百子图、四季平安、花开富贵等；明清门神从驱鬼辟邪转化为招财进宝、功名利禄，门神除秦琼、尉迟敬德外，还增加了赵公明、赵云等；清代根据身份和职业不同，人们服饰纹样也不同，如官服有高升图、挂印封侯、五福捧寿图等；平民穿的服饰图案有瓜瓞绵绵、子孙福寿等；商人服饰图案有万字不断头、如意图、年年发财图等。明代装饰图案已经普遍采用谐音、寓意等手法，达到"图必有意，意必吉祥"的目的。

2. 吉祥图案的分类。吉祥图案纷繁复杂，各式各样，应有尽有，是民间文化、风俗信仰的活化石，也是民众生活的真实写照。可从内容和主题两个方面来分，从题材内容上可以分为四大类：花卉果木、祥禽瑞兽、人物神祇与故事、文字符号；从吉祥图案的主题可以分为十大类：福、禄、寿、喜、财、吉、安、和、养、全。各类别之间不是绝对的，它们之间会有所交叉，如祥禽瑞兽会和花草树木共同构成图画，福、禄、寿、喜、财会组合在一起构成吉利祥瑞寓意。

花卉果木题材包括：牡丹、莲花、梅花、兰花、竹子、菊花、桃花、葫芦、寿桃、蔓草、石榴、枣等；祥禽瑞兽题材包括：龙、凤、麒麟、龟、仙鹤、鸳鸯、狮子、猴子、鸡、鹿、十二生肖、喜鹊、蝙蝠、蝴蝶等；人物神祇与故事题材包括：仙女、仙童、福禄寿三星、八仙、钟馗、牛郎织女、梁山伯与祝英台、西厢记等；文字符号包括：八卦、福字、禄字、寿字、喜字、回纹、连钱纹、祥云、花瓶、宝灯、如意等。

福，即幸福，如五福临门、多福多寿、福寿安康、迎春降福等；禄，即俸禄，如三元及第、喜报三元、一路连科、五子夺魁、马上封侯、封侯挂印、带子上朝等；寿，即长寿，如延年益寿、百寿图、杞菊延年、松鹤延年、八仙过海等；喜，即喜庆，如双喜临门、报喜图、喜上眉梢、麒麟送子、莲生贵子等；财，即金钱，如招财进宝、刘海戏金蟾、黄金万两、年年有余、日进斗金等；吉，即吉利，如吉祥如意、大吉大利、吉光高照等；和，即和谐，如永结同心、鸾凤和谐、鸳鸯戏莲、龙凤呈祥、蝶恋花等；安，即平安，如合家平安、国泰民安、竹报平安、平安如意等；养，即养生，如君子之交、琴棋书画、二十四孝等；全，即全面，如子孙万代、瓜瓞绵绵、万事如意、五谷丰登等。

这种吉祥图案的主题是在一定的历史时期和条件下创造出来的，随着时间的流转，主题内容的含义向着更加宽泛的方向发展，它们永恒的寓意就是对取吉纳福、吉庆祥瑞的渴望和追求。

3. 吉祥图案在民俗生活中的应用。中国农耕时代的吉祥崇拜主要有福、禄、寿、喜、财五大核心主题构成，它广泛而深刻地渗透到民众的日常生活中。传统的福禄寿喜财图案作为传统吉祥图案的一部分，不仅具有审美价值，而且也表达了人们对幸福美满生活的向往。

福。"福"是一个会意字，左为"示"，表示祭坛或供桌之类；"畐"的雏形是尊、瓠之类的大口酒器，甲骨文的"畐"的下面有两只手，将"畐"中的酒倒入祭坛来祭祀祈福。福字被广泛应用于对联、剪纸、年画、建筑等。

福，即幸福。《尚书·洪范》中定义五福有寿、富、康宁、攸好德、考终命，即延年长寿、富贵殷实、身体康宁、行善积德、寿终正寝。可见，"福"的概念很宽泛，"五福"的内容也是古人对幸福的理解，对于我们今人也有很好的指导和借鉴意义。福神最早源于福星，即岁星，原指木星，属于星辰崇拜时期的产物；占星家认为，五星中的木星是吉星，它运行到哪个地方的上空，地面上相对应的地方就五谷丰登、国泰民安，人们生活幸福祥和。后来，人们将星神人格化，最典型的形象要属"天官赐福"中的天官了。福神形象常与禄神、寿星、蝙蝠、鹿、仙鹤、花瓶、牡丹等组合在一起，创制出不同寓意的吉祥图案，受到人们的喜爱。20世纪七八十年代，在新乡农村，几乎家家户户的中堂都会挂上一幅这样的图画，以求家庭吉祥如意。

禄。即俸禄、俸给。禄神，是掌管文运利禄的神灵，也称"禄星"，源自星辰崇拜，最早指二十八星宿神中北方七星宿中的斗魁六星，后来禄星人格化，转化为禄神，并附会张仙。

古代官吏是以米来发放俸禄，所以俸禄又称"俸米"。俸禄的多少取决官职的大小，因此，俸禄又引申为官职、爵位，历史上，高官和厚禄常常联用。换句话说，有高官，就有厚禄，财产和爵位是相匹配的，高官就意味着财富众多、衣食无忧，因此高官厚禄成了人们追求的目标，也是一种吉利祥瑞的象征。一般追求功名人的家中会挂一些这样的吉祥图案，如连中三元、状元及第或喜得连科等。

寿。即长寿，以长寿为幸福的观念在商代就有记载。期盼长寿是人类永久的追求，"寿"字最早见于周代早期铭文中。篆书"寿"字是一个象形字，一位拄杖而立的老人，旁边有两只手，表示对老人的扶持，也表明了"寿"与"老"的密切关系。在古代"五福"观念中，寿为大福。

寿星是民间俗神中最受崇拜的吉祥神，来源于星辰崇拜。后来被加以人格化，演变为南极老人，专门掌管健康长寿之神。寿星常以慈祥老翁出现，身材不高，弯腰驼背、肉头广额，一手拄拐杖，一手托仙桃，白发白须，笑容可掬的形象。传统文化中，寿作为生命力长久的象征，用于生活的方方面面，如寿桃、祝寿、拜寿、寿酒、寿面、寿联、寿棺等，用"寿"而命名的地名、人名比比皆是，如安徽省的寿县，古称寿春、寿阳、寿州，四川的仁寿县，山东的寿光市等；人名有相声演员马寿椿、著名画家潘天寿等。在建筑物上的雕刻也有很多用到"寿"的吉祥图案的；寿星也常与福星、禄星、仙童、蝙蝠、松、鹤、寿石等图案组合在一起，构成丰富多彩的吉祥图案，从中我们可以感受到人们对生命观的思考和对幸福的追求。

喜。即吉庆。喜的内容很广泛，凡是生活中令人高兴愉悦的事情都为喜事。"喜"是会意字，本意是高兴、快乐的意思。《说文解字》中解释"喜"为"说也"。"说"即"悦"，指高兴之事。民间说人生有四大喜事，即"久旱逢甘露，他乡遇故知，洞房花烛夜，金榜题名时"，这些确实都是人生的大喜事，无一例外。

喜神，无星宿之说，是人们为了趋吉避凶，臆造出来一个神灵，专司喜庆之事。喜神没有明确、固定的形象，却不显身形。喜神每日每时所处的方位不同，要按天干推算日时，按八卦测算方位，依此来供奉喜神。喜的吉祥图案应用很广泛，如喜鹊、麒麟、葫芦、枣、囍字等广泛应用于婚姻礼仪、护身符、建筑、日常器物上等，凡是和喜庆有关的都可以用。

财。即财富，它的本意是指日常生活用品，后来逐渐演变为财富、钱财、财宝等意。《说文解字》曰："财，人所宝也。"不同的阶层，对"财"有不同的理解：商人，认为日进斗金便是财；农民，认为五谷丰登是财；对于学子来说，"学而优则仕"即是财；对于官员来说，"加官晋爵"是财。追求人生价值的最大化是一个人的正常心理状态，追求功利也是符合人的本性和社会发展规律的，无可厚非。

在历史的长期演变中，人们创造出多种财神，如文财神、武财神等，比干被封为文财神，关羽、赵公明被封为武财神。对财神的崇拜，由此产生了迎财神的习俗，大年初一开门迎财神，并有"财门一开，财水进来"。一般做生意的人，都供奉财神，希望财神保佑生意兴隆，财源滚滚，有个美好的希冀和愿景。

（二）吉祥物

吉祥物，又称"吉物""祥物"，系由原始崇拜、巫具、宗教法具等衍生出的福善、祥瑞的象征物品，借取自然物或人工物或其他文化形态，在日常生活中表达祈福禳灾的功能。祥物是建立在文化理解上的精神追求，它是一种心理上的满足和慰藉，而不是事物间客观联系。吉祥物应用的领域十分广阔，如在建筑领域、饮食行旅、生育寿诞、婚丧嫁娶、商贸交易、游乐活动、民间信仰等方面，是中国民间文化的一部分，成为人们激发希望、鼓舞情志、美化生活的文化符号。

1. 吉祥物的形成与发展。吉祥物作为一种物象，一种符号，蕴含着趋吉避凶的神秘意义，它是一种象征意义，往往是一种或几种物象组合在一起，显现出某一风俗主题。祥物的主要来源有图腾物、巫具、法具和辟凶镇物等，在日常生活中形成一个庞杂的体系，并随着生活的需要而不断演进。当代祥物不仅是人们对祥瑞追求的心理寄托和民间信仰的自然遗存，也是文化变迁和文化选择的结果。

"图腾"一词来自印第安语的音译，意思是"他的亲属"，图腾物一般由动物、植物或者其他自然物充当，其中以动物为最多。原始人类把图腾物视为与本氏族或部落有一定血缘联系或其他特殊关系，因此把图腾物当作本氏族或部落的名称或徽志，或者当作自己的祖先、保护神等。图腾物的信仰和崇拜把氏族成员凝聚成一个相互认同、互相依靠、同命共生的整体，凝聚了氏族的力量。图腾物解释了人是如何而来和死后的归宿。苏联学者柯斯文指出："图腾主义也导致其他一些概念，如认为生育是由于图腾入居妇女体内，死亡是人返回于自己的氏族图腾。"[1] 先民们认为图

---

① （苏联）柯斯文：《原始文化史纲》，生活·读书·新知三联书店 1957 年版，第 17 页。

腾物在图腾时代与人类活动息息相关，应该是充当了人类最早的吉祥物，带给人们以希望和美好的憧憬。在当代，我们在日常生活中还可以见到图腾物的遗存，如今天我们看到的剪纸艺术中，仍有蛙、人叠合的传统题材；蛙、蟾曾是氏族社会的图腾崇拜物，其中"蛙人图"中，蛙的头部画有许多原点，即对多子的期盼，具有生殖、繁衍的象征意义。

巫具、法具往往与通神的仪式相联系，是巫师、僧侣们作法的工具和手段。水、火是自然之物，也是作法常用之物。在古人的观念中，水能把天、地结为一体，巫师、僧侣们便将水作为能通天地、化阴阳、接鬼神的万能法物。于是，巫师作法多以吐水、洒水来营造神秘气氛，出现了所谓的神水、圣水、符水等，来化解灾厄，迎接祥瑞。火能给人间带来光明和热量，古人认为火是万能之神，是阳气的象征，所以巫术就用火作为驱阴辟邪的工具来上通神灵，和神灵交流，巫师们会焚烧纸帛或点香燃烛来作法以求吉祥。因此，水、火不仅是人类生存的基础，也有通神的功能，后来被民间赋予了祥物的化身。

镇物是祥物的早期形态，也是祥物的重要来源。早期人类生存环境恶劣，不可避免地对外界事物会产生恐惧和担心，自然就会借助文化的创造，用镇物等工具对观念中的鬼祟、邪气、灾难等加以震慑，以求得心灵的慰藉，从而更从容地面对眼前残酷的生存环境和压力。随着社会的进步，知识的积累和文化需求的提高，人们的意识开始由避凶转向趋吉，由镇物开始向祥物演变，如桃木制成的桃符，起初是为了辟邪，后来演变成喜气盈门的对联，创造出轻松愉悦的生活气氛。还有一部分具有镇物、祥物的双重性质，如石狮、虎帽、虎枕等，还有一部分则与祥物平行传承，仍保持镇物的主要性质，如照妖镜、斩鬼符等。

2. 吉祥物的分类及应用。吉祥物的种类很多，在社会生产和生活中都可以找到祥物，可以说运用的范围很广。按照应用范围来划分，可以分为：岁时祥物、饮食祥物、礼仪祥物、信仰祥物、文字图画等。

（1）岁时祥物。以一年中固定的时间、日期为应用前提，循环往复、周而复始、常备常用的一种祥物，如新年祥物。

新年祥物以辞旧迎新、招祥纳福、贺岁祈年为目的，蕴含着人们对未来的希望和祝愿。主要有春联、年画、门画、窗花、饺子、"福"字、纸马、花灯、灯盏等。

春联。由桃符板演变而来，最初是为了驱恶鬼，后来转化为祥物。据史料记载西蜀的孟昶在桃符上首次题写"新年纳余庆，嘉节号长春。"①的联句后，春联就开启了吉利词语的先河。为了迎合春节喜庆气氛，后世的春联选用红纸来书写，春联又有了"万年红"的美称。春联是成对出现，另外还要加"横额联"。牧野地区春联一般在大年三十贴出，也有提前一二天的，为了增加春节这种祥和的氛围，在能看得见的地方都可以贴上春联，如大门、房门、猪圈、牛棚、厨房，甚至厕所等处，到处一派喜气洋洋的气象。春联的吉祥词语运用，是春联得以世代传承的基础，它以优美的词句传递着人们对春天和新一年的希冀，成为民间辞旧迎新的象征。

年画。从神像画演化而来，题材丰富，有小说场景、戏曲故事、神话传说、吉祥图案等，贴年画是中国年俗的传统，既增加了喜庆气氛又有着吉祥寓意。如传统的年画有三星高照、莲生贵子、老鼠嫁女儿等；现代的年画有白蛇传、牛郎织女、八仙过海等。

门画。贴于大门和房门之上的民俗画，有镇邪和祈福的双重作用，在新年来临之际张贴。贴在大门上的有文门神和武门神，贴于房门上的有"四季平安""平安富贵"等，新婚夫妇门上会贴"麒麟送子"，祈求能够早生贵子。门画装点了人们平淡的生活，也给人们带来了精神上的愉悦。

窗花。一般在新年或其他重要喜庆节日贴于窗户或玻璃之上，用来装点居室，美化生活。剪窗花的内容丰富多样，大多来源于人们的日常生活，常见的有瓜瓞绵绵、梅兰竹菊、肥猪金宝、鱼跳龙门等，表达了人们对生活的无限热爱。

饺子。饺子作为守岁食品，既有镇物的性质②又有祥物的意义。饺子形状似元宝，谐音"交子"，在新旧交替时节，吃饺子有招财进宝的意味。在牧野大地，人们要在包新年的第一个饺子时放进去一枚硬币，如果在新年早上第一顿饭谁吃到这个饺子，新的一年就会好运连连，这个类似占卜的游戏，也给人们带来了很多乐趣。

"福"字。过年贴"福"字是中国很多地方的年俗，一般写在斗方红纸上。另外还有剪纸类的"福"字，贴于门户、照壁、墙壁、家具、树

---

① （元）脱脱等：《宋史》卷六十六志第十九，中华书局1997年版，第1446页。

② 陶思炎：《中国镇物》，台北东大图书公司1988年版，第106—133页。

干及农具上，也是最常见的新年节物之一，处处表达新年祈福的愿望。

纸马。在中国传统的春节，是集中祀神祈福的日子，民间形成了"年夜祀神，岁朝供仙"的习俗。祀神，要在家中的堂屋设天地桌，陈供各路神仙的纸马，一并祭祀。如"天地之神""天地三界十方万灵"等，祈求新的一年人寿年丰，家庭平安幸福等美好祈愿。

花灯。花灯一般在元宵节的时候挂在门户上，起到装饰和照明的作用，同时也渲染了节日的气氛；另外还有为孩子们扎的花灯，即可照明，又可以当作孩童的玩具，为了找乐子，甚至有人会朝提灯笼的孩子喊："放倒明、放倒明"，当真有的孩子会把灯笼放倒，烛火就会把灯笼纸点着。宋朝放灯的日期是"正月十三上灯，十八落灯"，而明朝时间会更长一些，在正月初八上灯，十六落灯。而在当代的牧野地区，一般是在正月十四挂花灯，正月十六落花灯，此刻，新年正式过完，民间早已把花灯当作祝福的祥物了。

灯盏。也叫"面灯"，是中国年俗中最突出的事象之一。在元宵节前夕，牧野地区民间往往用面做灯，形状各异，有的取自家中自用的碗的形状，不过体积要小很多，有的捏成狗、鼠、羊等动物形状，要在其背上或头上捏出凹槽，方便盛上燃油，然后再放上蘸过植物油的棉絮。灯盏是蒸制的熟食，即可让孩子把玩，也可以食用。在元宵节的晚上，点上灯盏，放在自家门前、堂屋、粮囤旁等，是发家致富和添丁的象征。

（2）饮食祥物。饮食是人们生存的基础，不仅能够果腹，而且也不乏喜庆祥瑞的文化内涵。如牧野人每天喜爱吃的馒头，有叫"馒首""蒸饼""炊饼"等，是用面粉发酵后蒸制的食品，它作为祥物，主要是礼俗中的应用，除了用于敬神祭祖，过年的时候也常用。作为礼俗的馒头，人们会在馒头的顶部划个十字口，点上红色颜料，蒸出来开花馒头，也称"笑"馒头，在节日的时候用来供奉祖先和神灵，因馒头常用于礼俗活动，也称"礼馍"。在牧野地区"礼馍"的造型很多，有小燕子、小兔子、小羊等动物，也有做成"枣山"的。作为贺寿的食品，馒头还做成桃子的形状，在尖部涂上红色，俗称"寿桃"，象征长寿。另外还有饺子、元宵、粽子等，不一而足。

（3）礼仪祥物。指在人生礼仪及其他社会礼仪风俗中应用的祥物体系，主要包括婚恋祥物、祈子祥物、寿诞祥物等，表达了人们的生活理想和生活情趣，积极营造吉祥氛围。如红线，又称"赤绳"，是缔结良缘的象征，民间俗语有"千里姻缘一线牵"，牧野地区婚嫁的物品上都喜欢拴上红线，以求吉祥；喜被，一般由女方准备的嫁妆，结婚前一日送入新房，喜被的四角往往不缝合，塞入红枣、花生、桂圆、瓜子等，以求"早生贵子"；寿桃、长寿面等祥物皆祝福长命百岁。

另外，信仰祥物有财神、宅神、行业神、日神、月神、土地神、龙、凤、麒麟、灵龟的崇拜等；吉祥文字和吉祥图案等，都和我们的生产生活息息相关。

3. 吉祥物的特征和功能

（1）吉祥物的特征。吉祥物作为吉庆祥瑞的民俗物品，为民间生活增添了许多欢乐和希冀，它除了具有的基本信仰因素之外，还有一般俗物的特征，这些特征主要有群体性、演变性、功利性和象征性等。

群体性。祥物为一个社会群体所共有，不是专属于某一个人、某个家庭或团体，是一个族群不断创造、完善、传承和保护下来的风俗符号，被普遍认同和接受，是群体智慧的结晶。

演变性。祥物是一种传承性的文化现象，在传承过程中，会因时空的转化和主体的需要发生形态和意义的演变。如莲花作为圣洁的象征，是佛教专用的饰物。但随着时间的流转，到唐代莲花逐渐越过寺庙的围墙，走向民间，并赋予了更多喜庆色彩，用作饰物，年画、剪纸中大量使用莲花题材，如"鱼穿莲花""莲生贵子"等。

功利性。即祥物的目的性，它是主体内在需要的无声表达，也是生活追求的有形展示，会随着目标的消亡而消失。如"猴"与"侯"谐音，因此，小猴子就被植入升官发财的祝语中。传统图案"老猴背小猴"，寓意"辈辈封侯"；图画"马的背上骑一只小猴子"寄寓了"马上封侯"的吉利语境等，这些祥物或祥图都具有仕途腾达的目的性。但现代人的价值取向和追求的变化，这种以猴点题的升官图在人们的视野中逐渐淡去。

象征性。祥物与所表达的吉祥如意之间并没有直接的联系，仅仅是一种符号，以唤起人们的心理感受与文化意义的联想，从而使心灵得到抚慰愉悦。在民间风俗中，祥物的象征性比比皆是，如松、桃子表"长寿"；莲子、石榴表"多子"；牡丹表"富贵"等。

（2）吉祥物的功能。中国吉祥物同其他文化造物一样，也因其功能而存在。祥物的功能主要有认识功能、组织功能、改造功能、教化功能、愉悦功能等。

祥物的认识功能是指以祥物为媒介，正确理解人与自然、人与文化的关系。如人们认识到太阳给人间带来光和热，养育万物生灵，于是太阳就成了祥物，先民创造出"旭日东升""丹凤朝阳"等祥物祥图。

祥物的组织功能是指祥物在其应用过程中唤起族类认同感，使享用同一祥物的人群组成关系密切的整体。中华民族自古以来都认为是龙的传人，对龙的信仰就带有图腾的遗迹，在共同的信仰中，凝聚起来，相互依靠和认同，也使民族的凝聚力进一步得到加强。龙作为祥物，至今还为中华民族的儿女们所使用。

祥物的改造功能是指借助祥物以图对现实状况的改造，达到免祸得福、祛病健体、避凶化吉的效果，表现出强烈的祈福愿望。其实，这也是镇物的本能，同时也是祥物的追求。如春联、年画、门神等，都属于有改造功能的祥物。传统年画中的"摇钱树"，以元宝、铜钱为主题图，题有"日进斗金""富贵满堂"的字样，表达的是人们发家致富的强烈愿望；在牧野地区，比较常见的武将门神大都为秦叔宝和尉迟恭，一般贴在宅第大门上，有镇宅避邪、保护平安的作用，而内户多贴祈福门神，如"麒麟送子""招财进宝"等，寓意吉祥。

祥物的教化功能是以祥物、祥图为媒介，传递伦理道德观念，人们可以因物施教、睹物知礼，接受熏陶。例如孔子像、新二十四孝图、孝子图等，其教化的功能显而易见，它们无不在默默地传达着孝道，对社会起着教化的作用，使人们一心向善。

祥物的愉悦功能是指祥物作为民间文化的一部分，它使人积极向上、乐观豁达，更够激发人的审美情感和愉悦情趣。在民俗版画和民间剪纸中，就有不少祥图激发人的愉悦情感，如辉县李爱荣剪纸《农家乐》表现山里人的实在、纯朴、可爱；另一幅作品《拽被单》，洗好后半湿不干的被单，被两位山村妇女两头拽着，边拽边笑，憨态可掬。

吉祥物的功能很多，在这里不能——详尽，它是人们心理需要的一种表达，贴近民众生活，既质朴有趣，又充满智慧。把握这些民俗物品的特性和功能，让我们更清楚地看到物理、事理和人情的奇妙结合，福善和嘉庆永远是人类所追求的永恒主题。

第六章　牧野语言民俗

语言民俗是民俗事象的一大门类，指听得见的口传形式的民俗事象，是人民群众在长期的生产和生活中创作的，是集体智慧和经验的结晶，传达和反映着民众的思想、情感和习俗。广义的语言民俗包括民间语言和民间文学两部分；狭义的语言民俗，不包括故事、歌谣等成篇的民间文学作品。这里所说的语言民俗采用广义的说法。

第一节　牧野民间语言

民间语言是一种口头语言，区别于文雅庄重的书面语言，具有轻松、明快、活泼的特点，其主要部分是民众集体传承的俗语套话。可供研讨的民间语言材料是丰富多彩的，其中主要部分是民间熟语。

何为"熟语"，专家研究了半个多世纪。随着研究的不断深入，语言学家们对于"熟语"的概念达成了一致共识：熟语是"语言中定型的词组或句子。使用时一般不能任意改变其形式。包括惯用语、成语、谚语、格言、歇后语等"，有时还泛指"常用的话语"。①

这里所说的"民间熟语"和语言学界的"熟语"概念不完全相同，它是一个外延很广泛的概念，既有民众口头流传、熟悉定型的民间语汇，也有部分民间词汇，如行业语、避讳词、称谓语等，但不包括特定作用的格言和书面语色彩很浓的成语等。常用型民间熟语是民间语言中最基本、最丰富、使用率最高、流行面最广的一种，包括俗语、谚语、歇后语、称谓语、谜语和流行语等。

---

① 罗竹风主编：《汉语大辞典》第 7 卷，汉语大词典出版社 1991 年版，第 246 页。

一　俗语

"俗语"一词最早出现于西汉刘向《说苑·贵德》，起源最早的民间熟语之一，是民俗语言的第一大类。在内容上没有完整的意思，只能在表达上起形容作用，不像谚语和歇后语那样传达完整的意思；结构上是不成句的定型短语，它是词的固定组合，一般不独立构成句子，简明凝练，约定俗成；风格上口语化，通俗易懂，生动活泼，生活气息浓。牧野地区有很多民间俗语，是民间口头上常用的短小定型的形容性短语，也是广大劳动人民智慧的结晶。

俗语，既有"通俗"的意思，又有"习俗"的丰富内涵，它直接或间接反映着民俗，渗透着人们生活的各个方面。涉及民俗心理的，如："顺毛驴""不清头""打肿脸充胖子""面不改色心不跳""黑后台""背黑锅""二百五""没成色""东家长，西家短""半斤八两""打破砂锅问到底"；有的涉及民俗惯制，如"换汤不换药""功夫不负有心人"；有的涉及民俗信仰的，如"江山易改，本性难移""远亲不如近邻""说曹操曹操到"等。

二　谚语

民间谚语是民间熟语的一种，常和俗语混杂应用，二者的界限比较模糊，人们常称其"俗谚、常言"等。直到当代，人们才逐渐厘清它的概念，普遍认为谚语是民间集体创造、广为口传、言简意赅并较为定型的艺术语句，是民众丰富智慧和普遍经验的规律性总结。[1] 在牧野地区民间流传的谚语很多，其内容丰富，语言生动活泼，富于口语化，通俗易懂，便于口耳相传和记忆，形式多样，或直指民俗事象，或劝诫世人，或总结生产生活经验，或寄寓民俗心理，谚语中包含着民间情感、民间智慧、民众知识和民众思想，又承载和反映着一定的民俗心理、民俗事象、民间哲学和民间记忆，可以说几乎囊括了社会生活的方方面面，被称为"风俗化石"。根据谚语内容，可以将它分为三大类。[2]

---

① 马学良主编：《中国谚语集成·宁夏卷》总序，中国民间文艺出版社 1990 年版。

② 钟敬文主编：《民间文学概论》，上海文艺出版社 1980 年版，第 314—320 页。

（一）认识自然和总结生产经验的谚语

1. 勤奋务农类

　　人勤地不懒，大囤小囤满。

　　人哄地皮，地哄肚皮。

　　人糊弄地一时，地糊弄人一年。

　　种是金，土是银，错过季节无处寻。

　　插秧嫁女，不避风雨。

2. 耕作类

　　深耕加一寸，顶上一茬粪。

　　庄稼不认爹和娘，深耕细作多打粮。

　　秋耕早，冬耕晚，春耕紧着往前赶。

　　冬耕深一寸，来春省堆粪。

　　犁的深，耙的细，种一季，顶两季。

　　光犁不耙，耽误一夏。

　　三耕六耙九锄田，一季收成胜一年。

　　麦收一盘耙，秋收一张锄。

　　干锄玉米湿锄花（棉花），蒙蒙细雨锄芝麻。

　　提耧芝麻，按耧麦。

3. 肥料类

　　牛瘦生癣，地薄生碱。

　　养猪不赚钱，回头看看田。

　　麦追黄芽谷追节，玉米要追七个叶。

　　连压三年青，产量成倍增。

　　氮肥好，磷肥灵，不积土肥也不行。

　　若要花生长得好，磷肥钾肥不能少。

　　萝卜白菜葱，多用大粪攻。

　　一颗红薯一把灰，结的红薯似山堆。

上粪一大片，不如一条线。
拾驴粪，瞅上坡儿；拾牛粪，看草窝儿。
种地不上粪，等于瞎胡混。
庄稼一枝花，全靠肥当家。

4. 灌溉类

金钱银钱不如水浇田。
有水三分收，无水三分丢。
麦浇小，谷浇老。
田里有机井，丰收有保证。
有肥无水，苗儿噘嘴。
秋旱小，麦旱老。

5. 选种类

种地选好种，一垄顶两垄。
好种出好苗，好葫芦锯好瓢。
宁叫饿断肠，不吃种子粮。
好谷不见穗，好麦不见叶。
有钱买种，没钱买苗。

6. 密植类

稀谷、稠麦、爽利豆。
苗挤苗，不粗壮，高线苗，少打粮。
密植播棉花，稀植看疙瘩。

7. 种植类

重茬豆，可丰收；重茬谷，坐地哭。
谷雨前，种好棉；谷雨后，种好豆。
清明高粱谷雨谷，立夏以前栽红薯。

二寸深，一寸浅，不深不浅寸二三。

柳花儿扬，种高粱；桐花儿落，种芝麻。

秋分早，霜降迟，寒露种麦正当时。

晚禾不过秋，过秋无谷收。

蓖麻不出正月土，二月初旬育红薯。

春争日，夏争时，割了就种不宜迟。

晚播弱，早播旺，适时播种麦苗壮。

有苗不愁长，无苗哪里想。

过了三月三，南瓜葫芦地里安。

枣芽发，种棉花。

稠谷稀麦坑死人。

8. 田间管理类

要想庄稼好，中耕除杂草。

冬前麦苗碾一遭，头多穗大秆不倒。

伏天划破皮，胜似秋天犁一犁。

芝麻锄的嫩，胜似一茬粪。

9. 植物保护类

禾怕枯心，树怕剥皮。

谷怕淹，麦怕干，小麦扬花最怕连阴天。

夜间吃，白天钻，早晨顶上爬得欢。

高粱玉米叶打洞，螟虫钻心已三龄。

棉花不打杈，光长柴禾架。

10. 收获类

九成熟，十成收；十成熟，九成收。

霜降不刨薯，受冻烂红薯。

麦收三件宝：头多、穗大、籽粒饱。

谷雨麦挑旗，立夏麦穗齐。

夏至五月头，不种芝麻吃香油。

夏至五月中，十个油坊九个空。

小满十八天，生熟都要干。

过了七月七，大枣小枣都好吃。

麦熟九成收，长到十成丢。

麦熟一晌，蚕老一时。

桃三杏四梨五年，枣树开花就见钱。

11. 气象类

水缸穿裙，大雨淋淋。

麻雀叫，晴天报。

七阴、八下、九不晴。

瓦块云，晒死人；十雾九晴。

云彩往南，水涟涟；云彩往东，刮大风。

到了七月节，夜寒白天热。

年前立春明年暖，正月立春二月寒。

日晕三更雨，月晕午时风。

三日东风不由天；不怕天不下，就怕东风刮不大。

东风雨，西风晴，刮起南风下不成。

旱刮东风不下，涝刮西风不晴。

云从东南长，下雨不过晌。

日出胭脂红，出门带伞行。

天上鲤鱼斑，晒谷不用翻。

云绞云，雨淋淋。

黑云对着白云跑，一场冰雹少不了。

黑云挂红烧，一定下冰雹。

雷响天顶，有雨不猛；雷响天边，大雨连天。

月亮平凹，不久就下；月明打伞，离下不远。

月亮张弓，少雨多风；月亮竖橛，旱死老婆儿。

星星稠，雨滴流；星星稀，雨无期；星星眨眼，离下不远。

蜜蜂出门早，天气一定好；蜜蜂窝里忙，下雨有一场。

蚂蚁打架蛇挡道，燕子低飞雨来到。

炊烟下埋，有雨要来；蛤蟆闷叫，有雨来到。

(二) 认识社会和总结社会活动经验的谚语

一里不同俗，十里改规矩。

遍地生金银，专等勤劳人。

技无大小，贵在能精。

勤是摇钱树，俭是聚宝盆。

吃不穷，穿不穷，打算不到要受穷。

吃药不忌嘴，大夫跑断腿。

万恶淫为首，百善孝为先。

吃饭穿衣量家当。

生在太行山，不敢斗石头，不是愚公是智叟。

要苦干，不苦熬；苦干有奔头，苦熬没有头。

七月十五枣红圈，八月十五枣落杆。

扫帚响，粪堆长。

一顿吃伤，十顿喝汤。

春捂秋冻，不生杂病。

吃人一口，报人一斗。

一块臭肉惹得满锅腥。

远亲不如近邻，近邻不如对门。

占小便宜吃大亏。

路直有人走，人直有人交。

鼓空声大，人狂语高。

听过不如见过，见过不如干过。

上面错一线，下面错一片。

要想公道，打个颠倒。

有理不在声高。

苦不苦，想想长征两万五；累不累，比比革命老前辈。

瓜无滚圆，人无十全。

能大能小是条龙，光大不小是条虫。

土帮土成墙，人帮人成王。

钱财如粪土，人格值千金。

宁办过头事，不说过头话。

儿多不如儿少，儿少不如儿好。

修房趁天晴，学习趁年轻。

上梁不正下梁歪，根基不正倒下来。

理是直的，路是弯的。

一分精神，一分事业。

人凭精神，虎凭山。

百闻不如一见，百见不如一干。

树不修不直，兵不练不精。

有饭送给饥人，有话送给知音。

树大根深，树大荫凉大。

一个老鼠坏了一锅汤。

有山靠山，没山自担。

兵随将令草随风，强将手下无弱兵。

明白人好说，糊涂人难缠。

鸟美在羽毛，人美在勤劳。

人在福中不知福，船在水中不知流。

星多天空亮，人多智谋广。

（三）总结一般生活经验的谚语

寒从脚起，病从口入。

近不过夫妻，亲不过父母。

饥不饥带干粮，冷不冷带衣裳。

宁添一斗，不添一口。

开水多喝，强似吃药。

冬吃萝卜夏吃姜，不用医生开药方。

衣服穿破才算衣，媳妇到老才算妻。

一天省一口，一年省一斗。

吃人家嘴软，拿人家手短。

不当家不知柴米贵，不养儿不知报娘恩。

房檐滴水点点照，儿子不孝孙来报。

早起三光，晚起三慌。

食多伤胃，气多伤脾。

你敬我一尺，我敬你一丈。

打人不打脸，骂人不揭短。

病从口入，祸从口出。

一九二九不出手，三九四九沿冰走，五九六九沿河看柳，

七九六十三，行路之人把衣宽，八九雁归来，九九杨落地，

十九杏花开。

越吃越馋，越睡越懒。

家有三缸油，不点大灯头。

返老还童求仙丹，不如早起跑三圈。

三　歇后语

歇后语，中国民间熟语的又一类型，它又称俏皮话，隐语等。一般由两部分组成，前一部分多是比喻，相当于谜面；后一部分指本意，相当于谜底。运用时两部分之间有一个小小的停顿，意在提醒人的注意，故称歇后语。这种语言生动活泼，诙谐幽默，使人大笑之后又有深意需领会；同时也表现了民众旷达乐观的精神面貌。歇后语大多是群众在比较随便的场合所说的玩笑话，也给人们平时口头交流的朴实语言增添了几分幽默和趣味；大多是为了满足人们追求心理上的放松和喜悦的习惯，因此在民间不胫而走，得以广泛流传，成为一种语言民俗现象。

麻绳提豆腐——没法提

正月十五贴门神——晚半月

皇帝剃头——不要王法（发）了

荷花拍照——偶（藕）像

荷花着火——偶（藕）然（燃）

司机闹情绪——想不开

隔河亲嘴——差得远

盐业经理——专管闲（咸）事

对镜子作揖——自己恭维自己

要饭的改行——不生狗的气

飞机上放屁——臭气熏天

寡妇睡觉——身边没人

火车开到马路上——出轨

肚里咬牙——怀恨在心

山西到河南——两省

隔墙作揖——承情不过

漫地烤火——一边热

石狮子的屁股——没门儿

南天门上的过木——干板直正

小葱拌豆腐——一清二白

推磨断绳——空跑一圈

推磨拄拐棍——转圈捣

哑巴吃黄连——有苦说不出

一嘴吃个鞋帮——心中有底

木匠戴枷——自作自受

秋后的蚂蚱——蹦不了几天了

兔子的尾巴——不长

屎壳郎打喷嚏——满嘴喷粪

小鬼的胳膊——麻缠

小鸡站在门槛上——两边叨食

歪嘴吹喇叭——邪（斜）气

光绪三年的糊涂——不稠（愁）

盘里喝水——平翁

十字路口摔一跤——正南正北

豆腐渣贴门神——不沾板

磨扇砸石头——石（实）打石（实）

屎壳郎趴炭堆上——显不出你哪一点黑

老鼠拉木锨——大头在后头

扫帚顶门——净杈（岔）

三眼枪打兔——没准

七里营的平车——没挡

刘庄的喇叭——响遍全国

四　称谓语

称谓语，是指说话人在称呼或指代某人时根据双方之间的关系以及对方的身份、职业等因素而对他使用的指称用语，其类别有社会称谓、亲属称谓、人名称谓和职务称谓等。民间称谓使用较多的是亲属称谓和人名称谓。

（一）社会称谓

旧时，尊称对方父母为令尊、令堂；兄弟姐妹为令兄、令弟、令姊、令妹；子女为令郎、令爱。

尊称老师为恩师、夫子、先生；自称学生、门生；同学之间互称同窗、学友。

称店铺的股东为东家，经理为掌柜，会计为柜先（儿），店员为相公；技艺工匠为师傅，炊事工为大师傅。

主人称佣人为伙计、把式、奶妈、丫头；佣人称主人为东家、掌柜。

中华人民共和国成立后，令尊、令郎、令爱、恩师等沿用，夫子、东家、柜先（儿）等称呼已废弃，代之以同志、经理、服务员等。

（二）亲属称谓

亲属称谓是以人们之间的血亲关系和姻亲关系基础形成的称谓，分为父系称谓、母系称谓和姻系称谓。

1. 父系称谓。父亲的祖父母称老爷、老奶；下称重孙子、重孙女。

父亲的父母称爷爷、奶奶；下称孙子、孙女。

称父亲为爹、伯、叔、爸、大、大爷（爷字读轻声）；背后称父亲为老掌柜、父亲；与父亲合称"爷儿们"。

称父亲的哥哥为大爷（爷字读轻声）、大伯、伯父，称父亲的弟弟为叔父、叔叔，合称"爷儿们"；称父亲的嫂子为大娘、伯母，称父亲的弟媳为婶儿、婶娘、婶母、花婶、花娘，合称"娘儿们"；自称侄儿、侄女。

称父亲的姐妹为姑、姑姑、姑母，合称"娘儿们"，自称侄儿（女）；称姑姑的丈夫为姑父，反称妻侄儿（女）。

2. 母系称谓。称母亲为妈、娘。孩子与母亲合称"娘儿们"，自称儿、孩儿。

称母亲的父母为姥爷、姥姥；反称外孙儿、外孙女儿。

称母亲的姐妹为姨、称姨的丈夫为姨父；称母亲的兄弟为舅，称舅的妻子为妗；反称外甥儿、外甥女。

3. 姻系称谓。面称妻子的父母为爸爸、爹、妈、娘，背称岳父、老丈人、岳母、丈母娘，反称女婿。

面称丈夫的父母为爸爸、爹、妈、娘，背称公公、婆婆；反称儿媳妇。

面称妻子的姐姐为姐姐，背称大姨姐；面称妻子的妹妹名字，背后称小姨子，反称名字、姐夫和哥哥；面称妻子的哥哥为哥哥，背称大舅子，面称妻子的弟弟，直呼其名，背称小舅子。姐妹的老公称"一根杠"、舅舅、姨妈家的孩子之间互称老表（表兄弟或表兄妹）。

（三）人名称谓

人名称谓是称谓语的重要组成部分，是交际双方用来指称对方的符号，也是双方人际关系在语言中的体现，在人们的日常交际中使用频率很高。一方面它充分利用了已经存在的个人代号，很简单直接地指称对方，符合现代社会崇尚简约原则；另一方面是它的实用性很强，在大部分场合都适用。

古代人名的构成，往往越古老，人名的构成越复杂，而且相对来说它的变化也越多，规律性往往不强；越往后，人名的构成越趋于简单，越趋于固定。现代民间的人名称谓主要有三种形式：小名、大名和绰号。一般来说不同的人，不同的交际对象和交际场合，会选用不同的人名称谓。

小名，又称乳名、奶名等，是孩子出生后由父母或者家中长辈所取，是孩童时期的名字，成年后一般不再使用，偶尔在长辈或家族同辈之间使用。在20世纪三四十年代之前，乳名喜爱用贱、丑之类的字眼，如以动物来命名，如："狗剩""狗蛋""虎蛋""狼牛""豹牛"等；或以常见的非生物来命名，如："石头""粪堆""铁蛋"等，取这些低贱丑陋的名字，人们认为这样它不会引起阎王爷的注意，避免孩子夭折，能够顺利长大成人。也有的用女性化的名称作为男孩子的乳名，按照姐妹的排行来起名字，如"二妮儿""六妮儿"，也反映了传统社会男尊女卑的观念。有很多乳名反映了父母或长辈的信仰和愿望，如"留根""铁柱"等，是希望孩子长大能顶门立户，香火永续；有人为了下一个孩子是男孩儿，就给女儿取名"招娣""引娣"等。近年来，很多人给孩子取小名，直接用大名最后一个字的重叠式来代替乳名，如大名"赵慧"，就呼为"慧慧"，"张念"就直接呼为"念念"等。

大名，又称学名，是一个人在社会上使用的正式名称。过去在孩子上学时才起大名，但现在，为了上户口的方便，在婴儿出生后不久就要给孩子取大名。取名的情况也有很多种，有的按排行，如"大山""二山"；有的按辈分，特别孔、孟、颜姓氏的辈分是不能打乱的。传统的大名一般是三个字，其中第二个字是在家谱中早已经定好的，同一宗族的相同辈分的人使用同一个字，这样同族人的辈分关系在大名中体现得严整有序，听名即知。但现在这种取名习俗却难以为继，特别现在独生子女的增多，人们要求孩子的取名要有个性、有意境，所以按辈分起名的人不太多。但在起名的时候也有很多禁忌，不能和长辈的名字有重复的字眼，不以国、不以官、不以山川为名字，古人认为山川是要祭祀的。

绰号，又叫外号、诨号，指在人的本名之外，他人按其特征为之另起的名号。绰号多含有亲昵、憎恶或玩笑的意味。

五　谜语

谜语即人们常说的隐语，是人们通过对周围事物的观察、体会，逐渐掌握它们的特点，借助隐喻的方式表现出来，就是谜语。民间谜语具有内容生活化、形式民歌化的特点，多用拟人的手法以形象寓形象。牧野地区也有很多形象化的谜语，对儿童的智力开发也有一定的帮助。如：

　　蓝被单，晒白米，人不吃，狗不理。（星星）

　　后地有个碗，三天三夜下不满。（老鸹窝）

　　一个小驴儿，一天骑它一百回。（门槛）

　　红线绿线扯到当院，看不见人，光听说话。（广播）

　　兄弟五六个，围着柱子坐；老了分了家，衣服都扯破。（大蒜）

　　早上开箱子，晚上关箱子，箱子里面有镜子，镜子里面有个小孩子。（眼睛）

第二节　牧野民谣、绕口令

　　民间语言中民谣、绕口令等，本身就是民众习俗、民间文化的一部分，它们历史悠久，源远流长，丰富多彩，在千百年的流传过程中记录着民俗的流变和文化的印记。牧野地区的这部分民间语言也是口头文化的精华，历经数代人们的口耳相传，在一定程度上反映了当地人原有的主体风貌和民俗文化特征。

一　民谣

　　民谣，即民间流传的歌谣，是人民群众集体创作的口头文学的一种形式。牧野地区民谣是牧野人民创作的民间口头文学，源于民间，历经数代传播者的加工和再创造，形成了朗朗上口，合辙押韵的民谣。它的内容包罗万象，大到民众对于时事所做的道德评判，小到人们的日常生活及各地民俗风情反映等。民谣是各个时期的社会舆论及社会思潮，它虽小，但可以从中窥见世道人心，反映一时的社会风尚和舆论趋向。民谣包括童谣、生活谣、时政谣等。

　　1. 童谣

拍小豆
　　拍，拍，拍小豆，小豆籽，圆溜溜。
　　大伯哩，二伯哩，都来俺家洗脸哩。
　　洗的脸，白光光，蒸的馍，四方方。
　　切给小妞尝一尝，小妞吃了白又胖。

穿鞭花儿
　　穿，穿，穿鞭花儿，鞭花长，打头狼。
　　头狼高，切马刀，马刀快，切菠菜。
　　菠菜青，切小葱，小葱辣，切苦瓜。

苦瓜苦，荞麦开花一嘟噜。

背招招儿

背，背，背招招儿，背到南地吃酸枣。
酸枣没仁儿，变成牛犊儿，
牛犊没尾巴，变成黑老鸹。
黑老鸹不会飞，变成粪堆，
粪堆没尖儿，变成屎壳郎官。

小狸猫

小狸猫，一身灰；听说念经往前偎。
四句小经它不会，卧在当中打瞌睡。

月奶奶

月明地，明晃晃，开开麻门儿洗衣裳；
洗的白，浆的白，寻个女婿不成色；
又喝酒，又打牌，气得小孩儿上锅台。

问问婆家几口人

小白鸡，叼玻璃，问问婆家几口人；
大伯哥，小兄弟，白生生的小女婿儿。

新年到

祭罢灶，哈哈笑；再等六七天，新年就来到；
闺女要花，儿要炮；
老头儿要买新毡帽，老婆儿要个麻核桃。

扯锯，捞锯

扯锯，捞锯，
张家门儿上唱大戏。
请闺女，叫女婿，
小外甥，也要去，

一个巴掌打回去。

买个烧饼哄哄你,

拾套拾套咱都去。

小妮得,搬梯得

小妮得,搬梯得,

上房去,撵鸡得,

省哩鸡得叨豆得。

筛麦糠

筛,筛,筛麦糠,琉璃咯嘣打叮当。

你卖胭脂我卖粉,咱俩打个琉璃滚。

粗罗,细罗,碗巴渣又一个。

不孝儿郎

麻喜鹊,尾巴长,娶了媳妇忘了娘。

把娘背到老山后,媳妇背到炕头上。

做中饭,你先尝,我去山后看咱娘。

小白鸡

小白鸡,卧门墩儿;

吃面条,屙扁屦儿。

2. 生活谣

年年有个七月七

年年有个七月七,天上牛郎会织女;

织女姐姐,牛郎哥哥;

年年给你送饭,教俺走针引线;

教俺织布穿梭,教俺扎花描线儿;

教俺巧——做个花鞋送你老;

教俺拙——红头儿钢针扎你的脚。

老来难

老来难，老来难，奉劝老来切莫烦。

当年只嫌别人老，如今轮到咱眼前；

千般苦，万般难，老人苦处说不完；

耳聋难与人讲话，差七错八惹人烦。

眼模糊，看不见，常拿李四当张三，

舌头短，说不清，鼻涕口水擦不干，

外人看见躲着走，儿女媳妇儿看见个个烦，

茶杯饭碗人嫌脏，客来让我里间钻，

春夏秋天还可以，冬天最怕受风寒，

白天晒太阳，天黑被窝钻，

嫌夜长，睡不着，一夜能醒七八遍。

年老身虚常咳嗽，儿孙媳妇儿都可烦，

这个骂你老不死，那个骂你糊涂蛋。

老年苦，苦老年，老年苦处说不完。

仁人君子要切记，对待老人不要烦，

日月穿梭催人老，为人哪个不老年？

兄弟之间

兄弟之间一母生，祖宗遗业何须争；

一番相见一番老，能得几世为弟兄。

俺爱劳动模范人

风吹树叶哗啦啦，东庄媒人到俺家；

东庄媒人还没走，西庄媒人又来了；

许俺金，许俺银，许俺彩礼送到门；

金银彩礼俺不要，俺爱劳动模范人。

一个巧人送到家

石榴树，开红花，一个巧人送到家。

不用典地出彩礼，不用媒人两头夸。

品模样，一朵花；品性情，也不差。
能吃苦来能下地，能织布来能纺花。
做军鞋，妇女会里也数她，难怪爹娘眯眼笑，
难怪哥哥看准了她，难怪哥哥看准了她。

社员小调

立春就在六九头，准备春耕早动手。
要想庄稼长得好，追肥锄掉田中草。
适时浇水最重要，农药也要准备好。
清明时节雨纷纷，又植树来又造林。
要把祖国来绿化，大地气象又更新。
兴修水利开渠道，马达一开把田浇。
社员智慧力无穷，学习科学争英雄。
巧种又要精上粪，适时管理更重要。
芒种小麦登了场，夏收夏种实在忙。
细收细打是关键，队队贡献丰收粮。

太公庙神歌

自古以来把神封，人人爱夸姜太公。
昆仑山上来修行，领兵打仗第一名。
七十二神封个净，独缺一名姜太公，
信士弟子不忘情，太公泉上把他敬。
修建庙宇卫辉城，太公泉修子牙宫，
子牙故里惹人美，流芳百世盛名传。

妹妹出门到外乡

妈妈不要整天想，妹妹出门到外乡，
咱们大家来商量，给妹妹送点啥嫁妆？
哥哥送一个大立柜，当姐的俺也送个箱，
爸爸送几套机械书，妈妈嘱咐话语长：
争当新长征突击手，多为四化献力量，

　　幸福生活靠劳动，美好日子万年长。

3. 时政谣

卖儿卖女逃外乡

黄河故道长又长，穷苦人民受饥荒。
冈冈洼洼无平地，风沙旱涝愁断肠。
种一葫芦收两瓢，好年糠菜半年粮。
地主逼债天逼命，卖儿卖女逃外乡。

月亮地

月亮地，明晃晃，推着小车去逃荒。
前面跑着哈巴狗，车上坐着孩他娘。
孩他娘，你别哭，前面有个小东屋。
咱住下，打糊涂，喝得小肚圆葫芦。

新乡人民把身翻

敲锣打鼓四九年，新乡人民把身翻。
土改后，公社前，农民生活似蜜甜。
五五年，五六年，社员有粮又有钱。
一心只把社会主义盼。

食堂散

五月半，食堂散。
食堂不散锅底烂，人人不吃大锅饭。

吃了定心丸

责任制，包了产，直来直去不拐弯。
产量连着社员心，好像吃了定心丸。

千斤担子一人挑

生产队，不承包，队长一人把心操。

千斤担子一人挑，年年生产搞不好。

解放前老百姓总结的"十怕歌"

一怕旱，二怕淹，三怕蚂蚱，四怕捐，

五怕军队凶如虎，六怕衙门评理偏，七怕抓兵，八怕打，

九怕借了大利钱，提起怕实在怕，十怕没吃又没穿。

刘邓大军来

三月桃花开，刘邓大军来。

豫北大反攻，马上大战开。

二 绕口令

绕口令又称急口令、吃口令、拗口令等，是用声、韵、调极易混同的字交叉重叠编成句子，要求一口气急速念出的一种中国传统的语言游戏，读起来节奏感强，饶有趣味。绕口令是牧野地区民间很受儿童们欢迎的游戏，同时也是语言训练的好教材，可以有效锻炼人们的说话和口语表达能力，让人们头脑反应灵活、吐字清晰、口齿伶俐，避免口吃。如：

妈妈卖马，马慢，妈妈骂马；

妞妞攥牛，牛拗，妞妞拧牛。

吃葡萄不吐葡萄皮儿，不吃葡萄倒吐葡萄皮儿。

东屋墙上画三凤，红凤、黄凤、粉红凤。

红鲤鱼与绿鲤鱼与驴。

会炖我的炖冻豆腐，来炖我的炖冻豆腐，不会炖我的炖冻豆腐，就别炖我的炖冻豆腐。要是会炖我的炖冻豆腐，炖坏了我的炖冻豆腐，那就吃不成我的炖冻豆腐。

一堆粪，一堆灰，灰混粪，粪混灰。

华华有两朵黄花，红红有两朵红花。华华要红花，红红要黄花。华华送给红红一朵黄花，红红送给华华一朵红花。

第三节　牧野方言

　　牧野话属于北方方言的范畴。方言的形成和发展，受时代和环境的影响很大。明初，山西曾向卫辉府等地多次大量移民，在共同的劳动和生活中，二者的方言发生了交流与融合，从而使牧野地区方言与山西某些地方的语音、词汇、语法等方面有许多相同之处，牧野地区方言得到了发展，形成了现代牧野方言。

　　1949 年 5 月牧野地区解放后，随着国家经济的发展，上海等外地人口大量流入，使牧野地区话又一次发生了变化。牧野地区方言在日常人们交流中占有绝对的地位，它忠实地记录了该地域的民风民俗。如今，由于普通话的推广和普及，对青少年的影响较大，许多年轻人开始讲普通话，但讲地方方言的人几乎占了一大部分，牧野方言很有地方特色，跟普通话还是有很大差别的。先就牧野地区的方言做一简单介绍。

一　称谓方言

大大——伯母　　　　　　　　一根杠——连襟

娘们儿——女人　　　　　　　爷儿们——男人

没成色——没本事　　　　　　客——已婚闺女

老粗——没文化人　　　　　　老抠——吝啬

先生——医生　　　　　　　　在行——内行

二乎腾——半吊子　　　　　　暮生儿——遗腹子

带肚儿——妇女怀孕改嫁　　　外客——女婿

二　什物方言

土骨堆——土堆　　　　　　　历斗——历书

龙黄——硫磺　　　　　　　　骨洞——胡同

鸡鸡林儿——鸡翎　　　　　　灯篓——灯笼

榆荈儿——榆钱儿　　　　　　毛衣（轻声）——毛，羽毛

物件儿——东西　　　　　　　不浪鼓——拨浪鼓

铺地——褥子　　　　　　　　盖地——被子

水道眼儿——沟眼　　　　单得——被单儿

抽斗儿——抽屉　　　　　好面——小麦面

洋火——火柴

三　气象方言

罗面雨——牛毛雨　　　　打霍——闪电

打忽雷——打雷

四　地理方言

平地儿——平原　　　　　土坷垃——土块

石头蛋儿——鹅卵石　　　河沿儿——河边

土谷堆——土丘　　　　　吸铁石——磁铁

五　时令方言

日头——太阳　　　　　　年时个，年时年——去年

过年——明年　　　　　　前年儿个——前年

五月当午——端午节　　　吉个——今天

叶个——昨天　　　　　　命个——明天

白衣儿——白天　　　　　擦黑——傍晚

黑家——夜里　　　　　　冷僧明儿——黎明

洋忘儿——现在　　　　　十冬腊月——寒冷季节

姜才——刚才　　　　　　将将儿——刚刚

大尽——大月　　　　　　小尽——小月

后个——后天

六　人体及动作方言

后巴儿——后脑勺儿　　　眼定珠儿——眼珠儿

吃模糊——眼屎　　　　　眼眨毛——眼睫毛

耳刀——耳朵　　　　　　嘴末骨——下巴

胡咙——喉咙　　　　　　汗毛眼儿——毛孔

不老盖儿——膝盖　　　　本楼头——奔儿头

貌相——相貌　　　　　　跑肚——腹泻

胳老肢——胳肢窝　　　　犟嘴——顶嘴

赤八脚——赤脚　　　　　肚么脐——肚脐

骨堆——蹲　　　　　　　圪颤——打颤

七　衣食住行方言

布衫儿——衬衣　　　　　坎夹儿——背心

油馍——油条　　　　　　面闸头——面酵子

当院——院里　　　　　　茅斯——厕所

庄儿——宅基地　　　　　后院——厕所

打黑娄——打呼噜　　　　打嗝斗——打嗝

发癔症——说梦话　　　　配房——厢房

影背——影壁　　　　　　围脖儿——长围巾

八　动植物方言

牙狗——雄狗　　　　　　饭蛋——鸡下蛋

槐树螂——黄鼠狼　　　　眼面糊——蝙蝠

长虫——蛇　　　　　　　蝎虎——壁虎

老鸹——乌鸦　　　　　　头夫——牲口

狮得狗——哈巴狗　　　　甜圪当——甘蔗

圪当——高粱秆儿　　　　花骨肚儿——花骨朵

秃叫——猫头鹰　　　　　饿老雕——雕

混屎虫——蛔虫　　　　　蚂蚱——蝗虫

马食菜——马齿苋　　　　水拖车——水马儿

扁担——蚱蜢　　　　　　麻吉了——蝉

扑拉蛾——灯蛾　　　　　麻虾——小虾

花大姐——瓢虫　　　　　蛤蟆跟斗——蝌蚪

九　文化教育方言

睁眼瞎——文盲　　　　　鸟丝儿——系字旁

宝盖儿——宝盖头　　　　土墩儿——土字旁

藏老蒙儿——捉迷藏　　　玩把戏——玩魔术

十　其他日常生活方言

头蒙——头晕　　　　　　喝汤——吃晚饭

随礼——送礼　　　　　　游游——散步

当间儿——中间　　　　　东米儿——东面

不对劲儿——不和　　　　冶钱——挣钱

卷——骂　　　　　　　　枯楚——不平，有褶皱

不吭气儿——不说话　　　待见——喜爱

滴流——提　　　　　　　凑乎——凑合

不沾——不行　　　　　　正得儿——正合适

眼气——美慕　　　　　　看好儿——刚好

共满——共，总共　　　　不依——不拉倒

闻早儿——趁早儿　　　　单不单——故意

压、叶——从　　　　　　白——别

腌臜——脏　　　　　　　相中啦——看中啦

傻不拉唧——傻得很　　　缺人——坑人

圪料——不随和

第四节　牧野民间传说与故事

民间传说和故事是一个比较宽泛的概念，它是口头文学中的重要门类之一，依托某一历史事件或历史人物、某一自然景观或人文景观，经过人们的取舍、虚构、渲染和幻想等艺术加工来表达人们意愿的虚构故事，带有很强地域性特点。牧野大地有很多民间传说与故事，这些传说和故事反映了不同时期人们对现实生活所持的态度和对美好生活的憧憬，从中我们可以看到人类早期的生活、习俗、心理和信仰的遗存，透视出人们对社会生活的理解和愿望。

一　姜太公的传说

姜太公，本名吕尚，姜姓，字子牙，号飞熊，被尊称为太公望，后人

多称其为姜子牙、姜太公。因其先祖辅佐大禹治水有功被封于吕（今南阳宛县西），故从其封姓，也称吕尚，是我国西周时期最具盛名的政治家、军事家和谋略家。吕尚乃伯夷后人，姜为尚之族姓。后祖上迁居至关里姜塬，即今新乡市卫辉太公泉镇吕村。

姜子牙出世时，家境已经败落了，为了分担父母生活的压力，姜子牙青壮年时期曾在朝歌（今淇县）、棘津（今延津）、孟津一带干过宰牛卖肉的屠夫，也开过酒店卖过酒，还曾设摊占卜为人算卦。但姜子牙做生意的同时，没有忘记自己的雄心壮志，经常学习天文地理、军事谋略，研究安邦治国之道，期望有一天能为国家施展才华。虽然他满腹经纶、才华出众，但在商朝却怀才不遇。他虽已年过六十，满头白发，仍在寻机施展才能与抱负。后竟遇文王，公元前 1046 年，成功指挥了我国历史上著名的牧野大战，身先士卒，冲锋陷阵，创造了中国历史上以少胜多的典范，佐周灭商，成就功业。

在今天的卫辉太公泉镇关于姜子牙的传说有很多。话说姜子牙年轻时，现河南省卫辉市太公泉村有一财主，家中非常有钱，就考虑置地盖房，经过一个多月的时间，五间新瓦房拔地而起。看到漂亮的房子，三个儿子争抢着要搬进去住。财主首先允许大儿子搬进去住，谁知大儿子搬进去的当天夜里，就听到新房子里各种响动，黑夜中见各种穿白衣的人，青面獠牙，在他面前晃来晃去，还不时地伸出丈长的胳膊来抓他的头发和被子，结果老大被活活吓死了。第二天，老二听说老大被吓死了，说老大胆子太小了，邪不压正，自己胆子大，并且有勇有谋，肯定能降住什么鬼怪，然后老二就大摇大摆地搬进了新房，半夜，熟睡中老二就听到鬼哭狼嚎，还伴有磨刀拉锯的声音，老二起床想探个究竟，四周却忽然静下来，于是老二就放心地躺下了。早上丫鬟去喊二少爷吃饭，一看他伸着舌头翻着白眼，身边还有一摊血迹，早已命丧黄泉，丫鬟吓得连滚带爬地把财主喊来说新房有鬼。财主说什么也不让人住新房了，新房闲置好长时间也没有人敢去住。有一天，有个长得高大魁梧的长工对财主说，让我进去住吧，我想看看鬼怪到底长什么样子。财主心想，这个人身强力壮，定能战胜妖魔鬼怪，就允许这位长工住了进去。说来也奇怪，长工住下来后，日子过得很太平，根本没有什么鬼怪来作恶和捣乱。原来，老二知道老大胆子小，就想到装神弄鬼来吓唬老大，不想真成功了；老三比老二更心狠手

辣，他也按照老二的套路来，可是老二胆子大，没有被吓到。于是老三一
不做二不休，直接上来用手把老二掐死了，最后还害怕老二活过来，就用
事先磨好的斧头连砍几刀，才放心地离去。这所有的一切都没有躲过聪明
小长工的眼睛，他的枕边每天会放上一把防卫的武器，以防不测。

长工在新房子里住了好久，都很平安。财主心想，这小子日后肯定是
个大富大贵之人，就决定把自己的女儿嫁给他。小长工看到这个情况，就
一五一十地把他们家的丑事抖出来，然后辞别财主，远走他乡。

几十年后，姜子牙辅佐周武王伐纣打江山来到牧野，吕村人见了他，
发现原来这个率领各路诸侯大军的大元帅姜子牙就是当年的小伙计呀。后
来姜子牙姜太公封神的故事在百姓中传开，都觉得他是众神之上的大神
仙，对他非常仰慕，于是，把吕村一带的泉也称太公泉了，老百姓还在当
地建庙宇来纪念他。当然，谁也不愿相信当年财主家闹鬼是他们自己家搞
的，而宁愿相信是姜太公的神力驱赶走了各路神仙和鬼怪。所以，自此以
后，在牧野地区农村，甚至在豫北一带，形成了民间建新房时的一种风
俗：凡是盖新房上梁的时候，都要用大红纸书写上一幅"姜太公在此诸
神退位"的条幅，贴在檩上，在地上放好供桌，摆好供品，白酒浇梁口，
燃放鞭炮，由主家的当事人焚香叩头，然后由木匠和泥水匠将花檩拔上房
顶，安放在正门的那间房的中间。还要放上一挂鞭炮，迎接姜太公，驱鬼
神，保太平。这个习俗沿袭了3000多年，直到如今大多数人家盖房时仍
沿用这一风俗。

姜太公是齐国的创建者，也是中国古代的一位杰出的韬略家、军事家
与政治家。据《竹书纪年》记载，姜太公于公元前1021年农历十月二十
日去世，享年139岁，葬于河南省卫辉市太公泉镇吕村。至今太公泉境内
还保留着许多姜太公的历史遗迹，如：姜太公墓、姜太公祠、姜太公庙、
姜太公吕望表等。每到农历八月初三姜太公诞辰之日，许多海内外后裔吕
氏宗亲会前往姜太公故里寻根祭祖，他的精神永远激励着华夏儿女砥砺前
行，创造出更辉煌的时代。

二　柳毅的传说

相传柳毅是唐代汲县柳园口人，即今天的河南卫辉市庞寨乡柳位村
人，这里是卫辉、延津、浚县三地交界处，也是古黄河的流经之地。

该村有一位村民叫柳华雄，饱读诗书，在村里以行医和教书为生，广结善缘，因此受到当地人的尊敬和爱戴。在唐太宗贞观十七年的农历三月二十二日喜得贵子，家人很是欢喜，给孩子取名九斤。村民们得知此喜讯，纷纷上门贺喜，满月后父亲为其取名为全喜。

柳位村地处黄河故道，经常遭遇黄河泛滥的危害，人们生命财产受到严重损害。唐高宗显庆四年（659），皇上下令治理黄河，加固堤坝，以解决黄河沿岸人们的水患。另外又采纳了佛门华严派钟馗远的建议，在柳园口修建了华严寺，并在寺中修三尊大佛，来镇该段黄河苍龙作怪，保护人们的生活平安。据说华严寺图纸由唐玄奘在印度绘制，由洛阳白马寺慧清长老送图来柳园口，并负责监督施工，当时慧清长老就住在柳华雄家中。慧清长老见全喜聪慧爱学，干什么事情都有股不服输的韧劲，便为他取名"柳毅"。

唐高宗麟德元年（664），柳毅乘船赴京应试，途经武陟县境黄河与沁河交汇处，天气骤变，狂风暴雨来袭。这时，巧遇去娘舅家探亲的范阳县令卢浩之女卢秀英，她的小舟不敌河上的风浪，她不幸翻船落水，情急之中，柳毅不顾自己生命安危，跳入河中救起了卢秀英。后又将卢秀英安全护送至洛阳她的娘舅家，柳毅因此也耽误了考期，所以没能参加考试。卢秀英为柳毅的义举所感动，最终以身相许，与柳毅结为夫妻，成就了一段美好姻缘。

科举之路虽然不太顺利，但柳毅的才华得到了里长的器重，被推荐到黄河上管理河务。唐高宗上元元年（674），地方政府对黄河又一次加固重修，柳毅带领民众日夜奋战在黄河大堤上，和民众同吃同住，出色完成了任务。柳毅深受周边百姓敬仰和爱戴，因此被汴州刺史提升为水利督监。

唐高宗仪凤元年（676），天降大雨，黄河泛滥，柳毅巡查黄河大堤到山东南华（今山东东明）附近，发现大堤上有多处渗漏，随时有决口的危险。柳毅担心黄河大堤崩塌，危害到附近老百姓生命和财产的安全。看着滚滚翻腾而起的黄河水，他心急如焚，领着河工日夜加固大堤。但是，日夜的奋战抵不住连日的大雨冲刷，大堤危在旦夕。柳毅在这危急关头，顺手掂起河工用来做饭的一口大铁锅，大声对河堤上的河工喊："河工们，当我抱着铁锅下去堵口的时候，你们要赶紧往下扔石头、撂草袋、投帚捆。"当河工们听到喊声时，柳毅早已纵身跳下用血肉之躯堵住大堤豁口，河工们只好大声喊着柳毅的名字，抬起石头、草袋，猛往豁口处扔。大堤决口堵住了，柳毅却再也没有上来。

古代为治河而殉职的人要封为河神，头等功者为大王，二等功者为将军。方圆数百里的老百姓感念柳毅为了治理黄河而献出自己宝贵的生命，就把他尊奉为"河神""水神"。黄河岸边的人们为了纪念这位英雄，东明县将当地的一条河流改名为柳公河（今万福河）。家乡的人民为了表达对柳毅的敬仰和怀念之情，将村名改称"柳毅屯"。为了彰显柳毅的功德，皇帝还命人在他遇难的南华和原籍汲县各盖了一座大王庙，让百姓世代供奉。今天，我们去卫辉还可以看到庙前竖立的"柳毅故里"的石碑。同时汲县故里把他的生日农历三月二十二日定为柳毅大王庙庙会会期，庙会时，四面八方的民众纷纷涌向柳毅大王庙来祈福许愿，现场香烟缭绕，人声鼎沸，人山人海，热闹非凡，一直延续至今。

此后，民间关于柳毅的传说越来越多。相传1921年，汲县驻军师长成慎向河南督军赵倜闹独立，赵倜奉命亲率大军前去讨伐，因双方军队差距过大，成慎的军队就落荒而逃，他们逃到卫辉府50里外的"柳毅屯"。赵倜军队紧追不舍，扬言如若成慎不投降，将要血洗柳毅屯。村里的老百姓无奈中，想到了柳毅大王，纷纷到柳毅庙内焚香祈祷，恳求柳毅大王显灵，保护百姓生命安全。传说当天晚上，柳毅屯骤然间被大雾笼罩，伸手不见五指，此时的成慎睡梦中，忽见一位身穿古衣的老人飘然立于成慎榻前，他手捻胡须说道："夜黑雾浓，还不快逃，难道等死不成？"然后化作一阵清风而去。成慎知道这是仙人指点，遂趁夜色浓雾中突围而去，赵倜只好无奈撤兵。柳毅屯因此免于一场战火，也保全了全村人的性命。老百姓为了感谢柳毅大王保卫村民的大恩，于是将村名改为"柳卫村"，可是随着岁月的流逝，人们把"柳卫村"误写成"柳位村"，也就是我们今天说的卫辉市柳卫村。

柳毅造福于黄河沿岸民众，受到老百姓的拥戴，因此也受到历代文人的讴歌。唐朝文人李朝威撰写的神话传说故事《柳毅传》，就是以柳毅的故事为原型演绎创作的，它是唐代以来传奇里最有成就的篇章之一，在中国文学史上占有一席之地。因柳毅的故事情节曲折动人，他具有伟大的奉献和为老百姓谋幸福的精神，自唐代以来，柳毅的故事在民间广为流传，历代都曾以柳毅传书为题材，出现了多种形式文学版本。金人写过本故事的宫调，宋代有官本杂剧《柳毅大至乐》，元代杂剧有尚仲贤的《柳毅传书》，明代有计自昌的《橘浦记》，清代李渔把《柳毅传书》与《张生煮海》糅合成《蜃中楼》传奇，中华人民共和国成立后又拍成电影《柳毅传书》，使新乡的柳毅成了家喻户晓的伟大人物，他的故事在中原大地流传千余年，他的精神也在鼓舞着后人奋勇向前。

三　百泉湖中玉娥石传说

到过百泉湖的人都知道，百泉湖风景秀丽，景色宜人，湖水碧波荡漾，泉水甘洌，清澈纯净。因湖底泉眼无数，故称百泉湖；泉水自湖底喷涌而出，故又称珍珠泉。百泉湖内有座用太湖石堆砌起来的假山，人们叫它"玉娥石"。关于这个名字的来历，还有一个美丽的传说呢。

相传很久以前，这里没有湖，有几户贫苦的人家在这里居住。在苏门山的山脚下，住着这样一户人家：儿子早逝，家中只剩下婆媳二人，儿媳年轻貌美，善良淳朴，对婆婆也非常尊重和孝敬。因为儿子死得早，婆婆对儿媳玉娥看管非常严格，除了上山砍柴、山后挑水外，不允许她迈出家里半步，更不能接近村里那些年轻力壮的小伙子；玉娥就这样小心翼翼地侍奉婆婆，稍有不周，就会遭到婆婆的拳打脚踢，也不敢还手。

在一个烈日炎炎的夏日，太阳几乎能把人烤煳了，可是狠心的婆婆还是命玉娥去苏门山后挑水。因为山路陡峭，路途遥远，饥肠辘辘，玉娥担水的路上突然感到头重脚轻，瘫倒在路旁的一棵树下。不知躺了多久，这时一股凉风吹来，玉娥一看有位白胡子老爷爷在用斧头砍一个木橛子，最后把这个木橛子打磨得又尖又光的，递到她手中说："姑娘，你受苦了，你把木橛子拿回家，钉在你家锅台旁，若用水，拔下木橛子，水就会自己往外冒；不用的时候就插好，再也不用每天翻山越岭来挑水了。"他还没有等到玉娥道谢，就飘然而去了。

玉娥回到家，就照白胡子老爷爷说的做了，果然和老爷爷说的一模一样。一连几天，婆婆不见玉娥挑水，可水缸总是满满的，怎么也用不完，玉娥再也不用去外面挑水了。婆婆觉得这件事情有点蹊跷，心中充满诧异，怀疑是不是村中哪个野小子帮助她呢，于是她便决定暗地窥探。

一天鸡叫时分，婆婆听到厨房有动静，就悄悄地站在窗户外面偷窥。

只见玉娥轻盈地走到锅台旁，拔下旁边的木橛子，汩汩清泉就冒出来了，玉娥拿起瓢，把水缸灌满，又把锅里的水添上，熟练地把木橛子插上。婆婆看到这里，很是恼火，心想不知道儿媳用的什么妖法，竟能把水引到屋里来。于是，婆婆气冲冲地走到锅台旁，把木橛子拔下扔掉。霎时，一股冲天水柱把她托上去，然后狠狠地摔到汹涌的大水中。玉娥见水柱冲天，越涌越大，大水茫茫，漫无边际，渐渐成了一片汪洋。为保护本村的百姓和村庄，她奋不顾身跳进水柱，去寻找木橛子，可哪里还能找得到。于是，玉娥急中生智，举起被水柱冲起来的大铁锅向水柱扣去，然后用身子压住大铁锅。这里被大水冲成一个大水池，成了百泉湖；铁锅下的水柱被憋得从池底冒出，成了千百个泉眼，温柔善良的玉娥变成了一块美丽的太湖石，人称"玉娥石"，永远屹立在百泉湖中。

四 香泉寺传说

香泉寺坐落在新乡卫辉市西北约 20 公里太行山东麓的霖落山山坳中，始建于北齐天保七年（556）。据考证，香泉寺原为殷纣王的行宫，在这里的一个溶洞内，殷纣王的祖父文丁也曾经囚禁了周文王的父亲——周王季历，并将其活活饿死，从此两家结下了仇恨。后来，周武王在牧野讨伐殷纣王，将行宫作为供奉季历牌位的太庙。到了战国时候，这里又成了魏安厘王的离宫——雪宫。北齐天保七年（556），登封少林寺的第二任住持僧稠禅师受始祖跋陀临终遗嘱，从少林寺北上，一路风尘仆仆，风餐露宿，游历化缘到霖落山，又饿又渴。他见古雪宫遗址尘土飞扬，天干物燥，缺少水源，很是焦急，到哪里能喝上一口清泉呢？情急之下，用手里的禅杖向地下一捣，哪曾想这时平地突然涌出一股泉水，僧稠禅师喜出望外，天助我也！他兴奋地弯腰掬起一抔清泉饮下，感到泉水清香甘甜，直抵心底，便欣慰地说："始祖临终嘱我：'遇霖则止，遇香则安。'正好应在此处，此地可以建道场矣。"随后，就在这里建立寺院，便以"香泉"题其额，名曰"香泉寺"。

香泉寺自北齐创建，历经隋、唐、宋、元、明、清，均有石刻、雕像，虽然几经风雨，但历朝都有修缮。到民国时期已经发展到占地面积2.5 万平方米、建筑面积 0.6 万平方米；寺内亭台楼阁以及数十处摩崖石刻、逾千尊雕像，美不胜收。最著名的有唐代画圣吴道子所绘的麻姑像、卧佛像，线条流畅，衣带当风欲飘；北齐摩崖石刻《华严经》、华严洞，唐尊胜佛塔，僧稠禅师塔等珍贵的石刻，让人流连忘返。

香泉寺规模宏大，随山势分为东、西两个寺院。西寺有僧稠禅师殿，殿前有神头塔，没有塔顶，整塔用浮雕砖砌。东寺也是香泉的源头，一股清泉从东寺石隙中喷涌而出，穿岩越石，泻作瀑布。石崖上有明代潞简王亲书的"香泉"二字，清晰如初。就是这样一座千年古刹，也曾毁于日本侵略军的战火，后来几乎成了废墟。改革开放后，当地政府对文化的保护也很重视，加强了对香泉寺的修复和保护，让它再次焕发出特有的魅力。

香泉寺是我国历史上最早、最大的佛教文化圣地之一。早在6世纪中叶，具有崇高威望的北印度高僧那连提黎耶舍就曾经到此讲经，传播佛教文化，他同时也是僧稠禅师的好朋友。有次应僧稠禅师的邀请来到香泉寺讲经，待讲完告一段落，准备动身前往邯郸之际，随行的一个僧人，不知什么时候得了麻风病，恰在此时发作。病僧的身体每况愈下，人们都认为他必死无疑。为了防止这位随行僧人疾病向外传播，人们就把他安排到一个溶洞内，每日差人给他送些饭食，等待他寿终正寝。大概过了两个月后，这位僧人却从溶洞中走出来了。说来也是巧合，病人躺在洞中，气若游丝，动弹不得，从溶洞顶部滴落下的水或滴在身上，或滴入他的口中，慢慢麻风病竟然奇迹般地痊愈了。那连提黎耶舍感到非常神奇，就断定洞中的水珠肯定里面含有能治病的成分，经过多次临床观察试验，终于探索出了一条治麻风病的成功之道。他利用所发现该处溶洞内滴水治愈麻风病的方法，在这里建成了中国历史上第一座麻风病院——疠人坊，开了中国佛教慈善事业的先河。男女分坊收治麻风病人，解百姓之病痛，在中华医学史有着浓墨重彩的一笔。那连提黎耶舍在隋开皇九年（589），坐化于现在的西安市大兴善寺，终年100岁。至今那座滴水疗病的山洞还在，被人唤作"洗身洞"。香泉寺东、西两寺中间山谷两旁的山崖上，仍遗下大量的当年放置麻风病人死后骨灰盒的石龛。香泉寺被认为是我国有史可查的麻风病院的始祖。

五 相思树的传说

"在天愿作比翼鸟，在地愿为连理枝"的诗句被誉为忠贞爱情的千古绝唱。爱情是人类永恒的主题，承载着美好爱情的"相思树"的故事，就发生在新乡市封丘县留光镇的青堆村。封丘县青堆村，战国时属宋地。战国时，濮水和济水都流经封丘，这里水草丰茂，稼穑桑蚕，老百姓生活怡然幸福。据《封丘县志》记载：战国初期暮春初夏时节的一天，宋康王游猎至封丘青堆村的郊外，拉弓搭箭射向一只野兔，野兔逃至一片桑树林，宋康王穷追不舍，这时看到一位面如桃花、身材窈窕的采桑女，宋康王看得如痴如醉，半天没有回过神来，而采桑女恍然含羞离去。宋康王自从见到美如天仙的采桑女后，茶不思饭不想，辗转反侧，寝食难安。于是命人在桑林旁修筑一座三丈高的台子，取名"青陵台"。宋康王天天站在台上登高望远，西北觊觎，望眼欲穿，可是再也没能见到心爱的采桑女。他又寻思再三，派人到民间查访，终于找到这个美丽的女子竟然是自己的舍人韩凭之妻息氏。韩凭是封丘县冯村乡韩丘人，从小刻苦读书，胸怀大志，求取了功名，最后做了宋康王的舍人；息氏为冯村乡吴村人，两人自小青梅竹马，情投意合，二人最后喜结连理，息氏成了韩凭的妻子。得知这个消息，宋康王甚是兴奋，立即召见韩凭，命令韩凭把妻子息氏带进宫里，要纳息氏为妃。韩凭断然拒绝，宁死不从。宋康王欲火中烧，心中非常恼火，自己的舍人还这么不听话吗？于是他派人把息氏抢来抬到青陵台上，陪自己寻欢作乐，百般挑逗和引诱，并以丰厚的金钱诱惑，强逼他为妃。韩凭在台下看着爱妻遭受凌辱，而自己又无力搭救，心急如焚，最后一头撞向青陵台，以死相抗，触台身亡。

息氏看到韩凭惨死在青陵台下，泪如泉涌，痛不欲生。息氏为免受辱，强忍悲愤，对宋康王说道："韩凭既然死了，我也没有什么牵挂了，希望大王能够开恩，答应我为丈夫守节三日，沐浴更衣，拜祭亡夫，然后再和您结良缘，侍奉大王。"宋康王觉得息氏已是笼中之鸟，不可能插翅再飞了，就答应了息氏的要求。息氏换上昔日旧装，梳洗打扮一番，看起来更是楚楚动人，让人怜惜。只见息氏走到青陵台上，俯视韩凭拜了三拜，失声痛哭。宋康王急不可待地去搂息氏，息氏趁机纵身跳下青陵台，宋康王慌乱之中只拽下了一块裙衫，上写着："王利其生，妾利其死。愿以尸骨，赐凭合葬。"宋康王恼羞成怒，命人草草把韩凭夫妇分埋在大路两旁，让他们的坟墓隔路相望，使他们生不能同欢，死不能合葬。

然而三日之后，两座墓旁各生一株梓树，没有几年，就长成合抱粗的参天大树。奇怪的是，两棵树盘根错节，树冠则枝连枝，叶搭叶，缠绕在一起，根结于下，连理缠绵。附近的村民纷纷都来观看，为韩凭和息氏的爱情故事所感动，生不能在一起，死后也要缠绕在一起，寸步不离。时间久了，人们都把这树叫"相思树"，这就是相思树的来历。

《封丘县续志》卷二十八《丛载·古迹》载：青陵台，在县东北二十五里之青堆。今台虽无，而息氏冢则犹存。在封丘县留光镇至今还保存有息氏墓，墓前有康熙十七年知县王赐魁题写的"战国息氏贞烈之墓"墓碑。康熙三十七年，知县耿祚为韩凭息氏祠题写的匾额"乌鹊双飞"和"鸳鸯只生连理枝，蝶魂不上别枝花"的门楹。

这个浪漫的传说，成为我国忠贞爱情的始祖、情圣地之相思文化的源头。后世的诗篇中，对于韩凭与息氏坚贞不渝爱情咏叹最多的应该是唐朝，如王勃《春思赋》："游丝空绢合欢枝，落花自绕相思树"；李白《白头吟》中："古来得意不相负，只今惟见青陵台"；储嗣宗《宋州月夜感怀》有感："寂寞青陵台上月，秋风满树鹊南飞"；李商隐《咏青陵台》里的咏叹："青陵台畔日光斜，万古贞魂倚暮霞。莫许韩凭为蛱蝶，等闲飞上别枝花"……

两千多年来，封丘及周边一直流传着韩凭与息氏凄美忠贞的爱情传奇。现在在青堆村看不到那两棵传奇的相思树，但村里的人们都知道两千多年前在这里曾发生的感人心扉的爱情故事，新的美丽浪漫的爱情故事也在这里一代代流传。

六　比干和没心菜的传说

在新乡卫辉比干庙有一种绝无仅有的一种草，它钻出地面时会同时长出三个叶柄，分别向三个方向舒展，叶面呈长圆形，叶柄聚拢中心处光光的，什么也没有，人们叫它"没心菜"，传说这种菜的来历与比干有关。

比干，殷商末期沬邑（卫辉市北）人，生于殷武乙丙子之七祀（公元前1125年夏历四月初四日），是殷商贵族商王太丁之子，帝乙的弟弟。据《尚书·微子篇》记载，帝乙在位时间很短，在他病重期间，曾召见弟弟比干和箕子商议让谁来继承王位的事情，二人意见不一。箕子推荐微子，因他是长子，而比干力荐次子帝辛，也就是后来的纣王。因微子不是帝乙的正妻所生，所以，最后帝乙采纳了比干的建议，并嘱托比干要全力辅佐帝辛治理国家。

　　帝辛继位之后，比干作为忠心丞相，殚精竭虑，辅佐纣王治理父辈打下的江山，并趁带他到祖庙祭拜先祖之时，给他讲述先辈创业的不易和艰辛，要想国家强大富足，就应该励精图治，勤政爱民。所以纣王从政40多年，鼓励农业发展，减轻农民赋税徭役，富国强兵，殷商王朝逐渐强大起来。国家的富足，使得纣王满足于自己的政绩，并开始耽于朝政，贪图享乐。他耗费大量人力物力来为自己修建酒池肉林，不惜重金搜罗天下美色。

　　相传比干外出打猎时，曾经射杀过一只九尾狐，这只狐狸是修炼千年的狐狸精，能够幻化成人形。为了报比干一箭之仇，她变成一个美若天仙的女子。听说纣王非常爱美女，这只九尾狐狸设下计谋来到了纣王的身边，自然很快成了纣王的爱妃，这个人就是妲己。得到妲己之后，纣王更是沉迷酒色，不理朝政，重用奸臣，疏于忠相，殷商王朝迅速走上颓败之路。比干看到纣王荒于政事，心里心急如焚，给纣王他讲历代先王创业之艰辛，打江山的不易，只有勤于朝政，任用忠良，爱惜天下子民，才能保持国家的富足和稳定。可是纣王一意孤行，根本听不进去比干的劝告，变本加厉，更加荒淫暴虐。比干冒着丧生灭族的危险，指责纣王杀皇后、杀大臣、谪太子的过错，斥责他的暴政。说道："夏桀实行暴政，国家灭亡，难道您也要学夏桀？如果这样，距离国家灭亡就不远了。"纣王听到这里勃然大怒，决定要拔掉比干这颗眼中钉。这时在一旁的妲己煽风点火，说道："现在天下一片太平，祥和富足，大王更没有实行暴政，纯粹是比干在这里涣散军心，妖言惑众；都说比干聪明，我听说圣人的心有七窍，不知道比干的心有几窍？"妲己借机向纣王进谗言，纣王命人把比干腹部剖开，把心取出来奉献给他。

　　传说，比干临死前，姜子牙给了他一道符，让他心被挖之后，将符贴在胸口，不要说话也不要回头，这样即使无心也可以不死，到心地可以重新换上一颗。比干被纣王挖心以后，遂依照姜子牙吩咐行事，掩袍不语，立刻策马狂奔。他知道南行至心地（今河南新乡县），就会长出心来。不想行至牧野荒郊遇见一名妇人，这位妇人是观音老母化装成的，她不想让这位忠烈的宰相再生二心来毁掉他的英名，于是变成一位白发苍苍的老太太，打算拿没心菜来点化他。她来到比干骑马经过的大路上叫卖"无心菜"，比干问："菜没心能活，人没心如何？"老妇说："菜没心能活，人没心就会死！"比干悟出了观音老母的话意，不再南进，长叹一声，口吐鲜血，跌下马来死到路旁，并化作了一棵没心菜。

今天，每年大地回春之时，比干的坟墓上都会长满三个叶的没心菜，传说这种没心菜，原是比干的七窍丹心化成的；墓地周围的古柏，因悲伤过度都直不起腰、抬不起头，后来都变成了"弯柏"。比干庙内还有一棵剖开树干的柏树，依然存活着，据说是比干死后化作了一棵松柏，昭示着比干舍生取义、浩然正气却永留人间，使后人永远铭记一代忠臣。

七　六月送羊的传说故事

送羊节是汉族古老的民俗，这一民俗在新乡市辉县已经流传 200 多年。送羊时间一般在农历六月二十日之前，主要是外祖父、舅舅给小外孙、外孙女或小外甥、外甥女送羊。如外祖父母已故，由舅父、妗子送羊。民间有"妗不倒，羊不了"之说。

传说，清朝乾隆年间，辉县常村乡燕窝村住着一户人家，儿子叫黑牛，由于父亲去世得早，他和母亲二人相依为命。母亲起早贪黑，辛苦劳作，终于把孩子拉扯大。小伙子长得壮实，干起农活非常有力气，但由于对孩子从小娇生惯养，从不舍得动孩子一个手指头，事事都顺从孩子，所以使他从小养成了蛮横不讲理的坏脾气，稍有不顺心的事情，就对母亲大喊大叫，有时甚至拿拳头来解决问题。母亲非常伤心，孩子长大对自己不孝顺，也不敢说一句，只能忍气吞声过日子。舅舅知道这个情况后，很是着急，想揍外甥一顿，让他接受一下教训；但是只受到皮肉之苦或许不能触动到黑牛的心灵。最后，舅舅心生一计，就把一只母羊和一只正在吃奶的山羊送给了外甥，让他好好饲养，外甥甚是欢喜。外甥看到小羊每次吃奶总是跪着，便问他舅舅："这是怎么回事？"舅舅意味深长地说："小羊跪着吃奶是对母亲的感恩，对母亲养育之恩的报答。"黑牛听到这里，非常惭愧，想到自己怎么连一只小羊都不如呢？决定改掉自己的坏毛病，母亲含辛茹苦把自己养育成人，付出了多少心血，小羊还知道报娘恩。黑牛赶紧跪到母亲面前，承认自己的错误。从此，黑牛更加辛苦劳作，孝敬母亲，让母亲过上好日子。

黑牛舅舅教育外甥的目的已经实现，后来，舅舅每年六月就会给外甥送去一只羊，提醒孩子永远孝敬母亲。村里人听说后，纷纷效仿。后来，方圆百里的百姓，每到农历六月，麦收后的第一件事，姥姥家都要给自己的外甥、外甥女送羊，自此，便有了舅舅给外甥送羊的习俗。旧时老百姓比较贫穷，很多人送不起活羊，就用面蒸成羊的模样，俗称"面羊"，这个风俗一直传到现在，形成了世世代代的乡风民俗，"面羊"也是古老的面塑民间艺术。

旧时，老百姓日常很少能吃到白面，只有小麦收获后才有白面吃，所以选择在六月送羊；同时，这时也是一个休息、串亲戚的好机会。后来随着社会的进步，"面羊"逐渐被"面包羊"和"蛋糕羊"所代替。不管礼品怎样变化，总有一份浓浓的亲情在里面。而"六月送羊"这个习惯，沿袭成因，一直保留下来。不少地方，不再是姥爷、舅舅给外甥送羊，而是外甥送羊给姥爷、姥姥和舅舅、妗妗，利用这个机会去看望老人，表达晚辈的一点孝心，也承载着人们对少尊长、少敬老、子养老等亲情的美好愿望。

八　崔莺莺和张生的故事

据考证发现，崔莺莺和张生的故事起源于唐代著名诗人写的一篇传奇故事《莺莺传》，后来人们耳熟能详的《西厢记》就是在它的基础上改编的。这个故事的发生地就在今天辉县市冀屯乡褚邱村。

当时，褚邱村有户姓崔的人家，有人在朝为官，该人在朝中功名显赫，当朝皇帝曾授以"崔相国"匾额，这在当地是很荣耀的一件事情。崔相国家有个千金叫莺莺，年方二八好年华，出落的如花似玉，知书达礼，琴棋书画样样精通。这天，阳光明媚，天气非常好，崔莺莺和丫鬟陪母亲到村头的寺庙去上香还愿，碰巧，到寺庙碰到了进京赶考的张生。原来，张生父母双亡，家境贫寒，他只身一人进京赶考，不想由于赶考路上的困顿和劳累，生病了，以至于无法赶路，就借宿到这个寺庙里。崔莺莺见张生仪表堂堂，眉清目秀，被他器宇轩昂的气质所吸引，足足盯了一个时辰；张生见崔莺莺容貌俊俏，举止文雅，赞叹道："十年不识君王面，始信婵娟解误人。"二人一见钟情。从此，小姐就借各种理由天天和丫鬟到寺庙去上香，后来被母亲看出了破绽，责问莺莺事情的缘由。可是莺莺想瞒过老妇人，没有告诉实情。最后，老妇人对丫鬟动刑，才晓得女儿天天去庙里和张生私会的实情，这件事情被改编成后来著名的唱段《拷红》。事情败露之后，老妇人对女儿严加看管，她不能容许姑娘嫁给这个穷书生，还派人要把张生赶走。无奈中，张生写诗寄托自己的情思："深院无人草树光，娇莺不语趁阴藏；等闲弄水浮花片，流出门前赚阮郎。"把自己的苦闷和相思之苦告诉自己心上人。崔莺莺也托丫鬟把自己的相思送到了情郎手上："待月西厢下，迎风户半开。拂墙花影动，疑是玉人来。"后来改编的《西厢记》的名称即由诗中第一句而来。

崔莺莺母亲见女儿思念张生，以致茶不思，饭不想，既恼恨又心疼，于是来了一个缓兵之计，告诉张生，如果能考取功名，就来迎娶女儿；否则，这门婚事不能答应。张生听到这里，病痛马上好转了，和莺莺约定求取功名后，就回来成亲。二人忍痛分开，张生再次踏上进京赶考的路程。

张生走后，崔母就急忙张罗找人给女儿提亲，逼迫莺莺出嫁，以断了莺莺的念想。可是莺莺死活不从，说母亲已经答应人家考中婚嫁，怎么可以毁掉婚约，以致家里吵吵闹闹，不得安宁。崔家怕外人知道这事情说什么闲话，无奈中就把莺莺送到了不远的邻村上官村姥姥家，以便让对方都稍微缓和下。崔莺莺在姥姥家安顿好后，每天练习自己的琴棋书画，跟姥姥学些女红，闲下来总会遥望北方，盼望夫君考中后来迎娶自己。

日子一天天过去了，也没有见到张生的身影。原来张生当年并没有考取，又觉得自己无颜去见自己心爱的人，只好留在长安等待下次再考。可是莺莺却不知道这些消息，各种猜测和相思交织在一起，久思成疾，日渐消瘦。不想，后来又有人说张生在京城考中了探花，已经娶了朝中相国的女儿为妻，现在过着荣华富贵的日子。崔莺莺听到这些，病情加重，竟然一病不起，没几日，就辞别人世。因为莺莺还是个没有出嫁的闺女，崔家不让她埋入祖坟，无奈，就近埋在了上官村。现在人们还把上官村东边的那片坟地叫"莺莺坟"。传说莺莺在上官村为村民做了好多善事，村里人以莺莺托梦说，从上官村到褚邱村之间的小石河石头多，河水大，回去看母亲走路太困难了。因此，上官村村民就集资修了一座小桥，取名叫莺莺桥，至今还在。今天，辉县市冀屯乡褚邱村的人们还不允许唱《西厢记》，借此来表达对张生这个负心汉的不齿和对美好爱情的歌颂和向往。

九　周卜村与吐玉口

在辉县韭山西面有个山口，名叫吐玉口；韭山东南方向有个村庄名叫周卜村，隶属于常村镇。这两个地名均与周文王有关。

相传，商朝末年，天资聪颖、才力过人的帝辛即位，也就是历史上的殷纣王。他当上国君以后，非常重视农业的发展，励精图治、勤政爱民，国家日渐富足和强大起来。后来，他居功自傲，逐渐迷恋酒色，荒淫暴虐，还使用酷刑镇压人民的反抗，特别宠爱自己的妃子妲己，一切听从她的召唤和安排，最终导致国家一步步走向衰败。

当时，西伯侯姬昌是殷纣王的一个诸侯，在岐山脚下。他精通易术，善于占卜，实行仁政，爱护子民，奖励农业，把当地治理得一派繁盛。这时，殷纣王看到姬昌把诸侯国治理得这么繁荣，人们安居乐业，生活惬意，很是害怕他的强大会威胁到自己。就借口找姬昌商讨国家大事，待姬昌来到朝廷后，就把他软禁在都城朝歌的羑里城。

周文王姬昌的长子伯邑考，生性敦厚仁爱，是一位出了名的大孝子，为了替父亲赎罪，就带上七香车、醒酒毡与白色猿猴三样异宝，准备献给纣王。纣王妃子妲己听说伯邑考琴弹得非常好，今亲眼见到伯邑考长得仪表堂堂，风流倜傥，举止文雅得体，就很想亲近他。于是就让伯邑考弹琴给她听，并要求伯邑考手把手教她学弹琴，其实，学琴是假，想挑逗是真，几次三番挑逗伯邑考和她做苟且之事，均被拒绝，气愤之下，她反咬一口，诬告伯邑考调戏自己，还诬陷伯邑考的琴声是在暗骂纣王无德。纣王一怒之下就把伯邑考四肢剁掉，并把伯邑考身体剁成肉泥包成包子让周文王吃，看看周文王能否算出吃的是自己的亲生骨肉。周文王慑于殷纣王的淫威，默默地竟然把包子吃掉了。纣王认为周文王并没有什么预测才能，没有多大能耐，于是，就把他放了。

姬昌离开都城，一刻也不敢停留，一口气就跑到韭山东南的一个村庄，匆匆卜了一卦，预测一下吉凶。谁知一卜卦，才知儿子被害，而且包子里的肉馅竟是儿子的肉。他悲痛欲绝，感到一阵阵恶心，摇摇晃晃来到韭山西的一个山口，便大口大口呕吐起来，张口吐出三只小玉兔，他知道这是儿子伯邑考的三魂所化，流下痛心的眼泪。

周朝建立后，为了纪念周文王的功绩，有人就在他当时卜卦的地方安家居住下来，村名就称为"周卜村"；同时，将他呕吐的地方称为"吐玉口"。这个故事一直流传到今天。

十　卫辉望京楼的传说

潞王朱翊镠是明朝万历皇帝的胞弟，是明穆宗朱载坖第四子。朱翊镠非常聪明，一生下来就深得李太后的喜爱，万历皇帝本人对这个亲弟弟也是宠爱有加。由于皇兄的宠爱，朱翊镠便对自己的行为不加约束，在朝中欺男霸女，为所欲为，飞扬跋扈。

万历十年（1582），朱翊镠年满十四岁，按照皇家习俗准备完婚。为准备潞王婚礼，宫廷用了各色金三千八百六十九两，青红宝石八千七百余颗，银十万两，珊瑚珍珠两万四千余颗，甚至把整个京城的珠宝都买空了，极尽奢华。万历皇帝心里清楚弟弟潞王婚礼的费用超标了，但是他没有作声，就当是默许了；朝中其他大臣谁也没敢提出异议。不过，这些与朱翊镠后来的贪淫与奢华相比，仅仅是个开始。

潞王大婚之后，就藩事情提上了日程。万历皇帝亲自为潞王选定了两个地方，一个是湖广衡州，另一个是卫辉。最后万历皇帝点定了更为富足的湖广衡州，传旨在衡州府为弟弟建造王府。而潞王本人则要求去卫辉，这样距离京城比较近些，离自己的母亲近些，可以减轻自己思乡之苦。万历皇帝允许了潞王的请求。

图6-1　望京楼

（图片来源：赵会莉拍摄）

万历皇帝随即下令修建潞王府，耗资巨大的潞王府历时四年，于万历十七年（1589）竣工。潞王府坐落在汲县城（卫辉市）的东半部，建筑规模宏大，气势壮丽，非常气派。潞王就藩后，疯狂敛财，生活奢靡、荒淫无度。潞王有十几个妻妾，但看到年轻貌美女子还是不能放过。相传，在他的藩地，凡是新婚的女子，他都要占有"初夜权"。

潞王喜爱歌舞、饮酒、娱乐和打猎。在一个阳光融融的初春，潞王带领随从到卫辉郊外打猎，累得口干舌燥，腹中饥肠辘辘，躺在草地上不想动了。然后就吩咐侍卫，看附近有没有卖什么吃的东西。侍卫到集市上转半天，发现一个卖年糕的，年糕热气腾腾，看着就很馋人。侍卫赶忙买一个回来奉给潞王。潞王吃过年糕之后，顿时浑身充满力量，神清气爽，说这年糕真好。潞王这时就想到了母亲，想让母亲也尝尝这人间美味，也表达下自己对母亲的思念。于是，他就命令手下张贴一张告示：每户在三天之内上交三个年糕。布告贴出以后，老百姓纷纷来到官衙上缴年糕，不足三天，就上缴了十大船年糕。潞王便派专差，把年糕从古城卫辉由水路通过天津运往北京。由于当时条件所限，这些年糕到达京城时已近五月，所运年糕全部馊臭。母亲看到这些臭气熏天的年糕后，放声大哭，以为她儿子在卫辉府的生活太苦了，每天吃的都是这些东西。于是，命人打开国库，抬出金银财宝，装了满满的十大船运回了潞王府。潞王看到母亲送给自己的银两，知道是母亲多么爱自己呀，母子自从京城分别，就不能再看母亲一眼，多少思念只能埋在心底。所以，他想到可以利用这些银两修一座高高的楼，这样，站在楼顶就可眺望京城，以解思母之苦。

潞王为了早日能见到远在京城的母亲，从卫辉府附近的淇县、延津、滑县等十多个县城调集多名能工巧匠，于万历十九年（1591）冬动工，为了缩短工期，昼夜不停地修建。建楼所用石料都来自太行山中，当年没有什么先进的运输工具，民工主要用肩扛、人抬、绳拉等方式来运输石料。据说，因为当时正值严寒的冬天，冰天雪地，民工们就在道路上泼水成冰，在冰上滑动着石头，艰难地把石料运到城中，工程之艰巨可想而知。潞王要求此楼必须全部用青石砌成，不得动用土木。要把这些笨重的石料运到几十米的高空，用当时的土法根本没有办法做到，因此民工死伤无数，人们恨透了潞王，当时民间还流传一首民谣曰："修高楼，鬼见愁，活着来，抬着走。一人喜，万人忧，恨歪王，不如狗。"但潞王下令此楼必须在预定时间内完成，违者杀头。工匠们面临灭顶之灾，人心惶惶。聪明的工匠最后想出了一个"土围作胎"的方法，把建筑物周围用一层层土围上去，利用增高斜坡的笨方法，把石料一块块拉上楼顶，也避免了民工的伤亡，历时两年多的时间，在万历二十一年（1593）秋竣工。这就是我们今天在卫辉城看到的望京楼，高十七丈，方宽六丈，共分两层，俱用方石砌成。今天凡到卫辉来的宾客大都要登上望京楼。有云："上上望京楼，一辈子不发愁。"

第七章　牧野民间艺术

　　民间艺术是百姓中流行的音乐、舞蹈、美术、戏曲等艺术形式，是各种民俗活动的形象载体，其本身便蕴含丰富的民俗事象。它是在物质生产过程中产生和发展的，在人们的日常生活和岁时节日、人生仪礼和民间信仰活动中发挥着不可替代的作用。

第一节　牧野民间音乐

　　民间音乐，又称民间歌谣、民俗音乐、民间短篇诗歌等，是由广大民众创造的，并在民间广泛传播的音乐。它包括民间歌舞、民间说唱、民间戏曲、民间器乐等。它是一种靠口耳相传而流传下来的音乐形式和音乐作品，也是一种功能性很强的艺术，它可以自我娱乐，也可以娱人；它可以抒发情感，也可以与民俗活动相结合，发挥"移风易俗"，陶冶人们性情的作用。这里重点介绍民间器乐。

　　民间器乐，即用民间乐器演奏的音乐。它通常运用于民间生活，如在新年或重大节日庆贺；或婚礼或葬礼的仪式上；或民间信仰或宗教活动中，通过乐器演奏的旋律来表达人们或欢乐或悲愤或庄重的心情。

一　啸乐

　　啸，是一种歌吟方式，没有切实的内容和格式，随心所欲地表达自己或喜悦或悲愤心情的一种表达方式；是一种古老的民间传统口技，可以模仿自然界的各种声音。啸始于先秦，早在《诗经》里就屡次提到啸，《小雅·白华》中就有"啸歌伤怀，念彼硕人"之语。啸，即"蹙口而出声"，嘴唇控制气流而发出声音，也就是现代所说的吹口哨。在语言出现之前，啸是人类早期听觉表意手段之一；后来由于语言自身表意的优越性占据了主要听觉表意手段的地位，啸只是作为语言的补充；再后来啸和音乐、口技相结合，用以演奏乐曲，就产生了啸乐，成为一门艺术，产生了啸艺。啸乐，即口哨音乐，从演绎的种类分为唇哨、齿哨、手哨、舌哨；从演绎的对象分口哨歌曲、口哨戏曲、口哨相声、口哨乐器等。

啸乐的发展经历了漫长的发展时期。先秦时期主要有女性之啸和巫术之啸，如《诗经》中的啸者多是女性，她们用吹口哨来发泄心中的不满和幽怨，是古代常见的一种习俗；音调清越、含义神秘的啸也用在某些实施巫术的场合，以增加巫术超人类的作用。东汉时期，啸逐渐从妇女和巫师那里进入文士的生活圈，有隐士之啸和名士之啸，也从最原始的情绪发泄走向文明意蕴；魏晋时期，啸乐达到高峰时期，也走进士大夫阶层，他们率直任诞、清俊通脱、傲视清高，这些文人达仕登高临远，常常且吟且啸，吟啸之风，不胫而走，广泛流行，成为名士风度的一个组成部分。据《辉县志》记载：孙登，字公和，号苏门先生，魏晋之际汲郡人（今卫辉西南），隐居在苏门山石洞中，擅长弹琴，精通《易经》，尤其擅长啸乐，乐声悠扬，韵味十足。魏晋时期"竹林七贤"的阮籍、嵇康向隐居辉县的一代大师孙登学习啸乐，这个地方被称为"啸台"，位于今天的新乡百泉风景区苏门山顶，是后人为纪念孙登而建，也是当今保存最完整、规模最大的口哨纪念地，距今有1700多年的历史。唐之后啸乐逐渐衰微，宋、金至元的杂剧演出中，吹口哨是丑角行当的一项重要表演技巧，和魏晋之时的傲然长啸的意义是截然不同的。

啸乐即口哨音乐，通过空气与双唇的摩擦为发声源，以胸、咽、口、鼻等为共鸣体发出像"箫"一样的声音的一种乐器。其方法是：双唇合拢，中间留一空，借助于人的唇、舌的作用使气流通过而发出声音。当合口吹气时，调整双唇、门齿、舌尖，一定流速的空气通过两唇之间的气口，便会产生边棱摩擦发出声响。当双唇向前伸延，发声管变长，气口变小，则易产生高音；当双唇向前齿收拢，气口变大，则易产生低音。它不借助于任何器具，转调容易，音域较宽，具有很强的穿透力和表现力。通过练习啸乐，可以陶冶人的情操，增强人的乐感；同时啸乐的高雅优美，可以愉悦听众，缓解现代社会的压力。啸乐还具有特殊的养生功用，能增强人体消化系统的功能；能减少面部皮肤皱纹，起到美容效果；能使脉搏减缓、降低血压；对纠正口吃也有益处，在医疗上已广泛运用。与此同时，啸乐对维系中华民族的文化传承具有重要意义。

2005 年，出生于新乡县合河乡西元封村、后专门从事非物质文化遗产保护研究的王明磊，成立了中国第一支啸乐专业乐团——新乡市口哨艺术研究会。2009 年 6 月啸乐被河南省人民政府列入河南省第二批非物质文化遗产保护名录。

二 开明大鼓

鼓，被称为打击乐之王。开明大鼓起源于东汉明帝时期，距今有两千余年的历史，在延津县通郭村一带广为流传。据该村有碑文记载，西汉末年，王莽篡位，皇子刘秀携玉玺而逃，跑至延邑西时（即今天延津通郭村西），战马突然停了下来，大汗淋漓，气喘吁吁，任凭怎么驱赶，也不前进半步。刘秀判断战马肯定是又累又渴，情急之下，见附近有一莲花池，赶忙牵马来到池边，还没有等马饮完水，王莽的大兵就追过来了。眼看就要被叛贼追上，刘秀随即翻身上马狂奔而去，也不知跑了多久，后面也看不到追兵的影子了，就稍事休息。忽然发现身边的玉玺不见了，只好原路返回寻找，可是找了好久也没有见玉玺的踪迹。刘秀心想，是不是玉玺被敌兵路上捡走了呢，心情极度悲伤和懊恼。正在苦闷之际，忽然发现战马饮水的池边躺只死狗，但是在这炎热的夏天，死狗身上连一只蚊蝇也没有，刘秀甚是奇怪，于是，就把这条狗的身子翻过来，原来玉玺藏在狗的身体下面。刘秀非常感动，知道是这条狗用生命保护了玉玺的完好无缺，就在狗身边的石块上用宝剑刻下记号，待有朝一日来报答狗的恩情。

公元 58 年，刘秀弥留之际将玉玺传与刘庄时，向他讲述了玉玺失而复得的故事，并嘱咐刘庄及近臣为这只忠诚的狗修建一座寺庙，就是今天我们在通郭村看到的清莲寺，它比少林寺的修建还要早九百多年，寺庙里供奉的是犬王爷。汉明帝刘庄为了纪念这只为玉玺献身的狗，派宫廷乐师组建"铜器会"，在各州府官员上香时用，并将刘秀遗失玉玺之日（农历五月初六）定成大祭之日，庙会沿袭至今。相传鼓谱内容是根据当年王莽篡位追杀刘秀及玉玺失而复得的情节谱写而成，并沿袭至今，2005 年，将"铜器会"更名为"开明大鼓"。

延津县开明大鼓，韵律变化多端，时而高亢激昂，时而低柔委婉，悦耳动听，既可单打又可交替复打。大鼓表演内容共分六大段，开场取材于西汉末年，宫廷内乱，王莽刘秀争霸帝业，时局动荡不定。鼓韵表现得气势磅礴，如洪水奔泻、猛虎下山，势如破竹，惊天动地。

第一段形容刘秀被王莽追杀，人困马乏，失魂落魄，情绪低沉。鼓韵表现得慢而低沉，如雨打莲花，形似冷雪飘落、秋风落叶、山间抚琴。

第二段形容（传说刘秀被追杀途中，常有一彩凤引路）刘秀暂脱身莲花池边，刘秀催马不动，见马蹄踏石凹陷，马点头三下欲饮水止渴。此时刘秀又怕王莽追兵追赶到，心情起落不定。此刻鼓韵此起彼落，时而翻江倒海，时而泉水叮咚。

第三段形容刘秀脱离追杀后，在梧桐树下得以歇息，心情平静如水，悠然乘凉，回味往事之情景。鼓韵此时平稳有序，动静结合，如缓缓流水，鼓与舞搭配得体。

第四段形容刘秀玉玺复得后，心情喜悦开朗，策马狂奔，心旷神怡之景。鼓韵催人奋进，醒心悦目，顿觉心胸宽敞明亮。

第五段形容刘秀重整旗鼓，广聚义士，排兵布阵，鸣金击鼓，讨伐王莽。鼓韵声势浩大，高潮迭起，铿锵有力，犹如暴风骤雨一般。

第六段形容明帝盛世复兴后，活跃繁华，春和景明，争鸣怒放，形同狮子滚绣球，国家不断发展壮大。鼓韵气势宏大，翻来覆去，鼓意形同战场，攻守自如，东杀西战，南冲北争，战时海啸风云起，稳时水平静无风，静韵水点滴，动韵龙卷风，息而又行，击鼓为号，鸣金收兵，鼓意传人意，人意变鼓艺，意行并茂，鼓韵紧而不乱。

开明大鼓为打击类器具制品，主要包括直径2米的大鼓、大堂鼓、小堂鼓、小鼓、大铙、大镲、小镲、龙旗、战旗、令旗等，还兼有横幅彩对（并兼有汴鼓、板鼓、腰鼓、鼓板）。作品开场序"紧急风"，（原为二龙争霸）各种乐器齐击碎点呐喊上场，如雷声不断，暴风骤雨，如大海潮涌，翻滚搏击。之后阴绵细雨，雨打莲花，低柔委婉，鸟音哀鸣。二段为凤凰三点头，三铙起端，形如战马挥汗如雨，饥渴难忍，欲饮止渴。三段为凤凰单展翅，一鼓二韵声，形似单臂扬鞭催马。四段为凤凰双展翅，十二铜铙、十二铜镲搏击，形同彩凤左右双展翅，鹏程万里。五段为虎跃百川，首起器乐单音单响为双声并为四韵，加上跳动呐喊声，如同猛虎下山，身体腾空跃起，虎声雄威，震天动地。六段为狮子滚绣球，此段作品前半部从十二音、五音、三音、二音由多到少，以后半段为韵律，翻来覆去相互交替变化，如同狮子滚绣球一样，国家复兴繁华，不断前进发展壮大。

开明大鼓讲究鼓与舞结合，轻与重结合，静与动结合。鼓意传人意，人意变鼓艺。开明大鼓讲究技巧与力度，韵律变化丰富，欣赏开明大鼓，使人心情愉悦，精神振奋。开明大鼓被鼓艺界称为古老而稀有的鼓种，在河南省第二届鼓舞艺术大赛中获金奖，在新乡市鼓舞艺术大赛中连续四届获一等奖；2007 年主管部门市非物质文化遗产保护中心（文旅局下属部门）列入市级首批非物质文化遗产保护名录。

三 原武盘鼓

原武镇位于原阳县城西南 18 公里处，是著名的鱼米之乡。原武盘鼓起源于唐代，据《原武县志》记载：武则天陪唐高宗去泰山封禅，原武民众自发组织百面大盘鼓十里相迎，打得出神入化，鼓声震天。武则天凤颜大悦，御封原武大鼓为"大德胜"。

其实，原武盘鼓的名称还有一段来历。据《资治通鉴》记载，公元 686 年正月，武则天下诏，假装要把政权交还睿宗皇帝，而睿宗明知武则天的真实用意，上表坚决辞让。于是，武则天重新临朝，她认为这是自己的德望所归，随即功成封禅于泰山告示天下。所以，封原武大鼓"大德胜"应该有这层含义。另据《三教源流搜神大全》记载，泰山神又称东岳大帝，他是盘古氏十世子孙。原武百姓认为武则天泰山封禅与盘古氏有着不可分割的关系，原武人群鼓齐击的雄壮气势，犹如盘古开天辟地般震撼天地，原武百姓取其"盘古"谐音，将"原武大鼓"改称为"原武盘鼓"。

原武盘鼓的发展经历了一个由繁盛到衰落再兴盛的过程，明清时期为了庆祝丰收或者节日而自行组织盘鼓表演，它是人们自娱自乐的民俗文化活动；民国时期由于连年的战乱，人们流离失所，经济贫困，人们没有更多的时间和精力来组织这项活动，原阳盘鼓这项民间艺术形式曾一度被人们忽视或遗忘；改革开放后，特别是 20 世纪 90 年代，原阳盘鼓艺术有了政府的大力支持，得以发扬光大，大大活跃了人们的精神文化生活。

原武盘鼓鼓面选用精心炮制的精致牛皮，鼓身直径大约 50 厘米，两侧有铁环，用红绸横挎，双手用柳木鼓槌敲打鼓面和鼓侧，声音震耳欲聋。打鼓者则根据指挥者做出跳、腾、蹲、马步等动作，或者3—5人相互搭成人墙，表演出一些高难度的打鼓动作。原武盘鼓由五段表演贯穿而成，各有寓意。

第一段：开山大鼓，取意盘古开天辟地时震天动地的场景。直径2米的两面大鼓率先擂响，然后直径1.2米的十面盘鼓齐击鼓点，出场迅猛，鼓点密集，伴随呐喊声，似万马奔腾，场面宏大。

第二段：普天同庆，取意混沌初开、万物生发时人们的欢欣雀跃场景。鼓点节奏疏密有致，鼓声欢快，队员将鼓与舞完美结合，面带喜气，舞姿优美，鼓声振奋。

第三段：武后驾临，取意武则天泰山封禅途经原武时，原武人奔走相告、击鼓相迎的场景。队形有"子母圈""五朵金花""满天星"等艺术造型交替表演，变幻莫测，翩翩舞步踩着鼓点，优美动人。

第四段：封禅庆典，取意武则天封禅后的欢庆场景。这时，鼓、镲、铙声同起，呐喊声震天，"蛟龙出海""大鹏展翅""金山角""狮子舞""十字架转动"等艺术造型节节相扣、扣人心弦。

第五段：盛世盘鼓，取意武则天登基时大赦天下、五谷丰登、太平盛世场景。这是高潮阶段，铙、镲齐鸣，锣鼓喧天，表演动作豪放粗犷。令旗指挥者跳转腾挪，旗面招展，似万马奔腾，令人心神摇曳、精神亢奋，顿生气壮山河的豪情。

原武盘鼓在原鼓谱的基础上，根据时代特点，不断创新，融入了新的鼓舞技艺，流传有十三套鼓谱，俗称"十三太保"。根据表演需要，十三套鼓谱可随机调节使用，风格各异，独成一派。原武盘鼓表演风格刚柔相济，动静结合，粗犷中夹着柔美。曾先后在全国广场鼓舞大赛中获得各种殊荣，联合国教科文委员、国家舞协副主席贾作光为原武盘鼓题词："鼓魂"。

四　中州大鼓

鼓是最早的音乐表现形式，后被广泛运用于军事、庆典、祭祀、祈雨等日常生活和娱乐活动中。河南省新乡县赵堤村的中州大鼓起源于明朝万历年间（1606），距今有400多年的历史。据赵堤村"重修天仙行宫庙碑"记载：万历年间，当地民众为抗匪拒寇，保卫村民财产安全，村民集资购置数面大鼓，击鼓为号，鼓舞士气。新乡古代属于冀州，即传说为黄帝战败蚩尤后首次造鼓之地，当地古时有"腊鼓驱疫"的习俗。随后，赵堤村成立鼓会，每逢节日和庙会都要敲鼓游行，进庙烧香敬神，祈求平安，相传到今天。

中州大鼓具有体积大、鼓内有拉簧、敲击后鼓声与金属声混合发声的特点，清脆悦耳。鼓谱分为"大忽雷炮""小忽雷炮"两种。"大忽雷炮"鼓调厚重沉稳，节奏缓慢，鼓调复杂；"小忽雷炮"鼓调欢快，流畅，给人一种激情向上的感觉。中州大鼓采用"小呼雷炮"鼓法，节奏紧凑，令人情绪激昂，催人奋进。整个鼓舞表演分为"欢庆丰收""二龙出水""群凤展翅""空中鼓舞""天女散花""群英聚会"六个段落。

中州大鼓经过数百年的发展，由单一的击鼓到鼓、铙、镲、锣的结合，在演奏过程中，鼓与镲一起形成强与弱、齐奏与分奏等不同的音响色彩，节奏上配合协调，鼓声悠扬动听。在全国鼓类当中，舞镲为中州大鼓所独有，也是中州大鼓的一大特色。当地打鼓人通过自己的摸索，舞动时拖着长长的飘带，与鼓结合，力量中不失飘逸的感觉。鼓舞强劲粗犷，"声""形"具备，演员用眼神相互交流，形成一种整齐统一的情感交流，给人一种视觉与听觉上的享受。鼓舞艺术成了节日欢庆和祭祀活动不可或缺的乐器，素有"无酒不成宴，无鼓不算会"的说法，也诠释了"鼓""舞"的内核。改革开放后，赵堤大鼓名声大振，引起了当地政府的高度重视。1988 年，赵堤大鼓参加河南省首届艺术节并获最高奖，被河南省文化厅命名为"中州大鼓"。赵堤村的村民 80% 的人都会敲鼓，男孩子学习击鼓的较多，鼓艺从娃娃抓起，孩子们耳濡目染，十来岁的孩子就学会整套鼓谱子，可以出场表演了。如今，中州大鼓在继承传统的基础上，大胆创新，鼓舞音乐和表演形式多样，结合当今社会特点，表演行进中击鼓、敲锣、舞旗、发号炮，根据情节交替进行，使观众情绪高昂，受到人们热烈的欢迎。历经沧桑的中州大鼓，与世界 100 多个国家和地区进行了文化交流，受到国内外专家的高度称赞，并多次在国内民间艺术大赛中获得殊荣，取得了良好的社会效益和经济效益。2011 年 6 月，中州大鼓入选国家级非物质文化遗产名录。

第二节　牧野民间舞蹈

民间舞蹈，属于大众自娱自乐性的艺术形式，在舞蹈艺术中所占比重最大。它随意性强，表演不受场地、人数的局限与束缚，以人们日常的审美习惯即兴发挥，自由抒发内心的喜悦和兴奋。牧野境内的民间舞蹈起源很早，表现风格各异，主要特点是利用道具进行表演，如各种车、船、面具、头饰、扇子、高跷等；再一个就是歌与舞的结合，载歌载舞，情之所至，尽兴挥洒。

一　狮子舞

狮子舞，又称"玩狮子""耍狮子""舞狮子"等。狮舞是一种古老的汉族民间舞蹈，也是中华民族优秀的民族传统艺术之一，多在年节和喜庆活动中表演。狮子和龙一样，在中国人心目中是瑞兽，民间把狮子看作是吉祥的化身，认为它能驱魔怪、镇鬼妖，是神兽。因此在舞狮活动中寄托着民众消灾除害、求吉纳福的美好意愿。

狮子舞的起源很早，据记载源于三国，隋唐时期达到兴盛，宋以后随着胡俗乐在宫廷中的地位下降，狮子舞遂在民间与百戏为伍。狮子的原产地不在中国，而是在西亚和非洲，史料记载汉朝时期因外邦不断进献，狮子才来到中国。东汉时期佛教传入中国，佛教中狮子有着维护正法威慑四方、降伏心魔示道开导之意，也极大地影响了我国民间对狮子崇拜的认知，直到今天，还有许多人家、社会机构或庙宇殿阁门前，安放一对狮子，以求消灾驱邪、吉祥如意。

民间传说里却是另一番景象：很久以前漫山遍野都是虫狼虎豹，这些野兽不但吃掉人们辛苦种植的庄稼，也时常跑到村里伤人，人们生活苦不堪言，想出各种办法也没有消除野兽的危害，整天提心吊胆过日子。后来，山里来了一种益虫，体型庞大，强悍勇猛，它制服了所有野兽，并在山里做了大王，成了百兽之王。从此人们的生活安定了，过上了安居乐业的日子。这个益虫就是狮子，人们非常感激这只狮子，因此每逢节日或重大的庆祝活动，便模拟狮子的动作翩翩起舞，时间一久，渐渐也成了一种习俗，这就是狮子舞的来源。

旧时，牧野地区有在中药店的柜台上摆放狮子的习俗。传说，有位未婚的皇姑得了病，一点饭也吃不进，还呕吐不止。皇帝就派人找来名医孙思邈给皇姑看病，孙思邈把脉后断定皇姑怀孕了，可是皇姑怀的不是人，是被花仙所误，后来生下来一个小狮子。皇帝念孙思邈诊断有功，就把小狮子送给了他。小狮子陪着孙思邈尝百草，治百病，立下大功。孙思邈死后，被封为"药王"。后来，药店的主人为了表示对药王的怀念和尊敬之情，就在柜台上放一只石狮子。

牧野民间狮子舞的表演形式分为"文狮"和"武狮"两种。文狮子一般是戏耍性的，主要通过挠痒痒、舔毛、抓耳挠腮、打滚、戏绣球等风趣喜人的动作来表现人们的喜悦、幸福和祥和；武狮子重在表演一些高难度动作，如跳跃、翻滚、直立、踩跷跷板、蹿火圈等，甚至还有一些武术、武功性的表演，比如走梅花桩这样的高难动作，表现狮子的勇猛性格，有一些杂技的成分在里面。

新乡卫辉在唐代后期就出现了狮子舞艺术。舞狮的狮子造型酷似真狮子，狮头较为简单，狮身用黄布包裹，麒麟式的尾巴。舞狮者的裤子和鞋子都会披上黄毛，狮子一般是成对出现，脖子上套上铜铃，狮头上挂有红结的是公狮子，狮头上挂有绿结的是母狮子；有时还会有一头小狮子，小狮子由一人来扮演，表演中大狮与小狮嬉戏玩乐，尽享天伦。狮子舞一般是两个人舞一头狮子（有公狮子和母狮子），扮演狮子头一人，表演时手托头部，狮子面部的表情主要依靠他来完成，如狮子下巴颏的活动，狮子嘴巴的张合，眼睛的转动等；另一个人扮演尾巴，他必须在后面弯着腰手扶前者的腰部支撑狮子身体。狮子舞的领舞者手持绣球，打击乐队十余人。表演时，领舞者手舞用红、黄、蓝、青、绿、橙、紫七种颜色缠绕而成的绣球，持绣球诱导狮子歪头、吧嗒嘴、猛扑、舔毛、打滚、直立、啃痒、蹲、卧、摇头、摆尾、抖毛等动作，因此藏在狮子身体内的两个人必须密切配合，特别有赖于后者的功力来完成，民间称这种舞蹈"狮子滚绣球"。

1983年，卫辉黄土岗村民又设计出双狮舞，动作更为复杂和精细，主要在春节和元宵节等重要节日演出。每逢演出，男女老幼，全村人倾巢而出；有的还请自己的亲戚朋友来观看，邻村的老百姓也会前来，人山人海，场面宏大，热闹无比，为人们的平淡生活平添好多乐趣。

二　背妆舞

背妆舞也称"背装"或"背桩"，民间艺人将戏剧、曲艺、舞蹈、雕塑和杂技等艺术融为一体，创造出的一种民间造型艺术，也是一种综合性的艺术。背妆表演以戏剧化妆人物出现，有丰富的故事情节，大多源于民间传说和历史故事。牧野地区比较有代表性的有新乡李元屯背妆和小冀背妆。

1. 李元屯背妆。始兴于明朝，至今已有 400 多年的历史，是卫辉民间艺人创造出的一种具有地方特色民间造型艺术。相传当地村民为了祭拜火神爷，自发组织创建了背妆舞，用这种舞蹈表演向火神爷祈福，祈祷火神爷能保佑本村居民平安吉祥、富足安康。因为李元屯火神庙建于正月十八日，因此当地人就把每年的正月十八定为火神爷庙会，届时会有背妆舞等项目的表演。庙会一般持续四天，从正月十五试妆开始，到正月十八正式表演。试妆时不化装，是为了排除正式演出时妆架的不安全因素；再者上妆的演员年龄都很小，一般都是学龄前儿童，怕他们身居高处心里恐惧有哭闹行为，也让他们有一个适应过程。

解放前，由于经济条件限制，每三年才演出一次；解放后，人们生活条件改善，每年的正月十八都会有演出。如今，每逢重要的节日和重大活动也会应邀演出，如在卫辉"比干大典"时就曾应邀演出，受到海内外华人的高度赞誉。

李元屯背妆参与演出的人数一般在 130 人左右，其中包括上妆、下妆、护妆和其他工作人员。背妆架的结构是上下通铁芯，装在下面人的肩膀上，连着上方男童女童的脚跟和腰部，用插销或螺丝固定。背妆主要靠行走在地上的扮演者走动，引起肩上方扮女扮男童的扭动。背妆行进间，护妆和其他工作人员拿着保险装置紧跟，以防铁芯折断或其他事故。上妆又被分为单妆、双妆、三人妆。上妆的儿童一般都是由父母许过愿的，祈求孩子长大光宗耀祖，或消灾免祸，一般儿童需连续上妆三年，然后再换。俗话说："小姐上过妆，婆家不用相；男孩儿上过妆，媳妇挑着相"。下妆由村里身强力壮的成年男人扮演。上妆和下妆组合成一个完整的剧目，上下配合表演，服饰跟所表演的剧目保持一致，如下边饰演唐僧，上边饰孙悟空；下边是吕洞宾，上边则为牡丹精；下边是老寿星，上边则为王母娘娘等。背妆舞每演出一次都是 16 妆，其中单妆 10 个，演出剧目有《孙悟空》《刘海砍柴》《顶灯》《跨功》《打渔杂家》等；双妆 4 个，演出剧目有《穆柯寨》《海瑞罢官》《刀劈杨凡》和《樊梨花》；三人妆两个，演出剧目有《白蛇传》和《对花枪》。伴奏乐器为铜钗、鼓和钹。每到正月十八，演员们都会在"火神庙"进行精彩的背妆表演，同时还配有抬阁、秧歌、旱船等，观众人山人海，热闹非凡。李元屯背妆舞蹈精湛的演技得到新乡市领导的高度重视，在 2008 年被列入《新乡市非物质文化遗产名录》。

另外，民国年间，仅限新乡李元屯玩会有抬阁，道具一直保存在现在。抬阁形式如八抬大轿的抬法，形同一个旋转的舞台，铁芯连着扮演的童男童女，牢固地装在舞台上，并以栏杆遮拦。扮演者随着抬轿人的走动，自然扭动双臂，形象也多是戏剧中的人物，形式比妆舞更为壮观。

2. 小冀背妆。又称"托妆""托阁"，起源于明末清初，距今有 300 多年的历史。新乡县小冀镇把正月初七定为火神生日，为了庆祝火神爷对当地民众的爱护和保佑，当地民间艺人创造出了融戏剧、音乐、舞蹈、雕塑、手工锻造技艺和人体平衡力学于一身的表演艺术形式。小冀背妆的结构和李元屯背妆结构基本一致，也是分上妆、下妆，下妆由成年男子扮演；上妆由 4—6 岁长相俊俏的儿童扮演，并连续三年参演。上妆分为单人妆、双人妆、三人妆三种形式。小冀背妆妆架均是从背者右肩向上伸出，以备背妆者右手全力把持住妆架，保持身体平衡。绑妆、卸妆过程，妆架插花工艺等都是秘密，不会向外人传授。

小冀背妆舞演出规模浩大，演员最多时候有 500 人之多，最少的也有 200 多人。演出的人员都化妆成戏剧人物，穿上戏装；儿童穿的也是成人戏装。演出时，背妆者身穿与上妆儿童相吻合的下妆衣，右手托着各种戏剧人物造型的男童幼女，迈着墩子步或甩膀小八字步，伴着鼓乐，下摇上扭，同时进行折子戏的表演，两边旌旗招展，锣鼓震天，引来方圆数十里人们的观看，场面十分壮观。小冀背妆舞以高、险、奇、特的特点而著称，妆架高达近 6 米，足足有两层楼那么高；特别是三人妆的表演，看起来都替表演者捏把汗，三个上妆的孩子一个赛过一个的高。妆架上有花丛和假肢假脚，小孩子如同站在花丛中①（实际是在妆架上坐着的），使好

---

① 新乡县史志编纂委员会编：《新乡县志》，生活·读书·新知三联书店 1991 年版，第 447 页。

多人弄不懂小孩子为啥会穿大人衣服，这其中的机关、奥妙还须绝对保密，使许多人百思不得其解；每次出会必是单人妆的猴妆在空中倒顺翻跟头来开道，这也是它的特别之处。

小冀背妆每年正月初七火神爷生日和元宵节形成演出例会，从没间断。演出内容丰富多样，主要塑造各种各样的戏剧人物，单人妆的扮相有"穆桂英""杨宗保""红娘""林黛玉""贾宝玉"及《哪吒闹海》《唐僧取经》《三国演义》等 20 多个人物和剧情扮相；双人妆有牛郎织女、天仙配等；三人妆有《三仙妹》《白蛇传》等。小冀背妆，在重大节日和重要庆典时，成了人们不可缺少的节日文化生活内容之一，同时为繁荣农村的精神文明建设，丰富群众的文化生活，继承传统文化，都产生了积极的作用。

三　小宋佛高跷

高跷舞的历史悠久，早在唐代就开始有高跷的记载，有高拐 3 尺、低拐 2 尺之分。表演化装多有一定的戏剧情节，比如《西游记》《三国演义》《白蛇传》《杨家将》等，也有民间故事中的人物和现实生活中的故事人物。穿的是戏曲表演服装，生旦净末丑齐全。

小宋佛高跷是新乡县翟坡镇小宋佛村的传统民俗舞蹈，表演者多为小宋佛村村民，这种高跷表演历史悠久，延续有近 300 多年的历史，它与小冀的背妆以及赵堤的中州大鼓，并称为河南新乡县的"文艺三宝"。

小宋佛高跷由明末宫廷秧歌演变而来，起初是寸跷，后来发展成高跷，一般跷腿长 1.3—1.5 米，重达 6—7 千克，演员把高跷绑在大腿上，踩在上面足足有近 3 米高。演员为几岁至十几岁的少年，年龄大的有五六十岁的，男女都有。他们并非天生就是踩高跷的能手，也是一开始用寸跷或者是高度只有几十厘米的短跷来练习，由两个大人左右扶着慢慢行走，直到感觉自己能够控制木跷时，再脱离大人的帮助，自己扶着墙慢慢练习。在练习过程中，身上青一块紫一块的伤痕也是常有的事情，有的甚至把脚板和小腿肚磨破。我们看到的小宋佛高跷的精彩表演，在演员们背后有多少汗水和付出不得而知。小宋佛高跷演员的演出也是各种戏曲扮相，生、旦、净、末、丑都有，多为滑稽戏，比较有代表性的有折子戏如《借苗郎》《王小赶脚》《蓝桥会》《借苗郎》等，演员滑稽的表演引来观众雷鸣般的掌声；近年来，小宋佛高跷的表演也与时俱进，改编了一些豫剧和曲剧剧目进行表演，得到观众的喜爱。

小宋佛高跷表演时，三眼火铳是出跷的号令，十面大鼓、四铙四钹，前有龙凤旗四面分成两队走在前面，各领十面彩旗走在后面护卫，中间高跷队翩翩起舞。演唱使用的乐器有板鼓、月琴和二胡等，另外还有锣和梆子等乐器的伴奏。小宋佛高跷分武高跷和文高跷，文高跷在行走表演中，随着伴奏器乐，进行演唱；武高跷由领队指挥，锣鼓、梆子伴奏，踩高跷者踏着锣鼓节拍扭动臂膀和身体。其锣鼓点击法有"咚咚卡"与"当当次"两种，前者用于行进舞步，后者用于表演蹦、跳、扑蝶、摸鱼、劈叉、跑驴、穿五花、蹲叉、翻跟头、翻桌子等动作，看得人眼花缭乱，简直就是一场精神的盛宴，兴奋中观众无不高喊"再来来，再来来"。关于这句俗语，还有这样的传说，相传乾隆年间，小宋佛高跷队应邀参加辉县百泉药材大会演出，当时乾隆皇帝正在百泉巡游，有幸亲自观赏了这场高跷演出，结束时禁不住赞道："这是哪里的高跷？演得不错，让他再来来！"广大观众也随着掌声高呼："再来来！再来来！！"从此，小宋佛高跷享誉豫北大地，人们也会由衷地喊道："小宋佛的高跷——再来来！"

2009 年，小宋佛高跷被河南省人民政府认定为非物质文化遗产项目。在新乡市牧野广场小宋佛百花同乐高跷队为世界旅游小姐参赛选手们表演时，许多来自世界各地的漂亮姑娘们被中国的民间文化艺术所吸引，竟情不自禁地跟随高跷队跳了起来。希望小宋佛高跷能够一直传承下去，让古老的民间艺术再次展现活力和生机，为我们美好的生活增光添彩。

四　新乡县大泉旱船舞

"旱船舞"，指汉族民间在陆地上模拟水中行船的动作用舞蹈来表演的艺术形式。"旱船"的制作方法是利用竹篾、高粱秆或木棍扎成外观类似船形的架子，然后在架子外面用绸布或棉布包裹起来，船的下面是裙摆的样式，可以遮挡坐船女的走动的腿脚；船身上绘以荷花和荷叶，颜色艳丽，然后在外面装上红绸、纸花、彩灯等饰物，一艘华丽的"旱船"就算制成了。

新乡县大泉旱船舞又称"怀梆武旱船"，因大泉村有怀梆剧团、秧歌队和武术队等民间文艺团队，大泉旱船舞的表演以演员演唱"怀梆"戏为引子，唱到一定程度后旱船启动，高潮时候往往伴有高难度动作，如劈叉、打踩脚、翻跟头等，表示与风浪搏斗，所以也称"武旱船"。

大泉旱船舞历史悠久，早在清朝末年在豫北地区就享有很高的声誉。旱船舞取材于农村常见的日常生活，一般有男女演员 10 名左右，其中坐船的女子 1 名或 2 名，打扮的都很俊俏，站在"船"中的通孔中，将"船"系在自己的腰上，坐船人会根据乐器节奏的变化，缓急有致，往往是手持船帮，随着"波浪"旋转做蹲步、慢步、快速碎步模仿在水中行进、颠簸等动作，时起时伏，让人感觉船在水面行走；前面要有引船的"艄公"，在船头带路，做出摇桨、划船、撑篙各种各样的划船动作，更为重要的是他必须会些"武功"，比如前后滚翻、劈叉等高难度动作，这样表演起来更能吸引观众的注意；老槁和二槁由 4 名男子和 4 名女子来扮演。它的演出先由演员演唱怀梆戏拉开序幕，称为"文场"，它的伴奏乐器有板胡、二胡、笛子、大胡、笙、唢呐等；接着进行"旱船舞"表演，称为"武场"，它的伴奏乐器有高中低音大锣、战鼓、大镲、二镲、边鼓、梆子等。"船娘子"和"艄公"在表演中还能穿插河南特有剧种"怀庆梆子"（俗称"怀梆"）进行演唱，唱段主要有《对花枪》《铡美案》等 20 多出怀梆折子戏。大泉旱船舞又因其演唱所用唱腔跟现在焦作一带的怀梆有所不同，故而也形成了大泉"怀梆武旱船"的唯一性特征。

如今，新乡大泉村村委会和党支部非常重视该村的精神文明建设和文化建设，组建了少年旱船班，大部分是 8—12 岁的少年，在大泉旱船舞第五代传人荆文泉、刘光喜等人的组织和教授下，技艺在不断进步和成长，所到之处，其表演受到人们热烈的欢迎和褒奖，称他们是大泉旱船舞的未来和明天，也坚信他们一定会接好这一棒，把这一古老的传统文化发扬光大下去。2012 年，"大泉旱船舞"成功申报为市非物质文化遗产保护项目。

五　获嘉"马皮舞"

"马皮舞"，又有"耍马皮""神马皮""巨鞭马皮舞""金龙马皮舞"的称谓，是中国比较罕见并且独有的、具有独特艺术形式的民间舞蹈艺术形式。"马皮舞"最初是古代发生旱灾时老百姓祈雨杀马祭天时举行的一种仪式活动。马皮舞源于新乡获嘉县徐营镇杜官滩村，主要分布于获嘉县的杜官滩、徐营、小呈、中和、小张卜、陈孝等村镇。

获嘉县徐营镇杜官滩村历史上属于黄泛区，滩地很多，每年的旱涝造成当地百姓生活非常困苦，也造就了人们与自然灾害作斗争的豪放性格。该地民众自明朝初年就喜欢练习武术，善打拳脚，有"家家练拳，户户刀剑"的说法。马皮舞始于明崇祯十三年（1640），距今有近400年的历史。相传当时豫北地区遭受大旱，田地龟裂，蝗虫横行，百姓庄稼颗粒无收，在这种困难生活的逼迫之下，该村杜氏族人中有少部分善武者沦作响马，烧杀抢夺，老百姓生活更是雪上加霜，生活更加困顿。这时，该村杜氏长者主张采取宗教信仰的手段，举行仪式，杀马祭天。接着，将马皮剥掉拧成巨鞭，舞向空中甩响，请求天神下凡执鞭收复响马，共享太平，这是马皮舞产生的最初原因。

马皮舞的主要道具就是大鞭，旧日的大鞭是用杀马祭天时的马皮制成，杀马之后，将马皮剥下来，撕成缕再制鞭。后来为演出方便，民国期间将马皮大鞭改为质量相对较轻的山麻大鞭，外编山麻，内包长约3米的棕绳，鞭子根部较粗，梢部较细，呈龙形，长7米余，鞭重7—20千克。表演中的主要人物是"王爷"，即古代宗教中能够通天通神的人，他手执山麻大鞭站在中间指挥，该人要具有一定的武术功底，另外8个人或16个人扮演马舞之蹈者。扮马者称"响马"，其身后背"将架"，架上缀有铜铃，随同舞步作响代替音乐伴奏。旧时他们表演都是光着脚，现在的演出一般只有王爷一人打赤脚，其他的人就不再赤脚。"响马"背后的架上彩绘关羽、张飞、赵云、岳飞等画像，形成"架下响马，架上英雄"的鲜明对照。昭示人们崇尚英雄，以义为本，兄弟间团结和睦，对构建和谐社会具有十分积极的意义。"王爷"挥舞大鞭指哪儿打哪儿，扮马者根据鞭向变换队形，围着舞鞭者，或跑圈，或分立两旁，变着各种队形，称为"耍马皮"。过去大旱时，以此演出形式作舞祈求上天能降甘霖，解决农田的干旱。现今只在春节期间作为娱乐性的演出，活跃群众的文化生活。

马皮舞的特点是"钉马祭天，皮革制鞭，武舞相融，武舞兼备"，集民间武术、民间舞蹈和民间宗教信仰于一体，具有典型的地域特征和浓厚的宗教气息，对研究古代武术和古代舞蹈以及古代宗教信仰均有着较重要的参考价值。以前马皮舞非常神秘，族里规定不能外传。可现在，很多年轻人不愿意学习，技艺的传人甚少；随着文化艺术种类及电子产品的普及，欣赏群体也在萎缩。如何更好地把"马皮舞"这种传统技艺传承下去，是需要社会更多的人来思考和关注的问题。

六　寸跷秧歌

寸跷秧歌又称"低跷"或"矮跷"，这种跷只有5—7寸高，所以又称"寸跷"，是踩着跷表演的一种民间舞蹈形式，流行于新乡市郊区一带。寸跷秧歌的产生和发展同中国古代妇女缠足、社火演变有着密切关系，所以这种跷的制作也非常有特点。跷的底端有一双木制的非常小的假脚，这双假脚上还穿有带着缨的小红鞋，看起来非常精致和喜庆。男扮女装的表演者动作轻盈，所穿宽腿长裤必须盖住自己的脚，使假脚露在外面，看起来好像是三寸金莲在袅娜地走动。

寸跷在清末民初比较盛行，它的表演形式也多种多样，不仅有专门的扭秧歌踩寸跷表演，而且当地民间舞蹈中的旱船、竹马、花鼓等也都含有踩寸跷表演。所用道具有折扇、马鞭、汗巾、羽毛扇，伴奏乐器为四弦（四胡）、卧笛（曲笛）、二胡、手托小洋琴、板鼓、堂鼓、锣钹等。演出形式多样，可大场走、小场转，还可在舞台上表演。寸跷秧歌主要有四种形式：大场寸跷秧歌（也称过街秧歌）、小场寸跷秧歌、秧歌戏、寸跷花鼓秧歌。由双数的十多人组成简单的队形，古装戏扮相，男女角色皆有男青年扮演，踩着锣鼓点，进行秧歌表演，有简单的队形变化，称为"大场寸跷秧歌"，多在玩会串街时表演，如新乡东张门村的"红灯秧歌"；新乡市张村在春节时抬阁表演小故事《三把扇》，这种表演只需要3个人，演员身穿日常生活中的蓝色镶边大布衫，手持汗巾和扇子，口中还一边唱着民歌小调，就可以演出了，这种表演称"小场寸跷秧歌"；"秧歌戏"，也叫"伞头秧歌"，共六个角色，一伞头，三个旦角，两个生角。演出节目有《水漫金山寺》《小寡妇上坟》《断桥亭》《秦琼叫门》等，也有民歌小调等。寸跷秧歌表演要求：扭、逗、俏、美、哏。民间有："抬腿先把腰来扭，迈步如在泥中走，顺势蹒跚作姿态，动静恰似风摆柳"之说，寸跷秧歌舞姿轻盈，演出灵活自由，演唱内容生活气息较浓，语言通俗，并能生动形象地反映当时的风俗人情，所以它的生存力是很强的，也受到人们的广泛欢迎。在它全盛的清末民初时期，寸跷秧歌不仅在节日社火中演出，农闲时也常到城市、官府去表演，据说当时到开封大户人家和官府演出，曾被挽留两个多月。辛亥革命后，废除缠足，寸跷秧歌也日渐衰落；中华人民共和国成立后，经过改良，废除小脚这种形式，寸跷秧歌的表演又恢复了它的生机。21世纪以来，城镇化建设的加快，农村人口大规模的流动，老一代寸跷艺人相继故去，后继乏人，寸跷秧歌在民间的传承也变得很困难，只有把这种民间传统文化和现代人们的价值观、道德观和审美观很好地结合起来，才能使它很好地传承下去。

此外，在新乡比较流行的民间舞蹈还有很多，比如龙灯舞、秧歌舞、腰鼓舞、花棍舞、推小车舞等几十种。龙灯舞，始于唐代，当时龙的形象角似鹿、鼻嘴如牛、眼睛突出、舌头血红，如虾的长须、蛇身、尾巴似鱼鳞，寓意是龙能治水去火以及驱邪。龙头身尾至少有九节，以画鳞甲的布连缀在一起，各节带木把执柄，由执红珠球的人引舞，上下左右突兀，使得龙嘴紧紧追随珠子，龙身各节相随，称蜿蜒起伏之情势，好似活龙出现。静止时，也要频频摆头摇尾，锣鼓声中引龙人进入场地，倒转弯时，龙尾高举，龙头先过，各节依次穿过，最后龙尾翻转大甩尾，博得众人喝彩。龙灯舞是今天欢庆活动不可或缺的舞蹈。秧歌舞，中华人民共和国成立后由陕北根据地传来。中华人民共和国成立初期，城乡男女老幼，多能自动参加行列扭动，表现出人民群众翻身解放后的喜悦心情，至今，春节和大型的庆祝活动，仍可以看到大型欢庆的秧歌队伍。腰鼓舞，中华人民共和国成立初期由解放军文工团传到新乡，1950年后极为盛行，一般迎送英模、欢送赴朝志愿军入休养院时多用腰鼓。1980年之后，欢庆节日和迎送新战士、慰问军烈属时都有腰鼓队舞蹈活动。花棍舞，道具是竹竿内装有铜制钱，可以手拍竿、竿拍肩、盘头拍指和手足连拍，边跳边说唱莲花落或快板书。花棍舞是两人对打，口喊一二、二一、一二三、三二一，击棍的首尾，反击、连击等，越来越快。推小车舞，用竹篾或高粱秆扎成小车形状，坐车处留有一个洞，表演者站在洞处，把小车系在腰上。小车下面用布围住，画上车轮，坐车的前面制作两条盘坐的假腿。一般有三个人来表演，坐者化妆成漂亮的小媳妇儿，拉车者打扮成丑角，推车者扮演成老者，表演小车上坡、下坡，即表演推车、坐车的欢快，也表演拉车者的艰难，以调屁股的推车姿势引人发笑。

第三节 牧野民间戏曲

民间戏曲是民间文学、音乐、舞蹈、美术、杂技等多种艺术因素有机结合的综合体。它融唱、念、做、打、舞于一体，是在民族土壤上萌生滋长的艺术。作为老百姓的艺术创造，一直保持其质朴生动的特色，受到人民群众的喜爱和欢迎，成为老百姓重要的精神食粮。民间戏曲所表现的内容，除了表现忠、孝、节、义之外，也有很多表现违背封建礼教爱情的题材，这些小戏，民众耳濡目染，开始模仿演唱，耳熟能详，在民间的影响很广。民间戏曲有着民俗传承性和稳定性的特点，在民间坚强地存活下来，并延续着它顽强的生命。

一 西河怀梆

"怀梆"，又称"怀调"，形成于明朝末年。民国年间由沁阳传入，因沁阳原为怀庆府，所以俗称"怀庆梆子""老怀梆"。它是在古怀庆府的民间杂曲、地摊、社火、海神戏的基础上，同时受到周边山西、陕西梆子戏的影响逐渐改革、发展、演变而来的一种古老剧种。于光绪二十七年即公元1901年传入新乡县合和乡西河村，至今已近一百多年的历史。怀庆梆子主要流行于河南焦作、新乡两地以及晋东南地区，清朝一度发展到北至保定、阳泉，南至许昌、禹州，东至延津、长垣，西到新安、渑池等地，影响颇广。

西河怀梆的演唱具有浓郁的地方特色，其唱腔以大本腔为主，气发丹田，粗犷豪放，高亢激越，拖腔硬直，地方性突出①，让人听起来有一种特别的韵味。念白主要运用地方语言加上舞台用语，朴实无华，朗朗上口，有独特的地方艺术特色，很受人们的喜爱。武场打斗同外地的怀梆戏不同，所用的枪械均为真刀真枪，打斗也不是来个花架式，是真打真斗，所以演员的武功也很了得。

西河怀梆演出的伴奏乐器有梆子、板胡、二胡、大胡、三弦、笙、笛

---

① 新乡县史志编纂委员会编：《新乡县志》，生活·读书·新知三联书店1991年版，第448页。

子、板鼓、简板、锣、二锣、镲等，近年来还增加了电子琴等；曲调板式丰富，有大板、二板、流水、垛板、二八、倒三梆、涵韵等；它的演出形式有三种：简单的说唱、旱船表演、舞台演出。旱船形式演出的剧目有《鸳鸯坡》《过江》《白玉桥》《周玉善送女》《打渔》《玉官爬堂》《背河沟》等，它们的传承主要依靠老艺人们的口传心授；舞台形式演出的剧目有《反徐州》《赶秦三》《双头马》《双头驴》《黄巢别家》《火烧柴王》《搜杜府》等，现存新老剧本计 70 部，这些剧本，对研究的当地的民俗民风、历史变迁具有重大的意义。在西河村，生于光绪年间怀梆第一代传人名叫张守善，自幼酷爱文艺戏曲，少年时代，随父常年在怀庆、清化一带做生意，受当地怀梆的耳闻目染，学会了怀梆；回村后积极带领本村热爱戏曲的年轻人，满腔热情地投入到怀梆戏的学习中，怀梆由此在西河村生根发芽。张守善的女儿，受到父亲的影响也很热爱怀梆，后又被送入郑州戏班学戏；学成之后，很热心地指导本村怀梆演出，又使西河村的怀梆演出上了一个更高的台阶。

西河怀梆是古老的剧种之一，它的艺术形式与特征是全国独一无二的，它的音乐唱腔已被收入《中国戏曲音乐集成》，2009 年被公布为省级非遗项目。

二　二夹弦

河南素有"戏剧之乡"的美誉，新乡延津二夹弦就是在这片沃土中孕育发展起来的稀有剧种。二夹弦，也称"大五音"，因它的伴奏乐器四弦胡琴，分别以两股各夹住拉弓上的两绺马尾而得名。它起源于清朝，最早流行在河南、山东两省交界的黄河两岸，后来广泛流传于山东西南，河南东部、北部，安徽及江苏北部。

二夹弦分河东调和河西调，延津县是河西调的发源地之一，历史上延津二夹弦以"张家班"最有名。清朝光绪年间，延津县石婆固村村民张金波父子对二夹弦情有独钟，卖掉自己家 30 亩田地来筹建二夹弦戏剧班，到 1995 年，延津县还成立了二夹弦剧团。延津县的城乡百姓，特别是上了年纪的老人们更是难舍二夹弦，他们自豪地称二夹弦为"半碗蜜"，意思是二夹弦声音甜美，听后心里好像喝了蜜一样甜。民间曾经还流传着这样的顺口溜"二夹弦一哼，不穿棉袄能过冬""不吃不穿不过年，也要听听二夹弦"，充分说明了二夹弦的艺术魅力。2009 年 10 月，二夹弦剧团还应日本流山市政府的邀请，在流山市学习文化中心演出四场，场场爆满，受到人们热烈欢迎。

　　二夹弦起初只是农民在农闲时说说唱唱、讨饭糊口、自娱自乐的一种较为随意的一种民间艺术形式，后来发展到有生、旦、净等角色。演出剧目也多是民间生活小戏，演员没有戏装，化妆也很简单潦草，演出时旦角用红绸子或红布扎个绣球挂在胸前，生角和丑角把彩绸或红布系到腰间即可，非常随意。二夹弦重视演唱功夫，几乎没有武打戏；姑娘小姐戏多，旦行占该剧种之首，音色柔和甜美；演出剧目多为才子佳人的爱情纠葛和夫妻间的家庭故事。中华人民共和国建立后，二夹弦得到了长足的发展，不仅乐队人数增加了，唱腔板式也融入了曲剧、大平调、豫剧中的优美唱腔，使二夹弦的唱腔柔中带刚，委婉动听；还多次派人到外地学习，引进了京剧和豫剧的脸谱，也产生了一大批新剧目，如《铡美案》《下陈州》《舍妻审妻》《杨广篡朝》等。改革开放后，延津县二夹弦焕发了青春，恢复排演了 19 个大型传统剧目和新编历史剧，受到观众的欢迎；2007年，还被列入《第一批河南省非物质文化遗产名录》。

三　大平调

　　大平调又被称为"平调""大梆戏""大油梆"，属于古老的梆子声腔剧种，主要流行于豫北、豫东、冀南、鲁西南、皖北、苏北一带。由于它的定弦、唱腔比山东梆子、河北梆子、豫剧低，所以称为"平调"，在音乐板式结构上与豫剧多有相同之处。大平调音乐伴奏使用的梆子长约50 厘米、5 斤多重，当地人称之"大油梆"，故又称为"大梆戏"。20 世纪 50 年代之后通称大平调。

　　大平调有文字可考的历史，可追溯到明代弘治年间，并逐渐形成三个派系，即以濮阳为中心的东路平，以滑县为中心的西路平和以山东东明为中心的河东平，延津大平调属于西路平。早在明朝中期，大平调在延津就已流行，不过直到中华人民共和国成立前，演员都是半职业性质的，农忙时种田，农闲时组织起来唱戏，没有一个完全意义上的职业演员。

　　延津大平调的唱腔比豫剧粗犷浑厚，用真嗓发声；念白吐字清晰；舞刀弄枪，动作粗犷豪放，云手划大圈、盘腿跨大步，与"小洪拳"拳法相近似，刚中带柔，表演场面宏大气派。延津大平调的脸谱分为六大类，分别是黑脸、红脸、花脸、白脸、丑行、神仙鬼怪，是忠是奸、是正是邪，观众通过脸谱就一目了然；角色行当较全，生、旦、净、丑四大行当各具风格。主要伴奏乐器有文场的大弦、二弦、三弦，武场的尖子号、边鼓、大锣、二锣、手镲及梆子，其他乐器加大铙、大镲、唢呐等，通过它们的演奏能够淋漓尽致地表达戏曲人物的喜怒哀乐情感。其中，大弦、二弦、三弦是大平调的主奏乐器，也是该剧种独有的。

大平调在长期发展过程中积累了丰富的剧目，大多取材于历史故事，如《三国演义》《杨家将》《说岳全传》《包公案》《大红袍》《水浒传》等，民间生活戏很少。2006 年 5 月 20 日，大平调经国务院批准列入第一批国家级非物质文化遗产名录。改革开放以来，延津大平调有了较大发展，有了自己的职业大平调剧团。2001 年，应邀参加了河南省黄河音像出版社特邀录制《包公碑》《忠烈千秋》《潘杨颂》等剧目；同年 11 月在荥阳市举办的河南省优秀少数剧种会演中，荣获演出金鼎奖。

20 世纪 70 年代卫辉上乐村乡的小河口村也成立了大平调剧团。其大平调的特点是唱腔粗犷高亢，乐器以大铙、大镲及长号等营造气氛，以胡琴和月琴伴奏，主要演出的曲目有《寇准背靴》《下河东》《空城计》《包公说媒》《铡陈世美》等历史剧。新乡地处黄河古道，文化底蕴深厚，为大平调发展提供了良好的社会环境。

四　落腔

落腔，也叫乐腔，源于民间曲艺"莲花落"，是河南戏曲界最古老的剧种之一。落腔是起源于安阳市内黄县的一个地方戏曲剧种，原名落子腔，安阳人称它落儿腔，主要流行于滑县、内黄等地。清末，落腔在安阳内黄一带形成了三大流派。后来传到新乡，在新乡已有一百多年的历史，以辉县市石棚村落腔和长垣县杜沙丘落腔为代表，另外在新乡大块村和辉县北部山区高村、水寨窑、南寨、张台寺等村先后建起落腔戏班。

落腔地方色彩浓郁，源于坟前女人的哭丧之声，唱腔圆润，音腔低沉，无装饰音，自然发出，尾音下滑，因此称"落腔"。表演以"眼、面、手"演技为主，武打动作很少；同时以生、旦两大行当为主，丑、末两大行当为次，净行极少出现，其中哭腔是一大特色。

旧时，落腔被称为"讨饭戏"，走到哪里，只要唱得好，就能吃上饭，不至于饿肚子，因此在辉县市的石棚村的落腔戏《吕蒙正讨饭》就是典型的剧目。石棚落腔班子发展快、影响大，排演了20多本剧目，较有影响的剧目有《对绣鞋》《血衫记》《借账》等；剧团经常外出献艺，深受群众欢迎。落腔在长垣有自己的专业剧团，专业程度较高，并且在省市演出中多次获奖，代表剧目有《三告李彦明》《卖苗郎》。河南省第一批非物质文化遗产"落腔"代表性传承人杜印生，就是原长垣县落腔剧团副团长，曾领衔主演的剧目有《拷红》《秦雪梅吊孝》《秦香莲》《白凌计》等。

落腔演出剧目多为民间家庭小戏，生、旦、净、末、丑行当齐全，多是描写农民、下层劳动群众的情趣及向往与追求新生活的心理动态，生活气息较浓，因此深受老百姓的喜爱。演唱的剧目有《双头驴》《血衫记》《对绣娃》《大登殿》《卖苗郎》《张九成私访》《王三秀私访》《吕蒙正讨饭》《卖保童》《困铜台》《张廷秀私访》《赶嫁妆》《大闹苏家滩》《张九成私访》《柜中缘》《大闹怀庆府》《墙头记》等。唱腔优美别致，板式丰富多彩。演奏以管弦乐器为主，有板胡、二胡、笙、竹笛等，吹打乐配合，曲调婉转，清脆悦耳，有很高的艺术欣赏价值。2007年被列入河南省人民政府公布的第一批非物质文化遗产名录。

五　河南坠子

河南坠子，俗称"河南坠子书""简板书"或"响板书"，流行于河南和华北的部分省市。它由河南的道情和"莺歌柳"两种曲艺形式发展而来，形成于1900年左右，至今有一百多年的历史。

清光绪九年（1883），封丘县东嵩寨的嵩天云和琴师魏宽赴安徽亳州拜师学唱河南坠子，后将此曲种带入封丘；清光绪三十二年（1906），卫辉府农历十月会上有了演唱河南坠子的艺人，这些艺人来自开封、滑县等地；民国六年（1917），河南坠子传入延津，随后又传入原阳、获嘉县、长垣、辉县等地，随之这种老百姓喜闻乐见的艺术形式在新乡遍地开花。

河南坠子的伴奏乐器比较简单，主要有简板、脚梆、醒木、小钗、坠胡、二锣和书鼓。简板的打法有：摇板、加花板、甩板等形式；唱腔有引腔、起腔、平腔、落腔、哭腔、寒韵、快板、三字嘣、五字坎、十字韵等；坠胡的弓法上又有阳弓、偷弓、明弓、暗弓、连弓、抖弓、撅弓和顿弓之分，因伴奏唱腔的变化而灵活运用。1974 年后，在新乡地区举办的曲艺调演中，河南坠子的伴奏增加了提琴、二胡、笛子、大提琴。河南坠子是以当地方言说白，以坠子唱腔为独特唱腔旋律来叙述故事情节的站唱表演艺术，其表演方式分自拉自唱、一拉一唱、一拉二人对唱、多人伴奏一人说唱和两人对唱多人伴奏 5 种。表演者多是一手执简板击节拍，另一手配合唱词作表意性动作进行演唱；也可左手拿简板，右手执鼓箭，在开场和间歇中击鼓，开书后用剪板击拍节演唱；还可以在前奏和间歇时用左手拿小钗，右手拿筷子或敲，或打，或划，开书后小钗和筷子执于左手，用筷子压敲小钗打节拍，右手配合唱词做表意性动作进行演唱。表演技巧包括说、唱、做功，节奏流畅，吐字清脆，唱腔婉转，板眼规整，嗓音圆润浑厚，朴实明朗而又不失深沉含蓄。对演员要求唱要音美，说要出彩，做要酷似，伴奏和谐，技艺全面。

新乡的坠子主要有中路坠子和北路坠子，中路坠子包括封丘、延津、原阳三县，演唱要求吐字清晰，讲究硬功大调，声音高亢，节奏鲜明，但在表演才子佳人和民间故事的小段中，也吸收了北路坠子的柔美细腻、善于抒情的特点；北路坠子包括卫辉、辉县、新乡县、获嘉县，演唱风格多用小碎口和花腔，曲调变化较多，具有俊俏、明丽与粗犷相结合的艺术特色。在新乡众多的艺人中，亦涌现了卓有成就的杰出人物。如延津人程玉兰、王元堂，原阳人王永安等艺人，都在坠子曲坛上占有一定的地位。封丘人雷明，由唱道情、大鼓改唱河南坠子，在当时的开封相国寺引起轰动。卫辉最有名的坠子艺人是嵇景华，常在西安文和茶社演出，曾和著名豫剧家常香玉、陈素真同堂挂牌演出。太公泉乡朱庄盲人任保林，绰号"豹子"，庞寨乡盲艺人庞永新，他们能即兴编唱，技艺较高，常率领艺人游乡进村演唱。说坠子的艺人一种是遭遇祸灾的流浪者，一种是土地少的农民，一种是职业艺人。

河南坠子演唱的曲目很多，主要有《黑妮黑小》《杨金花夺印》《拉荆笆》《舍子救母》《杨家将》《呼家将》《陈平过河》《草篓记》等。河南坠子演出在 20 世纪 80 年代前一度十分活跃，精彩的唱词和幽默的唱腔，曾给那个时代的人们带去了丰富的精神食粮。在河南坠子艺人之间，曾经流传着这样一段顺口溜:"想受穷,钻大棚;想受罪,去赶会;想享福,说愿书。"然而,对于今天的人来说,都已时过境迁。如今,在大力弘扬传统文化的背景下,原阳县从艺41年的曲艺家李冬梅被选为河南坠子的传承人,在2010年12月,河南坠子被新乡市人民政府批准为市级非物质文化遗产项目。

六 长垣五彩皮影戏

皮影,又称"灯影戏""弄影戏"或者"影戏"。据有关史料记载,皮影戏始于汉武帝时期,当时他思念去世的李夫人,就有方士用剪纸剪出李夫人的模样,将其投射到幕布上为其招魂,到北宋时期这种表演艺术就广为流传。皮影戏是中国一门古老的民间艺术,它是集绘画、雕刻、音乐、戏曲、表演为一体的综合性艺术,素有电影之师、戏曲之祖的美称。

河南影戏主要活跃在田野乡间,豫北地区主要分布在滑县和长垣。据《长垣县志》记载,长垣的五彩皮影戏有近百年的历史,发源地是长垣县方里乡的吕庄村。皮影戏传人吕心善、吕心哲、吕心咨、吕心海兄弟还成立了长垣皮影剧团,到郑州、开封、武汉、安阳、鹤壁、石家庄、太原等地演出,受到当地老百姓的欢迎。

长垣五彩皮影制作是一项程序很复杂的工作,首先采用牛皮为原料,然后选皮、制皮、画稿、过稿、雕镂、刻画、着色、涂油、固色、发汗、连缀合成等工序制作完成。长垣五彩皮影戏因由红、绿、黄、紫、黑五种颜色制作而成而得名,人物分生、旦、净、末、丑角色,以丑角为主,演唱主要是大戏,如大平调、豫剧等。一个皮影对应一个演唱者,演出剧目多为传统剧目,如《西游记》《封神榜》《二进宫》《见皇姑》等;有戏剧服装和道具,道具主要有幕布、影灯、皮影、乐器伴奏、连杆等;配乐乐器有大锣、二锣、小镲、大铙、大镲、尖子号、大弦、二弦、三弦等。乐队和演唱者均在幕后操作,不需要专业舞台,只要把架子和幕布固定起来,影人的双手、脖子用铁丝穿着,后面插着短杆,在人的操控下,就可随意行走,并做出各种动作;然后用灯光投影到一张白布上,让观众在幕前看通过灯光投到幕布上的各种影体表演。

图 7-1　长垣五彩皮影

（图片来源：张钊铭拍摄）

随着现代多媒体技术的出现与普及，皮影戏逐渐淡出人们的视野，甚至被人们遗忘。怎样让这些传统的艺术更好地传承下去，是我们应该思考的问题。2008 年 5 月，长垣五彩皮影戏被新乡市政府批准为"新乡市第一批市级非物质文化遗产"；2009 年 6 月，被列入"第二批河南省非物质文化遗产"，吕心海被认定为长垣县五彩皮影戏代表性传承人。

第四节　牧野民间工艺美术

民间工艺美术是广大民众在日常生活和生产劳动中，根据生产和生活实际需要，自发创造、享用并传承的工艺美术形式。相对于专业的艺术创作而言，民间工艺美术是普通民众业余生活内容的体现，创作者不会也不可能接受系统的造型训练，技艺多以家族传承或者师徒相传的方式沿袭传承。

牧野区域文化资源厚重，传统民间工艺美术资源丰富，民众物质生活和精神生活的需求，是民间工艺美术品产生的根本动机。民间工艺美术的种类、品类繁多，许多以传统工艺美术为基础的文创产品也极为丰富。这些产品通常可分为两大类：一为生活日用工艺品，即经过加工、装饰的生活实用品，如竹编、草编、面塑等；二为装饰欣赏工艺品，即随着人们生活水平的提高，单纯的审美需求增加，专供人们欣赏的陈设品，如木雕、根雕、石雕、麦秆画、剪纸、刺绣、泥塑、玩具制作等。

一　草编

秦汉时期，草编艺术就在民间广为使用。其原料往往是就地取材，易得易做，生产物品以生活所需为主，主要有草鞋、草席、草扇、草帘及僧侣信徒打坐的蒲团等。从汉代至唐代，草编技艺始终较为发达。草编艺术以各种柔韧草本植物为原料加工编制成生活日常所需的工艺品，主要原材料有玉米皮、麦秸秆、高粱莛、柳条、荆条、芦苇、狗尾巴草等，生产物品包含日常生活用品、装饰品、玩具等，具有较高的审美观赏价值。

草编艺术中的编织，首先是先把"经"线立好，即把物品的大概轮廓打好，然后逐步编"纬"线，构成各种形体。在草编艺术中，编和织两种工艺，通常是综合运用，互为补充。

（一）新乡牧野区尚村"缉锅帽技艺"

牧野地区所处地理位置是传统的农业区，农作物种植较为广泛，农作物取材便利。新乡尚村的"缉锅帽技艺"有悠久的历史，在豫北也久负盛名。"锅帽"即做饭时用来盖锅的锅盖，多用玉米皮、麦秸秆、高粱秆等制成。因其原料易得，普通百姓可信手拈来编织成型，多为家用，尚未形成集约化、规模化的商品生产模式。

图7-2　锅帽

（图片来源：赵会莉拍摄）

尚村"缉锅帽技艺"的草编产品，主要原料是经过脱粒后包括茎、叶的整丛麦子以及苞米棒的层皮，重点是挑选那些光滑、节少、柔韧性较好的材料，经过梳理使之整齐，然后洒水使之增强拉力和耐折性，然后集束编缉。编缉的接续是重中之重，既在麦秸秆或玉米皮转圈、压茬中，次然接续，编好后让人看不到任何有接茬的地方，强调美观自然。

在草编技艺中，工艺比较复杂的是用苞米皮编蒲团或提兜等，所编的蒲团或提兜还可以加上图案，具体是前期挑选颜色漂亮、质地柔韧的苞米皮，涂上所需颜色然后晾晒备用，编织的时候根据图案的需要选择不同颜色的苞米皮，顺着一个方向、转着圈、搭着茬编织成型。一个蒲团一般需要两天左右完工，图案复杂的用时会久一些。另外，村里人也还有用麦秆编织草褥子的，多用于盖房顶或者冬季盖农作物等，也有用来铺在床上保暖的。

2010 年，尚村"缉锅帽技艺"被新乡市文化新闻出版局确定为"新乡市非物质文化遗产"项目。目前，尚村会"缉锅帽技艺"这门手艺的人越来越少，从业人数不断减少，编织技艺存在失传的风险。一方面是由于生活水平的提高，人们在市场上很方便地买到塑料、铝质等其他材质的锅盖，这类草编锅盖的市场不断萎缩；另一方面，随着经济的快速发展，人们生活节奏加快，村民从事行业的领域更广了，从事草编的收入相对不高，特别是年轻人从事这项技艺的积极性严重受挫。

（二）延津柳编

延津县地处黄河故道，盛产杞柳。杞柳无主干，成墩丛生，条长、色白，质地绵软，具有很好的韧性和弹性，加工时不会出现折断、劈开或者炸裂的情况，很适宜编织。延津杞柳编织的历史也很悠久。

当地农民一般在春末夏初之际，开始采割杞柳，去皮晒干，所得柳条光滑、洁白。用柳条编出来的物品色泽自然、典雅，给人以朴素和淳朴美的感觉。杞柳编织主要的编织技法有平编、纹编、勒编、砌编、缠编等，其中以平编最为普遍。

平编是经纬交织，相互掩压，常见的有挑一压一、挑一压二、也可以挑二压二、挑二压一等，从而形成不同的交叉编织纹样。高粱皮编织、竹篾编织、蒲草编织也多用这种方法。

纹编先排好经桩，经桩可以是绳、条子、铁丝，然后以柳条交叉上下穿行于经桩上下，循环绕行，编好后的成品看不见经线，表面全被纬编所覆盖。

勒编是传统的柳条编织工艺，首先用麻绳作经，柳条作纬，麻绳上下交错穿插柳条间，每穿一次，就要把扣勒紧一次，器物的边缘另行编把儿或框，以固定周围，防止散落。常见的勒编物品有簸箕、笆斗、箩筐等。

砌编常用于圆形器物的编制，方法是将编结物编织到最后聚合成把，然后用较结实的柳条，将这些把束穿起来，如柳编花瓶、干果盒等。

缠编，条编的辅助工艺，主要用于条编器具的边沿、把手部分，以坚硬的材料为芯，然后在外面用柔软的柳条按一定的方向缠绕，起到固定器具的作用。

图 7-3 锅帽

（图片来源：赵会莉拍摄）

延津柳编以马庄、塔铺两个乡镇为主，柳编手工艺产业较为繁荣，因它的编织工艺简单，便于在较短时间内掌握。产品丰富多样，式样美观，富有天然野趣，主要有水果篮、购物篮、宠物篮、花篮、婴儿床、礼品盒、面包框、干果盒、花瓶、茶桌等，被天津外贸人员赞誉为"延津的王牌货"[1]，产品还远销美国、日本、加拿大、法国等十多个国家，很受国内外市场青睐。

（三）卫辉狗尾巴草编

狗尾草是荒野、路边、荒地和农田里一种常见的一年生草本植物，它适应能力强，易存活，耐旱耐贫瘠，具有很强的生命力，草秆直立，柔韧性好。卫辉市柳庄乡吕绪屯村的农民吴要全就是从事狗尾巴草编织的民间艺人。他没有任何美术功底，只是凭着自己的喜爱，成了市级草编传承人。

---

[1] 延津县志编纂委员会编：《延津县志》，生活·读书·新知三联书店 1991 年版，第 115 页。

编织用的狗尾巴草，多选用一些高挑且整齐、质地柔软韧性强且品相较好的，用镰刀收割后晒干，然后扎捆存放在干燥阴凉通风处备用。狗尾巴草编织技法也有很多，主要有平编、棋盘格式间格纹编织、编花等，编织不同物品会采用不同的方法编织。

吴要全从1999年就开始学习草编技艺，制作出了很多规格大小不一作品，且非常具有创意，设计有图案和文字造型。他创作的作品多达200多件，如镇国塔、五福篮、粮囤、乾隆通宝等，让人惊奇。他编织的物品小的要花费半月左右，大的甚至要花费几年时间，其中一幅《万里长城》长达20米，历时四年时间才得以完成。先后受邀代表卫辉市参加新乡市民间艺术展，2015年、2016年连续两年参加新乡市南太行旅游文化商品（草编工艺）展、中原（鹤壁）文化产业博览交易会，2015年参加新乡非物质文化遗产展览会，很受好评。他还鼓励女儿学习、传承这项草编艺术。

（四）原阳草帘

原阳县地处黄河滩区，水利条件优裕，水稻种植较为普遍，种植面积最高时达45万亩。米质优良，号称"原阳大米"。丰富的稻草秸秆，也就是经过脱粒后包括茎、叶的整丛稻草，成为原阳草帘的主要原材料。

编织草帘时，根据草帘子宽窄先把3—5个木橛等距离钉在地上画好的矩形的一个短边上，再在木橛上挂好细麻绳，然后拿起事先准备好的一把把稻草秸秆排列起来，每编一行，就要把扣勒紧，直到把整个"矩形"编满，一个完整的草帘子就算完成了。这是最初的手工编织。

现在人们更多的是用草编机来编织草帘。成车的稻草装入草编机里，成型的草帘子就加工好了，效率相当高。自1992年开始引进草编机兴起草编行业至今，原阳县的草编产业得到了长足发展，产品远销陕西、山西、山东等地。草帘主要用于覆盖绿化草坪、新施工道路及其他物品。

原阳县是我国最大的草制品加工基地，每年加工草帘消耗掉100万亩水稻的原料。

图 7-4　草帘

（图片来源：张钊铭拍摄）

二　雕塑

雕塑是雕刻和塑造的总称，属于造型艺术的一种。它是用可以雕刻的石、木、黏土、玉或蛋壳等材料，经过雕、刻、塑、揉、捏等手段制成各种艺术形象，借以反映社会生活、表达审美感受、审美情感、审美理想的艺术。民间雕塑相伴人类的生产活动而产生，受时代、宗教信仰、生活习惯、价值取向和审美标准等直接影响较大。处在中原大地之新乡的民间雕塑也有着悠久的历史，主要有石雕、石刻、木刻、根雕、蛋雕、泥塑和面塑等，品种极其丰富。

（一）石雕、石刻

新乡市西依太行山，石材品种多样而丰富，为其石刻、石雕艺术提供了丰富优质的原材料。牧野地区民间石雕、石刻文化历史悠久，博大精深，民间至今仍留存着丰富珍贵的石刻艺术品。为了保护这些古代石刻，新乡县建立了新乡县历代石刻艺术馆（位于新乡县翟坡镇小宋佛村）占地 15 亩，现有石刻 30 余件。据《新乡县志》记载：宋代，黄河、沁河发洪水，一石佛从上游被冲到小宋佛村，经过文物专家鉴定该佛像是北魏时期。雕刻的造像通高 4.8 米，属单体石刻像，背光呈莲瓣形，正面雕一佛二菩萨，本尊为无量寿佛，协侍为观世音、大势至。整体雕刻细腻，线条流畅，被专家誉为是"年代久远，单体造像之大、艺术之精美"，是全省之冠，为研究新乡地区的石刻造像艺术提供了实物资料。该馆是以石佛为主、历代其他石刻为辅的石刻艺术馆，其中最有价值的除北魏石佛外，还有唐代的佛像，元代、隋代的经幢，明代的石刻、墓志等以及近代反映日本军国主义侵华罪证的抗日陈庄将士石碑等。

另外，现存河南辉县市博物馆碑廊的皇甫德造像，属于石灰岩雕造，是北魏时期流行的背屏式造像。其雕刻于北魏景明二年（501），残高73厘米，宽68厘米。造像主尊颈部以上残损，从现存的部分看，为一佛二菩萨造像，主尊结跏趺坐，身躯修长，平胸削肩，身披双领下垂式通肩大衣，右边衣襟甩向左肘，在身前形成"U"形衣纹，胸前束带打结下垂。雕刻精细，手法老到，为北魏雕刻的精品。

新乡市凤泉区的潞王陵是我国目前保存最好、占地面积最大的明代藩王陵墓，其中石刻艺术是其中的精华。"潞潘佳城"石牌坊两侧是一对华表，华表用浮雕手法绘以云龙宝珠图案，似腾龙驾云。神道两旁是对称的两列神兽、翁仲仪仗群共16对，石刻仪仗群中的石人、石兽都用整块汉白玉石头雕成，雕刻精细，各种祥兽姿态万千，纹饰表现精美逼真，形态各异，造型生动独特，写实性与装饰性高度结合。整个石刻仪仗群浑然一体，气势雄浑，蔚为壮观，反映了当时雕刻的较高水准，也是历代陵墓石雕仪仗群的代表之作。额坊正面和北面刻着高浮雕二龙戏珠，脚踏海水，手法细腻，工艺精湛。潞王陵建筑石雕中以龙的浮雕最多，牌坊、陛石、白玉栏杆、华表等全为高浮雕龙图，这些珍贵的石刻艺术品，反映了牧野地区古代劳动人们的勤劳和智慧，具有极高的史学价值和艺术价值。

辉县市常村镇申屯村的老农刘池，年近70岁，有着50多年的石刻经验，他历时两年雕刻了《水浒传》里的108个英雄人物，个个活灵活现、栩栩如生，人们都称他是"农民艺术家"。他用的主要工具有刀子、钢钎、锤子。雕刻需要先准备好纸样，有时为了画好纸样，他要反复琢磨，返工多次。由于他不识字，为了能把字刻好，他要遍遍擦改，直到自己满意。

位于饮马口附近的石牌坊全称为七世同居坊，简称赵家牌坊，为清道光四年（1824）朝廷专门为邑人赵珂建造。[①] 该坊高10米、宽8.5米，青石砌筑的仿木建筑，各种石刻图像达80余幅，图案雕刻精美，运用了

----

① 延津县志编纂委员会编：《延津县志》，生活·读书·新知三联书店1991年版，第469页。

各种雕刻技法，代表了清代石刻的杰出水平。在石牌坊的正中间位置，刻写着"候选布政司经历赵珂七世同居坊"和"旌表例授承德郎军功加正六品衔"的碑文。相传赵珂治家有方七代同堂不分家，加之赵珂曾带领家丁到滑县配合清兵平息白莲教有功，道光皇帝为表彰时任六品道员的赵珂祖孙七代同堂及其军功，特降旨准予赵珂在当地修建石牌坊一座，立坊铭志，以昭示后人。

功德坊也称尚书坊，始建于明天启三年（1623），是为了表彰郭昌生前的功绩而建。据传，郭昌在任翰林院侍读学士时，曾兼任东宫少博，当过明光宗皇帝朱常洛的老师。功德坊是新乡市规模最大、品位最高的一座跨街三门牌坊，属于全省罕见的石刻建筑。天层"二龙戏珠"之上，镶嵌有花边楷书"圣旨"二字；中层刻有楼阁亭台与仕女图；底层刻有羽鳞花卉和丹凤朝阳。该石坊共有大小石狮 24 对，石坊右侧刻有"文官下轿"，左侧刻有"武官下马"，上刻"皇明晋增荣禄大夫，礼部尚书翰林院侍读学士郭昌功德坊"。

恩锡九源坊，又称郭家墓神道牌坊，始建于明代，为郭千之而立，位于卫河北岸的花园村。恩锡九源坊的规模虽小，却是货真价实的明代石雕，比赵家牌坊早 200 余年。石牌坊上的狮子滚绣球、麒麟、玉兔、祥云等图像栩栩如生，艺术价值极高。"恩锡九源坊"是郭家坟前的神道大门，坊额上刻有楷书大字"恩锡九源"，意为皇上赐给郭千之（礼部尚书郭昌的爷爷）的墓地。

（二）木刻、根雕

1. 木刻。指在木料断面上刻字画的艺术形式，它是以书法为主题，集传统刻字、篆刻、版画为一体的综合性艺术。

牧野地区传统的刻字艺术在民间流传历史悠久，在传统文化的基础上，新乡人在此领域不断创新，出现了现代的形式新颖的刻字艺术。辉县的范玉星可以说是现代刻字艺苑中的一颗明星，先后在国内外刻字比赛中获得多项荣誉。他选用的木板材料有松木、榆木和椴木等，木头的软硬和密度适宜，一般是用过的老料或者废弃料，一方面材料本身就给人以历史的沧桑感，再者老料已经退却了新料的火气，不容易变形等；使用的工具材料有凿子、斧子、刻刀、胶水、胶皮锤、木槌、板刷、软钢刷、硬钢刷、笔墨纸砚、丙烯颜料等。

　　传统的刻字是平面布白，以刀代笔表达书法之美。范玉星老师的现代刻字艺术是利用木材天然的纹理美和作品的内容、形式美的有机结合，使观赏者视觉上很大的冲击力，给人以美的享受。通过汉字的艺术变形，使构图显得生动灵气，再加上恰当的色彩，使整个作品看起来有种和谐美和历史的厚重感。它是融平面设计、立体构成、色彩构成于一体的一种构成艺术，为刻字艺术打开了一条更为广阔的路径，也形成了他自己独特的艺术风格。

图 7-5　范玉星

（图片来源：赵会莉拍摄）

　　2. 根雕。被称为"根艺"，是以树根的自然形态为艺术创作对象，通过制作者的构思立意、艺术加工和工艺处理而创作出人物、动物和器物等艺术作品，属于造型艺术的一种。根雕必须是最大限度地在保护自然美的基础之上，依形度势进行艺术的创造，而这种再创造是不着痕迹的，它使每一个"根胚"都保持天然的个性，美在作品在像与不像之间，给人以无限的想象，从而达到作品自然美与艺术美的和谐统一。

　　牧野地区南太行山属于暖温带半湿润大陆性季风气候，植物物种丰富多样，品种齐全，有山楂林、槭树林、海棠灌丛、绣线菊灌丛、山桃林、崖柏林、侧柏林、油松林、连翘灌丛、荆条灌丛、黄栌灌丛、火棘灌丛等，为牧野地区根雕艺术的发展提供了充足的物资基础。牧野地区根雕艺术源远流长，在民间老百姓中涌现出许多根艺爱好者和根雕民间艺术家，如张六海、王怀森、郑礼、王本廉等，也使根雕这门艺术在民间艺术中大放光彩。

制作根雕使用的工具材料很多，主要有锯子、枝剪、斧头、钢刷、木锉、木钻、砂纸、粗细布、棉纱、绳子、雕刻刀、凿子、开刀、小铁刨、核桃油、清漆、黏合剂、颜料等。根雕首先要选材，树根天然形成，形态各异，对选定的根材做全面观察，利用树根天然的凹凸、曲线、疤痕、纹理做大胆的构思；其次，清理树根表面的泥土及杂质；再次，截掉多余的根须，或者粘接上根料不全的地方，加工成型；再次，打磨，根雕讲究"三雕七磨"，保持根的天然状态，以少量、局部的打磨为辅，尽量不着痕迹；最后是上漆和命名。

牧野地区根雕民间艺术家辛勤耕耘，不断创新，为牧野地区的根雕艺术做出了很大贡献，也为繁荣牧野地区的民间艺术起到了举足轻重的作用。如张文海的根雕作品《中华雄狮》获中国根艺最高奖项"刘开渠根艺奖"金奖，《龟寿延年》获银奖，《古道西风瘦马》获铜奖；郑礼为深圳"世界之窗"创作了古埃及浮雕，其根艺作品《醒狮》获"河南省第二届民间工艺博览会"一等奖，《颂歌》获"河南省第三届民间工艺博览会"最高奖金鼎奖，被河南省民间艺术家协会授予"河南省工艺美术家"荣誉称号；民间艺术家王怀森的根雕作品在全国及省市展览中多次获奖：1997年曾代表新乡市根艺界参加了新乡市博物馆举办的《新乡一绝》民间艺术品展；2006年在河南省第七届根石精品展中根艺《进军奥运》获银奖；同年在中国中部文化产业博览会上其根艺作品《金鸡报晓》《龙凤呈祥》分别获金、银奖等。牧野地区的根雕艺术妙趣天成，巧施雕琢，立意深远，于无声处显神奇，创造出了精美绝伦的根雕艺术品，是人类智慧与自然完美结合。

另外，在牧野地区众多的雕刻种类中，还出现了蛋雕，就是在鸡蛋、鸭蛋或者鹅蛋壳上雕刻图案的雕刻技法。牧野地区的民间艺术家杨汉生大胆创新，采用多种技法创作各种蛋雕作品，如采用镂空雕刻、立体堆砌、双层镂空套雕、蛋壳表面镶嵌铜丝等雕刻方法，在鸡、鸭、鹅的蛋壳上，甚至在鹌鹑蛋壳、鸵鸟蛋壳也创作出了精美的作品。其中蛋壳铜丝镶嵌是其所独有的蛋雕作品，至今没有第二个人来完成这样的工艺，因此他也成了牧野地区的蛋雕名人。

（三）面塑

面塑，俗称"面花""花馍""捏面人""花糕"，是中国民间传统艺术之一。中国的面塑艺术历史源远流长，早在汉代就已有文字记载。面塑起源于先民祭祀天地神明的一种祭品。

面塑实际上是馍，是民间的面食艺术，是以面粉为原料捏制的各种工艺礼品或动物玩具，大多出自农村、城镇家庭妇女之手，有浓郁的乡土气息和地域风味。面塑起源于民间祭祀活动，起初人们宰杀牲畜来祭祀上天和神灵，后来就用面粉捏制各种动物来代替。随着时代的发展，面塑除了用于祭祀、祈祷和祭典外，也大量用于婚嫁礼品、寿辰生日、岁时节日民俗中的馈赠亲友等。

牧野地区地处中原，这里盛产小麦，为面塑艺术的发展奠定了基础。面塑是以面粉为原料制作的花馍，也是以农业为主的地区的习俗。最初，牧野人民蒸制花馍只用白面粉，除了祭祀，可以拿来食用，民间每到年节或者喜庆的日子，都要蒸制花馍，如在中秋节，最初吃的月饼就是用白面做的花馍；后来为了增加它的黏度和观赏的艺术，又加入了糯米粉和颜料，根据捏制需要，调成不同色彩，塑造如小燕子、小鱼儿、小兔子等各种栩栩如生的形象。

面塑按其使用功能可分为两类，一类是可以食用的面塑，一类是用于收藏的面塑。用于食用的面塑是用小麦面粉上笼蒸制而成；而用于收藏的面塑通常用低筋面粉、糯米粉、精盐、甘油、蜂蜜、防腐剂和颜料等制作而成。二者对和面的要求不同，前者比较简单，只考虑面团发酵程度就可以了；后者要考虑面团的可塑性、防干裂和防腐性等方面的要求。

制作食用的面塑工具十分简单，如剪刀、菜刀、梳子等；原料有白面粉、糯米、颜料、红枣、绿豆、花椒等。先在手中或案板上几经揉、捏、搓，再用剪刀或菜刀切、刻、剪、划塑成形状，然后用梳子装扮发式和衣裳等，绿豆和花椒装饰动物或人物的眼睛，鲜活的面塑形象脱颖而出，最后再上蒸笼蒸出漂亮的花馍。制作艺术性较强的收藏面塑工序更为复杂，步骤如下：首先是将低筋面粉、糯米粉、精盐、防腐剂放在盆中搅匀，倒入开水搅拌；其次用手将面团反复揉搓，直到面团的表面光滑如镜，搁置一边饧面2—3小时；再将面团压成薄片上笼蒸半个小时左右，取出面片，迅速将甘油、蜂蜜和面片揉和均匀；然后放入塑料袋中，盖上一块棉布，以防水分蒸发；最后饧面24小时，上色捏制。

图 7-6　面塑

(图片来源：赵会莉拍摄)

面塑从造型上分类，可谓无所不包，有人物、动物、植物、吉祥物等，凡是世上存在的实物都有面塑的素材；从风格上来说，面塑捏制的地域风格很明显，牧野地区的面塑较为古朴、粗犷、豪放、写意性强。

牧野民间面塑主要用于对天地神灵的祭拜为主，祈祷能够风调雨顺，人们生活能够幸福祥和，至今在牧野地区民间仍然流行节日制作面塑的风俗，在农村逢年过节家家户户都有制作面花的习俗。如春节的面塑供奉天地的叫枣山，通常会摆在堂屋的老天爷牌位下方；供灶神的叫饭山、花糕，形制略小一些，谓之米面成山，以此构成独特的民俗节日内容。此外，还会做许多花馍、寿桃、花糕等，作为串亲戚馈赠亲友的礼品；家里的老人们还会做一些小动物形状的花馍，给家里的小朋友食用，传统节日也是小朋友非常开心的日子。

新乡市辉县人夏师傅的花馍手艺无与伦比，给人留下美的享受。面塑艺术作为民间实用的食物被广泛应用在老百姓中间，这是不自觉的，无意识的行为保护了我们祖先留下来的瑰宝。

省级非遗面塑传承人刘玉伟祖籍滑县，长期生长生活在新乡。他的面塑作品极具地方文化特色和个性特点，在使用工具、手法运用、原料的配方、捏制的比例、人物的造型等方面都有他自己独到的见解。玉伟面塑使用的工具有拨子、梳子、篦子、竹签、白蜡和剪刀等，在制作面塑的时候要在手指头上抹一些白蜡，防止手出汗把面粘起来；使用手法多样，主要有揉、掀、捏、剪、割、搓、拼、挤、夹、压、盘、叠、镶嵌、组合、压纹、压花、点、切、刻、划等；配方独特，在原始的配方基础上又加入了特殊的原料，使之做出来的作品看起来色泽鲜艳、质感更强，不干、不裂、不变形、不褪色，更适宜保存；捏制作品形神兼备、美轮美奂。刘玉伟的作品分为三类：一类是市井人物；第二类是佛教人物；第三类是戏曲人物等，他的作品小巧精致，具有较高的收藏价值，其中《虎头娃娃》《十八罗汉》《齐天大圣》《钟馗》等先后荣获中国民间艺术博览会铜奖、百花奖金奖、河南省第七届民间工艺博览会金奖、首届河南民间艺术展评选一等奖、中国工艺美术乡土奖银奖等多个奖项。

图 7-7　刘玉伟面塑作品

（图片来源：赵会莉拍摄）

三　麦秆画

麦秆画，又称麦草画、麦烫画、麦秸画、烧烫画等，始于隋唐时代，已有上千年的历史。麦秆画属于民间剪贴画的一种，它充分利用天然麦秆的自然光泽、纹理和质感，经过割、漂、蒸、刮、推、碾、烫、剪、刻、编、绘等多道工序，制作出各种栩栩如生的人物、动物、花鸟等，给人视觉和精神上以美的享受，被誉为中华瑰宝、民间一绝。

小麦是牧野地区的主要农作物，人们对小麦有着天然的感情。在牧野地区民间也产生了许多以麦秆为原料制作麦秆画的民间艺术家，其中常爱英就是其中之一。她从小在牧野地区的农村长大，对麦秆有种天然的感情，凭着对麦秆画的执着和热爱，于 1992 年在全国首创立体绘画烙烫工艺，使麦秆画摆脱了画面的呆板、观赏性和装饰性不强的弊端。常爱英老师运用烙烫工艺，保证了产品的形色不变和长期保存，也使画面的层次性和色变明显，看起来立体型很强，透视合理，光感自然。新工艺的运用，使麦秆画的艺术效果更上了一个台阶。麦秆画的制作工序十分复杂，整个制作工序全凭手工完成，很考验人的耐心和毅力。首先选麦秆，选那些颜色鲜亮没有霉变的秸秆，然后将叶子去掉；其次将麦秆浸泡、熏蒸、漂洗，剖开整平；再次进行熏烫，这一步骤是需要技术的，要结合温度的变化，对熏烫部位分轻重缓急灵活处理，使麦秆表面颜色的深浅变化不一；最后，根据图案的需要再经剪、裁、印、贴等工序，完成作品。

民间艺术大师常爱英曾两次荣获联合国教科文组织颁发的"世界杰出手工艺品"徽章。她借用唐诗宋词的意境，创作出了《梨花一枝春带雨》《一剪梅》《东风破》《蝶恋花》等意境优美、带有浓厚人文气息的作品；借鉴油画技法，借用欧美文学名著的情节，创作出具有欧美风情的《蓝玫瑰》《百合花》《荆棘鸟》等作品。艺术只有走进老百姓的生活，才能永葆它的青春和活力，常爱英还创作了麦秆画首饰盒和麦秆画葫芦等；和黄安老师创作出世界上最长的麦秆画《万和生》，表达了人类生活的美好和生生不息的愿景。

图 7-8　麦秆画作品

（图片来源：赵会莉拍摄）

麦秆画采用纯天然原料生产，安全环保，它保持了自然和生态的关系，秉承和谐共生的设计理念，天趣合一；工艺制作精细奇巧，大胆吸收中国画、版画、剪纸、漆画和油画的表现形式，设计融合了古典与时尚元素，构图万变，效果令人惊叹，有很高的艺术价值和观赏价值，也成了现代宾馆、会议厅、家庭装饰和馈赠亲朋好友的高雅礼品。

四　小杨庄木版年画

年画，是新年的象征，一般是一年更换一次，张贴后可供人们欣赏一年，是民间老百姓营造节日喜庆气氛、美化环境的一种彩色绘画，也是反映当时社会民俗文化生活的一种艺术形式，凝结了广大劳动人民对美好生活热爱的向往。

新乡获嘉的小杨庄木版年画是一种古老的民间工艺品，根植民间，是地道的农民画，在传统社会主要用于驱邪、纳祥、祭祀、供奉，满足人们驱邪避灾、求福庇护的心理需求和感情寄托。小杨庄木版年画源于宋代，体裁一般有四开、八开和整开的；内容以神像为主，神像年画有《神爷轴》《保家仙》《中八仙》《文武财神》《四蓬天爷》《关爷》《增福财神》《张仙射狗》《送子观音》、二蓬（二层）神像画、四蓬（四层）天地全神像、老仙爷轴、八仙画等；画中人物体态丰盈，形象别具一格；以黑白色调为主，着色不多，点到为止，但最后一步要在神像的脸颊、肩膀等关键部位贴金点缀，烘托立体效果；制作工艺主要有绘稿、雕版、套印、手工绘制和印制好成稿后填色加工等。

现在年过六旬的张同瑞是小杨庄木版年画的主要传承人。他从 11 岁便开始学习年画，年画的主要内容是神像和祖宗轴，他几乎不画门神年画，因为在中原祖先崇拜思想浓厚；他采用木刻套色水印艺术，人物刻画栩栩如生，大红大绿的颜色加上合理的留白，神像突出，给人的视觉冲击力很大，具有典型的豫北民间乡土气息，主要作品有三皇圣祖七十二全神、文武财神、张仙射狗和送子观音等。据说，20 世纪 60 年代以前，全村 80% 以上的人家都从事木版年画制作，特别在冬季农闲季节，家家户户都来制作年画以贴补家用，基本都是家庭作坊式的，素有"家家雕木刻版，户户描丹绘青"的热闹场景。但如今只有张同瑞老人一人具有画、刻、印全套手艺了。全村现存有古版 30 多块，保存完整的有 20 多块。小杨庄的木版年画曾多次被邀请参加开封等地的非物质文化展。其实这里的木版年画，其产生和发展或多或少与开封朱仙镇的木版年画有一定的联系，其版式、内容和题材，多为朱仙镇木版年画的承传，但也有自己的改革和创新，保持其特有的地方风格。2011年它入选"河南非物质文化遗产"保护项目。2012年4月，中国文联副主席、中国民间文艺家协会主席冯骥才专程来小杨庄到张同瑞家中调查木版年画，并把小杨庄木版年画编入他主编的《中国木版年画集成·拾零卷》。冯骥才认为，小杨庄处于历史上的武王伐纣、起兵盟誓之地，其年画充分体现了中原百姓传统的审美情趣和一种不可或缺的民俗需求。

小杨庄的版画具有鲜明的牧野本地特色，除了获嘉小杨庄以外，还在新乡县、卫辉市、新乡市凤泉区、牧野区等一些村庄发现了一些版画制作艺人。

图7-9　小杨庄的刻板和版画

（图片来源：赵会莉拍摄）

五　石粉画

石粉画，是将太行山石头粉碎后制成纯天然颜料，结合景泰蓝制作工艺发展创新而来的一种独特的民间工艺美术。

民间工艺美术大师杜爱军出生于新乡市原阳县，自幼对工艺美术就非常热爱。一个偶然的机会，他接触到了景泰蓝的制作工艺，看到了五彩斑斓的珐琅料和它的"掐丝"手法，就考虑到它是否能被运用到自己的石粉画工艺里面。功夫不负有心人，他成功了。他的作品《贵妃醉酒》获得2002年河南省工艺美术最高奖"金鼎奖"；作品《牡丹吐蕊》参加了

2005 年新加坡中国工艺美术作品展，作品被中国台湾地区，以及日本、朝鲜、美国、加拿大的收藏爱好家收藏。

石粉画是以我国古代岩洞壁画为渊源，它根据景泰蓝的工艺用料，融入太行山的各种颜色石料，如太行红、芝麻黑、砚黄、石青等的岩石砚磨出的染料，再加上黄河沙和各种矿石为原料，运用国画里的点、染、润等技法绘制其中；最后用手工掐制的镀金丝来固定画面的轮廓，掐丝的技巧性很强，要有过硬的绘画和构图知识，否则做出来的图案就比较呆板，没有生气。用这种工艺画出来的石粉画立体感强，有画面的质感，色彩绚丽，视觉效果独特，永不褪色，有很高的收藏价值。2004 年，这项工艺被新乡市列入"十大民间工艺"。

杜爱军的石粉彩画不仅大件作品有大成就，美轮美奂，还有一些小而精致的磁盘画，也得到了很多人的喜爱。

图 7-10　石粉画

（图片来源：赵会莉拍摄）

六　民间刺绣

刺绣又称"女红"，多为妇女所作，以绣花针引丝线、棉线、绒线等各种彩线，按设计的花样，在布帛、绸缎、丝锦等织物上刺缀运针，用绣迹构成图案或者文字的一种造型艺术。

牧野地区民间很重视女工，刺绣是广大民间妇女必修的手艺，大多是母女相传，或者是亲邻传授，没有固定的师傅，一般是谁的女工做得漂亮就可以当老师。牧野地区民间刺绣的种类也很多，如嫁妆绣（鸳鸯枕、龙凤帐、新娘的嫁衣、鞋面、鞋垫等）、满月活（虎头鞋、五毒肚兜、老虎帽）、生活用品绣等；刺绣针法有平绣、锁绣、十字绣、堆绣、补绣等。

出生于江苏苏州苏绣世家的王信贺，从小跟随家人学习刺绣。20 世纪 80 年代末来到新乡，她在刺绣技法上不断探索和创新，发明了"针上调色法"，即用一根针穿上不同的丝线，根据所要刺绣图案的需要，可以调出 100 多种颜色；同时尝试用不同的针法来表现国画、油画和摄影等艺术题材作品，绣工精细，惟妙惟肖，形象传神，别具神韵，她的刺绣艺术被誉为"中华第一绣"。主要代表作品有《毛泽东肖像》《千手观音》《蒙娜丽莎》《敦煌飞天》等，并多次在各类大赛中获奖。

"虎头鞋"即鞋面上绣有猫头、虎头、象头、猪头等动物脸部花色图案的鞋子的统称，是中原农村很有特点的女红。该鞋用于冬天婴幼儿学走路的时候所穿，一般由婴童的姥姥或者奶奶手工纳制，在牧野地区民间有它能辟邪驱灾的说法。牧野地区的虎头鞋也叫"眉眼鞋"，当地人认为孩子穿过眉眼鞋，做事就会有条理和章法。新乡封丘人会在孩子百天时给其穿上"百岁鞋"，"百岁鞋"又称九针鞋，因鞋底缝的菱形由九针组成，寓意长长久久，黄色虎头鞋是封丘特色。

在牧野地区民间，婴儿出生前，一般就要为孩子准备三双虎头鞋，第一双是蓝色的，鞋底是双层，并在鞋底用红线盘九个红点于两个鞋底，鞋底不用纳制，婴童首先穿这双，"蓝"和"拦"谐音，寓意把一切灾难拦在外面，孩子可以健康成长；第二双是红色的，鞋底用红线盘十个红点，寓意"九子十成"，孩子穿过蓝鞋接着要穿这双红鞋，寓意大吉大利；第三双鞋子是紫颜色，寓意孩子前途无量，长大可以出人头地，大红大紫。这些不过是长辈们对孩子的美好祝福，希望孩子一生平安顺利，能够大有作为。

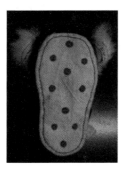

图 7-11　婴儿虎头鞋

（图片来源：赵会莉拍摄）

如今，在卫辉，年逾九旬的刘启荣还在传承这种"虎头鞋"的手艺，这里的人们在孩子周岁的时候，还会穿上一双崭新的虎头鞋，希望孩子能避避邪气，壮壮胆子，涨涨精气神，祝福孩子一周岁的到来。她做的虎头鞋惟妙惟肖，圆圆的大眼、粗壮的眉毛，飞扬的胡须，煞是威风，很让人喜欢。柔软的"虎头鞋"往往与连脚棉裤配套使用，不分左右脚，它透气、吸汗性强，对幼儿的足部有很好的保护作用，它也承载着老人对孩子的关爱和希望。

虎头鞋的制作工具和原材料有：剪刀、尺子、碎布、面粉、水、火炉、墙面或桌面、鞋纸样、报纸、彩色棉线、麻线或粗棉线、顶针、长短不同的线、针多个、大小不同的鞋楦等。纳制过程一般由糊被（当地叫"米袼褙"）、剪帮、绣花、纳底、上帮、楦鞋等环节组成。

随着纺织工业的日益发达，物质的极大丰富，如今很少有人再手工做这种虎头鞋了，到商场随时都可以买得到。现在的年轻人大部分都不会做虎头鞋，这种手艺也面临着失传的危机。

七　民间剪纸

中原剪纸历史悠久，是民间广为流传的一种民间艺术形式。民间剪纸一年四季和老百姓相伴，应用领域广泛，发展到宋代，已广泛运用于装饰和民俗。

剪纸，也叫刻纸，即用剪刀把纸剪成各种各样的图案。一般在逢年过节或婚庆时，把剪纸贴在门上、窗户上或者墙上用来美化居家环境，渲染烘托喜庆气氛。剪纸的材料有纸张、金银箔、树叶、布等，但我们经常见到的是用纸张；剪纸的内容丰富，如用于趋吉辟邪的五毒、莲花、葫芦、娃娃，表达日常生活的家禽家畜、瓜果虫鱼、花草树木、田间劳作等与农民息息相关的的生活物品和现象。民间剪纸分布区域很广，南方和北方的特点不同，有很强的地域性。

剪纸是纯手工制作，工具有剪刀、铅笔、宣纸、蜡盘、刻刀、针和线、染料或者墨水和刷子、熨斗等。剪纸分阴刻和阳刻，阴刻以块为主，把图形的线剪去，线线相断，并且把形剪空；阳刻以线为主，把造型的线留住，其他部分剪去，并且线线相连，把形留住。

牧野地区的剪纸始于唐代，盛于明清。剪纸技法丰富，兼具有南北纸艺风格，技法有平铺式、对称式、拉网式、多折式等，获嘉县还被誉为"剪纸之乡"。新乡市非物质文化代表性传承人杨庆锋，已经有30多年的剪纸经验，不但继承了中华优秀剪纸文化的根脉和基因，而且在实践中不断创新，形成了左手剪纸艺术风格，并把这种剪纸技艺带到了小学课堂，让我们看到传统文化在下一代中的传承。他创作的作品线条简洁、形象生动、寓意深远，主要代表作品有《百吉图》《十二生肖》等。

　　新乡市的民间艺术家马利敏，是位退伍军人，由于对剪纸的热爱，在这个领域坚持了近30年，并一改传统的通过纸张的折叠再用剪刀来制作的剪纸方法。他首先把设计好的图案画在底稿上，然后用刻刀将线条一丝丝镂空。这样的剪纸方法，作品看起来更加空灵和精巧，活灵活现，立体感更强。马利敏的剪纸画内容分为两大类：一类是革命题材，如毛泽东、雷锋、十大元帅；一类是中国传统民间风俗画，如千手观音、关公、木兰从军、巾帼英雄穆桂英等。他的以纪念抗日战争胜利60周年为主题创作的剪贴画曾被中央电视台新闻联播节目报道，他还积极推进"民间艺术进高校"活动，义务为大学生授课，讲授剪纸的一些知识和技法，为优秀传统文化的传承贡献自己的力量。

图7-12　剪纸

（图片来源：赵会莉拍摄）

　　新乡民间剪纸艺人耿秋芳，5 岁开始学习剪纸，创作了一幅幅精美的剪纸画，受到人们的喜爱。但她不满足传统的剪纸技艺，大胆创新，颠覆了剪纸在人们头脑中固有的形式和模样，她用剪纸做旗袍，经过多次的实验，她成功了，她把漂亮的剪纸旗袍穿在人的身上，简直达到了以假乱真的程度。不过由于材质所限，也只能试穿三四次，希望耿老师能找到更好的材料，使这种漂亮的旗袍剪纸能较长时间的保存。

　　我国现存最早用薄片材料剪刻镂花的艺术品实物"银箔镂空刻花"就是在辉县固围村战国遗址出土的，也可以说是剪纸艺术的滥觞。辉县的剪纸艺术起源于明末清初，来源于毗邻的山西省。因辉县和山西接壤，特别是沙窑乡和薄壁镇位于辉县西部山区，和山西相邻，风俗相近，沟通频繁，因此这两个乡镇的 50 多个村庄都有剪纸的习俗。

图 7-13　李爱荣在剪纸

（图片来源：赵媛拍摄）

　　辉县民间剪纸的动机和意义和其他地区一样，都是人们趋利避害、祈求美好生活的表达，常用隐喻的手法，具有浓厚的乡土气息和地方特色。辉县剪纸所用工具有剪刀、刻刀、锥子、尺子、糨糊等；主要是红色的单色剪纸；阳刻为主，阴刻为辅，构图饱满，造型生动逼真，色彩对比强烈，内容丰富，题材广泛，主要有花鸟树木、戏曲人物、神话传说、祥禽瑞兽和农村生活中一些常见的场景等。以薄壁镇谭头村李爱荣为代表的辉县剪纸艺术是原生态艺术的活版本，她采用的剪纸技法有"锯齿形""月牙形"和"水滴形"等剪法，还辅有"条状"和"网状"的刀法；她创作以农家乐为主，质朴夸张，稚拙简练，带有浓浓的乡土气息与农村特色，表达了对生活的无限热爱。她所创作的《新二十四孝图》构图独特、大胆夸张，整个画面疏密有致，张弛有度，受到国内专家和媒体高度评价。李爱荣剪纸没有底稿，一挥而就，是中国乡土艺术的一朵奇葩。从她的作品中我们不仅能够理解到辉县的一些风土民情，也可以了解到当今人们的社会心态、民族心理和审美情趣，对研究我国农耕社会的社会发展有着重要的意义。辉县剪纸被列为国家级非物质文化遗产名录；2008 年辉县的李爱荣也被认定为非物质文化传承人。

第八章　牧野民间游戏娱乐

中国民间游戏娱乐历史悠久，以消遣休闲和调剂身心为主要目的，并有一定模式的民俗活动，是华夏文化的重要组成部分。著名学者林语堂先生就曾有过这样的表述，若想认识一个民族，就要知晓人们日常的娱乐方法。民间游戏娱乐，形式多样，既有简单易行、自由灵便、随意性较强的戏耍，也有技艺精湛、美轮美奂、规则严格的竞技，它们都是民众自娱自乐的生活方式，通过展示身体动作技巧而获得身心愉悦的一种表演形式。中国古代劳动人民在创造物质财富的同时，也创造出许多以消遣休闲、强身健体、调剂身心为主要目的的游戏娱乐，它们是人们在满足了起码的物质生存条件后，为满足其精神需求而进行的文化创造。

第一节　民间游戏娱乐的起源、特征、功能与分类

一　民间游戏娱乐的起源

民间游戏娱乐历史悠久，源远流长，从有文字记载起，至少有三四千年的历史。民间游戏娱乐的起源和其他民俗活动一样，和人们的物质生产、生活实践密切相关，主要有以下几个方面。

（一）起源于物质生产

早期的人类为了战胜自然、发展生产的一切活动，是大量娱乐游戏项目产生的主要来源。在狩猎时代，先民每天要与各种野兽打交道，需要掌握骑、跑、跳、投、射等技能，在发明弓箭之前，人们主要用石块来投击飞奔的禽兽，因此他们必然要练习投掷和射击的技能。后来许多的游戏娱乐项目如投掷、打弹弓、骑马、射箭等都是狩猎活动的再现。扭秧歌，原本就是"农作舞"，起源于插秧耕田的劳动生活，同时又和古代祭祀农神

祈求丰收、祈福禳灾时所唱的颂歌、禳歌有关。

（二）起源于军事活动

中国许多竞技类的游戏娱乐活动，大多和军队训练有关。如黄帝时代的先民为了生存，部落之间为了争夺地盘和食物而发生冲突，因此产生了摔跤；到公元前11世纪，周朝初年，摔跤作为练兵的一项军事科目出现。据《礼记·月令》中记载："孟冬之月……天子乃命将帅讲武，习射御角力。"由于当时兵器差，射箭、驾车、角力都是军队操练的主要科目。起源于中国的相扑，其实就是摔跤的一种形式，秦汉时叫角抵，南北朝至南宋时称相扑，是北宋时一项重要的军事训练项目。据晋张华《博物志》记载，围棋、象棋是尧或舜发明的，其实，我们从局制、道具、攻守之法来看，具有很深的作战方法和战术策略，可以肯定地说，这种游戏应该也是源于军事活动。拔河，据说是公输子创制，他为了训练士兵水战，学习拖钩拉缆，终于打败越军，流传到唐代，称"拔河"。

（三）起源于巫术

巫术是通过操纵虚幻的超自然力量，企图来驾驭自然与社会，实现实施者的非人力所能实现的意图。巫术是在生产力不发达，科学落后，人们还不能正确认识物质世界和精神世界时所实施的一种认识世界的手段，不少娱乐游戏与之相关。如放风筝，风筝又名纸鸢，考究风筝名称的由来，有很多种说法。明代陈沂《荀匋录》记载："五代李邺于公众作纸鸢，引线乘风为戏，后于鸢首以竹为笛，使风入笛，声如筝鸣，故名风筝。"[①]在《独醒杂志》中也有记载说："今之风筝，古之纸鸢也。始创于韩淮阴，方是时，陈豨反于代，高祖自将征之。淮阴与豨约，从中应，作纸鸢以为期，谋败身戮。而纸鸢之制，今为儿戏。""梁武帝为侯景所围，亦作纸鹞以通外耗，鹞亦鸢类。他鸟飞必鼓翼，鸢则健翮凌风，翼平舒而不动；纸作鸟形，翼不能动，故独以鸢名。今之制，形类繁多，不胜枚举，或缚以小弓，风动弦鸣，声类弹筝，故又名风筝。"[②] 这应该是有关"风筝"即纸鸢的最早文字记载了。

在一些地方，放风筝是一种禳灾的巫术行为，《风筝谱》载："西北

---

① 钱史彤、邹介民：《重修镇原县志》卷5，俊华印书馆1935年版，第42页。

② 李学漠：《沧县志》卷12，沧县志书局1933年版，第31页。

各地，民多山居，每届立春之后，春风紧猛之时，每村辍于事前扎以巨大之风筝，其形长方，中间略有凸势，用巨绳百丈，携往山巅，数十人共放之。待风筝上升，愈放愈高，至群力不能胜时，则以刀断绠，任风筝摇曳而逝去，名之曰：放灾。谓如此则将合村之灾晦，放诸异地，通念可享太平矣。"① 此俗称"放晦气"，人们将晦气或者病状涂抹到风筝上，把风筝放入空中，待风筝高飞之后，剪断风筝线，让晦气和病痛随风筝飘逝而去，后来就演变成今天的游戏项目。农历五月，天气酷热难耐，被先民认为是最难过的时日，因此称五月为"恶月"，五日被称为"恶日"，在这一天人们就举行"划龙舟"的活动，以驱邪避瘟疫保平安，它其实是源于人们"竞渡禳灾"的信仰。随着岁月的流逝，这种巫术性质逐渐减弱，演变到今天成了强身健体、愉悦身心的活动。

（四）起源于文化交流

游戏是一种不分地域、种族、国家而普遍存在的一种娱乐活动。无论在愚昧落后的远古，还是在战火纷飞的年代，抑或在经济发达的现代社会，不同民族和国家间的文化交流从未停止过。如起源于欧美的桥牌运动，于20世纪30年代传入中国，成为中国的一项文化娱乐活动；现在孩子最爱玩耍的积木，最早也是诞生于欧洲，由德国教育家福禄培尔创制，后来传入到中国；拼图游戏已经有200多年的历史，早在1760年，英法两国几乎同时出现这种益智的游戏，20世纪初达到鼎盛时期，中西文化的交流，这种游戏也逐渐在中国流行开来；我国古代十分流行的秋千游戏，就是从北方少数民族山戎哪里引进的，据《古今艺术图》记载："秋千，北方山戎之戏，以习轻矫者。齐桓公伐山戎，此戏始传中国。"②

二　民间游戏娱乐的特征

民间游戏娱乐指流传于广大人民生活中的嬉戏娱乐活动，和其他诸种民俗事象一样，是民俗文化的一项内容，也是民俗中最常见、最普遍、最有趣味的娱乐活动，具有自身的特性。

---

① 王健吾、金铁盦：《风筝谱》，上海武侠社1936年版，第23页。

② 转引自王宏凯《益智愉心的中国古代游艺》，人民教育出版社1995年版，第31页。

（一）娱乐性与竞技性

娱乐性与竞技性是民间游戏的基本特征，游戏时时刻刻伴随着人们的生活，陪伴着每个孩子的成长，游戏也是人们脑海中留下的属于童年的美好回忆。

1. 娱乐性。娱乐性是游戏的根本属性，没有娱乐就没有游戏。游戏在产生之初，可能并不是为了娱乐，只是物质生产、巫术、军事作战需要或其他某些实在意义。如扭秧歌，原本是农人在田间插秧时的劳动生活，同时又和古代祭祀农神祈求丰收、祈福禳灾时所唱的颂歌、禳歌有关；放风筝，最初人们是为了放飞一年的晦气，希冀家人能够顺利、平安地度过每一天。这些活动的本意并没有娱乐的成分，因此不具有游戏的性质，一旦"扭秧歌""放风筝"等活动发展到游戏，就成了调剂人们生活的一种文化需要，因此具有了娱乐的意义，也给人们单调的生活增加了许多色彩，成了人们闲暇时光的一种生活方式。劳作之余，人们可以就地取材，拿上几个小土块或小木棒来一盘"摆方"或"炮打洋鬼子"调节一下，让人随即忘却劳累，增强人们生活的乐趣，享受人生的快乐。

民间游戏娱乐是人们在生产生活实践中创造的一种游戏形式，既适应大人们，特别是儿童的天性，在孩子们尽情享受游戏娱乐的同时，又发展了他们的想象和探索精神，使孩子们心灵舒展，强身健体，性情自由抒发；同时也有助于成人之间感情的交流，增强群体的凝聚力和社会活力。

2. 竞技性。游戏中的竞技性，主要是指游戏娱乐活动中人们都有一定的竞技心理。无论是翻绞、绕口令、拼七巧板、铺地棋等智力游戏，还是拔河、掰手腕、摔跤等体能游戏，抑或是跳皮筋、抓子儿、踢毽子、抖空竹等技艺、技巧游戏，都以争奇斗胜为一大快事。游戏中的竞技性使参与者在相互较量、竞赛中，不仅获得心理上的愉悦，而且还能锻炼人的意志，开启人的心智。

当然，游戏中也有许多自娱自乐的内容，如过家家、骑竹马、滚铁环、筛麦糠等。如果游戏中缺少竞技性，它的趣味性和教育意义可能会逊色些许。

（二）规则性与灵活性

规则性与灵活性是民间游戏的又一特征。从游戏的组织来说，民间游戏具有一定的规则性；但从取材角度来说，又有一定的灵活性，二者相辅相成，缺一不可。

1. 规则性。民间游戏有很明确的规则，这些游戏规则是必须遵守的。如传统的"捉迷藏"游戏，你如果藏匿的地方被发现抓到，必须认输，换你来捉。在"撞拐"游戏中，两个人都不能用头拱，也不准用手臂、肘关节等其他部位攻击对方，否则就算犯规，被罚下场。在"老鹰捉小鸡"游戏中，一人扮老鹰，一人扮母鸡，其他人扮小鸡，在母鸡的翅膀保护下，小鸡们排好一纵队，后面的一个要紧紧抓住前面一个人的衣服，母鸡要左右躲闪，保护队伍中的小鸡不被老鹰抓走，而老鹰只能抓队尾的一只小鸡。如果老鹰随意抓小鸡，不守规则，就会被免去参加游戏的资格。

游戏的规则性使参与者因想参与游戏而尽力去控制自己的行为，遵守游戏规则，这无疑是培养合作协调的开始。在游戏中也能帮助孩子摆脱自我为中心，体会合作共赢的道理。

2. 灵活性。民间游戏一般不受时间、地点、人数、年龄等条件的限制，只要和小伙伴商定好以后，愿意玩耍，就可以随时、随地的进行，不需要其他条件的制约；同时不受玩法的限制，可以开动自己的脑筋，玩出新的花样，形式灵活。如跳房子游戏，可以选择用沙包，也可以随地取材，找一石块儿来代替；铺地棋也一样，不必拘泥于一种用具，可以用小土块儿充当棋子，也可以用树叶、果核儿或小木棒儿等来做棋子儿。跳皮筋可以一个人单跳，也可以很多人来跳，还可以边跳边唱儿歌。

（三）传承性与地域性

民间游戏作为传统文化的承载之一，具有传承性；同时它是在一定的自然、人文环境中产生的，又具有鲜明的地域性特征。

1. 传承性。民间游戏娱乐历史源远流长，可以说自有人类以来就有游戏的存在。在各个不同的历史时期，人们创造了丰富多样的游戏娱乐项目，这些游戏在经历了上千年的传承演变之后，始终是儿童文化生活的主要形式，它在历朝历代儿童的传承与创新下不断发展。如在20世纪80年代前，无论乡村或城市，到处可以见到民间游戏的身影，如：抓子儿、跳皮筋、打陀螺、捉迷藏、跳房子、弹玻璃球、翻绞等几十种游戏，它们也成了人们童年的美好记忆。如今，我们进入电子时代，网络的普及，电脑、电视、手机等电子产品充斥着我们的生活，控制着我们的空闲时间。

孩子若沉浸其中，很显然对他的健康成长有很大的弊端：孩子很少走出户外锻炼，长时间对着电子产品，视力下降明显，小小的年纪就要佩戴近视眼镜。而传统的民间游戏也渐行渐远，我们怎样把这些优秀的传统游戏传承下去，更好地培养儿童的规则性、包容性和团结协作的品质，是摆在我们面前的一个课题。

2. 地域性。民间游戏娱乐事象往往和人们的生产、生活方式相联系，具有明显的地域特点。如中原及广大汉族地区以农业生产为主，有固定的生活空间，以村落聚居为主，因此，这些地区的人们的游戏多平和，抗争和力量型的游戏较少，多采用庭院游戏，如抽陀螺、滚铁环、跑竹马、放风筝、跳房子等；而南方，山清水秀，气候温暖，物质条件比北方优越，人们性格温和，心灵手巧，比较善于智力游戏和技巧游戏，如斗茶、棋类游戏、折纸、猜谜语等；北方的游牧地区，天高地阔，长期在草原上生活，住所游移不定，也养成了他们粗犷豪放的性格，如蒙古族将摔跤、赛马、射箭称为"男儿三艺"。除了南北差异之外，还有山区与平原、水滨和村野的区别等。

有的游戏娱乐内容相同，但因地域不同，游戏名称和规则也会因地而异，如纸牌和棋类的玩法各个地方都不尽相同。

三　民间游戏娱乐的功能

民俗事象的产生多与它的实用性相关，传统民间游戏也不例外。民间游戏在萌芽时，大多具有实用价值，但随着社会的发展，社会的进步，游戏的娱乐功能日渐显现并得到进一步发展。风采各异的民间游戏娱乐给许多人带来了童年的欢乐，对促进孩子身心发展也有着不可低估的作用。具体来说，有以下几种功能。

（一）促进孩子智能和体能的发展

游戏娱乐是一种非正式却很有效的教育方式，我们经常说"寓教于乐"，在游戏中开发孩子的智力，可以说是一种很好的方法。如我们的祖先很早就利用"绕口令"的娱乐游戏来训练孩子的语音辨识和语言表达能力。民间游戏还附儿歌唱和，孩子必须边唱边玩，如跳皮筋时，孩童们时常唱的歌曲："小皮球，香蕉梨，马莲开花二十一。二五六，二五七，二八二九三十一。三五六，三五七，三八三九四十一。四五六，四五七，四八四九五十一。五五六，五五七，五八五九六十一。六五六，六五七，六八六九七十一。七五六，七五七，七八七九八十一。八五六，八五七，八八八九九十一。九五六，九五七，九八九九一百一。""网鱼"游戏中，两个孩子双手互搭成网，其余孩子成一列，从网下钻过，边钻边唱儿歌"一网不捞鱼，二网不捞鱼，三网捞条大尾巴鱼。"孩子们在游戏中相互交流，逐渐学习表达，并丰富了词汇，促进了语言的发展。还有通过让孩子猜测手中物、藏物找物等游戏来培养孩子的思维能力；折纸游戏，民间有折车、船、桌、椅、衣、帽、花篮儿等来培养孩子的空间想象和动手动脑能力。这些游戏都可以丰富人的想象、提高人的反应能力。

民间游戏不仅对人的思维训练有益，同时对人的体能锻炼也有很大的益处。民间游戏中多有力量型的竞技游戏，如摔跤、拔河、掰手腕、投掷等，通过力量的抗衡来强身健体；发展技巧型的游戏，培养人动作的协调与灵活能力，如抓子儿、打陀螺、踢毽子、跳绳、跳皮筋等游戏，有效地锻炼了手指的灵巧和上下肢的协调能力，对提高国民的身体素质有重要的意义。

（二）促进孩子社会性的发展

研究表明：积极的伙伴之间的社会化更可能出现在自由游戏中，而不是出现在成人组织或设计的活动中。游戏与竞技通常在一定的群体中进行，人们在游戏娱乐中互相配合、相互理解，在无拘无束的自由空气里培养群体的合作意识。民间游戏多采用集体游戏的形式，如编花篮，需要大家一齐说、一齐跳，同伴之间相互配合协调，游戏才能顺利进行。这样，在游戏中就培养了孩子们与人交往、协商、谦让、解决纠纷、遵守规则等社会行为。如拔河比赛，参与者要同心协力、步调一致，否则难以取胜，人们在游戏里自觉形成一种群体意识，增强了群体的凝聚力；孩童们玩的"过家家"游戏，他们可以模仿家庭成员的各种角色，也是他们进入未来社会的准备与演练。

（三）促进孩子良好意志品质的形成

游戏可以培养人勇敢坚强的心理素质。有的游戏最初的意义与培养人的战斗精神有关，如跳马、荡秋千等，后来逐渐演变成一般游戏，但它的潜在功能并没有失去。在这些游戏中，冲击的勇猛、腾空的惊险、人们在这些游戏中的大起大落的动作，培养了人们勇敢、战胜困难的意志。游戏一般都有一定的规则，参与者必须遵守规则，否则，就可能被淘汰出局，这时，孩子就会不断克服自身弱点，遵守规则，选择并忍受当前的挫折和不安，锻炼自己承受挫折、失败的能力，逐渐形成良好的情绪和意志品质。

另外，游戏参与者在同等的条件下，各显自己的技能或技巧，来决定胜负。孩童们在这些日常的民间游戏中，体会到规则的力量和公正的意义，对他们人格的培养都具有潜移默化的作用。民间游戏使孩子三五成群一起游戏，通过互相协调、模仿，学会与别人友好相处，增进友谊，使孩子助人、合作的心理品质得到发展，并学会自己解决人际矛盾，学会控制自己的情绪和行为等。

四　民间游戏娱乐的分类

民间游戏娱乐内容丰富多样，种类繁多，如何从科学意义上分类，尚待需要研究。早在 20 世纪 30 年代杨荫深先生撰写的《中国游艺研究》[1]是我国较早对娱乐游戏进行专门探讨的著作。他选用了"游艺"这一概念，把游戏娱乐分为杂技、弈棋、博戏三大类。查看近年来国内出版的民俗学著作，民间游戏娱乐这部分的称谓不尽相同，有的称"民间游乐"，有的称"民间娱乐游艺"，有的称"游艺民俗"，有的称"游戏竞技民俗"。在这些著作中，大多将民间文学、民间音乐、舞蹈等内容包含在内。[2] 根据叙述的需要，我们这里把民间游戏娱乐分为两大类，包括民间游戏和民间杂艺。民间游戏分娱乐游戏和竞技游戏；民间杂艺分杂技、魔术表演和动物表演等。

第二节　牧野民间游戏

在我国，"游戏"一词最早出现在战国时期的文献中。民间游戏娱乐在牧野大地随处可见，形式多样，世代相传，在历史的发展进程中不断发展，形成了一个庞大的娱乐活动体系。牧野民间游戏时时刻刻伴随着人们

---

① 杨荫深：《中国游艺研究》，上海文艺出版社 1990 年影印本。

② 钟敬文：《民俗学概论》，高等教育出版社 2010 年版，第 290 页。

的生活，也伴随着每个儿童的成长，是他们成长过程中不可或缺的一项活动。游戏相对于其他活动而言，其目的单纯，除了愉悦身心之外，并不承载任何政治、经济、社会的其他意义，它是纯粹的，但它的产生和流传却体现了这里的风土人情和风俗习惯，是中原传统文化的一部分。牧野地区的游戏特点，首先是内容丰富，形式多样。可以一两个人悄悄进行，如抓子儿、铺地棋、放风筝等；有的男女老少都可以玩耍，如盘脚盘、猫捉老鼠、丢手绢等；有集体活动，如挑兵挑将、挤尿床、蹦闸、星星过月等，热热闹闹，尽情玩耍。其次，简单灵活，方便易行。如游戏的器械简单普遍，如石子、瓦片、土块、树枝等，都可信手拿来，不必要花钱去买或者太多时间准备，有的游戏就不用准备器械，如捉迷藏、摔跤等，兴致来了，随时随地就可以进行，一种游戏玩厌了，可以换其他的，只要和伙伴商定好，没有什么其他的限制。民间游戏是民间娱乐的重要组成部分，它是民间娱乐中最常见、最简易、最普遍的趣味性活动。牧野民间游戏可分为娱乐游戏和竞技游戏。

一　娱乐游戏

　　娱乐游戏，是大家聚在一起，以嬉戏、消遣为主，只为身心愉悦，或强身健体，没有胜负的游戏。游戏的随意性较强，虽有一定的规则，但并不严格，关键的是人们的积极参与和娱乐，品类众多，形式多样，简单易行。如放风筝、骑竹马、滚铁环、捉迷藏、石头剪刀布、翻绞、过家家、七巧板、挑兵挑将、挤尿床、筛麦糠、盘脚盘、猫捉老鼠、星星过月、丢手绢、荡秋千、砍三刀、架老鸹、老鼠钻圈等。

　　1. 放风筝。风筝又称"纸鹞""风鹞""纸鸢"等。春秋战国时期，我国出现了世界上第一只风筝，它不是用纸制作的，而是木制的，叫"木鸢"。墨家的代表墨子是古代一位优秀的科学家，他历时三年，终于用木头做成了一只木鸟，但它只飞了一天就坏了，墨子制作的这只木鸟就是中国最早风筝的雏形。后来，墨子的学生鲁班，改进了做风筝的材质，用竹子来代替，他用竹子做成喜鹊的样子，结果在天上飞了三天都没有落下。风筝的问世，应该是人们受到"飞鸟"的启发，向往飞鸟在天空中无拘无束的飞翔，也是对自由的一种渴望。起初，人们制作的风筝也都是飞鸟的形状，直到东汉，蔡伦发明了造纸术才出现了纸鹞，依然是以鸟的形状为主。

唐朝以后，"风筝"这个名字才出现。我们知道，筝是一种乐器，风筝就是在纸鸢上安装上竹制的小笛或小哨子，当纸鸢飞到空中，小笛子或小哨被风一吹，会发出如筝鸣般悦耳的声音，这大概也是风筝名字的来历了。清代诗人高鼎的一首《村居》："草长莺飞二月天，拂堤杨柳醉春烟。儿童散学归来早，忙趁东风放纸鸢。"我们可以知道，放风筝早在清代已经是儿童们普遍喜欢玩耍的游戏了。后来，风筝的样式也丰富起来，不仅仅是鸟形风筝，还有各种人物、动物和器物等形式。

放风筝时在风筝的拉力中心拴上提线，与手中放飞线相结合，根据风向和风力，一边拉线一边跑动，才能把风筝放飞。在古代，放风筝不仅是种游戏，它也与放晦气联系在一起。古人放风筝时，把自己的名字写在风筝上，放飞以后，把风筝的线剪断，让风筝把自己一年的晦气带走，放风筝也成了一种祝福吉祥的象征。后来，人们也会把自己的烦恼和不满写在风筝上，让它随风筝飞上蓝天，把一切不满和不愉快抛向九霄云外。春天，风和日丽的天气，人们在大自然中放风筝，可以很好地享受室外新鲜空气，沐浴和煦的春光，增强心肺功能，放飞风筝的同时也放飞自己美丽的心情。每到这个季节，我们就会看到在牧野大地的上空飘满了各式各样的风筝，上下翻飞，眼花缭乱，碧空万里，人们眺望自由翻飞的风筝，荣辱皆忘，杂念全无，人们的心境会如这时天空一样，空明碧净。

2. 骑竹马。这种游戏最早源于东汉，是儿童效法成人骑马而创造出来的一种很简单的象征性游戏。到了唐宋时期，骑竹马演变成一种乡味十足的民间舞蹈——"跑竹马"。骑竹马是通过一手拿一根木棍或扫帚等拖拉在双腿间，另一只手挥舞一根小树枝或较细小的木棒当马鞭，在奔跑中演示自己心目中的骑马姿势。儿童的想象力丰富，他们在游戏中把拖拉在两腿中间的木棍当成了"真马"，在疆场上叱咤风云。骑竹马代表了男孩子的一种英雄梦，男孩子都希望自己成为无所不能的英雄，所以，骑竹马的几乎都是男孩子。男孩子们左手握住竹子、木棍或者扫帚夹在胯下当竹马，各自扮演他们心目中的英雄，一边模拟奋蹄扬鞭，一边模拟在战场上奋力厮杀，很是热闹。大诗人李白在《长干行》中写道，"郎骑竹马来，绕床弄青梅"，描绘了一幅儿时孩子们天真无邪的生活画面，同时也化为"青梅竹马、两小无猜"的成语，流传至今。

3. 滚铁环。也叫"滚铁圈"，牧野地区俗称"推铁圈"，早在汉代，滚铁圈就是百戏之一。到了明清时期，滚铁圈已经成为民间的一种时髦游戏了，直到20世纪30—70年代，还是男孩子很喜欢玩的一种游戏。铁环是用铁丝制成的环状，大小和桶口差不多，铁环粗为1厘米左右；另外还要制作一个U形的铁钩，用来钩住铁环在槽内滚动前进。玩的时候，一只手扶着铁环儿，另一只手拿着铁棍儿，把棍上的铁钩定在铁圈的下边，轻轻一推，铁圈儿就滚动起来，这很考验人的平衡力，可向前滚动，还可以变换方向。过去牧野地区的男孩子，几乎人手一个铁环儿，有的孩子甚至推着它去上学，路上可以带来很多乐趣。现在这种玩具很少能见到了，只有在有些景区卖传统民俗玩具的地方或许还能见到。

图 8-1　滚铁环

（图片来源：赵会莉拍摄）

4. 捉迷藏。又称"藏老猫儿""蒙老瞎"等，是一种两人或多人的躲藏游戏，也是古今儿童非常喜爱的游戏，为孩子的童年带来了无穷的乐趣。捉迷藏大约在唐代就已经出现，到宋代已经很盛行了，这类游戏基本都是在夜间玩耍。旧时的牧野地区，吃过晚饭之后，孩子们就会聚集到村里一个宽敞的地方吆喝起来"东头孩儿，西头孩儿，吃罢饭，都来玩儿"。在家听到喊声的孩子，就会蜂拥而至，大家就开始玩捉迷藏的游戏。首先，他们用猜拳的方式选出一个孩子做逮人者，然后用手绢或布条蒙住逮人者的眼睛，逮人者开始喊数倒数时间，其余孩子在规定的时间内找到自己的藏身之处，逮人者喊声"我开始找了"，谁要是被逮到了，就代替被蒙眼睛的人继续逮人。谁躲得最久，没有被找到，就算谁赢了。

捉迷藏，看似简单的游戏，其实它也是考验人心智的游戏。逮人者，要眼观六路耳听八方，还要奔跑迅速，哪里听见个风吹草动，就要抓住时机。捉迷藏游戏里，听到最经典的一句话就是："出来吧，快出来吧，我已经看到你了。"如果藏匿者真的相信了这句话，傻乎乎地站出来，他就中计了；躲藏者要沉得住气，保持冷静，更不能弄出一丝响动，否则，很容易被逮到的；有的孩子太沉住气了，藏匿的地方或许太隐蔽了，时间长了，甚至会睡着了，最后弄得大家一起来看他的笑话。对于孩子们来说，捉迷藏是个很快乐的游戏，伴随孩子走过无忧无虑童年时光，也是一个人童年美好的记忆。

5. 石头、剪刀、布。这种游戏最早可以追溯到汉代，古代文献中称其为"手势令"，最初是作为喝酒时猜拳的一种手势出现的，后来经过演变，成了今天的"石头、剪子、布"的游戏。到唐代，这种手势令已经很流行了，而且方法也很多。手势令，又称"划拳"，是酒令的一种，是双方用手指做动作，按规则来分胜负的游戏。

图 8-2　石头、剪刀、布

（图片来源：谢晓燕拍摄）

这种游戏，不需要任何道具，举手便可以玩，规则也很简单，双方齐喊口令"一、二、三"，在话音落时同时出手。拳头紧握，代表石头；伸出食指和中指，代表剪刀；五根手指伸开，代表布。石头砸剪刀、剪刀可以裁剪布，布可以包住石头，三个手势相互制约，都各有胜算，因其操作简单，是孩子非常喜爱玩的游戏之一。

相比其他游戏，石头剪刀布这种游戏更代表一种公平和权威。比如，在玩其他游戏的时候，用来选谁第一个来时，就喜欢采用这个游戏；当小朋友间有什么纷争解决不了的时候，也会采用这种游戏；甚至在家庭成员之间，为了谁来承担家务劳动时，也用这种游戏，真是小游戏，大智慧。牧野人爱玩石头剪子布的游戏，不但因为它相对公平，有很强的随机性，更多带给我们的是生活中的乐趣和回忆，在现实生活中有时兴致来了，大家还会伸出手来一番较量，重温一下美好。

6. 翻绞。又称"抄绞""翻花绳"等，多为两个女孩子玩的游戏，也有多人玩的。用一条细线绳，长度大约一米左右，将绳子两头系住，做成绳圈，一人用双手的除大拇指外的四根手指撑起来，另一个人去翻，撑在自己手上。两个人通过来回不同方法里翻外挑，可以变化出多种图形。翻绳子的过程中，不能拉错线，否则绳子就会搭结，游戏进行不下去，要重新开始。翻绞是牧野人训练女孩子心灵手巧的一种游戏。

翻绞游戏，既锻炼了手指的灵活性，又锻炼了孩子的大脑，是个很有趣的游戏，深得女孩子喜爱。

7. 过家家。有关过家家游戏的雏形，早在战国末期哲学家韩非子的《韩非子·外储说左上》就有记载："夫婴儿相与戏也，以尘为饭，以涂为羹，以木为胾，然至日晚必归饷者，尘饭涂羹可以戏而不可食也。"[1]过家家游戏有两种，一种是扮演新郎、新娘，一种是玩做饭、照顾孩子等众多日常生活场景。

扮演新娘、新郎的游戏，一般会选择长得漂亮的男孩和女孩儿扮演新郎、新娘，其他儿童手臂交叉紧握相互搭起来，就是花轿，然后让新娘坐上去，抬一段距离到达新郎的面前，就开始表演新郎新娘拜天地的场景。众儿童手推新郎和新娘，让他们两个碰个响头，女孩子有时候会疼的哇哇大叫，而其他的儿童此刻感觉到很好玩，会哈哈大笑起来。另一种过家家游戏，以女孩为主，是孩子们模仿成人角色的游戏，即几个小伙伴分别扮演同一个家庭成员，有"爸爸""妈妈""孩子""弟弟""妹妹"等角色。然后按照角色分工，模仿居家过日子、操持家务、社交往来等生活现象，即兴表演，相互编排，十分有趣。如做饭、洗衣服、下地干活、照顾

---

① （战国）韩非：《韩非子》外储说左上第三十二，河南大学出版社 2008 年版，第 294 页。

孩子等。还会随地找一些简单道具来布置生活场景：找几个土块垒起来，放上一个瓦块当灶具，抓几把地上的土当米粒，拽一把青草当青菜等，一招一式俨然和实际生活中大人的操作没有什么两样，让人看了真是忍俊不禁。这类游戏以儿童自发进行的为多，表现了儿童积极向长辈学生活的游戏方式。模仿成人过家家，一直以来，备受一代代孩子们的喜爱，他们也会把这些美好的过往永远定格在他们美好的童年岁月里。

8. 七巧板。又称"益智图""智慧板"等，由五块大小不一的等腰直角三角形、一块正方形和一块平行四边形的木板组成，所以又称"七巧板"。这七个木板拼合在一起是正好是一个正方形。

图 8-3　七巧板

（图片来源：赵会莉拍摄）

七巧板大概是源于唐代宫廷宴会上的拼几游戏，即燕几，又称"宴几"。这是一种将几张不同形制的桌几拼合成"T"字形、"山"字形等，使得宾客不断变换座位、方位，以增添宴会欢乐气氛的室内游戏。明代从原有的七个桌子增加到十三个，并依据勾股三角形的理论增加了三角形的桌子，可以拼合成一百多种不同的形状。到了清代，七巧板的体积变得更加小巧易于操作，并逐渐在世界范围内流传开来。现在的七巧板系由一块正方形切割为五个小勾股形，将其拼凑成各种事物图形，如人物、动植物、房亭楼阁等多种趣味图形，可一人玩，也可多人进行比赛，对培养幼儿的观察力、想象力、形状分析及创意能力有很大的作用，是牧野地区常见的儿童益智游戏。

9. 挑兵挑将。它是儿童的集体游戏，男孩子玩得比较多。将参加活动的儿童分成两队，两队的人数基本相同，同时要考虑两队的实力是否相当等。两队的人员面对面距离有四五米远站立，每队的成员要手挽手形成一道人墙。游戏开始，两队一问一答，先由各领队的"司令"高喊："野鸡翎，砍大刀，您的兵将尽俺挑""挑谁？""挑××，××不在家。挑您姊妹仨（或弟兄仨）。还挑谁？挑××（要挑的人名）"，被挑的往往是对方队伍中个小体弱的一个，被挑者迅速冲出自己的队伍，找准对方力量比较薄弱的地方，用尽力气撞去，若把对方队伍撞开，就把缺口处的一个人拉回到本队伍中，否则，自己就成为俘虏，夹在被撞处，成为对方中的一员，这样轮流战斗，直到一方剩余一个人时，就要认输，再重新组队玩耍游戏。

10. 挤尿床。也叫"挤墙根"，是儿童冬季取暖逗乐的游戏。旧时的农村，家里没有什么取暖的设备，孩子们就聚集到向阳处，靠墙根一字排开，喊声"开始了"，人人用力向墙角挤，一边挤嘴里还一边唱道："挤、挤、挤尿床，挤出谁谁尿床。"直到有人从队伍中挤出来为止，被挤出来者就要排到队伍最后继续向前挤，直到挤的大家身上暖暖和和的，方才停下来休息或者玩耍其他游戏。

11. 筛麦糠。是两个孩子玩的游戏，两人面对面手握手，然后左右摆动，随着摆动的节奏嘴里还一边唱着歌谣："筛筛筛，筛麦糠，琉璃咯嘣打叮当，你卖胭脂我卖粉，咱俩打个琉璃滚儿。"随着歌谣和节拍，两个人同时握着的手举过头顶翻身，但两人的手还握在一起没有松开，这时背靠背，然后两只手还在左右摆动，嘴里一直在唱这首歌谣，再翻过来身，面对面，如此循环往复，儿童玩得不亦乐乎。

12. 盘脚盘。这是大人哄孩子或者几个孩子玩的游戏，一般三个到五个人。玩的人坐在床上或者脱掉鞋席地而坐，把两只腿蜷起来，脚放在一起，一人指点脚趾开始唱歌谣："盘脚盘，盘三年。三年满，菊花碗。点灯熬油，石榴花包头。丁丁节节，菊花摞摞。绿头绳一丈二，是小脚蜷一只。"每唱一个字，点一个脚趾，最后一个字落到谁的脚趾上，这只脚就要蜷回去，这样循环往复的唱，直到两只脚都缩回去，这个人就要退出游戏了。

二　竞技游戏

竞技游戏是一种以竞赛体力、技巧、技艺为内容的娱乐活动，竞争的输赢是民间竞技的根本特性，是我国民俗文化中光彩夺目的一项内容。民间竞技游戏从它的表现形式来分，可分为力量型、技巧型和技艺型三大类。

牧野地区传统的竞技项目丰富多样，范围广泛，力量型的有碰拐、摔跤、拔河等。

（一）力量型

1. 碰拐。又叫"斗拐""撞拐"。两人面对面，各把一条腿弯曲成三角形搬到另一条腿上，使膝盖向前突出，俗称"拐"，靠另一条腿支撑来保持平衡，然后蹦着向前移动。一般是以右腿站立，右手搬起左腿，左腿架拐。比赛中要求双方膝碰膝，相互进行捣、顶、压、掀的动作，不准使用身体的其他部位，对抗性强，玩这种游戏的男孩子居多。如果一方在斗拐的过程中，保持不了平衡，蜷着的腿落地就算输了。在比赛过程中不准用头拱，也不准用手臂、肘关节等其他部位攻击对方，否则就算犯规，被罚下场。

2. 摔跤。古代称"角力""角抵""相扑""掼跤"等，是两个人徒手搏斗，用各种方法、技巧摔倒对方的一种竞技游戏。摔跤被公认为是世界上最早的竞技体育运动，一直是历届奥运会的比赛项目。据史料记载，原始社会时期，当时的人们为了生存，和其他部落之间为掠取食物而发生冲突中，产生了古代的摔跤。远古蚩尤与黄帝逐鹿中原中形成的"蚩尤戏"，蚩尤部落的人头上戴上兽角，用头冲撞的作战方式，就是摔跤的最早雏形。周朝初年，摔跤作为练兵的一项军事训练手段出现，称"角力"；秦汉时期，摔跤者的头上顶着牛角，所以摔跤又被称"角抵"，它不仅是一项军事训练项目，也是节日在宫廷内表演必不可少的活动。秦朝统一中国后，把摔跤活动统一名字为"角抵"；唐代的许多皇帝都喜爱看摔跤活动，而且有的还是摔跤能手，每逢元宵节和中元节都要举行摔跤比赛。由于皇帝的大力提倡，因此在民间摔跤这种活动也非常火爆。据史料记载，唐朝末年，朝廷还建立了官办的相扑棚，收罗和训练摔跤能手，入选者称为相扑人，每当朝拜、祭祀或重大宴会时，相扑人还专门进行摔跤表演。宋代时，摔跤比赛场更是热闹异常，每逢有相扑比赛，人山人海，喝彩声和呐喊声响彻赛场。宋代不仅男子热爱相扑，女子也非常热衷，而且女子常常被安排表演相扑的开场赛。

1638 年，摔跤传到了日本，后经过日本人的改造和发展，成就了今天日本的相扑和柔道。清朝以武力起家，所以清代的皇帝对摔跤运动非常重视，摔跤运动得到长足的发展。明清时期，角抵又称摔跤，当时的摔跤有"官跤"和"私跤"之分，皇家的摔跤组织叫官跤；私跤是老百姓民间消遣进行的一些摔跤游戏活动。据文献记载，当时的大街小巷有很多摔跤场所，每到节假日，都会举行一些摔跤比赛。辛亥革命以后，摔跤运动日渐衰落，只在民间比较流行。20 世纪六七十年代，在牧野地区民间的田间地头、街头巷尾可常见到青年小伙儿在玩摔跤游戏，形式和规则多种多样，常见的有"十字搂腰""让搂后腰""相扑"等，[1] 它是男孩子之间力量和勇气的较量，主要考验人腰部、腿部的灵活性。

3. 拔河。人数相等的双方对拉一根粗绳以比较力量的对抗性体育娱乐活动。拔河运动在中国历史悠久，早在春秋战国时候就有这项运动，当时叫"钩强"或"牵钩"。据史料记载，当时游历到楚国的鲁班为楚国设计了一种名为"钩强"的器具，让楚将模仿水运拖船的背纤动作，用一条大篾缆，系上数百个小索，相向对挽，来锻炼士兵的力气。"钩强"最初是专门用于训练士兵水上作战的工具，当敌人败退时，军士以钩将敌船钩住，使劲往后拉，以免他们逃脱。之后，这种钩拉敌船的战术操练又从水上移到陆地上，进而演绎成一种"牵钩之戏"的竞技项目。

唐代开始，"牵钩之戏"从军中流传至民间，演变为一种民间力量抗争的拔河比赛活动，也正式有了"拔河"之名，而且成为广泛流行的风俗活动，民间通常在每年的农历正月十五举行盛大的拔河活动。唐代比赛的用具由春秋战国时期的大篾缆改为大麻绳，用 160 多米的大绳做主绳，上面还要密密麻麻缠着几百条小麻绳，拔河前，两拨人马各自拉住小绳在胸前挽成圈套在自己身上，更便于发力。其实，唐朝的拔河比赛规则与形式与现在我们所进行的拔河比赛差不多。首先在大绳正中插一根大旗，旗的两边划两条竖线，称为河界限，并以河界限为胜负标志，将对方拉过界河即为胜利。比赛时，一声令下，河界两边数百名选手紧紧抓住小麻绳，使劲全身力气向两边拉，围观者呼声震天，还敲打大鼓，用激越的鼓点壮

---

① 延津县志编纂委员会编：《延津县志》，生活·读书·新知三联书店 1991 年版，第 605 页。

士气，场面恢宏，气氛热烈。唐朝的拔河比赛要比现在拔河场面壮观得多，拔河数百人参加，观众数千人，场面甚是壮观。此后，拔河由民间传入长安城，传入宫中，在唐朝的宫中一度非常盛行，其中出现了两个爱拔河的皇帝，一个是唐中宗李显，另一个是唐玄宗李隆基，由于两个皇帝对拔河运动的狂热和推广，拔河在唐代颇为盛行。民间拔河，多是男子参加，而唐中宗在皇宫却组织由宫女参加的拔河比赛；唐玄宗更是有过之而无不及，他不仅把拔河比赛从宫内梨园搬到宫外广场，并且还在长安城组织了唐代规模最大的一次千人拔河比赛，还要请外国使节参加观看，场面宏大，气势磅礴。当时，拔河活动不仅有祈求国家风调雨顺、国泰民安的意味，同时也向国外使节显示了唐王朝的强大和繁荣。

唐代以后，很少见到像唐朝那样盛大的拔河运动场面。后来，拔河演变成只用一条绳子的小型的集体比赛项目，甚至在 1900—1920 年间还进入了奥林匹克运动会的比赛项目。如今，在牧野地区的中小学运动会或者单位举行的运动会，拔河比赛依然是不可或缺的比赛项目。

（二）技巧型

技巧型竞技是以竞赛技巧为主要内容的娱乐项目，主要体现在"巧"，表演方式有踢、跳、抽、打、推等，形式多样，变化无穷。传统的项目有踢毽子、跳绳子、抓子儿、跳房子、玩弹弓、抽陀螺、跳皮筋、玩沙包、打耳、弹杏核、弹玻璃球、摔面包等。

1. 踢毽子。又称"攒花""打鸡"，是一项具有悠久历史的民间传统游戏，起源于古代的蹴鞠戏，宋人高承的《事物纪原》记载，踢毽子为"蹴鞠之遗事也"①。至少在汉代就已经出现了踢毽子游戏，至唐宋，踢毽子之风盛行，而且花样翻新。在清代还曾经出现过以踢毽子为业者，讲究用染过颜色的雕翎扎毽子，这些人还有个好听的名字叫"翔翎艺人"。

踢毽子游戏方便易行，男女老少皆宜，不受场地、工具、年龄的限制，人人可以玩，所以几千年盛行不衰。毽子的制作材料很多，有鸡毛、布头、纸、绒线等，《燕京岁时记》载："毽儿者，垫以皮钱，衬以铜钱，

---

① （清）陈元龙撰：《格致镜原》卷六〇，上海古籍出版社 1992 年版，第 189 页。

束以雕翎，缚以皮带。"① 在牧野地区最常见的是"鸡毛毽"：用一小块布头，包上一枚铜钱和一小截下端剪成十字形开口的鸡毛或者鹅毛管子，用针线给缝牢固，这是底座；然后在管子上端插一撮鸡毛即成。鸡毛一般用雄鸡的，又长又漂亮。那时，如果谁家的公鸡毛长得漂亮，就会成为孩子们关注的对象，找到机会就会逮住公鸡拔上几根羽毛；或者在春节前杀公鸡的时候跟主人家讨要一些。踢毽子的技巧很多，基本的有形式有"单踢、轮踢、群踢、插花踢、点将踢等"②；踢法有：盘踢、拐踢、蹦踢和间踢四种，踢时不仅用脚，有时还用腿、手、膝、胸、背、臂、腕等，可表演出多种花样儿；可一个人踢，也可以两个人对踢，或者三个人及更多的人转踢，比赛的内容和输赢标准以事前规定的规则来定。

图 8-4　踢毽子

（图片来源：赵媛拍摄）

踢毽子一般在冬季进行，不但可以娱乐，也可以御寒，起到强身健体的作用，所以至今仍受到牧野人的欢迎。

2. 跳绳子。绳子和人们的日常生活密切相关，先民们最早用绳子来记事，后来用它捆扎农作物、搬运东西，或者驱赶牲畜等。使用绳子作为运动工具，发展成跳绳游戏在中国也有一千多年的历史，是汉族一项古老的民俗娱乐活动。跳绳游戏是在环摆的绳索中做各种跳跃动作的一种体育

① （清）富察敦崇等著，王碧滢、张勃标点：《燕京岁时记外六种》，北京出版社 2018 年版，第 105 页。

② 延津县志编纂委员会编：《延津县志》，生活·读书·新知三联书店 1991 年版，第 605 页。

游戏，但最早的名字并不叫跳绳，在宋朝称"跳索"，明代称"跳百索"，清朝称"绳飞"，创造了更多花样，民国以后才有了"跳绳"的名字。南宋以来，每逢佳节都有跳绳的游戏，家家户户都参与比赛。明清时期，跳百索游戏多在正月十五左右举行，因这种游戏既有趣又健身，不受时间和地点的限制，一直流传到今天。当然，现在不限于节日才跳绳，兴趣来了，随时随地就可以拿过来一根绳子跳起来，甚至今天的河南省中考体育项目，就有跳绳这个项目。

　　跳绳，要选一条长短粗细都要合适的绳子，有一人跳、双人跳和多人跳之分，跳绳要前脚掌落地，技法有前甩、后甩、前交叉、后交叉、双脚跳、单脚跳、跳跑、麻花阵等，花样众多，可简可繁，任意选择，关键是使脚和绳子不互相缠绕，同时又能跳出多种花样。跳绳要穿运动鞋，不易穿皮鞋和高跟鞋，它是一项全身协调动作的运动，对增强心肺功能，锻炼身体的灵活性和力量都很有好处，是一项很好的健身运动。

　　3. 抓子儿。也称"抓石子儿"，起源于古代仪式中的抓儿子，多为女孩子玩耍。明清时期，抓子儿游戏多为农历正月间女性在闺房里玩耍的一种游戏。抓子儿的材料很简单，只需要"子儿"一种，可以是大小如大拇指肚的小石子、杏核、鹅卵石、小砖块等小型的块状物，表面要光滑，多是随地捡来，不光滑的要在地上磨光滑。玩抓子儿所用的"子儿"数量不固定，有5个、7个或9个。在牧野地区常见的是一般两个女孩子一起玩，也有三个或四个人的游戏。先依次将七个子儿或五个子儿抛向空中，然后用手背接住，以接的颗数多少决定比赛顺序。第一个人先把六个子撒到地上，手中留一颗，然后把手中的一颗抛向空中，在这个子落下的间隙迅速抓起地上的一颗，按照这种方法依次抓两颗、三颗，并伴有欢快的歌唱，手的动作必须和嘴唱的歌词配合无误，嘴里唱的歌谣必须与手中的"子儿"相适宜，不能唱错，否则就算输了。另外抓地上的子儿时，不能碰到其他的子，否则也算输。所以抓子儿游戏关键是要把子儿撒好，既要撒开，几个子不能挨在一起，也不能距离太远，否则就不能既能接住抛到空中的子儿又能抓起地上的子儿。

　　4. 跳房子。是将一个沙包或者瓦片等的一个小物件投掷到画在地面上有编号的方框内，然后用单脚或者双脚跳着去取回那个物件的一种儿童游戏。它最早起源于罗马帝国时期，罗马人用这种方法对步兵进行训练。

后来儿童模仿他们发展成一种游戏而风靡欧洲。明清时期，随着欧洲传教士来到中国，跳房子这种游戏也传到了中国，20世纪50—80年代在中国的城乡非常流行。

游戏的工具有沙包、片状石块、瓦块或砖块等，在地面上间隔竖直画房子，房子的形状和数量组合可以自由设计，可以画六格的、十格的房子等，然后再由近至远标上数字，准备工作就算完成了。首先用布、剪刀、锤的方式确定跳的顺序，然后就开始玩耍：用一只脚将石块或沙包踢进第一个格里，然后单脚跳进第一个格里，把沙包踢进第二个格里，以此类推，直到踢过全部方格，跳到最上面的天堂。踢的过程中，另一只脚是不能落地的，否则就算输了。在跳房子的过程中，沙包不能出格、不能压线、不能连穿两格，否则，均算失败，要换对方跳。当顺利到达天堂后，将沙包放在脚背上，小心翼翼地走出方格，然后把脚背上的沙包抛向空中，接到手中，这样才算全部跳完。接着，就有权利盖房子了，这时背对着格子，将沙包向身后的格子里抛，抛进任何格子内部就算盖房子成功，然后做上记号，等下次你再跳时就可以在自己的房子里稍作休息，而其他人或沙包是不准进入你的房子的，必须越过此格。当所有房子都被盖完后，算算谁盖的房子最多，就算谁赢了。

5. 玩弹弓。弹弓在春秋时期就已经出现，最早的文字记载见于《弹歌》："断竹，续竹；飞土，逐肉。"意思是说，砍断竹子做弓弧，再用竹条做弓弦，用竹弓去发射陶土弹丸，以猎取禽兽，这里描绘的是先民原始狩猎生活的场景。

弹弓的最初用途是狩猎，主要猎取飞禽和兔子之类的小动物；古代的弹弓还经常用作偷袭的暗器，因为弹弓射出时的声音远远小于箭矢，同时它的威力比弓箭也小好多，杀伤力也比较小。后来随着青铜器和铁器的出现，弹弓便逐渐淡出人们的生产活动，变成了人们的一种游戏用具。

弹弓的制作也很简单：先砍一段树杈，砍的时候，要把手放在杈上看看是否是一个等腰三角形，即像字母"Y"为最好（或者用铁丝圈制而成），然后把树杈皮剥掉，在木杈上系上橡皮筋儿，也可以是自行车内胎；皮筋的中段系上一个塑料皮，用来包裹弹丸用，弹丸可以是旧自行车上废弃的钢子儿、小石子、小泥球等。玩的时候，左手握柄，右手将小石头放在兜内，拉开皮筋瞄准，即可放出，可以打树上的果子，更多的是用来打麻雀。特别是每年秋天的时候，成群结队的麻雀就会在田间或者村头飞来飞去，这时候是男孩子玩弹弓一显身手的好时机，他们会抓起弹弓，随着弹弓子儿的发出，麻雀应声落地，孩子们会赶快跑过去捡起受伤的麻雀开始把玩，这时也是孩子们最开心的时刻。

6. 抽陀螺。又叫"打老牛""抽冰尜"，是一种民间传统游戏。它历史悠久，据《帝京景物略》记载，此游戏从明代就已经流行。陀螺材质多样，主要有陶制的、竹制和木制的，其中木制的较多。将木头削成圆锥形，上粗下尖，最关键的是在圆锥的尖端安装一颗钢珠，钢珠的位置到周围的距离要对等，否则陀螺抽起来容易一边倒，影响平衡。另外，还可以把陀螺身上涂上各种颜色，这样陀螺旋转起来，非常漂亮。除了做一个好陀螺之外，还要有一条好用的鞭子。麻绳做的鞭子容易断，还可用废弃的马达皮带，剥掉外面的橡胶，就成为一条很好的皮鞭了，这要有好的运气才能碰到这样一条好的鞭子，可遇而不可求。

陀螺是中国最古老的玩具之一，在中国至少有四五千年的历史。"陀螺"一词，在明代正式出现，早在宋代就已经记载过类似陀螺的玩具"千千"，是当时嫔妃宫女在宫中用来打发无聊时光的游戏。在明代，陀螺已经走出宫廷，走近民间，抽陀螺也成为儿童们喜爱的游戏，而不再专属深宫大院宫女们了。

陀螺一般有两种玩法：一种左手握陀螺，右手将鞭绳紧缠在陀螺上，悬在空中，然后一拉鞭子，左手随之松开，陀螺边落在地上旋转起来；一种方法是直接把陀螺的锥尖垂直放在地上，用手握住陀螺一旋转，顺势抽鞭，陀螺就旋转起来。另外还有一种不熟练的玩法是，用鞭绳缠在陀螺上，再把陀螺放地上，接着抽动鞭子让陀螺旋转。当陀螺旋转速度缓慢下来时，还要再抡起鞭子"啪啪"抽几下，陀螺便会飞速旋转起来。其中最刺激的是男孩子爱玩的"斗陀螺"：比谁抽得更远，比谁的陀螺旋转的时间更长，更激烈的是双方会将抽得飞快的陀螺向对方的陀螺撞去，谁的陀螺被撞倒算谁输。

如今，陀螺的类型更加丰富，形制大小不一。我们在城市的广场还可以看到有一些孩子或者年长者在抽陀螺，挥舞着长鞭，噼噼啪啪。不过现在的陀螺制作得豪华多了，材料是不锈钢金属的，体积也大好多，里面还装有各种颜色的灯，特别在夜晚的时候，陀螺旋转起来的时候闪闪发光，非常漂亮。抽陀螺是人们日常休闲、娱乐和健身的活动之一。

(三)技艺型

技艺型竞技,是以比赛技艺为主的娱乐活动,它的特点对抗性较弱,游艺性强,主要以各种民间棋类为代表。有一定的棋盘形式和棋子数目,二人对局,形式简单,玩的时间也很自由,农民们在劳动休闲之余,田间地头,庭院路旁,席地而坐,随手在地上画出棋盘,用土块、石块、小木棒等当作棋子,随时就可以杀上一盘,自得其乐。竞赛方式以吃子或占位为目的,在牧野地区有摆方、走四子、丢窑、炮打洋鬼子等,它们还有个统称的名字叫"铺地棋",即在地上随地取材当棋子来下棋。在长期的民俗传承中,形成了走棋的规矩,如"观棋不语真君子,起手无悔大丈夫",或"帮弱不帮强",在棋艺的切磋中,寻求乐趣,身心得到放松,也增进了邻里间的友谊。

1. 摆方。也称"占方""走方",棋盘是由横竖各六条线组成的正方形,有25个小方格,36个棋点。双方各任意在地上捡拾土块、石子或小草棒作为自己的棋子,每人18个,然后双方轮流在棋盘上布阵,一次放一个棋子,以破坏对方的棋路而形成自己的棋路为目的。如果一人的棋子占满一个小方格的四个角,就称为"成方"了,可任意拿掉对方一个棋子。凡完成过方的小方格,要做上记号,不能再次成方,双方轮流走棋,每成一方就可以拿掉对方的一个棋子,直到对方只剩下三个棋子,不能成方了,剩余棋子多的一方就胜利了。有的地方是由横竖五条线或七条线组成,不过玩法基本一样。

图 8-5 摆方

(图片来源:李新拍摄)

2. 炮打洋鬼子。"炮打洋鬼子"是牧野地区较为流行的两个人玩的游戏，根据名字可以推断这种游戏至少有100多年的历史。鸦片战争后，帝国主义列强加紧对中国的侵略，也是中国人民最主要的敌人，称他们为洋鬼子，这时诞生了这种游戏，反映了中国人民痛恨和坚决抵抗外来侵略的决心。炮打洋鬼子的游戏棋盘是由横竖六条线组成的正方形，一方两颗子称为大炮，一般由两块大的石子儿或土块来充当；另一方是18颗子，由小一点儿的土块儿或小石子来充当，被称为鬼子。开战前，先把棋阵布好，两个大炮放在棋盘底线中间的两个棋点上，18个鬼子摆在对方棋盘三行的18个点上。首先拿大炮的一方走，然后对方再走，一次一步，只能沿着横线或者竖线走，但不能走斜线。执大炮一方主要目的是把对方的鬼子吃掉，如果大炮与对方的子儿之间空有一个点没有棋子儿，这就是炮架，大炮就可以发射吃掉对方一个子儿；鬼子一方不能吃子儿，只能围困大炮，如果把大炮围困在中间无路可走时即为胜利。

第三节　牧野民间杂艺

民间杂艺，是流传于民间以杂耍性表演为主的娱乐活动，包括民间艺人的杂技、魔术表演、动物表演等。民间杂艺历史久远，在古代称"百戏""把戏"，在民间观众甚多，拥有很大的市场，也非常适合中下层劳动人民的欣赏口味，是他们日常的一种娱乐形式。在牧野民间称"玩把戏"，也是杂耍艺人的一种谋生手段。他们一般在农闲的时候出来卖艺，农忙的时候在家务农。

杂耍艺人外出演出，少的一人，多的有五六人，拖着简单的行李和道具游走在民间。卖艺无固定的演出场地和时间，走到哪演到哪，有时会在乡间的庙会上，有时会在沿途的村庄，村里比较宽敞的平地就是它们的演出场地，敲响鼓、锣、铙、镲来吸引观众，演出的项目也比较少。因为是在露天演出，不可能以售票的方式收钱，大多在节目演出到高潮的时候，一个演员会手端一个小碗或小盆儿到围观的人前收钱，怕围观的人不掏腰包，还会一边走一边说："在家靠父母，出门靠朋友，今天到贵地讨口饭吃，有钱的帮个钱场儿，没钱的帮个人场儿，望大家赏个脸了。"观众掏钱根据自己的经济实力和心意，多的不嫌多，少的不嫌少，不给的也不能说什么，这是他们的规矩。旧时，杂耍艺人的社会地位很低。

杂耍艺术的传承和人员培养，一是子承父业，家族相传；一是拜师学艺。牧野民间杂艺的主要内容有杂技表演、魔术表演和动物表演等。

一　杂技表演

杂技，主要是指民间特种表演性技艺。杂技在百戏娱乐体系中占有重要的地位，民间常见的传统杂技有空翻、倒立、走索、顶技、蹬技、爬竿、骑独轮车等。在新乡封丘有一个远近闻名的杂技村洛寨，据说这个村里上至古稀老人，下至几岁学童都会练习杂技。该村杂技源自明清时期，历史悠久，千人的村庄，有1/4的人都会杂技。据说张择端的《清明上河图》里画的玩杂耍的就是洛寨人。如今杂技演员走出国门，远赴澳大利亚、新加坡等地演出，受到当地民众的热烈欢迎。

洛寨村地处黄河岸边，自然灾害较多，历史上就有走江湖卖艺的传统。20世纪40年代，艺名叫"一撮缨"的开封杂技艺人朱格到洛寨村定居，收本村的金守福、杨进财两人为徒，自此杂技艺术在洛寨村生根开花。洛寨杂技的传统表演节目有马技、顶老竿、吊丝扣、软功、硬气功、走钢丝、喷火等50多个节目，经过几代人的努力和传承，洛寨村享有"豫北杂技之乡"的美称，表演的《软钢丝》还被中央电视台7套的《乡村大世界》搬上荧屏。

年前年后，是洛寨杂技团演出的黄金季节，但演员们有一个不成文的规定，无论离家多么遥远，年前都要回到家乡，为养育他们的家乡父老奉上一场杂技盛宴，因为家乡父老是他们永远的牵挂，是它们永远割舍不了的情怀。现在，他们正在为申遗的成功做着准备。

二　魔术表演

魔术表演，在牧野地区也称为"戏法""玩把戏"，古称"幻术"。它以巧妙而隐蔽的手法变化出奇幻的效果，使人觉得不可思议又很神奇。魔术始于远古，兴于秦汉，盛于唐宋。魔术的项目很多，多达数百个，常见的项目有吞刀、吐火、徒手抓物、鬼搬运、大变活物等。在牧野地区，我们见到的鬼搬运这种魔术较多，它是在盖好或封闭好器物的情况下，玩戏法的人不用开启这些器物，使某物转移到他处的一种幻术。孩子们在观看这种表演的时候，经常会喊到"把戏把戏，是假的"。但在他们演出的时候，我们很少能看出破绽，让人感觉很神奇。

三　动物表演

动物表演指杂耍艺人利用驯化的动物，在公共场所以拟人化的动作给观众表演，以取悦于观众。如走钢丝、爬梯子、识字、钻火圈、倒立等。传统项目有猴戏、马戏、羊戏、狗戏、虎戏等。其中，猴戏在牧野地区最为常见，也称"玩猴儿""耍猴儿"，它实际也属于驯兽范围，自古牧野地区民间多有专门驯猴儿的艺人。耍猴的人，不驯其他动物，一人或两人带着驯化的猴子和简单的道具外出串巷卖艺，人们称其为玩猴儿的或耍猴的。玩猴儿的艺人驯化猴子至少一两只，多的有四五只，要经过几个月的驯化排练，才可以正式演出。玩猴儿的道具有铜锣、小鼓、猴子演出穿的花衣服、帽子、鞋子、小自行车等。驯兽艺人利用猴子的灵性，让它表演走铁丝、爬杆、倒立、骑车、推车、翻跟头等等。玩猴儿艺人行头很简单，一般挑担或背个小箱子，里面装着简单的生活用品和一些道具，小猴子蹲在上面。耍猴的人在沿路村庄或者集镇上演出。与其他杂耍艺人不同的是，耍猴人一般不亲自出面，而是由小猴子端着个小碗儿或者小盆儿绕圈到观众前讨钱。观众看到小猴子可爱的模样和它的辛勤演出，大家更愿意掏钱给它。

图 8-6　动物表演

(图片来源：赵会莉拍摄)

民间娱乐是民俗生活的主要组成部分。民间游戏娱乐种类繁多，这里所论述的很难把所有的游戏项目囊括其中，还有许多项目难以截然归于某种类型，有的与歌舞结合，构成民俗游艺活动，但这并不妨碍我们每个人的心中都留有对童年游戏的美好回忆。今天，我们面对由古延续到今的许多游戏，会惊叹其旺盛和顽强的生命力，千余年来，孩子们处于全国各地，却在玩着同一种游戏，生动有趣。没有任何功利色彩的民间游戏陪伴了我们整个童年，每个炎黄子孙的记忆里都会留存着孩童嬉戏时的笑声。在传统社会逐渐迈进现代社会的今天，怎样把有益人们身心健康的传统民间游戏更好地传承下去，是我们今人应该思考的话题。

参考文献

获嘉县志编纂委员会编:《获嘉县志》,生活·读书·新知三联书店1991年版。

原阳县志编纂委员会编:《原阳县志》,生活·读书·新知三联书店1991年版。

延津县志编纂委员会编:《延津县志》,生活·读书·新知三联书店1991年版。

封丘县志编纂委员会编:《封丘县志》,中州古籍出版社1994年版。

长垣县地方史志编纂委员会编:《长垣县志》,中州古籍出版社1991年版。

辉县市史志编纂委员会编:《辉县市志》,中州古籍出版社1992年版。

新乡市地方史志局编:《新乡年鉴·2014》,中州古籍出版社2014年版。

新乡市地方史志编纂委员会编:《新乡市志(1986—2000)·上册》,中州古籍出版社2008年版。

新乡市地方史志编纂委员会编:《新乡市志(1986—2000)·下册》,中州古籍出版社2008年版。

新乡市地方史志编纂委员会编:《新乡市志·上册》,生活·读书·新知三联书店1994年版。

新乡市地方史志编纂委员会编:《新乡市志·中册》,生活·读书·新知三联书店1994年版。

新乡市地方史志编纂委员会编:《新乡市志·下册》,生活·读书·新知三联书店1994年版。

卫辉市地方史志编纂委员会编:《卫辉市志》,生活·读书·新知三联书店1993年版。

新乡县志编纂委员会编：《新乡县志》，生活·读书·新知三联书店 1991
　　年版。

程健君：《中原文化大典·民俗典·民间文艺》，中原出版传媒集团、中
　　州古籍出版社 2008 年版。

吴效群：《中原文化大典·民俗典·民间信仰》，中原出版传媒集团、中
　　州古籍出版社 2008 年版。

尉迟从泰：《中原文化大典·民俗典·民间社会》，中原出版传媒集团、
　　中州古籍出版社 2008 年版。

孟宪明：《中原文化大典·民俗典·民间生活》，中原出版传媒集团、中
　　州古籍出版社 2008 年版。

高有鹏：《中原文化大典·民俗典·民间生产》，中原出版传媒集团、中
　　州古籍出版社 2008 年版。

张新斌：《牧野文化论文集》（上、下），内蒙古人民出版社 2008 年版。

《二十四史》，中华书局 1999 年版。

邢亚平主编：《牧野风·民俗风情卷》，河南美术出版社 2007 年版。

陶思炎：《中国祥物》，中国出版集团、东方出版中心 2012 年版。

万建中：《中国民间文化》，北京师范大学出版社 2010 年版。

钟敬文：《民俗学概论》（第二版），高等教育出版社 2010 年版。

高丙中：《民俗文化与民俗生活》，中国社会科学出版社 2000 年版。

董晓萍：《现代民间文艺学讲演录》，广西师范大学出版社 2008 年版。

乌丙安：《中国民间信仰》，上海人民出版社 1998 年版。

王景琳等：《中国民间信仰风俗词典》，中国文联出版公司 1992 年版。

宋兆麟：《中国民间神像》，学苑出版社 1994 年版。

赵屹，莫秀秀：《吉祥图案》，中国社会出版社 2009 年版。

沈利华，钱玉莲：《中国吉祥文化》，内蒙古人民出版社 2005 年版。

李振球，乔晓光：《中国民间吉祥艺术》，黑龙江美术出版社 2000 年版。

黄全信：《中华五福吉祥图点——福禄寿喜财》，华语教学出版社 2003 年版。

郑钧：《民间吉祥图案》，北京工艺美术出版社 2005 年版。

蔡易安：《中国吉祥图案》，浙江人民出版社 1997 年版。

叶大兵等：《中国风俗词典》，上海辞书出版社 1990 年版。

胡朴安：《中华全国风俗志》，河北人民出版社 1986 年版。

王慧：《古代游戏》，时代出版传媒股份有限公司、黄山书社 2016 年版。

叶国良：《生命礼俗》，上海书店出版社 2013 年版。

聂鑫森：《中国忌讳》，辽宁人民出版社 2012 年版。

孙欣：《年画》，时代出版传媒股份有限公司、黄山书社 2016 年版。

殷伟：《中国喜文化》，云南人民出版社 2005 年版。

张冰隅：《农历与民俗文化》，上海教育出版社 2008 年版。

董晓萍、万建中主编：《北师大民俗学论丛》，中华书局 2013 年版。

董晓萍：《大学名师讲课实录 现代民俗学讲演录》，广西师范大学出版社
  2007 年版。

殷伟：《中国喜文化》，云南人民出版社 2005 年版。

赵荣光：《中华饮食文化》，中华书局 2012 年版。

徐龙华：《非物质文化遗产与民俗》，杭州出版社 2012 年版。

许嘉璐：《中国古代衣食住行：插图珍藏本》，中华书局 2013 年版。

吴裕成：《中国门文化》，天津人民出版社 2004 年版。

汤虎：《灵居：解读中国人的建筑智慧》，重庆大学出版社 2013 年版。

王坚：《北京胡同的门》，中国建筑工业出版社 2015 年版。

高奇：《走进中国民俗殿堂》，山东大学出版社 2005 年版。

韩养民、韩小晶：《中国风俗文化导论》，陕西人民出版社 2002 年版。

胡朴安：《中国风俗》上编，九州出版社 2007 年版。

潘小娴：《最美的游戏》，合肥工业大学出版社 2013 年版。

王慧：《古代游戏》，时代出版传媒股份有限公司、黄山书社 2016 年版。

王娟：《民俗学概论》，北京大学出版社 2002 年版。

张紫晨：《民俗学讲演集》，书目文献出版社 1986 年版。

张紫晨：《中国民俗与民俗学》，浙江人民出版社 1985 年版。

钟敬文：《话说民间文化》，人民日报出版社 1990 年版。

钟敬文：《民俗文化学》，中华书局 1996 年版。

仲富兰：《中国民俗文化学导论》（修订本），上海辞书出版社 2007 年版。

宗力等：《中国民间诸神》，河北人民出版社 1987 年版。

萧洪恩：《民俗文化鉴赏》，团结出版社 2018 年版。

胡朴安：《中国风俗》（上编），九州出版社 2007 年版。

申畅：《河南文化史》，中州古籍出版社 2002 年版。

后　记

　　牧野是河南省新乡市（辖凤泉区、卫辉市、辉县市、获嘉县等地）的别称，其地在今新乡市北部、东部一带。牧野一词起初并非一个专有名词。殷商时期的都城在朝歌（今河南鹤壁市淇县），从朝歌城由内向外的区域，分别称作城、郭、郊、牧、野。《尔雅》曰："邑外谓之郊，郊外谓之牧，牧外谓之野，野外谓之林。"今新乡一带处于当时的京畿之地，故而称"牧野"。东汉许慎其《说文解字》里明确指出牧邑在"朝歌南七十里地""周武王与纣战于牧野"[①]。汉代的 70 里，约合 25 千米，正是今新乡市卫辉市所在地。卫辉市从南北朝时的北周到清末民初，均为州、郡、路、府、道的治所，管辖的县份多处牧野战场，和今天新乡市的行政区域大同小异。因此，文中用"牧野大地""牧野地区"指代今天的新乡地区早已是一个惯例。

　　牧野大地历史悠久，其历史至少可以追溯到新石器时代，仰韶文化、龙山文化在牧野大地都有遗存。作为中华文明发祥地之一，牧野儿女世代在这片热土上辛勤劳作，繁衍生息，创造了丰富多彩的民俗文化。如表现人们认识自然和改造自然的生产民俗；展示人们不同生活情趣的衣、食、住、行的生活习俗；与天时、物候周期相适应的特定风俗活动的节日民俗；人在一生中经过婚、丧、嫁、娶几个重要环节仪式的人生仪礼；在广大中下层民众中流行的音乐、舞蹈、民间美术、戏曲等民间艺术；存在于民间的以消遣休闲、调剂身心为主要目的，并具有一定模式的游戏娱乐民俗等，无不展现了浓郁地方特色的风土人情。牧野民俗文化是以农耕文化为基础的中原文化，具有鲜明的中国北方特色，这些民俗活动生生不息，

---

　① 许慎：《说文解字》，中华书局 1963 年版。

无时不在传达着丰厚的文化内涵，并成为人们的一种生活规范。

　　作者长期从事民俗文化方面的教学与研究，置身其中，立足于民俗文化的传承与发展，先后对新乡市各辖区进行考察、走访，开展田野调查，以民俗文化的形成、发展与传承关系为逻辑维系，以人们的日常生活，人们的衣、食、住、行为考察重点，通过采风、访谈、调查，搜集了大量的第一手资料，深入了解了新乡丰富的风土人情，深刻理解了广大民众热爱生活追求幸福的美好愿景。本书对牧野民俗的内容、起源、发展进行了系统完整的介绍，有助于全面了解新乡历史和文化，了解新乡多姿多彩的民风民俗，有助于牧野优秀文化的传承和弘扬，塑造牧野精神和魅力新乡。

　　本书编写历经两年有余。在本书的撰写过程中，作者多次请教有关专家、学者、民俗活动当事人和民间艺术家等。丛书主编李景旺教授、副主编李金玉教授、聂好春教授，就本书的编写思路、写作提纲、框架结构等进行了具体的指导，编委会其他同志对本书的编写提出很多有益建设性意见和建议。同时，各县区史志工作者提供了无私的帮助，中华诗词学会常务理事、河南诗词学会副会长王国钦先生欣然为本书作序，硕士研究生张志伟、本科生周玥羽等帮忙查找了部分资料，书中选用的图片，凡能查到作者的，均一一注明，出版社的编辑们对本书的立项、校对和出版可谓呕心沥血。在本书编写过程中，借鉴和吸纳了很多专家学者在民俗方面的研究成果，诚挚的向各位专家学者表示谢意。

　　尽管作者尽了最大努力，因水平所限，疏漏、错误和不妥之处难免存在，恩请专家和读者多提宝贵意见和建议，以便日后补充修正。

　　最后，向所有提供帮助和支持的专家、学者、同事及家人表示衷心的感谢。

作　者

2020 年 2 月 22 日